中国加油(能)站发展蓝皮书

(2022—2023)

本书编委会　编

中国石化出版社

图书在版编目(CIP)数据

中国加油(能)站发展蓝皮书 . 2022—2023 / 本书编委会编 . —北京：中国石化出版社，2023. 3
ISBN 978-7-5114-7014-0

Ⅰ. ①中… Ⅱ. ①中… Ⅲ. ①加油站-运营管理-研究报告-中国-2022-2023 Ⅳ. ①F426. 22

中国国家版本馆 CIP 数据核字(2023)第 046865 号

中国石化出版社出版发行
地址:北京市东城区安定门外大街 58 号
邮编:100011　电话:(010)57512500
发行部电话:(010)57512575
http://www. sinopec-press. com
E-mail:press@ sinopec. com
北京富泰印刷有限责任公司印刷
全国各地新华书店经销
*
710×1000 毫米 16 开本 24. 25 印张 347 千字
2023 年 5 月第 1 版　2023 年 5 月第 1 次印刷
定价:198. 00 元

编　委　会

本书书稿参与写作者（以姓氏汉语拼音为序）：

蔡俊华　丁少恒　范雅婕　付嘉欣　龚良奇
何丽杰　蒋云霞　雷　声　李聪聪　罗艳托
毛朝辉　潘　乐　仇　玄　曲绍楠　石杏茹
宋　晶　孙惠民　孙　涛　孙　阳　陶亚超
滕　翔　王宝光　王　东　王海坤　王建宁
王　钰　魏　娜　魏　昭　徐雪莹　杨　宁
杨倚雪　于　洋　战凯文　张传斌　张　鼎
张海霞　张洪峰　张继欢　张　蕾　张　平
张庆辰　赵　玥　周　沁　周志霞　朱　芹
朱润民　能链研究院相关人员

序言
——走进春天

时代的车轮滚滚向前，不管是一个企业还是一个组织，只有顺应时代潮流、把握时代脉搏，以变应变才是积极的存活之道、进取之道。加油站行业尤其如此！

2023 年 3 月，对加油站行业来说出现了一个与两会召开同等重要的消息——“国产车企疯了”，很多车型狂降十几万元，甚至买一赠一。其实谁都没有疯，欧洲燃油车退市的时间表都列出来了，预计 2045 年新能源汽车将实现对传统燃油车销售的完全替代。我国燃油车降价去库存在所难免，对加油站行业发展影响深远。

在“双碳”目标与政府刺激政策加持下，我国能源消费结构已经朝着清洁、低碳的方向调整。潮水已经退去，加油站行业处在一个大开大合、大破大立的“大时代”，向综合加能站转型是大势所趋，势在必行。

加油站转型难度大、风险高，需要时间，也绝不会一帆风顺。“但见时光流似箭，岂知天道曲如弓。”唐代诗人韦庄早已告诉后人，天道运行轨迹从来就弯曲得像弓一样，世事发展的规律永远不会平平坦坦，商业世界也不会循规蹈矩按照我们的计划运行。再加上当今世界“黑天鹅”“灰犀牛”事件频出，时代之变、历史之变，正以前所未有的方式展开，外部环境不稳定、不确定、难预料成为新常态。我国发展进入战略机遇和风险挑战并存、不确定难预料因素增多的时期。加油站向综合能源补给站转型路上会遇到国内外环境、行业竞争态势的问题。无论是加油、充电，还是加氢加气，均处于产业链下游，成本端受国际市场影响较大，发展更为莫测。

转型需要洞察形势的变化，要能够及时、准确地监控行业运行状态，预测行业走势，从而确定自己的发展战略与营销策略。风起于青萍之末，浪成于微澜之间。大变革、大影响从来都是在不易察觉之处源发，然后逐渐形成飓风巨浪。我们要深入分析、科学研判宏观形势和市场走势，必须准备付出更为艰巨、更为艰苦的努力。

2022 年，中国石油石化杂志社集合行业内众多专家与从业者的智慧开始组织撰写《中国加油(能)站发展蓝皮书》。本书是自 1924 年我国第一座加油站建立后，第一本专为加油行业撰写的蓝皮书，力图揭示加油站在“双碳”背景、市场、竞争、科技、资本等多重因素的作用下，在行业的各个领域引发的微小而确定的变革；告诉读者加油站单纯加油还有多大发展前景，向加能站转型正处在什么样的发展阶段，未来将向哪个方向发展，新的市场在哪里，行业气候环境会发生怎么样的变化，资本将向哪些方面流动，在永恒的变化中不变的是什么……相信这本蓝皮书会成为行业同仁了解行业现状、洞察行业趋势、把握发展规律的有益参考。

察势而动，拥抱未来。在奋斗的路上奔跑，加油站行业只要坚定信心、锐意进取，科学应变、主动求变，抓住机遇、防范风险，就能不断开创高质量发展新局面，走进春天。

目 录

2022

第一部分　综述篇

一、我国加油站行业全面转型元年的发展现状 // 002
二、我国加油站向加能站转型的必要性与可行性分析 // 006
三、我国加油（能）站投资经营现状与面临的挑战 // 009
四、未来我国加能站发展趋势 // 013
五、我国加油（能）站行业转型与发展方向建议 // 015

第二部分　环境政策篇

一、2022 年我国成品油行业环境分析与政策变化及未来趋势 // 018
二、2022 年天然气行业环境分析与政策变化及未来趋势 // 026
三、2022 年新能源行业环境分析与政策变化及未来趋势 // 034
四、2022 年汽车（燃油、充电、加气、加氢）行业环境分析与政策变化及未来趋势 // 042

第三部分　资源市场篇

一、2022 年国际原油市场情况与未来预测 // 050
二、2022 年我国石油市场供需现状与展望 // 060

2023

2022

三、2022 年我国成品油出口贸易情况与未来预测 // 073
四、2022 年我国成品油市场经营情况与未来预测 // 088
五、2022 年国际天然气市场变化情况与未来预测 // 099
六、2022 年我国天然气市场现状与展望 // 112

第四部分　市场运营篇

一、2022 年我国加油(能)站经营情况与未来趋势 // 126
二、2022 年我国加油(能)站营销策略分析与未来趋势 // 138
三、2022 年我国加油(能)站非油业务经营情况与未来趋势 // 146

第五部分　投资建设篇

一、2022 年我国加油站投资建设情况与未来展望 // 154
二、2022 年我国加气站发展建设情况与未来展望 // 161
三、2022 年我国加氢站发展建设情况与未来展望 // 167
四、2022 年我国充换电站发展建设情况与未来展望 // 180
五、2022 年我国光伏发电站发展建设情况与未来展望 // 197
六、2022 年我国综合加能站投资与建设现状及未来展望 // 204

第六部分　组织管理篇

一、我国加油(能)站企业管理现状与未来趋势 // 210
二、我国加油(能)站价格管理现状与未来趋势 // 218
三、我国加油(能)站数质量管理现状与未来趋势 // 226
四、我国加油(能)站数智化管理现状与未来趋势 // 234
五、我国加油(能)站资源(包括油品、非油品)采购管理现状与未来趋势 // 245

2023

2022

六、我国加油(能)站油库管理现状与未来趋势 // 252

第七部分　典型实例篇

一、着力打造综合能源服务站　积极构建“人·车·生活”生态圈
——中国石化江苏徐州石油新沂八站典型实例 // 264
二、为低碳绿色发展赋能
——中国石油辽宁销售大连分公司大连城区唯一 CNG 加气站典型实例 // 273
三、综合能源“一站式补给”黄金终端
——中国石油重庆销售分公司探索综合能源服务站建设典型实例 // 279
四、迎难而上保销量
——中国石化壳牌常熟区域提升销量典型实例 // 289
五、谋篇布局找准市场能源需求发展方向
——中国石化浙江杭州石油分公司探索综合加能站建设的典型案例 // 293
六、以高质量党建引领高质量发展
——中国石化天津石油分公司长江道加油站典型案例 // 297
七、智慧赋能非油生态　打造五千米生活圈
——中海油销售惠州有限责任公司马庄加油站典型实例 // 302
八、高标准打造综合服务示范店
——中国石化湖南石油张家界鼎泰站打造综合服务示范店典型实例 // 308

2023

2022

2023

第八部分 专题研究篇

一、全球能源转型、新冠疫情及俄乌冲突等对加油站转型升级的影响 // 316
二、新能源汽车爆发增长，石油企业如何应对 // 323
三、我国人口达峰对加油站行业的影响 // 336
四、智慧加油站相关问题探讨 // 341
五、将柴油列入危化品给油品市场带来哪些变化 // 349
六、我国加能站组织管理运营的四大体系探索 // 358
七、加油站“双低站”治理策略 // 363

附录

一、2022 年之前中国加能站发展大事记 // 374
二、2022 年加能站发展大事记 // 376

第一部分

综述篇

2022年，是全球油气供需和贸易格局深刻调整的一年，是我国新能源产业发展突飞猛进的一年，是加油站行业不确定因素增加的一年。

如果要在不确定之年寻找加油站行业内的确定性趋势与事件，那么百年油站全面转型必须位列其中。在以往整合加油、加氢、加气、充电等能源服务与非油服务的基础上，2022年，成为我国加油站向加能站全面转型的起始之年——加能站概念开始明晰，转型方向开始明确，建站规模急速扩张。

一、 我国加油站行业全面转型元年的发展现状

1901年，匈牙利人李恩时把美国制造的两辆“奥兹莫比尔”牌汽车进口到了上海。23年后，我国第一座加油站在上海建成，截至2023年正好百年。100年间，加油站行业经历了缓慢增长期（1924—1979）、发展期（1979—1990）、爆发期（1990—2000）、成熟期（2000—2022）、全面转型期（2022—今）。

受到疫情防控常态化、“双碳”经济目标约束、行业治理水平提升、信息技术迭代更新等多方面因素影响，加油站向加能站全面转型元年，我国成品油市场供需形势、竞争格局、资源结构、监管政策、营销模式等呈现出新的特征。

（一）需求增长恢复不及预期，资源供应过剩程度进一步缓解

2022年，俄乌冲突突然爆发与不断演进成了影响世界能源格局与国际油气价格的最大因素。从全年来看，Brent和WTI油价均价分别为99.04美元/桶和94.30美元/桶，与2021年相比涨幅达39.6%和38.5%。

新冠病毒不断变异与疫情多点暴发成为影响国内成品油消费的关键因素。2022年我国成品油需求呈先降后升态势。全年成品油表观消费量3.26亿吨，同比下降7.0%，低于“十二五”“十三五”期间年均3%~4%的增长水平。其中，柴油表观消费量1.69亿吨，同比增长0.9%；汽油表观消费量1.38亿吨，同比下

降 11. 2%，全年消费规模相当于 2018 年水平；煤油表观消费量 1825 万吨，同比下降 32. 5%。

价格飙升，需求不畅，2022 年我国成品油产量调整为 3. 63 亿吨，同比减少 6. 7%。其中，汽油产量 1. 52 亿吨，同比下降 11. 2%；柴油产量 1. 82 亿吨，同比增长 0. 6%；煤油产量 2983 万吨，同比下降 20. 8%。对比来看，成品油产量降幅与消费量降幅基本相当，成品油产需差降低到 3730 万吨，供应过剩状况缓解。

现实告诉我们，资源依旧过剩，短缺经济时代已过，靠资源和规模取胜的时代已一去不复返，只要加油机有油，就能客似云来获得丰厚利润的时代也已一去不复返。当然，在资源总体过剩的前提下，结构性供需不匹配现象也会存在。类似 2021 年和 2022 年的第三、第四季度之交国内柴油行情偏紧的情况也会偶尔发生。

（二）竞争格局趋于稳定，经营创效能力尚可

2022 年，我国加油站超过 11. 5 万座，形成了国企、民企、外企三足鼎立的市场格局。其中，中国石化、中国石油加油站占比 46. 31%，民营加油站占比 50. 16%，中国海油、中化及外资占比 5%左右。

从加油站数量变化情况看，2022 年，由于严格控制新建站点，加上部分租赁站到期，国有石油公司加油站数量少量减少；由于规模较小、缺乏竞争力的民营加油站被市场淘汰，民营加油站减少 5%左右；由于加大了和独立炼厂的合作，外资加油站相对增长较多。

从加油站经营策略上看，国有石油公司不断升级灵活的营销策略，挖掘客户潜在价值，拓宽线上服务，打造快捷的消费体验；民营加油站不断加入互联网加油平台参与竞争，通过降价促销等方式实现客户引流；外资加油站不断重点打造“高端加油站”，加大与民营炼厂的合作力度。

从加油站利润效益上看，由于一体化经营以及精细化管理，中国石油、中国石化两大公司以不到 50%的建站比例实现了我国成品油销量的七成左右，其余三

成左右的销量来自中国海油、中化、外资及民营加油站。值得一提的是，部分民营加油站网络出现了外资化、品牌化的特征，经营水平有较大跃升。近年来三大石油公司的加油站毛利率基本维持在10%左右，其他小型石油公司毛利率维持在15%以上。

（三）市场监管趋紧，独立炼厂生产经营更加规范

近年来，民营独立炼厂生产经营情况、资源销售量价水平，已经成为影响我国成品油市场的重要因素。2021年，民营独立炼厂汽柴油资源量降到9300万吨左右，较2020年减少6.4%。2022年，民营独立炼厂汽柴油资源量进一步降低，占全国汽柴油资源量的份额降低到30%以内。

这是因为"十三五"以来，我国成品油市场行业政策正由"宽准入"向"严监管"转变。取缔劣质油品销售，打击企业倒卖进口原油配额，加强民营独立炼厂和贸易商的成品油税费监管，对进口调和油原料征税等一系列措施，均体现了在成品油供应宽松的背景下国家规范行业治理的政策决心。种种措施之下，民营独立炼厂生产经营更加规范，调和汽柴油等隐性资源规模大幅萎缩，汽柴油销售价格与主流市场价格差距逐步缩小。2023年，柴油被列入危化品后，将促进行业竞争更加公平，有利于绿色低碳能源与良好经济生态的形成。

（四）互联网平台与传统营销模式开始加快融合

互联网技术与网约车业态的迅速发展，催生了配套的互联网加油平台。如滴滴平台推出了"小桔加油"，车主邦科技有限公司推出了"团油"。

价格是互联网加油平台的最大优势。平台依托资本层面的高额补贴或优惠措施，迅速聚拢了大量对油价比较敏感的客户，割裂了传统油站与客户之间的联系。

价格也是互联网加油平台的最大劣势。当平台失去明显价格优势时容易流失客户，平台的持续运营也会面临困难。同时，还存在信誉度总体较低、油品数量

和质量问题难以保证，以及客户忠诚度难以培养等劣势。

民营油站与互联网加油平台融合加快，国有油站目前处于观望期。

（五）非油业务规模持续上升，经营效益显著提升

2022年，我国加油站油品销售并不理想，但是非油业务跑赢了市场大盘，实现了店销规模效益、店面数字化营销、商品制售同盟、线上营销格局、品牌影响力、大客户开发成效、提质增效工程、企业治理体系的新提升。

油站便利店数量持续增加，但增速放缓，整体呈规模化发展态势。2022年，中国石化、中国石油的便利店总量接近5万家，占全国便利店总量的20%以上，占加油站便利店数量的95%以上。

经营和管理模式不断创新，线上线下全渠道销售模式与跨界融合、强化品牌创建等趋势较为明显。中国石油和中国石化非油业务更加注重自有品牌、单店店销、营销精准化，促进线上线下全渠道销售模式与跨界融合，开始探索"互联网+加油站+便利店+第三方"的新商业模式。

加油站非油销售规模和利润保持高位。2021年，中国石化非油业务收入354亿元，中国石油非油业务收入251亿元。2022年，中国石化非油营业利润同比增长6%；中国石油非油业务规模与效益创历史最高水平，非油收入增长11.4%。但是，与油品业务相比较，我国非油业务利润在加油站总利润中所占的比例仍较小，非油业务毛利额只占总毛利的5%~10%，存在较大的发展空间。

综合来看，虽然成品油短期内作为我国运输燃料的主导力量的地位不会发生根本性改变，但市场发展空间已越来越受到新能源市场的挤压。

二、 我国加油站向加能站转型的必要性与可行性分析

加能站，也称综合能源服务站，是一种新型的交通能源供应站，集电能、天然气、氢能及清洁油品等两种或两种以上供给服务功能为一体，以屋顶光伏、风力发电、智慧储能、智能微网为补充，兼具物流中转、旅游中继、新零售、文化印象等功能的数字化、智慧型、绿色低碳的公共基础服务设施。

加油站向加能站方向全面转型，既是各种形势所迫，又是行业发展的必然。

（一）加油站转型是保障国家能源安全的内在要求

从用能需求和能源结构发展的情况来看，能源转型是保障国家能源安全的必然选择，也是石油企业必须面对的课题。

我国能源资源禀赋存在“富煤贫油”的特点，原油和天然气对外依存度超过70%和40%，而可再生能源非常丰富。在国际经济政治形势动荡的情况下，石油天然气进口依存度居高位必然影响到我国的能源安全。近年来西方国家利用地缘冲突对俄罗斯实施禁运，在俄罗斯的反制裁下欧盟反而受到更大的影响，经济发生了剧烈动荡就是前车之鉴。党的十八大以来，习近平总书记提出“四个革命、一个合作”的能源安全新战略，为我国能源高质量发展指明了方向，也促使能源生产和利用方式发生重大变革。

如今，我国新能源发展成效显著，装机规模稳居全球首位，发电量占比稳步提升，成本快速下降，已基本进入平价无补贴发展的新阶段。一次能源方面，以风光为代表的清洁能源逐步成为能源供应的主体。作为重要的补能场所，加油站必须向多种能源补充者的方向转型。

（二）加油站转型是实现“双碳”目标的重要路径

2020 年，我国正式提出要在 2030 年实现碳达峰、2060 年实现碳中和的雄伟

目标。碳达峰、碳中和开始成为我国经济增长和转型发展的最大驱动力，绿色低碳转型成为我国未来全部经济活动的内核，成为能源行业科学研究、科技创新以及投资、生产、消费等决策的指导思想和重要依据。

从行业端来看，交通运输行业的碳排放量约占全球碳排放总量的 24%。我国交通运输行业占石油消耗量的 50%以上，碳排放量占全国碳排放总量的 10%以上，是实现碳中和过程中减碳的重点行业。从企业端来看，“双碳”目标确立后，成品油需求必将因此加速达峰，长期需求必然缩减。产品结构转型已是企业必须进行的战略选择。

（三）加油站转型是新能源汽车渗透率快速提升的必然结果

2022 年，世界新能源汽车渗透率总体呈现快速提升趋势，已达到 11%的水准。我国新能源汽车渗透率超过 28%，预计 2030 年达到 55%以上。

1885 年汽车被发明以来，因其高效、便捷与经济的补能形式，逐渐取代马车成为人们出行的主要交通工具，也有许多人戏称是自己的“梦中情人”。可就在 2023 年的情人节，欧洲议会在斯特拉斯堡以 340 票赞成、279 票反对和 21 票弃权通过了 2035 年欧洲停售燃料发动机车辆议案。我国当前除了海南地区提出在 2030 年禁售燃油车外，其他地区尚未跟进禁售燃油车计划，但是时间不会间隔太久。

随着燃油车保有量持续减少，汽油、柴油需求量将加快衰减。预计我国汽油需求在 5 年内达峰，到 2045 年减半，将给成品油零售企业带来直接冲击。按照当前全国加油站成品油销售的平均水平，预计 2050 年所需加油站数量仅为当前 1/3。

（四）加油站转型是消费者消费习惯改变的自然跟进

与相对独立的传统能源供应系统相比，加能站在规划、建设和运营等方面统一协调优化，能够有效简化能源链，减少用能和服务成本。

近两年，全球各个国家陆续进入了后疫情时期。我国在经历三年的疫情反复及长期防控影响后，经济发展、社会预期、居民消费习惯、商业形态都发生了深刻变化。主要体现在经济及居民消费能力的恢复尚需时日、民营经济活性明显下降、后续出现多轮感染的预期造成居民自我防疫意识提高，均不利于加油站传统油品零售业务的增长。

加油站作为终端能源补充和供给站，围绕新能源汽车补能、汽车后市场、车主生活补给并兼顾燃油车燃料加注等多方面需求，提供"人·车·生活"生态圈内一站到车、一键到车的服务，将成为吸引客户流量的重要手段，也会为站点的节能增效提供新的方式。

（五）加油站转型是传统油气供应企业进军新能源业务的关键依托

截至2022年年底，国内加油站总数量已经超过11.5万座，分布在全国31个省份，范围广阔、覆盖城乡，已经在地理位置上与道路交通网络精确匹配，拥有土地、流量、客户优势，并且在运营管理、人员培训、设备改造等方面具有成熟系统的制度和经验，可以实现从传统车用能源销售业务向新能源供能的快速转换，具有客流价值、空间价值、网络价值和品牌价值，是触达消费者、充分满足用能服务需求的重要载体。

加油站可以充分利用已有的资产、规范的管理，自然嫁接多种补能场景，升级为加能站。适应车用燃料的转型发展，是加油站实现转型的最经济方式，是传统油气供应商加快进军新能源业务的关键依托。

三、我国加油（能）站投资经营现状与面临的挑战

（一）产业环境与政策利好加油(能)站发展

“双碳”目标提出后，为更好发挥新能源在能源保供增供方面的作用，加快构建清洁低碳、安全高效的能源体系，我国新能源行业政策利好层出不穷。2022 年 5 月，国务院办公厅转发国家发展改革委、国家能源局《关于促进新时代新能源高质量发展的实施方案》，从 7 个方面提出 21 项具体政策举措，强调“先立后破、以立为先”，即通过一揽子政策支持措施，重点解决新能源“立”的问题。

在“双碳”目标指引下，我国各省市、各行业结合自身资源禀赋和能源结构等，也制定了详细的“双碳”规划和技术路线。

2023 年，国家政策将继续推进新能源行业发展，助力产业布局，将建立以储能为核心的多能互补能源体系，加快数字化升级。

作为油气产业链终端消费的窗口，加油站的碳中和逐步进入实践中。中国石油、中国石化和中国海油相继成立新能源公司，推动新一轮产业结构转型升级和低碳优化调整，推动“互联网+”技术在成品油产业链各环节中的应用，引导旗下传统加油站向数字化、信息化、高端化发展，向多种能源补充者转型。

（二）国有石油公司主导下的投资热情有所恢复

2022 年，能源转型加快推进，电动革命、市场革命、数字革命、绿色革命方兴未艾，新能源发展远超预期，平台经济等新业态不断涌现，推动行业对包括加油站在内的综合加能站的投资热情有所恢复。

（1）加油站。2022 年，我国加油站数量有所增加，但增速放缓，新增加油

站主要是高速站及布局还未饱和的县城和乡镇站。由于市场需求降低、行业预期转弱、审批过程繁杂，我国加油站数量与布局的优化空间显现，加油站的稀缺性有所降低，但总体仍有投资价值。

（2）加气站。2022年，我国LNG加气站约3800座，同比上涨2%。由于2020—2021年LNG价格一直处于较高价位，LNG汽车新增数量不及预期，导致LNG加气站之间销售竞争更加激烈，加气站利润下滑。因此我国LNG加气站投资倾向度发生偏移，2022年投资的LNG加气站主要为前期规划项目。目前，中国石油、中国石化、中国海油的LNG加气站数量占比29%，其他企业占比71%。

（3）加氢站。2022年，我国已建成加氢站294座(不含已拆除站)，已进入招标阶段或正处于建设状态的加氢站87座。近年来，在中国石化、中国石油、中国海油等传统能源巨头的推动下，油氢合建站已成为我国的主流建站方式之一。

（4）充电站。2022年，我国充电基础设施累计为521万台，同比增加99.1%。换电站保有量总计1762座(不含重卡换电)。按企业分类来看，我国换电站建设和运营呈现以下格局：以蔚来、吉利、北汽为代表的整车企业，以宁德时代、SK为代表的电池厂商，以国家电网、中国石化为代表的大型央企，以奥动新能源、杭州伯坦为代表的第三方服务商。

（5）光伏加油站。2022年，我国光伏加油站建设以“三桶油”为主力军。“三桶油”光伏加油站的建设始于2015年。2015—2022年“三桶油”在发展光伏加油站的道路上逐渐呈现出各自鲜明特色。

按照目前新能源汽车及其供能产业链发展形势，在2030年之前，我国综合加能站中的加油、加气业务仍将是主要盈利点；充电业务受制于动力电池技术、空间布局以及商业模式限制，短期内盈利空间较小；换电业务随着市场规模的增加和服务效率的提升，商业空间和盈利潜力广阔；加氢业务在2030年以后有望逐步成熟。

（三）我国加油（能）站运营水平有待提升

加能站是一种新兴的能源终端供应和服务场景，其运营并不是简单的加油站运营的顺承，也不是能源站点的加总，更多的是在原有规范运营体系的基础上发展出来的“1+1>2”的一种综合运营体系，对管理者和员工的要求较高，对企业的运营能力要求更强。2022 年，随着加能站数量的增长和业务转型的需求，其运营中存在的痛点进一步显现，站点运营水平亟待提升。

1. 我国加油站内部的管理运营体系发展未能跟上综合加能站的部署节奏

不同用能方式的组合发展需要随着能源结构的变化逐步进行调整。当前加能站运营体系仍以加油加气站为主，综合加能站运营会存在一定问题。比如，充换电运营模式与原有模式存在差异、多种能源分块运营无法体现一体化优势等。这就需要从功能、服务、管理方面深入研究，要站在发展的角度，从计划、组织、实施和控制方面进一步细化综合加能站的运营体系。

2. 我国加能站站点的营销和服务精细化程度不能很好地满足消费者需求的差异和变化

随着互联网和全球化的普及，信息生产、处理手段的高度发展，人类社会生产力、生产关系发生了重大变革。具体到加能站来说，原有加油站信息数据的获取在增加不同补能场景后不仅仅是“1+1＝2”的关系，而是呈指数增长，会有大量的经营、消费、行为数据，需要充分挖掘、精准营销；针对多种能源、多种行为的多维度海量数据的算法、模型不断推进，区块链、可视化、机器学习等多种技术在营销领域不断组合发展，需要充分吸收加强应用。目前的加能站站点不能更精确地为消费者画像，不能更好地满足消费者需求。

3. 加能站从业人员的专业素质与业务能力跟不上行业发展要求

我国经济高质量发展的新常态叠加后疫情时期防控常态化的影响，人们的生活方式将发生较大的变化。这种变化会促使顾客的消费心理和消费模式产生较大改变，再加上“90后”“00后”的消费者正成为加油站的主要营销对象，他们对不同能源产品的认识、对服务的要求、对场景的偏好等，都会给综合加能站培育忠诚顾客带来新挑战，也对从业者尤其是站长提出了更高的要求。

从业人员需要及时以客户的需求引导产品结构、优化营销模式；需要充分挖掘潜在客户的特征、消费规律，实现有针对性地高质量营销；需要开展精细运营，充分利用技术手段把控环境技术发展、消费者需求变化，从而提升精细化营销水平。

4. 加油站向加能站转型，既要有稳定的能源供应，也要突破经营观念和消费观念的障碍，甚至要突破政策、制度、技术以及法律的障碍

未来需要明确支持加油站依法依规开展加氢站、充电站、换电站、分布式光伏发电站的建设与运营，将传统加油站升级为综合加能站，满足多元化补能需求。进一步规范加氢、加气、充电站建设和管理流程优化，加快制定规划、报建、竣工验收、经营许可全流程的管理办法，引导地方制定审批流程。

尤其是在发展氢能方面，要进一步加快氢能示范城市群政策落地，引导石油石化、物流、钢铁、邮政、电商配送等行业加快氢燃料电池汽车的推广应用，形成多样化的氢能交通应用场景。此外，要进一步加强关键核心技术攻关，探索并推动加氢站用设备、氢气储运技术、绿氢制取技术的突破和提升，制定相关技术标准及测评体系，引领国际氢能利用和发展。

四、未来我国加能站发展趋势

在21世纪第3个10年开启的时候，新冠疫情开始肆虐，叠加以美国为首的发达经济体货币政策大放水，又突发俄乌冲突，导致世界经济明显下滑。2023年开始，世界经济将步入低速增长时期，甚至个别经济体会出现短时期的衰退。

我国外部发展环境非常不乐观，二十届二中全会公报甚至做出了“必须准备经受风高浪急甚至惊涛骇浪的重大考验”的判断。内部经济发展环境则是告别高速增长时代，步入高质量发展的新阶段。党的十八大以来的10年，我国经济增速年均6.6%，今后10年让经济增速保持在5%左右是努力的目标。

需求收缩、供给冲击、预期转弱三重压力仍然较大，有效需求不足是当前经济运行的主要矛盾，也是我国加油站行业向加能站转型发展所面临的基本环境。

（一）我国成品油市场发展趋势

1. 2023年，我国成品油市场需求态势与市场格局

2023年，预计国内成品油需求同比增长3%~4%，总体将呈现“汽缓、煤增、柴降”的格局，需求规模接近触顶，资源过剩的态势将加剧。其中，汽油需求将增长3%~5%，消费规模为1.44亿~1.46亿吨；柴油需求同比增长1%左右，以稳为主；国内航煤需求能够实现同比20%以上的增长。

2023年，中国石油、中国石化两大集团继续占据市场主导地位，主导成品油的加工和销售；跨国石油公司将继续拓展在我国的业务，从上游到下游直到终端加油站，遍布石油产业链的各个环节；民营大炼化企业将进一步崛起，小型地炼企业将加快改革调整创新，谋求自身发展；新能源汽车产业继续迅猛发展，对汽油需求产生进一步的利空影响，但不会撼动国内汽油需求的主导地位。

2. 长周期内，我国成品油市场的发展态势

长周期内，我国汽油需求还有一定增长空间。增长空间主要来自不断扩大

的汽车保有量。2022年，我国千人汽车保有量已超过200辆，但还远没有达到饱和水平，我国汽车保有量还有近一倍的增长空间。由于电动革命的出现，汽油车和电动车将分享这些增长空间。电动车替代的速度决定了汽油需求的峰值水平。

进入“十四五”时期，我国新能源汽车产业进入快速成长阶段，预计持续20年。长期以来制约新能源汽车发展的续航里程不足、充电便利性差、消费者接受度不高等“痛点”问题将在10年内逐步得到较好解决。在政府刺激政策加持下，预计2045年新能源汽车将实现对传统燃油车的完全替代。中国汽油需求量预计在2026年达峰，其后加速萎缩，在2045年降至目前水平的一半以下。

总体来看，未来5年我国成品油需求还有增长空间，2023年预期同比增长3%~4%。

（二）2023年，我国加能站发展趋势

随着经济结构转型、“双碳”目标推进，新能源汽车加快渗透，预计2023年我国加能站单站销量进一步下滑，利润率进一步下降，秩序更加规范，终端网络数量趋于稳定，多元化服务与联合经营更加成熟。

具体来看，2023年，我国成品油行业向绿色低碳转型持续发力，行业监管和规范化管理加强，推动新一轮产业结构的转型升级和低碳优化调整；加气行业更加重视技术创新，提高天然气开采及储运能力，协调天然气供需关系，结合市场弹性共同健康发展；充换电走向智慧管理，并与各产业有机融合，开展新的商业模式，未来发展空间巨大；氢能产业链条将逐渐完善，关键技术将逐步实现国产化，氢储能将助力新型电力系统的构建，解决消纳和稳定性问题；交通领域应用将迎来较快增速，但爆发式增长仍受制约，油氢混合站日益明确地成为未来发展方向；我国光伏发电行业技术创新将使成本下降，市场需求增强将推动行业由补贴时代向平价发电时代平稳过渡，市场体制机制加快完善，逐步由政策导向型行业向市场化竞争行业转变；新能源汽车产业转型升级不断深化，汽车消费市场将释放巨大空间，汽车技术向环保化、轻量化发展。

五、我国加油（能）站行业转型与发展方向建议

面对严峻的发展形势，我国成品油销售企业应尽早谋划加油站转型为综合加能站，加快选择具备条件的站点开展实质性建设；上下游一体化的大型石油公司应积极介入新能源产业，加快完成高质量规划与布局；加油站可依托太阳能资源建设碳中和站点，提供电能补给，并展现绿色低碳的品牌形象。

（一）网络建设方面

未来，我国加能站的投资建设重点利用现有加油站网络布局综合加能站，扩展能源消费场景，引领市场发展。2023 年，我国加油加气业务方面，城市和高速优质站点仍然是站点结构优化的重要方面；充电服务应充分利用加油站网络优势，以公共领域为业务核心，重点城区及高速公路新建或增设电动汽车大功率快充充电站；换电业务应选定重点城市加快推广，与整车企业、车队运营主体合作建设、运营换电站网点，以场地、区位优势换市场换效益；加氢业务方面，依托氢能制取、储运、加油站地理位置等一体化优势，把加氢业务作为加油站转型升级的重要途径；业务模式方面，优选合作伙伴和区域快速进入新领域，深入挖掘加油站综合能源服务体、“人・车・生活”驿站功能，围绕充换电、加氢拓展客户增值服务。

（二）组织管理方面

2023 年，我国加油(能)站对组织结构、财务、安全、人力资源和营销等方面的管理将越来越科学，不断提升运营效率。

（1）建设精干高效的组织机构，优化财务管理综合实效，建立健全安全环保长效机制，强化专业人才队伍建设，以及增强获客变现能力。

（2）科学的价格管理。我国成品油市场正处于竞争导向阶段，因此合理进行价格管理，根据市场情况合理调价，使企业具有竞争力十分重要。2023年，成品油零售行业将进入多元化竞争时代，油品销售将趋向"微利化"，加油(能)站市场化动态价格管理将成为最大难点，加油站转型将带来多能源定价的标准合理化问题，加油站自主定价将需要工具与技术支持。

（3）加油(能)站的数质量管理。当前，推动综合能源服务站的数质量管理已是大势所趋。加油(能)站的发展策略从数量型增长向质量型提升转变，作为运行管理的重要组成部分，加油(能)站数质量管理的重要性及受关注程度显著提高，但我国加油(能)站数质量管理仍未形成完整的规范体系。2023年，综合加能站的发展将进一步提速，数质量管理需要完善，技术突破依然是关键，尤其是抓源头、堵漏洞，狠抓油品损耗管理，从而使加油(能)站更加具有市场竞争能力。

（4）加油(能)站的智能化管理。与零售业态的其他行业相比，我国加油(能)站整体尚未达到智能化管理的水平，仍然处于从信息化迈向数字化的换挡转型期。随着加油(能)站竞争加剧，数据驱动的数智化水平的高低，越来越决定着加油(能)站的生存状态。数智化是向综合加能站升级的第一步，要进一步增强自动化体验，并推动数智化与绿色能源协同发展。

第二部分

环境政策篇

一、2022 年我国成品油行业环境分析与政策变化及未来趋势

2022 年，因疫情反复和油价高企，中国成品油产量和需求量出现了双降的状况，成品油市场化进程提速，市场整顿力度前所未有，行业准入门槛继续大幅降低；成品油出口规模收窄，出口配额总量明显下降；成品油零售价格总体呈现稳中有升的波动趋势；石油成品油流通领域标准化加强。2023 年，国内成品油市场供需格局以及行情变化将迎来新的趋势。在“双碳”目标指引下，中国成品油行业将向绿色低碳转型持续发力，行业监管和规范化管理加强，推动新一轮产业结构转型升级和低碳优化调整，引导成品油行业向数字化、信息化、高端化发展，推动“互联网+”技术在成品油产业各环节的应用，鼓励传统成品油行业转型升级、提质增效。

（一）2022 年我国成品油行业政策变化分析

1. 国家监管政策升级，指导并规范成品油行业发展

政策是成品油行业发展的重要驱动因素，在进程加快统一化、管理需求精细化推动下，其行业需求有望快速释放。为了提振市场活力，规范市场管理，我国政策一直紧密出台(见表 2-1)。从我国“十四五”规划的发展方向可以看出，我国将会逐步减少对于化石能源的依赖，加快低碳、新型能源的建设。

表 2-1　国家层面成品油行业的相关政策

时间	政策名称	重点内容
2022. 3. 17	《2022 年能源工作指导意见》	深入推进成品油质量升级国家专项行动，确保 2023 年 1 月 1 日全国全面供应国六 B 标准车用汽油

续表

时间	政策名称	重点内容
2022.3.28	《关于“十四五”推动石化化工行业高质量发展的指导意见》	有序推进炼化项目“降油增化”，延长石油化工产业链。到2025年，石化化工行业基本形成自主创新能力强、结构布局合理、绿色安全低碳的高质量发展格局
2022.6.14	《关于做好国际油价触及调控上限后实施阶段性价格补贴有关工作的通知》	当国际油价超过每桶130美元调控上限后，国内成品油价格短期内(不超过两个月)不再上调，后续如国际油价高于每桶130美元调控上限的时间累计超过两个月，将提前明确有关政策措施
2022.9.30	第五批成品油、低硫船燃出口配额	第五批成品油、低硫船燃出口配额，总量为1500万吨。其中，成品油出口配额1325万吨，低硫船燃出口配额175万吨。至此2022年出口配额全部发放完毕
2022.11.7	调整修订《危险化学品目录(2015版)》	将“1674柴油[闭杯闪点≤60℃]”调整为“1674柴油”，所有柴油将被列入《危险化学品目录》，不再区分闪点。所有柴油的生产、经营、使用都需按照危险化学品开展相关行政许可，比如生产许可证、经营许可证、使用许可证(作为燃料使用的除外)等，新规于2023年1月1日起施行

成品油企业现正立足能源需求现状，把握变化趋势抓紧制定“双碳”行动方案，在保障能源安全的基础上，强化节能优先战略，健全行业碳排放制度；在做强主业的基础上，探索新业务，实现绿色低碳发展；在节能降耗、提质增效的基础上，提升自主创新能力，加快数字化转型。

2. 地方政府布局发展重点，保障成品油流通有序开展

近两年，各省区市依据“双碳”战略目标和清洁能源的替代趋势，制定本地

区成品油行业的“十四五”规划，规划重点在于流通环节，对加油站建设、民营资本参与批发与储运等进行规划，同时积极采取措施继续淘汰落后产能，重点推动炼化一体化，并且积极探索成品油进出口贸易和期货交易的新方向。其中，山东针对本省产能过剩严重、技术落后且部分地炼企业产能较小的情况，主要以淘汰和整合新建炼化产能相结合，提升油品质量、保障成品油储运为主；而浙江则在舟山、宁波等地开展自由贸易试验区，积极打造具有国际影响力的油气资源配置中心。各省区市还研究部署开展成品油行业专项整治、加快本级经营类事业单位改革等工作，坚持源头治理、露头就打、依法查处，加强成品油源头治理，严把市场准入关，抓好成品油生产、流通等各环节。

2022年，根据国家整体部署，各省区市发布了一系列政策规范成品油市场（见表2-2），以提高该省成品油市场管理工作水平，加强成品油行业监管，促进成品油行业有序发展。

表2-2　重点省市成品油行业政策

时间	省市	政策名称	重点内容
2022.6	山东省	《山东省高耗能高排放建设项目碳排放减量替代办法(试行)》	要求新上“两高”项目，必须实行碳排放减量替代，明确了实施范围、替代来源、核算方法和管理要求等内容
2022.6.5	沈阳市	《沈阳市贯彻落实国务院和辽宁省扎实稳住经济一揽子政策措施若干举措》	根据全市油品需求情况，进一步提升成品油库存量，加大资源调配力度，协调中国石油、中国石化等重点成品油经营企业妥善安排加油站油品配送计划
2022.8.15	黑龙江省	《大兴安岭地区2022年成品油市场专项整治工作方案》	切实做好大兴安岭地区成品油市场专项整治工作，进一步整顿和规范全区成品油市场经营秩序，严厉打击违法、违规经营成品油行为，确保安全经营，保障经营者和消费者的合法权益，促进成品油市场健康有序发展

续表

时间	省市	政策名称	重点内容
2022.10.10	杭州市	《杭州市成品油流通管理办法》	切实加强成品油市场综合监管，规范成品油经营行为，维护成品油市场秩序
2022.11.1	江苏省	《江苏省成品油流通管理办法实施细则》	建立成品油批发、仓储经营者名录清单，动态核实和调整，并向社会公开；依据公共综合信用评价和行业信用评价结果，结合成品油批发、仓储经营者的依法依规、经营管理、社会信誉等情况，建立信用分级分类管理制度

（二）2022年我国成品油行业环境分析

2022年，从外部宏观环境看，影响行业发展的新政策、新法规不断出台；国内成品油行业以加快推进市场化为主，产业发展、行业推广、市场监管等重要环节的宏观政策环境日趋完善；加上各产业链环节的竞争、技术工艺的不断升级，推动成品油行业积极探索新的发展机遇。

1. 完全市场化进程加快，成品油质量要求趋严

在我国“十四五”规划及“双碳”新目标形势下，能源供给侧结构性改革不断推进，能源消费结构持续优化，成品油市场绿色低碳转型进程不断加快，市场管理更趋严格规范。例如，国家大力整顿成品油市场秩序，陆续出台了一系列政策，包括对调和原料征税、地炼原油进口配额使用、完善健全成品油领域税收管理法规等，同时成品油市场专项整治行动持续进行，管理力度加大，标准化加强，行业规范化发展进入新阶段。成品油质量要求趋严，成品油下游市场竞争全面升级，推动成品油市场高质量发展。特别是柴油被列入危险化学品之后，若无证经营或储存柴油，将面临非法经营罪的责任追究。

2. 宏观经济增速放缓，成品油供需稳中有降

2022 年国内 GDP 同比增长 3.0%，较 2021 年降低 5.4%。主要受局部地区疫情暴发的阶段性影响，全年成品油表观消费量 3.26 亿吨，同比下降 7.0%。炼油产能持续增长至 8.9 亿吨，净增 2580 万吨/年，产能过剩压力加剧。主营炼厂平均开工率 76.9%，同比下降 1.1%；独立炼厂平均开工率 66.2%，同比上升 3.3%。成品油产量 3.63 亿吨，同比下降 6.7%。其中，汽油产量 1.52 亿吨，同比下降 8.9%；柴油产量 1.82 亿吨，同比增长 5.8%；煤油产量 2983 万吨，同比下降 20.8%。

2022 年，在常态化疫情防控大背景下，对公共交通运输体系人员密集的担忧使得有车族增加私家车使用频率；而疫情的不确定性，对商务及旅游活动造成较大冲击，不利于此部分汽油刚性需求的恢复。随着疫情逐步得到控制和政策优化，成品油消费稳步回升，消费者的需求呈现多元化趋势。各地推出各种优惠举措，鼓励公众优先选择公共交通方式出行。

3. 低碳、清洁技术取得突破，碳管理进一步加强

2022 年，中国石油重大科技专项——“低碳与清洁发展关键技术研究及应用”二期提出的 16 项示范工程和 5 个示范区建设目标任务全面落地。我国炼化一体化与产品高端化及相关技术攻关的步伐加快、力度加大，已取得不少突破性进展。石化行业作为能源的生产大户和用能大户，节能减排一马当先。目前，炼油化工企业的碳减排潜力很大，发展不平衡，碳管理刚刚起步，需进一步加强规范化和标准化。

4. 成品油市场竞争升级，新能源替代压力增加

2022 年，成品油市场竞争激烈。从区域竞争看，产能区域集中明显，华东、东北、华南和西北位列前四，整体格局没有变化。山东是国内炼油产能最大的省份。

从企业竞争看，大型国企依然占据主导地位；民营企业持续发力，正在崛起之中，市场份额占比不断提升。目前国内成品油市场已形成国有石油公司为主导、国内民营企业和国外大石油公司积极参与的多元化市场格局，竞争日趋激烈。2022 年，中国成品油产量为 3.63 亿吨，中国石化和中国石油的产量分别占 42.7%和 32.4%的市场份额，合计约为国内总产量的 75%。

此外，成品油市场也面临着新能源市场的冲击。随着国家政策的持续推进和企业研发投入的加大，新能源汽车行业发展迅速，电能、氢能等新能源在交通领域逐步替代了成品油。虽然成品油短期内作为我国运输燃料的主导力量地位不会发生根本性改变，但成品油市场发展空间已越来越受到新能源市场的挤压。

（三）2023 年我国成品油行业环境与政策趋势分析

1. 加速成品油行业供给侧结构性改革，政策监管力度将进一步加大

2023 年，中国成品油行业改革、产业发展、市场监管等重要环节的宏观政策将更加完善。中国成品油行业的主线将是在政策和市场双重引导下，加速行业供给侧结构性改革，形成新的供需平衡点。国家和地方将根据不同企业的特点，制定相应的管控目标，在确保安全稳定供能的基础上，进一步有效降低二氧化碳排放。同时逐步完善成品油出口管理政策，有效利用国内炼油能力，合理确定成品油出口配额；支持炼化产业数字化、智能化发展。对成品油市场整顿力度将继续加大，包括对调和原料征税、地方炼厂申报进口原油使用资质过程中落后产能淘汰有无造假、是否违反进口原油使用管理规定擅自倒卖原油等加强审核，行业准入门槛继续大幅提高，税收管理继续强化，行业监管逐步严格，成品油市场运行愈加规范化。

2. 加快产业结构调整，趋向产业一体化、服务集成化

综合来看，国内成品油市场价格利好利空因素并存，将跟随国际原油价格宽幅震荡，整体价格或与 2022 年相差无几。短期来看，替代能源对成品油的影响

虽然不是很大，但从长期发展来看，未来汽车动力仍将向着更清洁环保的新能源发展。中国成品油产业将面临出口空间有限、需求结构变化、产品质量升级、环保压力加大等多重挑战，加快成品油产业结构调整势在必行。在此形势下，我国成品油企业将进一步淘汰落后产能，改进生产工艺，从而加快产业结构调整，优化资源配置，促进成品油产业一体化协同发展。

在科学的疫情防控和积极稳健的经济政策支持下，国民经济将持续保持恢复态势，成品油产业在人们日常生活和工作中的渗透将越来越广泛，成品油的应用需求也将继续扩大。成品油行业有超半数的企业提供系统集成基础服务，整个市场中系统集成商仍有较大发展空间，这将促使成品油行业形成新的供需平衡点。

3. 成品油消费将进一步增加，国内汽柴油产量将随着需求复苏而增加

2023 年 1 月 1 日起全国已全面升级到国六 B 汽油，油品升级为消费者提供了更优质的产品，这样既满足了消费者的需求，又助推了“双碳”目标的达成。

零售方面，国内汽柴油产量将随着需求复苏而增加，预计汽柴油表观消费量均较 2022 年增加，汽油消费增速相对柴油较大。2023 年，国际原油价格仍将保持在相对高位，整体趋势或呈现先扬后抑走势。在现行定价机制下，国内零售价波动依然主要挂靠原油价格走势。由此来看，2023 年国内零售价或将维持区间震荡。

出口方面，首批成品油出口配额数量近 1900 万吨，比 2022 年增加 46%。但国内成品油大出大进的出口政策将逐步改变，汽柴油净出口量呈下降趋势，通过国内市场自行调整资源供应格局将成为首选。

供应方面，进入 2023 年，部分新建民营大炼化企业将投产运行，国内炼油能力将进一步提升。加之国内疫情得到缓解，以及各地出台相关政策扶持当地经济恢复，工程基建项目或继续增加，旅游业亦逐步向好。整体来看，2023 年成品油需求较 2022 年将有明显改善。再者，受地缘政治局势支撑，国际油价仍将维持高位运行。在成品油出口利润丰厚提振下，主营炼厂开工积极性较高。综合来看，在多方利好提振下，2023 年国内成品油产量或涨至近年来高位水平。2023 年成品油总产量或在 39800 万吨，同比增幅或达 10.60%。

4. 战略引领成品油行业低碳转型，加快传统成品油行业的数字化转型

2023 年我国将进一步优化行业清洁生产评价指标体系，清洁生产指标体系增加温室气体控制指标，督促各行业从源头减碳、过程控碳、末端降碳三方面开展工作。成品油行业将从能耗双控转向碳排放双控，重点关注碳排放强度指标与国际指标的差距。成品油全产业链将更加清洁化、低碳化，提升生产效率、降低碳排放成为技术创新的主要方向。一方面，以市场为导向，稳步调整优化炼油装置结构与产品结构，降低汽油、柴油的产出比例，提高石化原料的产出比例；另一方面，严格燃油质量管理，提升清洁油品供应能力，提高炼油资产利用效率。

推动分布式可再生能源项目与油气产业链各环节的深度融合发展，建设零碳油田、工厂、加油站等示范产业，探索开展可再生能源制氢及储运等业务，构建“油、气、氢、电、热、冷”多能源品种联供的高效供能体系。数字化、智能化将在成品油产业链推广应用中成为价值提升的重要手段。通过数字化基础能力建设、技术创新、项目示范等措施，加快数字化、智能化技术与产业的融合发展，助力提高能源利用效率。

5. 加油站竞争愈加激烈，多方作战各显神通

2023 年，成品油市场需求达峰替代进程将加快。中国成品油销售企业面临着市场竞争加剧、自身体制改革等方面的压力，提高竞争力已经成为生存和发展的主要手段。中国石油、中国石化、各大跨国石油公司和民营大炼化企业积极谋求自身发展。在国家政策的大力扶持之下，新能源汽车产业将继续迅猛发展，但短期内依旧难以撼动国内汽油需求的主导地位。

二、2022 年天然气行业环境分析与政策变化及未来趋势

2022 年，中国天然气行业稳健发展，协同发力产供储销。同时，积极推动天然气与新能源融合发展，提升天然气在一次能源结构中的消费占比。2023 年，国家调节与市场发展相结合，不断推进天然气供需体系建设走深走实，努力实现高质量发展，为中国经济发展和能源低碳转型发挥更大作用。

（一）2022 年中国天然气行业政策变化分析

天然气作为一种天然存在的碳氢化合物气体和不可再生的化石燃料，在能源供应中一直发挥着重要的作用。近年来，国家出台多项积极政策，主要涉及我国能源结构改革、天然气市场化改革、天然气储备设施建设等方面。

1. 国家出台多项政策，助推我国天然气市场整体持续发展

2022 年，国家陆续出台了一系列的政策支持天然气行业的发展，为天然气的广泛应用提供了坚实的政策保障（见表 2-3）。3 月 22 日，国家发展改革委、国家能源局联合发布的《“十四五”现代能源体系规划》，为“十四五”期间天然气行业发展目标与重点建设内容指明了方向。就发展目标来看，提出到 2025 年，国内天然气年产量达到 2300 亿立方米以上；全国集约布局的储气能力达到 550 亿～600 亿立方米，约占天然气消费量的 13%；全国油气管网规模达到 21 万千米左右。就重点建设内容而言，主要强调天然气管道、储气库、LNG 接收站等基础设施建设，以及天然气交易平台的建设。同时，还要稳步推进天然气价格市场化改革，重点发展天然气水合物、生物天然气等新兴领域。

表 2-3 国家层面天然气行业的相关政策

时间	政策名称	重点内容
2022.1.24	《交通领域科技创新中长期发展规划纲要（2021—2035 年）》	开展基于多源数据的交通运输能耗、温室气体和大气污染物排放监测与评估技术研发，推广应用液化天然气等清洁能源

续表

时间	政策名称	重点内容
2022. 1. 29	《“十四五”现代能源体系规划》	到 2025 年，国内能源年综合生产能力达到 46 亿吨标准煤以上，天然气年产量达到 2300 亿立方米以上；全国集约布局的储气能力达到 550 亿~600 亿立方米，约占天然气消费量的 13%
2022. 1. 30	《关于完善能源绿色低碳转型体制机制和政策措施的意见》	推行大容量电气化公共交通和电动、氢能、先进生物液体燃料、天然气等清洁能源交通工具；因地制宜建设既满足电力运行调峰需要，又对天然气消费季节差具有调节作用的天然气“双调峰”电站
2022. 3. 17	《2022 年能源工作指导意见》	到 2022 年，全国能源生产总量达到 44. 1 亿吨标准煤左右，原油产量达到 2 亿吨左右，天然气产量达到 2140 亿立方米左右
2022. 4. 19	《加强碳达峰、碳中和高等教育人才培养体系建设工作方案》	以一次能源清洁高效开发利用为重点，加强煤炭、石油和天然气等专业人才培养
2022. 4. 26	《“十四五”应急管理标准化发展计划》	加快制订海洋石油天然气开采安全、陆上石油天然气开采安全、高风险井井控安全等方面的安全标准
2022. 5. 20	《关于完善进口液化天然气接收站气化服务定价机制的指导意见》	明确气化服务价格定义及内涵、健全气化服务定价方式、完善价格制定方法、合理设定价格校核周期、细化其他服务价格管理、强化信息公开、抓好组织实施。推动进口液化天然气接收站公平开放，促进天然气行业高质量发展，保障能源安全稳定供应
2022. 6. 10	《城市燃气管道等老化更新改造实施方案(2022—2025 年)》	2022 年抓紧启动实施一批老化更新改造项目。2025 年年底前，基本完成城市燃气管道等老化更新改造任务

2. 各省区市提出差异化发展政策，支持并鼓励天然气稳步扩产

随着低碳环保等政策理念不断深入，天然气作为最清洁的一次能源得到快速发展。2022 年，我国重点省区市纷纷出台支持并鼓励天然气加快发展的各项政

策(见表2-4)。“十四五”期间，江苏、河北、山东、四川、陕西等多个省区市均在相关规划中提出天然气产业发展目标。国家及各地政府出台的一系列发展和完善天然气行业的政策，直接促进了天然气行业的发展以及能源消费结构的转型，随着低碳环保发展理念的日益深化，原本加油的公交车、出租车、运输车改成“油气两用”，燃油车占比的逐渐缩小使得传统的加油站迎来转型、大批加气站应运而生。

表 2-4 重点省市天然气行业的相关政策

时间	省市	政策名称	重点内容
2022.1.10	河北省	《河北省支持中国(河北)自贸试验区创新发展若干措施》	支持曹妃甸片区液化天然气(LNG)储运设施建设，组织安排外采LNG资源，确保天然气气源稳定供应
2022.1.24	江苏省	《江苏省政府关于加快建设健全绿色低碳循环发展经济体系的实施意见》	大力推进沿海天然气管网和沿海液化天然气接收站(LNG接收站)规划建设
2022.2.18	四川省	《四川省发展和改革委员会等7部门关于进一步规范天然气汽车改装有关事项的通知》	凡具备汽车维修经营一类维修经营业务条件，符合《天然气汽车改装企业规范》DB51/T2146标准相关要求的企业，均可从事天然气汽车改装业务
2022.2.20	山东省	《山东省建设高标准市场体系行动方案》	全面落实省加强煤炭储备能力建设工作方案，制定应急备用和调峰电源建设实施方案，增强煤炭储备能力，强化电力保障供应，统筹推进天然气产供储销体系建设
2022.2.22	北京市	《北京市“十四五”时期重大基础设施发展规划》	燃气供应保障能力不断增强，建成陕京四线“一干三支”北京段工程，新建天然气门站2座、高压A调压站4座、高压B调压站12座，16个区全部连通管道天然气，平原地区燃气管网实现“镇镇通”

续表

时间	省市	政策名称	重点内容
2022.3.9	山东省	《山东省关于加快节能环保产业高质量发展的实施意见》	积极发展液化天然气船舶、混合动力船舶、氢燃料动力船舶以及非金属船舶等绿色船舶制造
2022.3.14	陕西省	《陕西省蓝天碧水净土保卫战 2022 年工作方案》	到 2022 年年底，力争全省天然气消费 165 亿立方米，非化石能源占一次能源消费比重达到 12%左右，可再生能源装机比重提高 40%
2022.6.11	内蒙古自治区	《内蒙古自治区人民政府关于印发自治区贯彻落实〈国务院扎实稳住经济的一揽子政策措施〉意见的通知》	加快推进成品油、天然气储备能力建设，降低市场主体水电气网成本
2022.7.21	四川省	《四川省“十四五”节能减排综合工作方案》	加强船舶清洁能源动力推广应用，推广液化天然气(LNG)动力船舶，推动设立船舶氮氧化物排放控制区，加快推进船舶 LNG 加注站建设，推动船舶岸电受电设施改造，推进“零碳港口”建设
2022.8.9	重庆市、四川省	《推动川渝能源绿色低碳高质量发展协同行动方案》	建设川渝千亿立方米天然气产能基地；提高天然气储备调峰能力；打造成渝绿色交通走廊；推动天然气高效利用；推进油气体制改革等
2022.9.7	浙江省	《关于贯彻〈国家发展改革委关于完善进口液化天然气接收站气化服务定价机制的指导意见〉的通知》	气化服务价格实行政府最高指导价管理。最高气化服务价格暂实行一站一价，后续统筹考虑浙江省接收站建设管理实际情况，调整为全省统一最高气化服务价格

（二）2022 年中国天然气行业环境分析

习近平总书记指出，能源的饭碗必须端在自己手里。基于此，我们有必要重新审视天然气市场的影响力。2022 年，中国天然气行业迎来高质量发展，中国天然气领域的体制机制、基础设施和市场建设、供给能力、技术进步等各方面都在不断完善。

1. 天然气供应能力显著增强，进口天然气总量下降

在政府政策和天然气基础设施快速开发的重视和支持下，虽然 2022 年国际油气价格高企，但据国家统计局数据，国内天然气消费占比稍有下降。2022 年，在国家的支持鼓励下，中国增强能源供应能力建设的效果显现。在天然气供应能力方面，2022 年 1 月，国家发展和改革委员会提出大力提升国内勘探开发力度，继续推动国内天然气增储上产，夯实国内资源保供的基础。中国石油、中国石化和中国海油等央企根据国家要求积极增储上产。全国天然气产量 2177. 9 亿立方米，比 2021 年增长 6. 4%，连续 6 年增产 100 亿立方米。

2022 年天然气的对外依存度降至 41. 2%。进口天然气总量 10924. 8 万吨，同比下降 9. 9%。其中，进口液化天然气量 6344. 2 万吨，同比下降 19. 5%，这是近 7 年以来首次出现同比下滑。LNG 进口成本为 5498 元/吨，同比上涨 52. 4%。

2. 持续扩大油气管网基础设施投资，中国 LNG 对外出口量大增

经济的持续增长为天然气的建设和供应提供了财力和物力保证，加快了管网的标准化体系建设以及 LNG 基础设施等的发展。在天然气建设方面，国家管网公司度过磨合期，持续扩大油气管网基础设施投资；天然气管道建设趋势向好；管道、罐箱等新型运输方式加强协同，互联互通提高输气效率，LNG 接收站布局和配套外输管道逐步完善；“西气东输、北气南下、海气登陆、就近供应”的全国管道物理联通“一张网”逐渐成熟。

2022 年，在俄欧对峙局面下，欧洲天然气价格暴涨，带动全球主消费地价格整体上行，在此期间，国内部分进口商看到亚欧之前巨大的利润空间，在 3 月份以后对外出口活动增加，且对外出口价格在成本支撑下也水涨船高。2022 年，中国 LNG 对外出口量大增，同比增长 2108.98%，全年对外出口均价达到 13074.73 元/吨。

3. 用能结构全面升级，天然气在能源结构中的作用日益凸显

目前我国天然气主要使用在四个方面，分别是城市燃气、化工领域、工业领域和发电。在国家绿色低碳转型的号召下，政府与企业携手从直接节能减排、能源替代等方面落实和支撑碳中和目标的实现，推进煤炭消费替代，发展天然气等新能源。各企业纷纷从煤炭、石油逐渐转向天然气，以降低碳的排放量，“气代煤”推动了天然气在工业领域的消费。城镇天然气消费目前主要集中在人们的生活、采暖、交通等方面，城镇燃气的消费在天然气总消费量中占比最高。另外，燃气下乡推动广大农村居民的用能结构升级，一些省份正通过管道燃气、LNG“点供”和罐箱“一罐到底”等多种方式实现天然气逐步向乡村拓展，有序实施“燃气下乡”政策，实现“气代煤”和“气代柴”。

4. 系统谋划储气重大项目的布局，推动天然气供求平衡及绿色高效利用

中国天然气资源相对不足以及分布不均，一直以来制约着供应能力的提升，为此国家大力发展天然气储罐储库建设。2022 年 9 月 1 日，中国海油宣布，中国自主研发制造的国内最大尺寸液化天然气卸料臂在中国海油盐城“绿能港”正式投用，标志着液化天然气装备关键技术再获突破，同月 22 日，中国海油盐城“绿能港”储罐主体结构基本完成，成为国内规模最大的 LNG 储备基地。中国在加快推进天然气对煤炭替代的同时，鼓励发展天然气和可再生能源融合项目。2022 年 8 月 23 日，中国海油宣布，中国首套自主研发的橇装天然气制氢装置在佛燃能源明城综合能源站正式投用。该项目为加快构建“清洁、低碳、安全、高效”能源体系，推动能源绿色转型制氢发挥了示范作用。2022 年，我国自主研制的

甲烷化催化剂在新疆庆华大型煤制天然气项目中，一次性开车成功，标志着我国大型煤制天然气甲烷化技术取得突破，可以在煤制气生产过程中使用绿色氢气生产甲烷，大大减少了碳排放。

（三）2023年中国天然气行业环境与政策趋势分析

2023年，中国天然气行业环境将向更高质量发展。从长期来看，天然气作为清洁能源，有力促进了空气环境质量的持续改善和人民生活品质的显著提升，在国家绿色发展中发挥了主要作用。

1. 国家制定战略及规划，朝着更高质量的方向转型

2023年，天然气作为符合绿色能源转型要求的清洁能源，仍是国家重点发展的能源之一。从“减污降碳”的角度看，国家将不断实现其与新能源的进一步融合。一方面，将继续优化天然气利用的政策体系，加强其导向作用。在城市燃气领域，将持续优先保障民生用气，鼓励“地热+天然气”等以天然气为补充的低碳供暖模式应用，缓解天然气调峰压力。在工业领域，将继续推动天然气替代高碳高污染燃料，支撑工业节能降碳和绿色转型。在交通领域，将重点加大对水运行业应用LNG的政策支持，扩大保税LNG加注区域范围，加快推动加注站建设。另一方面，将进一步明确天然气与新能源融合发展的实施路径，加快推动多场景的“天然气+可再生”一体化多能互补试点项目建设。包括综合能源基地“风光（水）+气电”打捆外送、沿海地区“海上风电+气电”打捆就近消纳，推进“天然气+可再生”多能互补分布式能源项目，构建冷热电气氢综合供能系统。完善跨区电力输送通道建设，为大规模天然气发电与新能源融合发展创造条件。

2. 进一步推进天然气进口来源的多元化，结合市场弹性共同健康发展

面对天然气对外依存度较高、供应存在缺口的情况，除了提高技术以增加国内产量外，还将继续通过进口来源多元化，与国内外各气体燃料供应商的合作来

填补供需缺口，以促进市场稳定。比如将持续发展及完善西北方向的中亚燃气管道、西南的中缅油气管道、东北的中俄天然气管道等。2023 年，还将继续致力于处理好供应总体刚性与因发电、工业用气和季节性变化产生的市场波动之间的关系，使得供应能平衡完全地满足市场需求。

3. 天然气消费持续成长，中国城市燃气消费领域发展前景广阔

中国城市化进程、家庭小型化趋势是城市天然气消费持续成长的动力。随着中国城市化进程不断加快，促使城市人口的快速增加，扩大了用气人口的基数。随着中国城市人口的快速增加，用气人口的基数将持续上行。同时，随着中国家庭数量的增长，城市燃气接驳业务需求量和人均燃气消费量将会增加。另外，中国目前城市管道燃气使用率仅为 30%左右，较发达国家乃至东南沿海一线城市 80%~90%的管道燃气使用率尚有巨大的提升空间。综上可知，中国城市燃气消费领域发展前景广阔。

三、 2022 年新能源行业环境分析与政策变化及未来趋势

随着国家碳中和战略的实施和对环保要求的日益提高，2022 年，我国在新能源行业的政策不断出台，发展环境一片向好，新能源汽车渗透率逐渐提升，这为氢能和充换电行业带来了巨大的市场空间。各类新能源产业协调发展，市场效益显著，促进了新能源汽车销量的提升。2023 年，国家政策将继续推进新能源行业，助力产业布局，将建立以储能为核心的多能互补能源体系，加快数字化升级。

（一）2022 年中国新能源行业政策变化分析

2022 年是我国新能源行业迅速从规划至实施兴起的一年，也是国家和政府大力扶持发展的一年。

1. 国家政策倡导新发展格局，统筹新能源开发和利用

2022 年，国家出台了一系列相关政策，对新能源发展方向进行引导和规划，并提出了具体的指导意见和行动方案(见表 2-5)。除此之外，国家还出台了充换电、氢能及光伏行业发展的具体指导政策(见表 2-6)。充换电作为新能源汽车补能的重要补充手段，为推动产业发展，系列政策不断出台，充分提升了充换电模式市场占有率。氢能产业发展的政策框架不断完善，从刚开始的节能环保产业大范围政策，逐渐形成对氢能行业的具体政策，对氢能行业越发有利。光伏产业是推动我国能源变革的重要引擎，也是新能源的重要组成部分。如今，光伏行业发展被写入“十四五”规划，进一步促进光伏产业健康、可持续发展。

表 2-5 国家层面新能源行业相关政策

时间	政策名称	重点内容
2022. 1. 29	《“十四五”现代能源体系规划》	着力增强能源供应能力，加快实施可再生能源替代行动。把氢能和燃料电池技术列为能源技术装备的主攻方向和重点任务。加快推进大型风电光伏基地项目建设
2022. 3. 3	《“十四五”东西部科技合作实施方案》	聚焦碳达峰、碳中和目标。发挥多部门、多地区协同攻关，支持新疆实施能源清洁利用与碳达峰、碳中和科技行动，开展煤炭清洁利用、智能化风力发电机组、储能能源微电网等先进能源技术研发与示范应用，进行战略矿产、化工等行业绿色低碳技术开发与成果转化。支撑引领新疆绿色发展
2022. 5. 14	《关于促进新时代新能源高质量发展的实施方案》	到 2030 年将实现我国风电、太阳能发电总装机容量达到 12 亿千瓦以上的目标。提出 21 项具体政策举措，提出切实可行和具备操作性的政策措施，为新能源又好又快发展保驾护航
2022. 6. 1	《“十四五”可再生能源发展规划》	“十四五”时期可再生能源发展将坚持集中式与分布式并举、就地消纳与外送消纳并举、单品种开发与多品种互补并举等要求；重点部署了九大行动，以扎实有效的行动保障规划全面落地

表 2-6 充换电、氢能和光伏行业具体政策

时间	政策名称	重点内容
2022. 1. 4	《智能光伏产业创新发展行动计划(2021—2025)》	2025 年，光伏行业智能化水平显著提升，产业技术创新取得突破。智能光伏产业生态体系建设基本完成，与新一代信息技术融合逐步深化
2022. 3. 23	《氢能产业发展中长期规划(2021—2035)》	明确氢的能源属性，明确氢能是战略性新兴产业的重点方向。到 2025 年，燃料电池车辆保有量约 5 万辆，部署建设一批加氢站

续表

时间	政策名称	重点内容
2022. 10. 29	《关于促进光伏产业链健康发展有关事项的通知》	多措并举保障多晶硅合理产量，创造条件支持多晶硅先进产能按期达产，鼓励光伏产业制造环节加大绿电消纳，完善产业链综合支持措施，加强行业监管，合理引导行业预期

2. 地方政府因地制宜规划发展目标，引导新能源产业快速发展

2022 年，全国各省区市已基本出台当地第十四个五年规划和 2035 年远景目标纲要，全国绝大多数省区市在“十四个五年规划”中，对新能源因地制宜地发展和绿色节能减排提出了具体的发展目标及规划，其中，北京、上海、广东、江苏等重点省市提出了至 2025 年年末的可再生能源新增发电装机容量、新能源产业营业收入以及风电、光伏发电等装机量目标(见表 2-7)。

表 2-7　各省区市出台的新能源行业相关政策

时间	省市	政策名称	重点内容
2022. 3. 23	上海市	《上海市氢能产业发展中长期规划(2022—2035 年)》	到 2025 年，建设各类加氢站 70 座左右，燃料电池汽车保有量突破 1 万辆，氢能产业链产业规模突破 1000 亿元，在交通领域带动二氧化碳减排 5 万~10 万吨/年
2022. 4. 1	北京市	《北京市“十四五”时期能源发展规划》	到 2025 年，本地可再生能源新增发电装机容量达到 210 万千瓦左右。新增可再生能源供暖面积 45000 万平方米，打造城市副中心、大兴国际机场临空经济区等一批能源绿色转型示范样板，新建城市功能区可再生能源利用比重不低于 20%
2022. 4. 13	广东省	《广东省能源发展“十四五”规划》	大力发展海上风电、太阳能等优势产业，加快培育氢能、储能、智慧能源等新兴产业，建设差异化布局的新能源产业集聚区，到 2025 年，全省新能源产业营业收入达 7300 亿元，形成国内领先的新能源产业集群

续表

时间	省市	政策名称	重点内容
2022.4.20	湖北省	《湖北省能源发展“十四五”规划》	积极推进“光伏+”发展模式，大力支持分布式光伏发电应用。有序推进集中式风电建设，加快推进分散式风电开发，分别新增光伏发电、风电装机1500万千瓦、500万千瓦。2025年光伏风电发电总装机达到3200万千瓦，年发电量400亿千瓦·时，新增常规水电装机50万千瓦，2025年水电装机达到3800万千瓦
2022.5.7	上海市	《上海市能源发展“十四五”规划》	大力发展可再生能源。可再生能源向集中与分布式并重转变，实施“光伏+”专项工程结合土地和屋顶资源分行业、分领域推进光伏发展，力争光伏新增规模270万千瓦。近海风电重点推进本贤、南汇和金山三大海域风电开发，探索实施深远海域和陆上分散式风电示范试点，力争新增规模10万千瓦。结合废弃物资源化利用推进生物质发电组建设，新增规模约40万千瓦
2022.5.7	浙江省	《浙江省能源发展“十四五”规划》	到2025年清洁能源电力装机占比超过5%，高水平建成国家清洁能源示范省。全省110千伏以上变电容量达到6亿千伏安以上，线路长度达到6.7万千米以上，规划建设加氢站近5座
2022.5.15	四川省	《四川省“十四五”能源发展规划》	“十四五”期间核准建设(水电)规模1200万千瓦以上，新增投产水电装机规模2400万千瓦左右，新增风电600万千瓦左右、太阳能发电1000万千瓦以上，年输气能力达到700亿立方米
2022.6.1	福建省	《福建省“十四五”能源发展专项规划》	大力发展新能源和可再生能源。到2025年，可再生能源装机3275万千瓦，电力规划装机达8500万千瓦。其中，火电3917万千瓦、水电1200万千瓦、抽水蓄能500万千瓦、风电900万千瓦、光伏500万千瓦，清洁能源装机比重从2020年的53.5%提高至55.8%

续表

时间	省市	政策名称	重点内容
2022. 8. 10	辽宁省	《辽宁省氢能产业发展规划（2021—2025年）》	打造国内顶尖、世界一流的氢能产业研发与创新基地，国内领先的燃料电池发动机生产制造基地。到2025年，全省氢能产业实现产值600亿元，培育10家左右具有核心竞争力和影响力的知名企业

（二）2022年中国新能源行业环境分析

新能源行业作为新兴行业，目前正处于高速发展阶段，各个国家都在完善相关政策来促进其发展，行业环境十分有利。我国提出区域专业化、产业集聚化的方针，并大力规划、发展新能源产业，相继出台一系列扶持政策，使得新能源产业成为我国经济发展的中流砥柱。

1. 各类新能源产业协调发展，加快走向规模化和商业化

在“双碳”目标下，交通能源基础设施体系正经历深刻变革，油、气、氢、电、光等储能交织并存，融合发展。随着新能源汽车补能技术路线逐渐成熟，充换电基础设施建设规模迅速扩大，产业融合逐渐增强。在国家政策推动下，新能源汽车充换电市场规模不断扩大，发展氢能成为战略性新兴产业的重点方向，光伏产业装机目标不断突破。2022年，我国氢能产业“制、储、运、用”产业链已初具雏形，处于规模化前夕，氢能产业正稳步发展。光伏产业也迈入高质量发展阶段，发挥自身优势，深入推进能源革命，为绿色发展带来新动力。

2. 新能源行业投资率上升，数家企业步入亿元融资时代

2022年以来，新能源企业纷纷开启更大规模融资，数家企业步入亿元融资时代。充换电行业通过资本与产业链企业合作，组建电池资产管理公司，再通过电池全生命管理与运营实现收益进行电池成本分担，形成了充换电模式的商业闭环，为充换电模式的发展奠定了基础。氢能行业投资规模和力度加大，投资增长

率上升，使得供给方面得到了保障，能够很好地满足市场需求。据有关市场机构统计，中国氢能相关企业超过了 2000 家。“加油站+光伏”模式吸引了石油行业巨头布局光伏加油站项目，光伏充电桩（站）建设起步，“整县推进”模式成为分布式光伏的主要增长动力。

3. 各项关键技术持续攻关，大力促进新能源汽车行业快速发展

充换电技术智能化程度不断提升。目前充电技术的接口标准已经统一，换电技术处于自主研发的阶段，这为新能源汽车所焦虑的续航里程提供了行之有效的解决方案。氢能各产业链核心技术稳步发展。在制氢领域，中国石化启动“氢能技术”重大科技项目，在储运领域，新型储氢技术及应用研究领域取得多项突破。光伏发电技术取得快速发展，晶硅技术突破和成本控制成为我国的优势，光伏电池、组件等关键部件产业化量产技术达到世界领先水平。

我国公共充电桩保有量明显增加。据中国充电联盟的数据显示，2022 年，我国公共充电桩增至 179.7 万台，这为新能源汽车的普及提供了有利条件。我国特色的氢能综合利用产业链，助力能源安全与“双碳”目标实现，在氢能行业的快速发展下，氢燃料电池汽车市场也实现了高速增长。2022 年，氢燃料电池汽车产销分别完成 653 万辆和 607 万辆，同比分别增长 4.1%和 24.9%。除此之外，多家石油公司在加油站开展光伏项目，“加油站+光伏”模式使得光伏发电并入电网，间接使得充电成本下降，促进新能源电动汽车的销量增加。

（三）2023 年新能源行业环境与政策趋势分析

1. 政策将持续全面推进，优化新能源产业布局

我国政府将继续加强新能源基础设施建设，发展新一代信息网络，解决充电桩联网问题，推广新能源汽车，激发新消费需求，助力产业升级。各个层面还将继续细化氢能相关标准和产业政策，构建出创新驱动的氢能产业政策框架，完善氢能产业标准体系，推动氢能全产业链建设，形成氢能区域产业布局。光伏行业

配套支持政策将不断完善，推动平价时代光伏定价政策出台，做好与电力市场的衔接。国家能源局发布的2023年能源工作路线图指出，2023年将加快风电光伏项目建设。这将为光伏发电行业由补贴时代向平价发电时代平稳过渡创造有利条件，有助于我国光伏发电行业由政策导向型行业向市场化竞争行业转变。

2. 将建立以储能为核心的多能互补体系，挖掘新能源业务盈利空间与替代效应

如今能源结构转型过程中，我国单一能源的利用受到多方牵制，建设高效、灵活的综合能源体系将成为能源发展的重点。将风光水火储有效结合，发挥各类电源优势、取长补短是一种十分有效的解决方案，不但能够为新能源提供调峰调压电源，提升发电消纳能力，增加应用比重，缓解“弃风、弃光、弃水”等问题，还有利于降低火电等传统能源高污染、高耗能的程度，为优化能源结构、降低环境污染提供助力。因此，大力发展以储能为核心的多能互补体系，将成为我国能源经济持续稳定高质量发展的关键。

中国新能源充电桩行业市场规模一直保持增长趋势，新基建背景下，未来充换电将致力于盈利提升，通过换电技术升级、梯次利用价值挖掘等创新模式的应用，持续挖掘换电业务盈利性空间。充电桩与通信、智能电网、车联网等技术将有机融合，利用大数据优化位置布局、提高利用率。随着氢燃料汽车渗透率的不断提升，预计将加快我国加氢站建设，投入运营加氢站的数量也将实现快速增长。光伏相比于其他可再生能源更适用于分布式应用，分布式光伏发电系统由于其经济、环保、供电安全可靠性高，被用于解决边远地区用电问题。分布式光伏发电系统能够实现就近供电，对大电网、远距离供电形成有益的互补和替代，能够有力促进微网的建设发展。

3. 新能源产业将实现数智化升级，将着力攻克关键核心技术

未来的新能源产业将朝着智能化、数字化方向发展，主要的发展瓶颈在于新能源技术革新。随着国家政策的不断完善，新能源必将由补充能源逐步提升为替代能源、主流能源乃至主导能源，技术进步的步伐将大大加快，成本将大幅降低。我国将增强能源科技创新能力，加快能源领域关键核心技术和装备攻关，强化储能、氢能等前沿科技攻关，加快实现储能核心技术自主化。在氢能领域，我国将着力攻克可再生能源制氢和氢能储运、应用及燃料电池等核心技术，力争氢能全产业链关键技术取得突破，推动氢能技术发展和示范应用。随着中国国内光伏产业规模逐步扩大、技术逐步提升，光伏发电成本也会逐步下降，未来中国国内光伏容量将大幅增加。

4. 新能源在加能站中的应用步伐将加快，不断创新“加油站+”模式

2023 年，国有石油公司或将进一步与国家电网等企业加强横向合作，包括进一步和整车企业、独立的充电站、换电站运营企业等展开深入合作，为新能源汽车的基础设施建设和大规模普及应用助力。随着补贴政策的持续推进以及产业下游需求的不断扩大，我国加氢站建设和运营数量将会持续增长，在未来研发技术突破的条件下，加氢站建设成本有望进一步降低，这将进一步提升加氢站产业规模。随着未来燃料电池汽车的普及，“油气氢电服综合能源站”将成为加能站建设的主流模式。光伏技术成本的不断下降将使光伏发电成为油气公司最有吸引力的投资标的。未来，“加油站+光伏”模式将进一步普及，到 2025 年，能源公司“跨界竞争时代”将到来。

四、2022 年汽车（燃油、充电、加气、加氢）行业环境分析与政策变化及未来趋势

2022 年我国汽车行业在疫情反复、原材料价格高位运行等不利条件下，展现出新能源汽车销量持续高速增长、中国品牌乘用车市场份额提升、汽车出口连创新高三大亮点，汽车产销仍保持了稳步增长的态势。2023 年，我国在“双碳”目标指导下，将继续加大新能源汽车政策扶持力度，再加上经济恢复、居民收入水平提高、新能源汽车行业技术进步、不少省区市汽车限购政策的调整等多重因素，我国汽车市场规模还将继续较快增长。

（一）2022 年中国汽车（燃油、充电、加气、加氢）行业政策变化

1. 规划新能源汽车产业发展，多方位推进产业升级

2022 年，国家出台一系列新能源汽车相关政策（包括征求意见稿 5 项），涉及宏观、补贴、基础设施、安全管理、技术研发、智能网联等诸多方面（见表 2-8）。

从政策层面看，2022 年的政策力度较大，有多重因素利于车市的发展，如 2022 年我国宏观经济将持续稳定恢复，宏观政策促进汽车消费，尤其是优化汽车限购、鼓励农村汽车消费、加快老旧机动车的淘汰、促进二手车的流通、丰富汽车金融服务等一系列政策，推动了内生动力激发市场潜力。

表 2-8　国家层面汽车行业的相关政策

时间	政策名称	重点内容
2021.12.31	《关于 2022 年新能源汽车推广应用财政补贴政策的通知》	2022 年新能源汽车补贴标准在 2021 年基础上退坡 30%；城市公交、道路客运、出租（含网约车）、环卫、城市物流配送、邮政快递、民航机场以及党政机关公务领域符合要求的车辆，补贴标准在 2021 年基础上退坡 20%

续表

时间	政策名称	重点内容
2022.4.25	《关于进一步释放消费潜力促进消费持续恢复的意见》	稳定增加汽车等大宗消费，各地区不得新增汽车限购措施，已实施限购的地区逐步增加汽车增量指标数量、放宽购车人员资格限制，鼓励除个别超大城市外的限购地区实施城区、郊区指标差异化政策，更多通过法律、经济和科技手段调节汽车使用，因地制宜逐步取消汽车限购，推动汽车等消费品由购买管理向使用管理转变
2022.5.16	《关于开展2022新能源汽车下乡活动的通知》	支持新能源汽车消费，引导农村居民绿色出行，促进乡村全面振兴，助力实现碳达峰、碳中和目标
2022.5.25	《财政支持做好碳达峰、碳中和工作的意见》	提出要大力支持发展新能源汽车，完善充换电基础设施支持政策，稳妥推动燃料电池汽车示范应用工作
2022.5.31	《关于减征部分乘用车车辆购置税的公告》	对购置日期在2022年6月1日至2022年12月31日期间内且单车价格(不含增值税)不超过30万元的2.0升及以下排量乘用车，减半征收车辆购置税
2022.7.5	《关于搞活汽车流通、扩大汽车消费若干措施的通知》	鼓励各地综合运用经济、技术等手段推动老旧车辆退出，促进汽车更新消费。鼓励金融机构在依法合规、风险可控的前提下，合理确定首付比例、贷款利率、还款期限，加大汽车消费信贷支持
2022.12.29	《汽车金融机构管理办法》(征求意见稿)	加强汽车全融公司监管，将汽车有关贷款、附加品融资等业务列入业务范围，引导汽车金融公司全面服务汽车消费，支持实体经济发展

2. 地方政策积极推进，促进汽车行业健康发展

我国各个省区市均根据本地产业发展的实情，在汽车产业政策上做出了较全面的调整，从而也体现了各自的产业政策特点(见表2-9)。整体来看，各省区市的汽车产业发展政策主要围绕汽车及其零部件产业、新能源(电、气、氢)和智能汽车、汽车产业链、汽车消费和技术创新等，部分涉及新能源汽车的充电基础设施和加氢站的建设，不同地区有不同的汽车产业发展重点。其中，部分省区市的特色在于汽车物流、汽车租赁、汽车保险等领域，例如天津、山东、宁夏等地；也有部分省区市的特色在于区域合作关系，或内部合作，或是与境外地区合作，例如山西、辽宁、吉林、湖南、湖北、广东、广西、四川等地；亦有部分省区市的特色在于对建设项目的土地、国家级数据等方面的支持，例如重庆。

表 2-9　重点省区市汽车行业的相关政策

时间	省市	政策名称	重点内容
2022. 1. 14	温州市	《温州市支持新能源汽车产业发展及推广应用若干政策措施》	大力推广新能源汽车应用，加快推动新能源汽车产业发展，全力支持我市打造国内重要的新能源汽车产业集群和推广应用示范城市
2022. 1. 15	江苏省	《关于推动城市停车设施发展实施意见的通知》	统筹推进路内停车和停车设施收费电子化建设，按一定比例配建新能源汽车、公交车等充换电设施。各城市根据实际情况，细化停车充换电设施配建要求，促进新能源车辆发展，鼓励停车泊位所有人依法依规建设充电设施
2022. 5. 9	郑州市	《郑州市“十四五”战略性新兴产业发展总体规划(2021—2025 年)》	推动新能源以及新能源汽车加快发展，制造业智能改造、绿色改造、技术改造“三大改造”深入实施；围绕汽车制造领域，推动智能传感器在新能源汽车、智能网联汽车、自动驾驶汽车等方面广泛应用
2022. 6. 1	北京市	《北京市“十四五”时期制造业绿色低碳发展行动方案》	大力发展科技含量高、资源能源利用效率高、污染和碳排放强度低的高精尖产业，做大生物医药产业，做强集成电路、智能网联汽车、智能制造与装备产业，积极发展新能源、新材料、新能源汽车、节能环保等绿色产业，带动全市制造业产业结构绿色化

续表

时间	省市	政策名称	重点内容
2022.11.11	吉林省	《吉林省电动汽车充换电基础设施发展规划(2021—2025年)》和《吉林省电动汽车充换电基础设施建设运营管理暂行办法(修订版)》	进一步推动吉林省电动汽车充换电基础设施建设科学、合理、有序发展，加强电动汽车充电基础设施建设运营管理，助力吉林省电动汽车推广应用
2022.11.30	北京市	《北京市燃料电池汽车标准体系》	有序推进我市燃料电池汽车标准化工作，加强燃料电池汽车标准化顶层设计

(二) 2022年我国汽车(燃油、充电、加气、加氢)行业环境分析

2022年受行业政策、宏观经济等诸多因素，包括地缘政治动荡、动力电池原材料价格上涨、燃油价格上调、芯片供应短缺、国内疫情多点暴发等影响，汽车行业在总体处于平稳、有序、健康发展的同时，也面临着产业升级转型的压力。

1. 汽车行业平稳发展，汽车产销延续增长态势

2022年，我国汽车行业稳中有进，消费市场保持稳定，由于芯片短缺情况有所改善，提振工业经济运行措施和扩大内需战略纲要等政策对汽车消费起到一定支撑作用，我国汽车行业实现恢复性增长。据中国汽车工业协会发布数据显示，2022年，我国汽车产销分别完成2702.1万辆和2686.4万辆，同比增长3.4%和2.1%，延续了2021年的增长态势。其中，基本型乘用车(轿车)产量为1046.8万辆，同比增长6.7%；运动型多用途乘用车(SUV)产量为1062.5万辆，同比增长8%；载货汽车产量为270.8万辆，同比减少33.1%。出口方面，由于海外供给不足以及中国车企出口竞争力大幅增强等原因，我国汽车出口达到311.1万辆，同比增长54.4%，推动行业持续增长。

2. 推进新能源汽车基础设施建设，展示良好发展前景

国家层面新能源汽车基础设施的建设始于“十二五”，从一开始带充电设施的停车位不少于10%，每2000辆电动汽车配备一座快充站，到“十四五”末，要求建设满足2000万辆电动汽车充电需求的充电基础设施；随着汽车产业开始加速氢燃料电池汽车的发展，加氢站的建设也加入了新型基础设施建设的行列，从推进加氢站建设到提高氢燃料制储运经济性，并部署建设一批加氢站，表明了中国发展氢燃料电池汽车的决心，并展示了实现氢燃料电池汽车发展所需的能力。

3. 新能源汽车产业基础良好，技术水平大幅提升

我国将新能源汽车作为汽车产业转型升级的主攻方向，出台新能源汽车发展规划，形成了完善的科技、产业、财税等支持政策体系，为新能源汽车产业发展壮大提供了坚实保障。同时，我国拥有新能源汽车及关键零部件、生产设备、基础材料等全产业配套能力，在产业规模、协作效率、配套成本等方面形成一定优势，为企业开展技术研发、产品研制提供了有效支撑。

国家有关部门认真落实新能源汽车产业发展规划，坚持“全国一盘棋”优化新能源汽车产业布局，按照区域集聚、主体集中的原则，构建布局合理、发展有序、运行高效的产业格局。鼓励企业充分依托我国产业基础，坚持电动化、网联化、智能化发展方向，支持企业开展基础性、颠覆性技术创新，加快突破新能源汽车关键系统部件和基础共性技术，持续提升全产业链核心竞争力。

（三）2023年中国汽车（燃油、充电、加气、加氢）行业环境与政策趋势分析

2023年，中国将在稳定传统燃油车产业发展的同时，继续高度重视推动新能源汽车的发展。从政策来看，促进新能源汽车健康发展的政策还将不断出台；从技术来看，新能源汽车技术将继续提升，智能化越来越明显；从产业链来看，

国家将继续大力推进充电桩建设，推动加油站向加能站升级；从市场规模和结构来看，汽车市场规模将继续扩大，能源汽车产销量及占比将继续增长。中国汽车工业发展的基本条件和长期向好趋势没有改变，但在规模快速扩张的同时，产品质量和水平的竞争更加激烈，汽车工业提高自主创新能力、实现转型升级势在必行。

1. 政策持续推进，产业转型升级不断深化

国家发展改革委、工业和信息化部《关于振作工业经济运行 推动工业高质量发展的实施方案的通知》指出，国家将释放重点领域消费潜力，新能源汽车仍将是重点支持项目，加快新能源汽车推广应用，加快充电桩、换电站等配套设施建设，鼓励开展新能源汽车下乡行动。根据《新能源汽车产业发展规划（2021—2035 年）》，我国新能源汽车核心技术已达到国际先进水平，质量品牌具备较强国际竞争力，下一步将重点推动电动化、网联化、智能化互融协同发展。保障产业稳定运行和扩大汽车消费规模，营造品牌建设发展的良好环境，推动构建汽车海外发展公共服务平台，加大政策法规、消费金融、信用保险等政策供给，为我国汽车行业的发展提供了坚实的政策基础。

2. 汽车消费市场将释放巨大空间，新能源汽车将保持高速发展

“十四五”期间汽车产业随着转型升级不断深化，全面进入高质量发展的新阶段。汽车行业开放水平提升，竞争更加激烈；汽车产品将呈现出电动化、智能化、网联化等趋势，同时新能源、智能化也将为中国品牌发展提供一定空间；产业链协同高质量发展将提升上下游合作水平。

总体看，“十四五”期间我国汽车市场将保持温和增长态势。2023 年中国汽车市场将达到 2760 万辆以上；其中，乘用车销量将达到 2380 万辆，新能源汽车新车销售量达到汽车新车销售总量的 25%左右。2025 年，要开发足够的充电设施，以满足 2000 万辆新能源汽车的需求。

3. 资源和环境约束愈加凸显，汽车产业挑战与机遇并存

“十四五”期间，汽车产业随着转型升级不断深化，全面进入高质量发展的新阶段。但汽车行业的发展依然面临着能源短缺的巨大挑战。汽车保有量不断增加直接推动了国内石油需求量的上升。未来较长一段时期汽车保有量的持续增长将给中国带来更大的石油供给压力。面对能源紧缺、环境污染这两大制约汽车工业发展的障碍，汽车行业将进一步加强尾气排放技术创新。与此同时，开发和使用新能源汽车已经成为未来汽车行业发展的必然方向。在新能源汽车方面，还将进一步开展插电式混合动力汽车、纯电动汽车的推广和应用，这也为新能源汽车产业的发展创造了机遇，将积极推动汽车产业转变为以新能源为支撑的新型动力汽车产业。

第三部分

资源市场篇

一、2022 年国际原油市场情况与未来预测

（一）2022 年国际原油市场回顾

2020 年以来，新冠疫情、俄乌局势等重大突发事件深刻改变了国际原油市场运行，国际油价一反 2014—2019 年以区间运行为主的常态，进入“大开大合”的新周期。三年来，先是 2020 年 4 月创出百年历史上首次“负油价”，再是 2022 年 3 月创出 139 美元/桶的百年历史次高，市场纪录被不断刷新。聚焦 2022 年，油价在新冠疫情后的修复通道中，迎来了俄乌冲突、IEA 释储、禁运制裁等一系列历史上罕见的重大事件。油价历史上第三次突破 100 美元/桶大关，并运行较长时间。这是长周期因素与短周期因素共同推动的结果。

从长周期来看，2022 年，油价总体处于以需求修复为主要驱动因素的上行周期。2020 年以来，国际油价处于长周期上行的历史延续阶段。2020 年 3 月，全球暴发新冠疫情，给予国际油价重挫，封锁等防疫措施导致全球石油需求在一个月内骤减 2800 万桶/日，加之 OPEC+减产联盟短时间破裂，全球石油市场瞬间失衡，库存暴涨，国际油价跌入历史低谷。几个月后，主要经济体逐渐放松防疫措施，全球石油需求在谷底中缓慢恢复。同时，主要产油国再次合作，决议减产 1000 万桶/日，并在随后的政策调整中一直确保供应增量低于需求增量。全球石油库存进入去周期化，国际油价也因此逐渐上涨，进入以需求修复为主要驱动力的上涨通道。2022 年，全球石油需求继续增长，年内累计增幅约 180 万桶/日，至年末全球石油需求已经接近疫情前水平。

从短周期来看，2022 年上半年，油价持续上涨突破 100 美元/桶，是商品属性、金融属性与地缘属性三重因素共振的结果。从商品属性看，OPEC+等主要产油国保持谨慎增产，石油需求持续修复，全球总体处于供不应求状态，库存水平

降至历史较低位置，在供需关系上支持油价持续上行。从金融属性看，2022 年上半年，美国、欧元区等经济体依旧保持了货币宽松政策，有利于风险资产价格的增长。从地缘属性看，俄乌冲突使全球第二大石油供应国与全球第二大石油市场之间发生脱钩风险，在地缘政治上给予油价更大的紧缺预期空间。商品属性、金融属性与地缘属性三重因素，均支持油价上行，形成共振力量，推动油价再次刷新历史。

具体到 2022 年内运行情况来看，俄乌冲突的爆发与西方对俄的制裁，美国联合 IEA 成员国一起释放战略储备，推出更严厉的禁运措施，美联储开始加息缩表，OPEC+产量政策由增转减五件大事，导致了年内油价的反复波动。

1. 俄乌冲突是 2022 年原油市场的奠基性事件

2022 年 2 月末，俄罗斯与乌克兰爆发军事冲突。西方国家因此对俄罗斯施加多项政治与经济制裁。俄罗斯是全球第二大石油生产国，产量约为 1130 万桶/日，占全球的 11%。欧洲是全球第二大原油进口市场，年进口规模在 1260 万桶/日左右。如此体量的资源供应国与市场之间的摩擦，在百年石油历史上只有两次石油危机可与之相比。这也使市场产生了严重的供应短缺预期，推动国际油价从不足 80 美元/桶快速冲刺到 139 美元/桶的历史次高。

2. 最大规模的库存释放改变了油价走势预期

西方对俄罗斯的制裁快速推涨了全球石油价格，也给西方自身的经济发展带来困扰。美国等发达国家的通胀水平开始快速提高，不得不寻求各种方式来压低石油价格。

然而，补充石油供应并非易事。在俄罗斯以外，西方国家能够寻求的石油供应增长来源主要有三个：一是美国自身快速增产。在经历 2020 年负油价的冲击后，美国的页岩油公司改变了自身的发展策略，开始偏向于资产回报，不愿意加大投资。同时，拜登政府强调环保，限制石油公司在联邦土地上的勘探行动，使得美国推动石油增产存在政治障碍。二是向 OPEC 寻求增产。由于美国与沙特在某些问题上的纠纷，使得相关外交活动难以快速开展。而且，OPEC+中，安哥拉、尼日利亚等国家因过去投资不足，已经出现产能瓶颈，整体产量开始低于设定的增长目标。三是释放部分受限制国家回归市场。解除对伊朗或者委内瑞拉的制裁，让其原油重新流通。相关时段，美国、欧盟也与伊朗进行了大量接触，部分条款很难达成一致，进展并不顺利。西方国家只能向自身求助，启动了历史上最大规模的库存释放行动(见表 3-1)。在 2022 年 5—9 月的半年中，累计释放 1.9 亿桶的战略石油储备，约折合 135 万桶/日。该次库存释放为 IEA 机构成立以来的历史之最。

表 3-1 IEA 成员国释放战略石油储备情况

IEA 成员国	计划释储量/万桶	IEA 成员国	计划释储量/万桶	IEA 成员国	计划释储量/万桶
美国	6056	西班牙	400	新西兰	48
日本	1500	土耳其	306	爱尔兰	45
韩国	723	波兰	230	芬兰	37
德国	648	澳洲	161	立陶宛	18
法国	605	荷兰	160	爱沙尼亚	7
意大利	500	希腊	62		
英国	441	匈牙利	53		

3. 欧盟禁运俄油再度打破平衡，紧缺预期再度抬头

释放石油储备对油价的抑制开始生效，使得西方世界更有信心对俄罗斯进行进一步制裁。2022 年 5 月起，欧盟多次酝酿禁运俄油，但多次搁浅。经过多次妥协后，最后于 6 月 3 日达成了禁运俄罗斯海上出口原油的制裁协议。该事件左右了5—6 月的油价走势。

2022 年 6 月 3 日，欧盟推出第六轮对俄制裁，主要涵盖四个方面：一是于 6 个月内(截至 2022 年 11 月底)停止购买俄罗斯海运原油，于 8 个月内(截至 2023 年 1 月底)停止购买俄罗斯海运石油制品；二是豁免经友谊管道的进口油品，以及保加利亚、克罗地亚进口的油品，但不许向其他国家转售；三是禁止欧盟公司为运送俄罗斯石油的商船提供保险和再保险，新的保险合同将被立即禁止，现有保险合同将在 6 个月内逐步淘汰；四是将俄罗斯储蓄银行等三家俄罗斯银行，以

及一家白俄罗斯银行踢出 SWIFT 体系。该措施的出台使市场产生担忧。市场再度产生大幅紧缺预期，将油价再次推升到 125 美元/桶的年内次高。

4. 美元紧缩结束周期共振，国际油价由升转降

为抑制高通胀，2022 年第二季度起，以美国为代表的发达经济体开始转变货币政策取向，结束了新冠疫情以来持续宽松的货币政策，转向紧缩。这意味着在本轮油价复苏过程中，一直发挥推动作用的金融属性从动力转为压力。商品、金融、地缘政治三种因素的共振走向分歧，油价上涨动力逐渐衰减，亢奋上涨期自此终结。

美联储在 2022 年 3 月、5 月、6 月、7 月、9 月、11 月议息会上，分别加息 25、50、75、75、75、75 个基点，至 3.75%~4.0%。5 月启动缩表 475 亿美元，并逐月提升缩表规模，至 9 月达到 950 亿美元。缩表的启动极大改变了油价走势，特别是在俄油出口未见实质性减少的情况下，货币的紧缩主导了 7—10 月的油价走势。

本轮美联储启动加息频率快，产生了很强的美元回收效应。8 月末，美元基础货币余额同比减少 10%，货币乘数从 3.1 提高到 3.9，货币开始加速紧缩，给油价带来了很大的金融侧压力。

2022 年 3—4 月，首次加息前后，美债 2 年期与 10 年期国债收益率利差一度接近零，引起市场恐慌。此后又被抬升，至 2022 年 6 月 18 日起，美债 2 年期与 10 年期利率正式倒挂，进入负值区间，说明加息开始实质性改变经济复苏预期。市场普遍认为，经济复苏带动的需求增长接近尾声，油价长周期上行动力已经接近衰竭，相关机构逐步下调全年需求增幅。于是，开启交易需求衰减预期，油价开始进入下行通道，从年内次高的 125 美元/桶一度跌至 85 美元/桶以下。

5. OPEC+产量政策由增转减，托底效应反转油价走势

OPEC+是西方国家长期寻求石油资源支持的重要来源。2022 年 7—8 月，美国领导人专程前往沙特寻求增产支持，由于政治分歧未能取得如期效果。此后，

美国与欧盟开始考虑修订对俄制裁政策，试图以限价方式保持适度的俄油流通，以此抑制油价。但对价格的控制权，正是 OPEC 组织成立的核心要义之一。限价措施将所有产油国推到了需求国的对立面。由此，OPEC+决议于 10 月开始减产，结束了 2020 年 8 月以来的增产政策，对市场平衡产生重大影响。

这一方面意味着 OPEC+将不会兑现既有产量与产量目标之间 150 余万桶/日的增产空间，最关键的增产力量由增转减。尽管 200 万桶/日的减产计划落实到实际中可能仅有 110 万桶/日，但此举也将使脆弱的平衡再度转为紧缺。另一方面意味着 OPEC 不会再释放剩余产能弥补全球供给不足。全球石油市场的缓冲空间被压制到极低水平。OPEC+此举发挥了托底效应。

（二）油价高低的基本逻辑规律

历史上油价三次迈过 100 美元/桶大关，但运行趋势截然不同。2007 年，油价首次创下了 147 美元/桶的历史最高价，而后迅速回落，100 美元/桶以上的持续时间不过数月。2010 年，油价再次迈过 100 美元/桶大关，迎来了一个较长的景气周期，总体在 100 美元/桶以上运行了 3 年 8 个月的时间。2022 年，油价第三次迈过 100 美元/桶大关，并像首次一样快速回落，又一次迎来较长的景气周期，成为市场关注的焦点。

油价是高位运行还是低位震荡，实际上与定价模式有关。商品供需基本面决定了油价的运行区间。当全球石油供过于求时，满足需求规模的边际生产成本是石油定价的关键基础。此时，油价一般运行在 40~80 美元/桶，原油生产的主要成本区间，可以称为成本定价模式。2015—2019 年就是这种定价模式的典型代表。

当全球石油供不应求、库存处于低位、缺乏供应调整弹性时，油价将快速上涨至脱离成本区间，使得更高成本的产能进入市场，增加产量来补充供应，或者通过价格升高消灭部分需求，实现再平衡。此时，决定油价的不再是原油生产成本，而是需求端对于油价的承受能力，可成为需求购买力的定价模式。由于需要抑制需求才能实现再平衡，该模式下油价一般远远高于成本区间。当处于成本定价时，油价一般低于 75 美元/桶。而处于需求购买力定价时，油价往往在 100 美元/桶以上。故此，油价往往很少处于 80~100 美元/桶，百年历史上也仅有不足 10%的交易日分布于这个价格区间之内。因此，判断后续市场的价格走势，实际上要确定油价处于何种定价模式。

判断需求购买力定价模式，根据经验可以从高成本产能、增产负荷、库存水平、市场价格结构及货币流动性等几个维度进行判断。需求购买力定价模式下，高成本产能一般以高负荷运行，但库存依旧下降或者整体水平处于极低位置时，表明需求端用尽最大的能力仍不能满足市场需求。货币政策一般处于宽松区间，使需求方有足够的资金推涨价格。市场价格也处于现货升水的 backwardation 结构，表明交易者即使知道经过一段时间市场会实现再平衡，也愿意付出高额溢价，在当下就取得现货资源。

从 2022 年年末来看，国际原油市场总体处于需求购买力定价的边缘。一方面，油砂等高成本产能满负荷生产，但全球库存仍然远低于 5 年间均值，库存可用天数在历史同期处于较低位置，与 2013—2014 年水平相似，表明市场的紧缺并没有完全缓解。另一方面，期货市场仍然存在高额的现货升水，当月期货与 12 个月后的期货价差仍在每桶 8 美元以上，与 2013 年 8 月前后的水平相似，处于历史较高位置。但货币政策已经逐渐转向，美元基础货币余额已回落至 2021 年年初的水平，金融属性对该定价模式的支持度逐渐下降，定价模式出现一定动摇。

（三）2023—2024 年国际油价展望

长周期来看，2023—2024 年，油价的商品属性、金融属性和地缘属性，逐渐从同向共振走向周期分歧。从商品属性看，疫情以来经济逐渐修复、推动需求增长的确定性逐渐下降，加息缩表带来的经济衰退预期将抑制需求增长或导致需求缩减，基本面对油价的推升动力在不断衰减。从金融属性看，经过连续大幅度的加息，美元加息周期接近尾声，甚至可能在2023年年末或2024年年初进入降息通道，金融属性油价的压力将逐渐由高转低，甚至反转。从地缘冲突看，俄乌冲突进入僵持阶段，西方对俄制裁措施基本见顶，大幅引发市场动荡的可能性逐渐下降，地缘影响正在衰减。商品、金融、地缘三大属性对油价的作用从共同推动走向分歧不一，使得油价波动可能更为剧烈。

短周期来看，基本面仍是决定油价的最关键因素，市场能否实现供求再平衡决定了价格的基本位置。总体上看，影响油价的重要因素有四个：一是经济衰退是否发生，全年石油需求增长幅度到底有多少；二是俄罗斯石油是否能够实现大比例转移，实际减量到底如何；三是伊朗等受制裁国家是否能够回归市场，带来资源增量；四是加息缩表何时见顶，货币政策何时反转。

1. 经济衰退抑制需求增幅

2023年，全球石油需求增量在200万桶/日以下。一方面，各主要经济体逐渐放松管控政策后，疫情修复对需求的促进作用已接近尾声。从2021年的650万桶/日压减至2022年的200万桶/日，再到2023年的180万桶/日左右，疫情修复的空间已非常有限。另一方面，石油价格上涨带给经济的压力明显。过去20年，全球石油消费占GDP比重平均值为3.2%。2014年油价高位回落以来，石油消费占全球GDP的比重已连续7年稳定在2.3%左右。禁运俄油将推升油价运行中枢。油价站稳100美元/桶，全球石油消费占经济比重将上升至4%；油价站稳120美元/桶，全球石油消费占经济比重将上升至4.9%；油价站稳130美元/桶，则全球石油消费占经济比重将达到5.3%。结合全球通胀、欧洲能源危机、美联储紧缩政策等影响，IMF连续三次下调2023年的全球GDP增速至2.7%。从统计数据看，GDP每下降1%，影响原油需求1.5%，宏观环境不利于原油需求增长。

2. 供给侧博弈，难以实现高额增长

2023年，全球石油供应面临激烈博弈。一方面，俄罗斯在西方国家制裁下产量可能被迫缩减。另一方面，美国等其他非 OPEC 国家产量缓步增长，但难以对冲俄油缺口。OPEC 是否继续减产，将在市场中发挥关键作用。

（1）俄罗斯能否大比例实现出口转移，是决定 2023 年油价运行的关键性基础事件。美国等西方国家制裁措施执行后，俄罗斯需要寻找新的出口市场承接其资源。若无法全部转移，则全球市场将出现供应缩减。目前来看，俄罗斯实现出口转移的途径主要有两个：一是通过陆上的剩余管道能力和铁路，将部分供往欧洲的资源转向亚洲市场。根据相关机构研究，这部分的转运能力在 50 万桶/日左右。二是给予乌拉尔原油较大折扣，继续在欧洲发运，运往印度等其他市场。2022 年 4 月，俄罗斯即使用此种手段，相比布伦特给予乌拉尔原油 40 美元/桶左右的贴水，实现了向其他市场的转移，扭转了开战初期石油减产的不利局面。该手段要求油价处于较高水平，主要是由于禁运后运载俄油的运费、保费都出现大幅上升，初步测算油价必须保持在 70 美元/桶以上的高位，才能保证生产商实现盈亏平衡。据目前条件来看，总体上认为，俄罗斯有能力实现原油出口的高比例转移。但其成品油转运将面临较大困难，主要是距离东南亚市场过远，与印度、韩国等主要出口商相比竞争力处于劣势。相关出口量可能最终转变为原油减量。加之，战争初期，大型石油公司纷纷退出在俄油气项目，导致俄罗斯境内的 9 个左右石油项目投产延迟，影响了俄罗斯原油产量自身的接续能力。这将在 2023 年导致 150 万桶/日左右的石油产量减少。若俄罗斯通过各种手段保持产量不降、出口不减，将极大动摇当前的石油价格。

（2）美国增产能力较为有限，非 OPEC 国家增量不足以对冲俄油减量。2020 年下半年以来，美国原油保持持续恢复性增产。除新增钻井外，对库存井的消化是其重要的生产来源之一。自 2020 年上半年以来，其亏损已经消化殆尽。DUC 减少数量从相对稳定的每月 150 口降低至 10 余口，总 DUC 数量也降至历史最低水平的 4200 口以下。这意味着美国后续产量的增长，将更多依赖于新的勘探生产活动。2022 年下半年，油价的回落使得美国生产商对油价长期高位运行的信心不足，活跃钻机数已经停滞不前。预计美国未来的产量增长幅度将较为有限。2023 年年末，总产量可能保持在 1230 万~1260 万桶。非 OPEC 国家当中，巴西、挪威、圭亚那也有产能增长，但与美国产量合计起来并不足以对冲俄油减量。

（3）伊朗能否回归，对市场有重要影响。由于非OPEC国家增量不足以应对俄油减量，市场必须引入新增量资源才能实现供求平衡，伊朗和委内瑞拉将成为市场关注的焦点。其中，伊朗拥有较大的增长空间。按照目前的产量计算，释放伊朗回归产能约可以给市场带来130万桶/日的产量增长。同时，伊朗还拥有巨额的海上浮仓，可以立刻缓解市场的短缺。从原油属性出发，伊朗原油与俄罗斯的乌拉尔原油性质相近，欧洲炼厂可以在花费较低改造代价的情况下大规模使用，能够在抑制油价方面产生立竿见影的效果。当然，其能否回归将更多取决于国际政治博弈。

委内瑞拉回归对市场的影响相对较小。委内瑞拉属于重质原油，难以替代乌拉尔原油，需要被欧洲炼厂运至可以加工重油的美国炼厂加工成成品油后，才能出口给欧洲。但是，美国炼厂开工率已处于高位，负荷提升空间较为有限。故此，释放委内瑞拉回归对西方经济体的意义相对较低。

（4）OPEC+产量政策将决定全年供给变化。历史上，OPEC一直是石油市场最关键的调节力量。2023年OPEC政策还将经历一次调整。若保持现有减产规模不变的话，市场还有实现调整再平衡的可能；若再继续大规模减产，将成为长期供不应求的基调，油价将长期保持高位运行。如果OPEC+产量反转，再次大幅增产，能够快速补齐市场缺口，达到抑制油价的效果。但从其经济利益出发，保持现有减产规模甚至扩大减产规模的可能性更大。

总体来看，由于俄油减产，2023年全球石油供应大幅增长可能性较低，OPEC和伊朗等产油国与西方石油消费关于石油产量的博弈，对于全年市场有重要影响。

3. 加息周期接近尾声，金融压力逐渐转为上行动力

连续加息后，美国通胀已于2022年年末出现回落势头。市场普遍预计，未来会再有1~2次加息。2023年上半年可能达到美联储的目标利率，风险资产价

格甚至一度因此出现回升。美国政府债务规模较大，升息后付息带来的财政压力明显上升，以及衰退信号更加明显后货币长期紧缩的必要性下降，预计 2023 年下半年、最晚 2024 年上半年，美联储的目标利率将逐渐下调。金融属性对油价的压力建设将转变为推升油价上行的动力。

总体来看，经济衰退将抑制 2023—2024 年需求的增长幅度，给油价带来上行空间限制。同时，俄油减产及 OPEC 托底的意愿也阻止供应大幅增长，给油价带来下行空间支撑。油价很有可能在成本定价模式与需求定价模式间反复切换，震荡加大。预计 2023 年，国际油价总体运行在 80～100 美元/桶，也可能回落至 80 美元/桶以下。

二、2022 年我国石油市场供需现状与展望

2022 年，国内石油市场受到疫情防控常态化、“双碳”经济目标约束、行业治理水平提升、信息技术迭代更新等多方面因素影响，市场供需形势、竞争格局、资源结构、监管政策、营销模式等呈现出新的特征。具体表现为，成品油需求增长恢复不及预期，资源产需过剩程度进一步缓解，行业竞争格局趋于稳定，调和汽柴油等隐性资源规模大幅萎缩，政策导向由“宽准入”向“严监管”转变，互联网平台与传统营销模式融合加快。这些特征将深刻影响未来 2~3 年的行业发展，建议国内石油行业经营主体坚持稳定市场占有率，通过提升品牌价值赢得市场竞争主动权，杜绝非法、违法生产经营活动，积极拥抱互联网技术推动下所萌生的营销新业态。

（一）疫情影响叠加油价高企和“双碳”目标约束，国内石油消费两连降

2022 年，国内石油消费量为 6.7 亿吨，较 2021 年减少 2.0%，连续两年出现下滑（见图 3-1）。

一方面，由于新冠疫情反复，持续对国民经济、居民生活产生不利影响。2020—2021 年，国内 GDP 平均增速为 5.2%，2022 年仅有 3.0%，均低于 2016—2019 年正常年份的均值（6.6%）。另一方面，“十四五”是实现我国碳排放、碳达峰的关键期。政府提出了更强有力的碳排放控制目标，加大对可再生能源发展的支持力度，继续推动经济社会加速向低碳方向转型。各级政府着手控制化石能源的消费总量和消费强度，也是石油消费减速的重要因素。此外，2022 年，俄乌冲突爆发，造成国际油气价格冲高波动，带动国内成品油价格上扬波动，也在一定程度上影响了国内的石油消费。

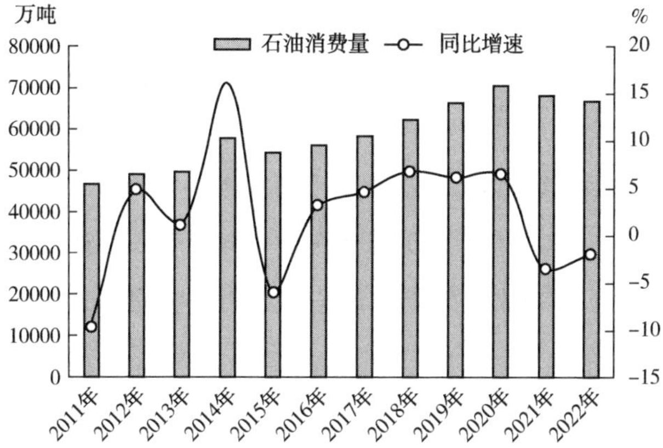

图 3-1　2011—2022 年国内石油消费量及同比增速

(二) 2022 年成品油需求不及预期，汽油、航煤均呈现负增长

按照国家发展和改革委员会的统计口径，2022 年国内成品油(汽油、煤油、柴油)表观消费量为 3.26 亿吨，同比下降 7.0%(见图 3-2)。这一增速低于"十二五""十三五"期间年均 3%~4%的增长水平。

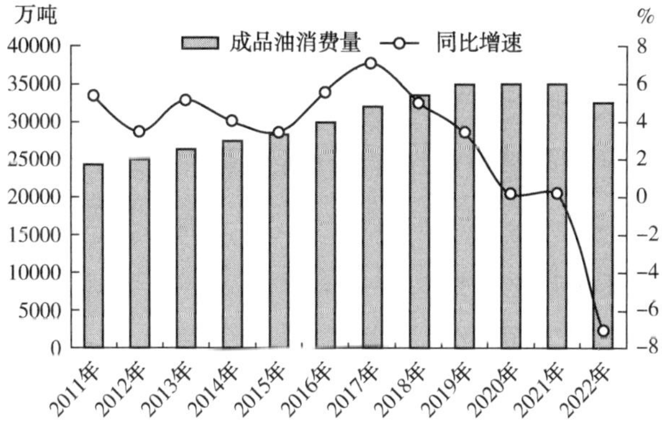

图 3-2　2011—2022 年国内成品油消费量及同比增速

1. 新能源车替代加速及跨省驾车出行减少，汽油消费萎缩

2022 年，国内汽油表观消费量为 1.38 亿吨，同比减少 11.2%，全年消费规模只相当于 2018 年水平。其原因主要有以下两点。

第一，近两年，新能源汽车对汽油消费的替代影响超出预期。受新能源汽车技术迭代升级、购车补贴政策基本延续、消费者接受程度逐步提高等利好因素影响，新能源汽车销售呈现加速增长势头。2022 年，新能源乘用车销量达到 566 万辆，同比猛增 60%以上。根据汽车行业评价车型发展趋势的常用指标“渗透率”（新能源乘用车销量/乘用车总体销量）进行评价，2022 年新能源汽车销售渗透率已达到 28%（见图 3-3）。国际上普遍认为，汽车的电动化率从 15%起将迈入快速发展通道。这意味着 2021 年以来，新能源汽车对汽油消费的负面影响正在加速扩大。

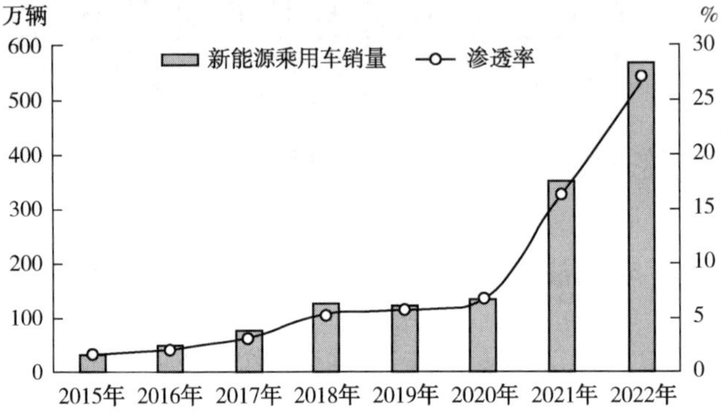

图 3-3　2015—2022 年中国新能源乘用车销量及渗透率

第二，疫情防控及居民绿色环保意识增强，汽车出行明显减少。根据高德公司发布的《2021 年度中国主要城市交通分析报告》（下简称《报告》），2021 年，全国高速公路拥堵程度同比下降 19. 3%，尤其是元旦、端午、国庆等主要假期下降明显。《报告》表明国内疫情阶段性反复造成的防控措施常态化，明显减少了居民驾车长途出行及汽油消费。同时，基于公交、地铁、骑行和步行路线规划占总规划次数的比例，规范化后得出各城市的“绿色出行指数”。2021 年度，“绿色出行指数”排名前 10 位的城市分别为北京、上海、西安、长沙、兰州、昆明、深圳、厦门、杭州、南京，均为经济较发达和汽车保有基数较大的省会或特区城市。这反映出，在消费能力较强的区域，消费者正在主动减少汽车使用。2022 年的情况与上年大致相似。

2. 国际及中国港澳地区航线受疫情管控影响，航煤消费与潜在增长水平仍有较大差距

2022 年，航煤消费量为 1825 万吨，同比大幅减少 32. 5%，较正常年份的

2019 年更是减少 50.3%，是三大类成品油中恢复最慢的油品。分航线来看，民航国内航线周转量、国际航线周转量一般占民航客货周转量的 2/3 和 1/3，还有少量比例的港澳台航线周转(占比 1%~2%)。

2022 年，国内居民出国旅行及商务活动减少，以及国家继续执行国际航线航班熔断机制，造成国际航线及航班大幅减少，是航煤消费仍处于较低水平的主要原因。从数据来看，2022 年，国际航线周转量仅为 211.4 亿吨千米，近三年均维持在这一较低水平；国内航线周转量从 2021 年的 641 亿吨千米，进一步下降到 2022 年的 387.9 亿吨千米，同比降幅 39.5%。

近年来，不同航线周转量及航煤消费量增速见图 3-4。

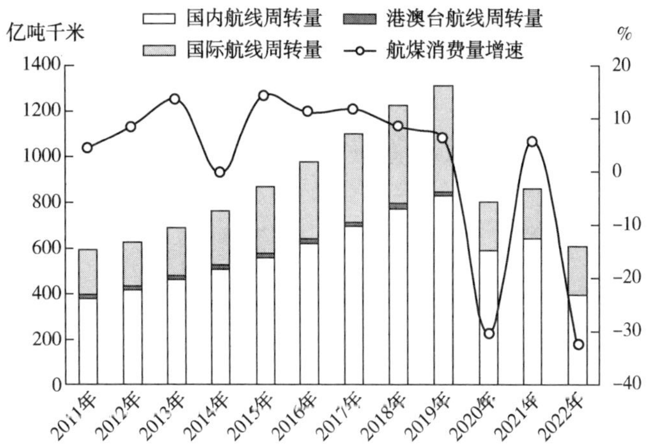

图 3-4　2011—2022 年不同航线周转量及航煤消费量增速

3. 宏观经济总体复苏叠加隐性市场空间释放，柴油消费出现显著增长

2022 年，国内柴油表观消费量为 1.69 亿吨，同比增长 0.9%，扭转了 2021 年的下滑趋势。

一是从国内经济发展来看，经历了 2020 年疫情暴发造成的经济损伤后，近两年宏观经济总体有修复需求。2022 年，国家为了推动国民经济恢复发展，根据“十四五”规划在全国各地推动一大批大型项目投入建设。这对拉动柴油消费起到了一定的作用。

二是 2022 年开始，我国基于国情资源禀赋开展煤炭的清洁化利用，正在逐步成为现阶段新型能源体系建设的重点。这主要是出于可再生能源稳定性差、短期内难以有效接替化石能源，以及俄乌冲突带来的国家能源供给安全等方面的考虑。按照历史规律统计，煤炭产业的发展与柴油消费具有高度的正相关关系，主要是其开采及运输过程中需要消耗一定规模的柴油。2022 年，国内原煤产量同比增速达到 10.5%，较 2021 年全年增速提高 5.5%，反映出煤炭产业趋旺。这对于柴油需求起到有力的支撑作用。

三是 2021 年下半年以来，随着国家对石油市场加强监管、相关税收制度调整，国内以进口轻循环油为原料的调和柴油大幅减少。这部分隐性需求转向使用正规柴油，带动柴油消费量同比增长。近年来，中国 GDP 增速与柴油消费量增速比较见图 3-5。

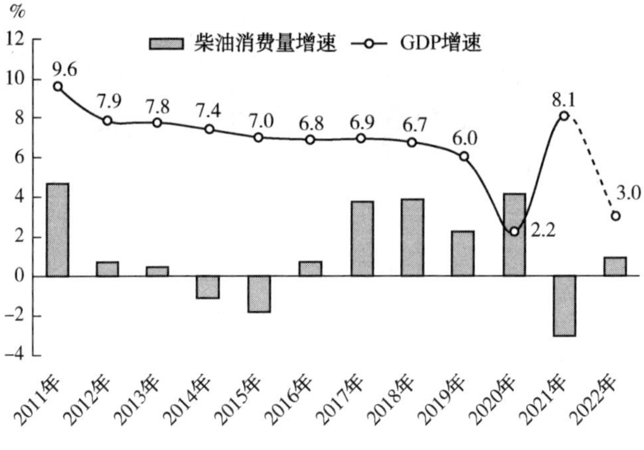

图 3-5　2011—2022 年中国 GDP 增速与柴油消费量增速比较

（三）需求减少，生产侧主动调控，成品油资源供需过剩状况有所缓解

2022 年，国内成品油产量为 3.63 亿吨，同比减少 6.7%，连续第三年出现下降。2022 年，成品油产量降幅低于消费量降幅 0.3%，成品油产需差降低到 3730 万吨，同比下降 3.1%（见图 3-6）。产需过剩状况缓解，主要是需求减少、炼厂主动减少生产、国家调控成品油出口规模，以及新增地炼进口原油使用配额

放缓等因素共同作用的结果。

从炼厂生产来看，面对国内成品油需求低迷的市场情况，2021 年，国内炼厂原油加工量同比仅增长 1.4%，2022 年减少 4%左右，均远低于“十三五”时期年均 6%的增幅。同时，多个炼化企业进一步加大了减油增化、减油增特的工艺调整力度，主动减少成品油生产。

从行业政策来看，基于国家“双碳”目标及能源安全考虑，为合理调整国内能源“大进大出”结构，我国 2021 年、2022 年国内成品油出口配额均在 3700 万~3800 万吨水平，较峰值水平(2019 年)已降低三分之一，倒逼炼化企业减少盲目生产。

从地炼进口原油配额变化来看，2015—2019 年是国家集中批准给予地炼进口原油配额的时期，年均新批准地炼 8~9 个，年均新增配额量接近 3200 万吨。2020 年以来，仅给予新投产的盛虹石化和浙石化二期两个独立大炼化企业合计 2800 万吨的进口原油使用配额。地炼进口原油配额增长放慢，制约了国内成品油产量的增长。

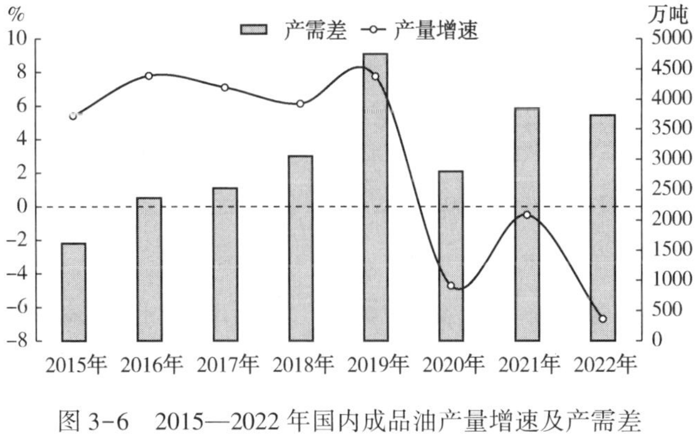

图 3-6 2015—2022 年国内成品油产量增速及产需差

(四) 民营独立炼厂经营逐步有序，行业竞争格局趋于稳定

近年来，民营独立炼厂生产经营情况、资源销售量价水平，已成为影响国内市场平衡状况的重要因素。受益于加工进口原油渠道放开，以及地方政府税费征

收的优惠政策，“十三五”成为民营独立炼厂发展最迅速的时期。2020 年年末，民营独立炼厂汽柴油产量超过 1 亿吨，较 2015 年年均增长 11%。其汽柴油资源量占全国的比例从 2015 年的 19%提高到 2020 年的 30%。

2021 年以来，国家进一步强化使用“金税三期”，加强了税费征收监管，加大环保安全检查，打击倒卖原油配额及进口原油的违法行为，促使民营独立炼厂生产经营更加规范。2021 年，民营独立炼厂汽柴油资源量降到 9300 万吨左右，较 2020 年减少 6.4%，降幅大于全国总体成品油产量降幅。2022 年，民营独立炼厂汽柴油资源量进一步降低到 8000 万吨以下，占全国资源的份额维持在 25%以内(见图 3-7)。另外，税费成本上升也促使民营独立炼厂减少资源低价倾销，汽柴油销售价格与主流市场价格差距逐步缩小。

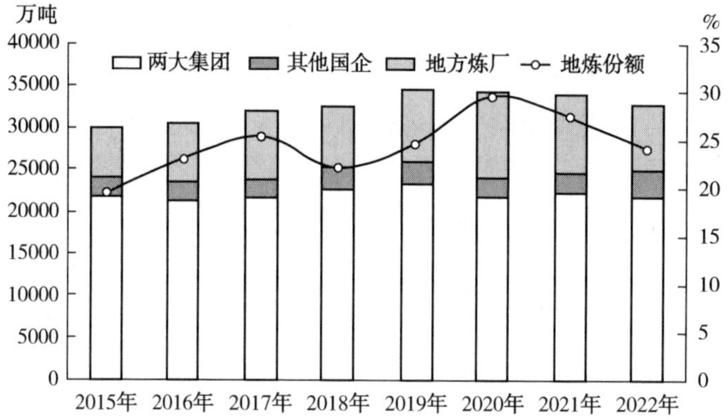

图 3-7　2015—2022 年地方炼厂汽柴油资源量及份额

(五) 国家加强打击非法油品流通，调和油市场规模大幅缩小

多年以来，国内存在大量的调和汽油、调和柴油等违法油品。其来源主要是利用进口免征消费税的混合芳烃、轻循环油等产品作为调和油品原料，凭借低价优势抢占大量市场份额。其中，进口混合芳烃主要用于调和汽油，进口轻循环油主要用于调和柴油。

由于混合芳烃、轻循环油两种进口产品价格和国内成品油价格存在巨大的价差空间，2020 年，这两种进口产品进口量分别达到 617 万吨、1576 万吨，同比增幅分别为118%和76%，进口规模均创近年最高水平。“十三五”期间，国内调和汽油规模超过1亿吨，占汽油消费量的16%；调和柴油规模也在此期间迅速增长，2020年占当年柴油消费量的10%。

2021年6月开始，国家对进口混合芳烃、轻循环油且符合特定指标的进口产品均开征1.52元/升的进口环节消费税，相当于进口成本分别提高2147元/吨和1974元/吨(含13%增值税)。按照各自密度测算，进口混合芳烃完税后的税负较汽油仅低237元/吨，轻循环油完税后的税负较柴油高出380元/吨，丧失了原有的价格优势。

2021年全年，国内进口混合芳烃415万吨，形成调和汽油资源量1210万吨，相当于“十三五”时期年均水平的44%；进口轻循环油规模1051万吨，相当于2020年水平的2/3。2022年，调和油品市场进一步延续了萎缩趋势。国内市场大有可为，比如国内调和汽油、进口轻循环油数量均不到100万吨，同比减少九成以上(见图3-8)。

2021年下半年至今呈现的调和油品市场萎缩局面，反映出国家加强打击非法油品流通的政策措施效果显著，短期内不仅释放出原来被占据的市场容量，远期也将彻底改变多年来形成的“劣币驱逐良币”现象，促进行业竞争更加公平，产业技术创新更具动力，有利于绿色低碳能源与良好经济生态的形成。

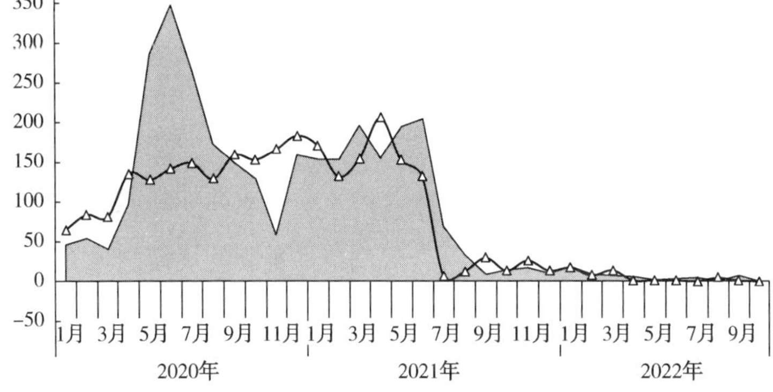

图3-8 2020—2022年国内调和汽油资源量及轻循环油进口量

（六）政策导向由宽准入向严监管转变，更符合行业发展阶段性

近两年，国家对于行业发展的政策导向明显由以往的“宽准入”向“严监管”方向发展。每年 3 月的两会中，有关石油行业的提案都会成为市场与行业关注的焦点。提案之所以受到关注，主要是因为提案提出后，当年都有不同程度的落实；不具备马上落实条件的提案，也会作为长期关注的问题。2021 年和 2022 年的提案内容是行业政策转向的风向标，对于整个“十四五”期间的政策走向具有引领作用。

2021 年，两会上提出了“以加强成品油市场监管为突破口，建设高标准成品油市场体系”提案，在当年国家出台的“征收进口轻循环油消费税、核查重点地区炼厂进口原油配额使用情况”两项行业监管政策中得到充分体现，对市场产生重大影响。

2022 年，两会中有关成品油市场的提案主要有 3 条，分别是“持续加强成品油市场整治和监管”“在原油价格处于低位时，鼓励民营炼厂增加原油进口，增加民营原油商业储备”“推动国内成品油定价等使用上海原油期货计价”，是在往年提案的基础上进一步深化内容或提高标准，充分反映出成品油行业朝着“严监管”方向的发展更为扎实。

其中，“持续加强成品油市场整治和监管”是 2021 年“以加强成品油市场监管为突破口”提案的升级版。这项政策的出发点是，尽管国家税务部门已经使用了新的报税系统，进口调和油原料也受到限制，但市场中仍然充斥着相当规模不带票和变票的油品参与市场竞争，汽柴油发票被当作商品在市场中买卖的情况仍然普遍存在。每当国际油价波动较大或政府监管阶段性加强时，市场反映出的资源供需形势大幅波动，也正体现了不合规汽柴油资源的规模之大。这就是持续加强成品油市场整治和监管的必要性所在。

这些提案都是瞄准当前制约行业发展的瓶颈，体现出行业政策导向正在动态适应市场变化，并瞄准解决行业深层次的问题。

（七）互联网平台模式进入成品油终端行业，与传统营销模式融合加快

2020年以来，随着互联网技术快速发展，以及绿色出行理念逐步深入人心，人们已经养成了使用便捷共享出行方式的习惯。近两年，网约车业态发展迅速，既有滴滴、神州、曹操专车等个人出行平台，也有货拉拉、快狗及无车承运人（不拥有车辆而从事货物运输的个人或单位）等货运平台公司。考虑到营运的盈利性，大部分网约车司机以加注有较大优惠幅度的低标号汽油为主。与此同时，网约车群体迅速壮大，催生了配套的互联网加油平台。很多网约车平台甚至是纯资本运作的互联网应用平台，纷纷经营起了加油业务。比如，滴滴平台推出了“小桔加油”，车主邦更名为“团油”。互联网加油平台，依托资本层面的高额补贴或优惠措施，聚拢大量客户，割裂了原本由加油站与客户之间建立的联系。

从平台运营模式看，大致可以划分为三类，分别是“以油引客”模式、“以客促油”模式、“SaaS”（Software-as-a-Service，软件即服务）模式。

（1）“以油引客”模式，是以加油服务为入口，链接加油站并发展客户群。该模式的特点是平台没有稳定的加油客户，也没有自己的加油站，仅通过搭建平台吸引加油站加入，通过打折、提供信息等方式，把线下店的信息提供给互联网客户群体，从而将他们转换为自己的线下客户。

（2）“以客促油”模式，平台是先有客户群体，再细分切入加油服务。平台的主营业务并非加油，加油只是作为相关辅助业务提供给客户。

（3）“SaaS”模式，主要提供软硬件技术支持，对加油站进行智慧油站建设。这类模式的平台较少，营运收入主要来自出售系统产生。部分单系统模式平台已有向其他两种模式演变的趋势。

从平台优劣势看，主要集中在油品优惠幅度大、加油便捷体验好、一站服务增值等多方面。价格既是平台的最大优势，也是平台的最大劣势。当平台失去明显价格优势时容易流失客户，平台的持续运营也会面临困难。劣势则主要表

现在信誉度总体较低、油品数量和质量问题难以保证，以及客户忠诚度难以培养等。

加油站作为消费者与石油公司直接接触的经营场景，为避免在价格劣势情况下自身客户流失，以及传统现场营销模式下效率较低的瓶颈问题，应该如何面对互联网加油平台的兴起，是选择合作还是置之不理，这已成为未来零售行业迫切需要思考的问题。

（八）2023 年国内成品油市场预测

2023 年，国内基建投资将发挥对于经济的托底作用，货币流动性逐步宽松有助于房地产投资筑底企稳，预计投资增长 6.0%，较 2022 年提高 0.9%；一系列稳楼市、促车市政策将推动居民消费意愿加速恢复，预计消费增长 5.5%，较 2022 年提高 5.7%；由于全球贸易壁垒高筑，西方经济体衰退预期浓厚，预计我国出口增长 3%，较 2022 年降低 4%。总体来看，需求端拉动经济增长的“三驾马车”以复苏向好为主，预计 2023 年 GDP 增速回升至 5.6%以上。

成品油需求方面，新能源乘用车销量渗透率预计进一步提升到 30%以上，加速新能源对于汽油的替代，预计 2023 年汽油消费量同比增长 15%；防疫政策的变化有助于物流业加快恢复，俄乌冲突下国内车用 LNG 相较于柴油经济性降低，煤炭产业将进一步发挥压舱石的作用，预计 2023 年柴油消费量将增长近 1%；国际航班逐步增加，以及国内复工复产加快，预计 2023 年我国航空周转量恢复至疫情前的 80%，航煤消费量同比增长 60%以上。总体来看，预计 2023 年国内成品油消费量同比增长 10.5%。

产需平衡方面，考虑到国内石油企业正在主动加快炼化业务转型升级步伐，国家调控成品油出口规模的政策具有延续性，以及各地方政府发展经济的观念逐步转向追求绿色 GDP，对于属地炼化企业扩大生产的需要减弱，国内成品油市场资源过剩程度将继续减轻或基本保持稳定。多年来，成品油市场批零价差较大、价格激烈竞争的现象将持续改善。

政策方面，随着“十四五”各项行业严监管政策出台与落地，国内成品油市场运行将更加规范，生产将更加稳定，价格的市场化程度将持续提高，为石油行业的平稳有序发展创造良好的运行环境。

一是2023年开始，柴油纳入危化品管理，有利于行业高质量发展。生产端有利于促进炼化行业优化装置结构，减少低品质柴油的生产与销售；流通端有利于降低柴油贸易商的数量与规模，减少流通成本及市场波动；消费端有利于节约柴油消费，为国家构建新型能源体系提供助力。

二是民营地方炼厂优化整合的力度进一步加大，速度进一步加快。具体来看，截至目前，已有多家山东民营独立炼厂停产，参与裕龙石化整合。按照山东省发展规划，力争到2025年，将500万吨/年及以下地炼企业的炼油产能分批分步进行整合转移，全省地炼行业原油加工能力将由目前的1.3亿吨/年压减到9000万吨/年左右，地炼行业区域集中度进一步提高，炼化一体化、规模集约化程度进一步提升。另外，从炼化一体化的大型民营独立炼化企业情况来看，浙石化二期2000万吨/年装置已于2021年11月开工，盛虹炼化1600万吨/年炼化一体化项目已在2022年建成投产；沙特阿美与中国石化计划在东北地区合资建设的大型炼油化工一体化联合装置，计划于2024年投入运营，预计常减压能力达到1500万吨/年。通过优化整合小型炼油企业，并按照《石化产业规划布局方案》建设七大石化产业基地，国内的民营独立炼厂将逐步大型化和区域化，发展将更加有序，经营将更加规范，行业竞争格局也将逐步趋于稳定。

（九）关于对行业的建议

面对国内成品油市场在供需形势、竞争格局、政策导向、营销模式等方面呈现出的新特征，对国内石油行业经营主体提出如下建议：

一是对于成品油需求已进入长期低增长的阶段性要有清醒的认识，要以稳定市场占有率作为基本的发展目标。2021年年初至今，国内成品油需求的增长仍没有恢复到疫情前的正常水平。这是由疫情防控的长期性和国内“双碳”经济目标的约束性决定的。石油公司应抓住一切有利于销售的时机扩大销售规模，在存量市场的竞争中占据主动。

二是要顺应国内成品油供需状况基本稳定、竞争格局逐步呈现稳态的行业趋势，通过苦练内功提升品牌价值，赢得市场竞争的主动权。通过生产侧的主动调控和国家加强对进出口的有序管理，国内成品油资源供需将呈现小幅过剩的宽平衡状态，国有石油企业、民营独立炼厂和中外合资企业的市场竞争格局和各自市场份额将逐步趋稳，价格战等无序的恶性市场竞争将逐步减少。石油企业应通过炼化结构优化调整、产品升级、服务提升、渠道拓展、精准营销、绿色低碳等手段，提高客户忠诚度，打造强势品牌，助力企业可持续发展。

三是时刻警惕行业红线，杜绝非法、违法生产经营活动，确保合规经营。“十三五”至今，行业政策正由“宽准入”向“严监管”转向，取缔劣质油品销售、打击企业倒卖进口原油配额、民营独立炼厂和贸易商的成品油税费监管、进口调和油原料征税等一系列措施，均体现了国家在不同的行业发展阶段抓住时机、规范行业治理的政策决心。无论是民营企业还是国有企业，均应提高政治站位，从促进行业良性运行角度出发，避免为了一时利益而在经营上打“擦边球”，合规合法经营方能行稳致远。

四是加油站行业要积极调整、主动适应互联网技术推动下所萌生的加油平台新业态，根据自身发展条件和经营需要，选择合适的应对策略。如，小型加油站或者独立经营的个体加油站、区域性的连锁品牌加油站、全国性的连锁品牌加油站，由于各自品牌影响力、引流渠道、客户资源、市场控制力等存在较大差异，均需结合自身实际，从营销投入评估、销售渠道建设、客户信息搜集等方面，探索适宜的经营和合作模式。但无论采取传统线下零售还是线上互联网营销，都应紧紧围绕客户资源这一决定性因素，探索营销的创新方法，实现零售业务与时俱进。

三、 2022 年我国成品油出口贸易情况与未来预测

2022 年，中国已成为世界第一大炼油生产国，在成品油需求逐步达峰的背景下，炼油能力过剩日益明显地制约着炼化行业的高质量发展，成品油出口的必要性和迫切性较为突出。与此同时，国际地缘政治、经济环境更加错综复杂，不稳定性与不确定性陡升，给我国的成品油出口前景带来了挑战。这就需要认真分析当前成品油出口贸易的特点，并研判未来趋势。

（一）2022 年成品油出口贸易总体情况

1. 成品油出口量出现较大降幅

2022 年，中国成品油出口量为 5369 万吨，同比下降 11%，连续第三年呈现下降趋势。从历史发展趋势看，2010—2019 年出口量呈现上升态势，2019 年达到历史峰值 6685 万吨，之后开始逐年下降，2020 年和 2021 年降幅分别为 8% 和 2%。

近三年，成品油出口量减少是国内外因素共同作用的结果。国际环境方面，疫情导致世界经济总体不景气、地缘政治冲突造成不稳定的政治环境，使得全球成品油贸易需求减少。同时，亚太地区的国家为了保护疫情期间的本国产业，普遍采取更为严格的进口关税和放行措施，也影响到我国成品油的出口规模。国内政策方面，在“双碳”经济目标约束下，炼油行业减油增化、减油增特等供应侧转型加快，以及在税收监管加强的趋势下，地方炼厂开工负荷明显降低，国内成品油资源过剩量客观上也有所减少，炼化企业的出口压力有所减轻。2010—2022 年，中国成品油出口量及同比增速见图 3-9。

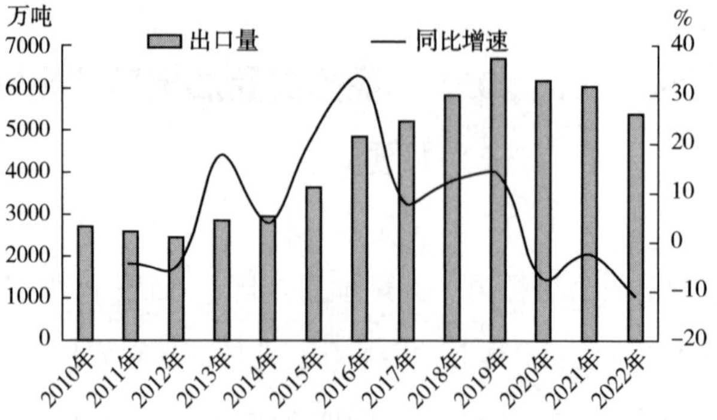

图 3-9　2010—2022 年中国成品油出口量及同比增速

2. 汽油超过柴油成为出口规模最大的品种

2017—2021 年，汽油出口规模及在成品油出口量中的占比总体稳步上升，航空煤油逐步减少，柴油基本保持稳定。2022 年汽油出口比例进一步提高到 37%，较 2021 年增加 1%，首次超过柴油(32%)成为最大的出口品种，航空煤油出口规模占比也从 2021 年的 21%大幅提高到 32%。使 2022 年出口结构发生变化的主要原因在于，2022 年国内柴油需求较高、资源相对较为紧张，柴油出口量大幅减少，同比下降 37%，高于成品油总体降幅 16%；受到各地疫情防控政策的影响，居民出行明显减少，全年汽油消费量出现负增长，大量的汽油过剩资源迫切需要出口。2017—2022 年，分品种成品油出口量及占比见表 3-2。

表 3-2　2017—2022 年分品种成品油出口量及占比

年份	出口量/万吨			占比/%		
	汽油	航空煤油	柴油	汽油	航空煤油	柴油
2017	1051	1313	1719	26	32	42
2018	1288	1467	1853	28	32	40
2019	1637	1761	2138	30	32	39
2020	1600	997	1976	35	22	43
2021	1454	856	1721	36	21	43
2022	1256	1090	1092	37	32	32

3. 成品油出口配额维持相对较低水平

为了缓解国内成品油资源持续过剩局面，2019 年之前，国家逐步提高成品油出口配额，助力炼化企业加大资源出口，以平衡国内成品油市场。2020年以后，政府管理部门意识到类似部分工业品及农产品产业链“两头在外”所引起的“大进大出”现象，把高附加值商品出口到国外，却把加工环节的污染留在国内，不利于向绿色低碳的经济高质量方向发展。因此，国家开始逐步收紧石油行业的出口政策，成品油出口配额明显缩减，2020年同比降低1%，2021年同比大幅降低32%，2022年维持在3700万~3800万吨，较2021年进一步降低1%。

从出口配额使用情况看，使用率总体呈现上升趋势。2021年，成品油出口量为4032万吨，配额使用率达到107%，较2017年提高35%。超配额出口的原因是，国内成品油市场显著弱于国际市场的商业因素，也与2020年部分企业未足额使用获批配额影响到2021年配额下达规模有关。2022年共下发五批出口配额，因总体下达进度时间较晚，年底前配额使用率大幅提高。2017—2022年，国内成品油出口配额及使用率见图3-10。

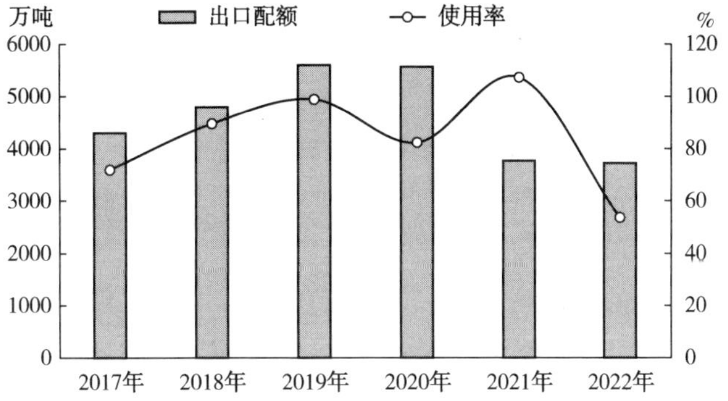

图3-10 2017—2022年国内成品油出口配额及使用率

4. 成品油进口量长期保持在较低水平

长期以来，中国的成品油进口量一直保持在较低水平。主要原因在于，我国主要是通过进口大量的原油来保证国家能源安全，以及炼油产品的消费所需。国内炼油能力的逐步提升带来了成品油资源的日益过剩，进口需求进一步减少。

2011—2021年，国内成品油进口量从860万吨减少到269万吨，占全国成品油消费量的比例从3.5%降低到0.8%，对于国内市场的影响微乎其微。航煤一直是进口量最大的品种，用于保税区中对于外航国际航线的燃料加注，不在国内消费；每年少量的汽柴油进口主要是由于部分时段国内外市场存在套利空间，或者国内资源阶段性短缺，贸易商会进口少量汽柴油进行套利。2022 年成品油进口量为 133 万吨，同比减少 47%。2010—2022 年，国内成品油进口量变化趋势见图 3-11。

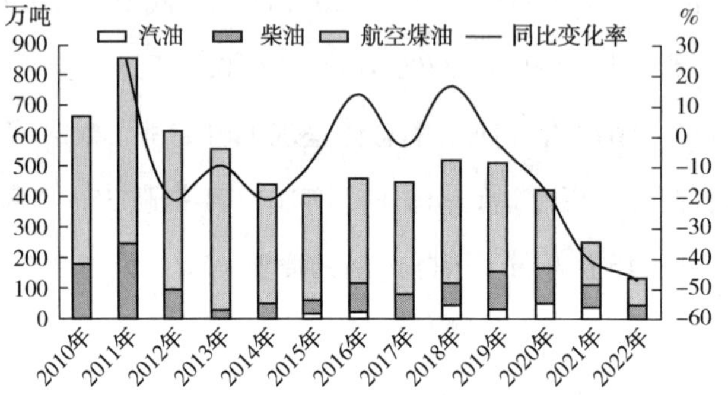

图 3-11 2010—2022 年国内成品油进口量变化趋势

（二）2022 年成品油出口贸易特点分析

1. 一般贸易成为成品油出口的主要方式

我国成品油出口贸易方式有一般贸易、加工贸易、保税监管场所进出境货物及边境小额贸易等。由于保税区具备“保税仓储、出口加工、转口贸易”三大功能，兼具关税优惠、仓储加工等便利条件，在保税区中进行外航加油是航煤出口的主要方式。2017 年以前，我国以加工贸易方式出口的成品油占比较高，当年达到 60%，而以一般贸易方式出口占比仅为 22%，保税监管场所进出境货物及边境小额贸易占比 18%。2018 年开始，我国成品油一般贸易方式出口规模快速增加，占比基本在 80%~90%，已经占据主导地位；而加工贸易及其他方式的出口规模总体呈现萎缩趋势。

产生上述变化的原因在于，2016 年 11 月 1 日开始，我国成品油的增值税出口退税率提高至 17%（2019 年 4 月增值税率下降至 13%），一般贸易方式出口的成品油只需要征收消费税，增值税则先征后返。2017 年起，我国恢复发放成品油一般贸易出口配额，并且随后又对一般贸易方式出口的成品油进一步免征消费税。税收优惠政策促使以一般贸易方式出口成品油的占比上升。2017—2022 年，按照贸易方式划分的成品油出口量变化见图 3-12。

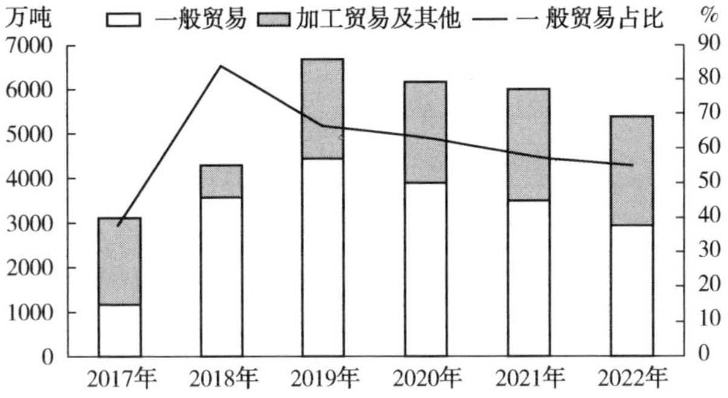

图 3-12　2017—2022 年按照贸易方式划分的成品油出口量变化

2. 国内成品油出口主体更加多元化

伴随近年来原油进口权与使用权的放开，除了“四桶油”以外，越来越多的企业也具备资源能力开展成品油出口业务。2020 年，浙石化、中国兵器集团两家经营主体开始获得成品油出口配额，合计 105 万吨；2021 年和 2022 年，配额进一步提高到 320 万吨和 363 万吨，总体呈现增加趋势。

通过引入更多的经营主体，尤其是非国有炼厂开展出口业务，一方面有利于中国缓解国内成品油资源过剩的矛盾，另一方面能够更好地营造民营企业的发展环境。尤其值得注意的是，在国家总体压减成品油出口配额的背景下，对于民营企业的成品油出口配额不降反升，使得我国的成品油出口市场更加多元化和市场化。未来，我国在国际成品油资源供应格局中的竞争力也将进一步增强。2019—2022 年，分主体成品油出口配额分布见图 3-13。

3. 汽油出口目的地进一步聚焦至亚洲地区，柴油分散度扩大

长期以来，亚洲国家是中国汽油出口的主要贸易伙伴。随着中国加入 RCEP 并生效实施，这一趋势在 2022 年有所增强。从近三年看，2022 年中国出口至亚

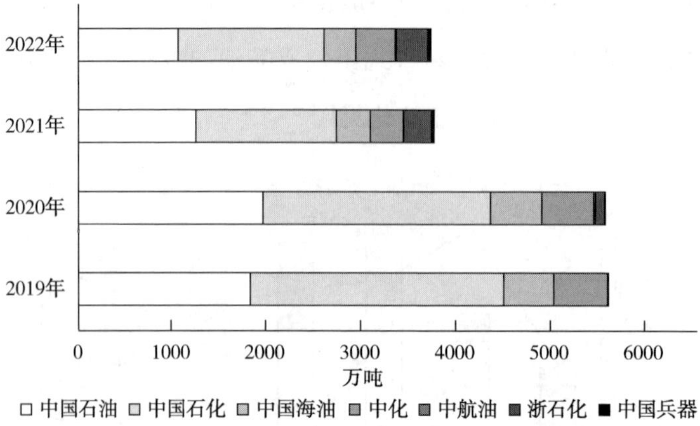

图 3-13　2019—2022 年分主体成品油出口配额分布

洲国家的汽油占出口量的 98%，较 2019 年提高了 8%；与 2019 年相比，2022 年没有出口汽油至大洋洲、非洲，主要是这些地区的汽油进口需求被美国低价的汽油所满足。

出口至亚洲国家的汽油流向出现明显变化：2019 年，出口至东南亚地区的汽油数量最大，占汽油总出口量的 78.4%，但 2022 年仅占 21.1%。2022 年出口至东亚、南亚的汽油数量大幅上升，两者分别占汽油总出口量的 50.1%和 25.4%。其中，出口至东亚地区的主要目的地国家是新加坡，约占出口至东亚比例的 97%；出口至南亚地区的主要目的地国家是巴基斯坦，约占出口至南亚的 92%。2019 年和 2022 年汽油主要出口地区见图 3-14。

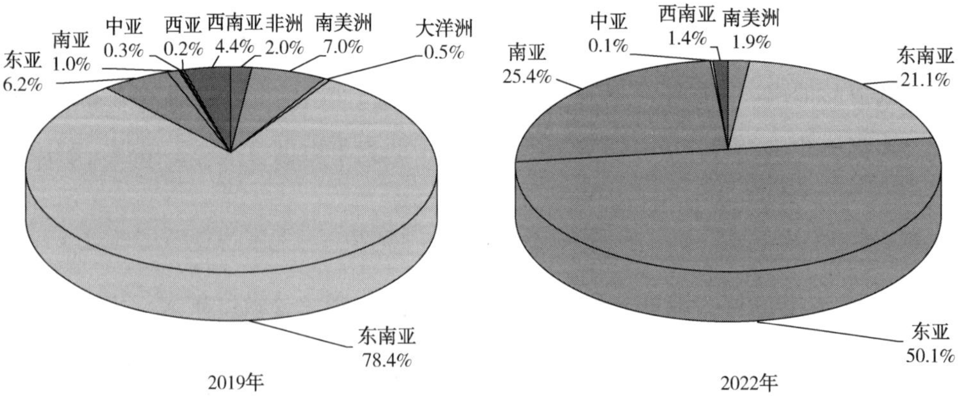

图 3-14　2019 年和 2022 年汽油主要出口地区

长期以来，中国柴油出口目的区域相对于汽油较为分散，2022 年这一趋势进一步增强。2022 年，出口至亚洲国家的柴油占出口量的 67%，较 2019 年降低 6%，主要是因为出口至东亚国家的占比下降；出口至欧洲地区的柴油占比从 2019 年的 3%提高到 14%，主要是俄乌冲突爆发后，欧洲进口柴油的需求较大；出口至大洋洲的柴油数量则明显减少，占比从 2019 年的 15%降低到 2022 年的 7%；出口至北美洲、非洲地区的柴油占比有小幅上升。从具体国家和地区来看，2022 年位于前三位的柴油出口目的地分别是菲律宾、中国香港和新加坡，占比分别为 20%、15%和 13%。2019 年和 2022 年柴油主要出口地区见图 3-15。

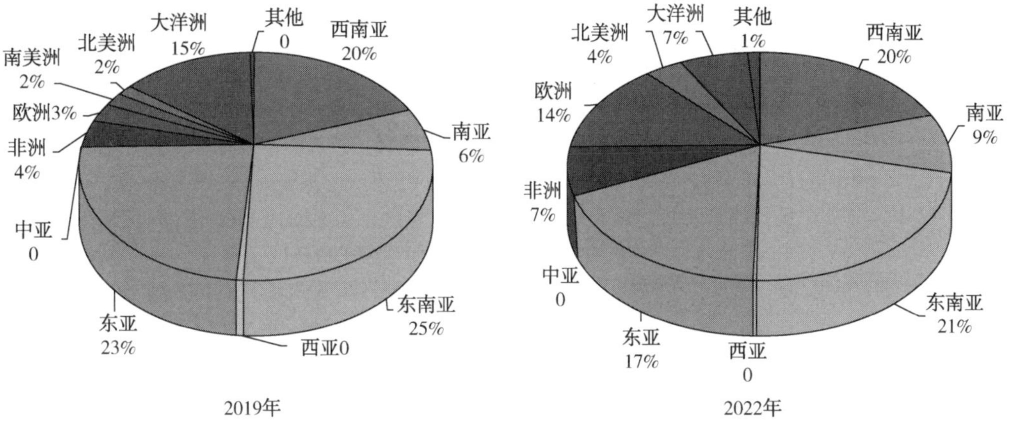

图 3 15 2019 年和 2022 年柴油主要出口地区

4. 严格的外航防疫政策对航煤出口规模及流向影响较大

2022 年国内航煤出口量同比增长 21.0%，但较正常年份的 2019 年同期仍大幅下降 41.4%，主要是国内为防止疫情输入风险所采取的国际航班限流及熔断机制，以及美国等西方国家收紧了与中国的商业活动及教育交流，使外航航班大幅减少。同时，航煤出口至美洲、欧洲、大洋洲的比例有所降低，2022 年较 2019 年分别降低 1.7%和 6.1%；出口至亚洲、非洲和大洋洲地区的比例有所上升，分别提高 5.9%、0.7%和 1.1%。中国出口至不同地区的航煤占比变化见图 3-16。

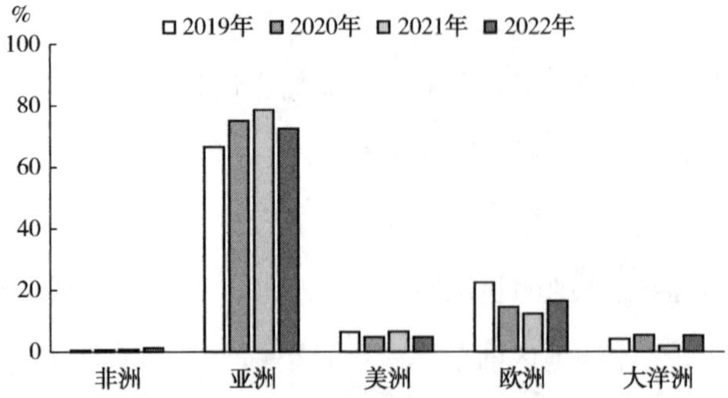

图 3-16　中国出口至不同地区的航煤占比变化

具体来看，2022 年，航煤共出口至 68 个国家和地区。其中，位于前十名的合计 942 万吨，占出口总量的 86%。中国香港连续多年成为内地航煤出口的最大目的地，2022 年占出口总量的 25%，主要是香港作为中国与全球经济交流和商贸往来的重要对外窗口，具有较大的航空客货运需求。2022 年中国大陆航煤出口规模排前十位的目的地见图 3-17。

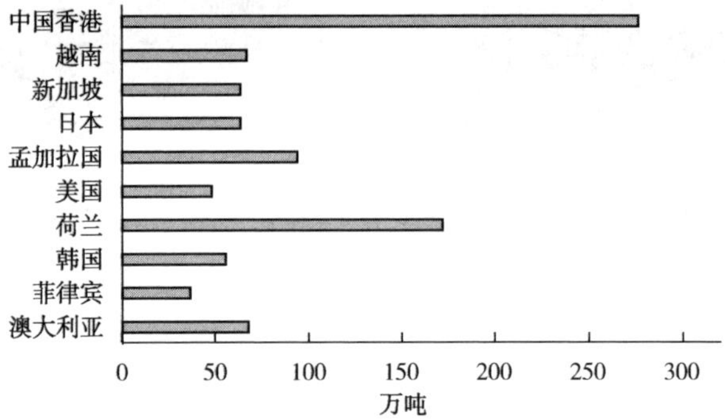

图 3-17　2022 年中国大陆航煤出口规模排前十位的目的地

2022 年，国内共有 7 个省份出口航空煤油。其中，以北京为首，出口规模占全国的 70%以上；其次为海南和广东，出口规模均占全国的 10%左右；再次为上海，占比 4%左右；江苏、山东、河北均有少量出口。

北京既是全国的政治文化中心，也是经济交流中心，以客运为主的航空运输较活跃；广东、上海是外贸出口大省，海南自贸区的发展对外依存度较高，拉动这三个省份的航煤出口需求。2019 年与 2022 年中国航空煤油出口省区市分布见表 3-3。

表 3-3 2019 年与 2022 年中国航空煤油出口省区市分布

省区市	2019 年		2022 年	
	数量/万吨	比例/%	数量/万吨	比例/%
北京市	96	74.8	784.1	71.9
辽宁省	2	1.8	0	0
上海市	3	2.2	42.8	3.9
江苏省	1	1.0	3.7	0.3
山东省	0	0	2.5	0.2
广东省	13	10.4	96.4	8.8
海南省	12	9.6	158.7	14.6
河北省	0	—	2.2	0.2

5. 汽柴油出口效益均达到近年来较高水平

近两年，在疫情影响下，国内各项商业活动萎缩及严格的防疫措施导致居民驾车出行减少，加剧了汽油消费疲软的局面，尤其是 2022 年出现了以上海、河南、西藏、新疆等地为代表的局地严重疫情，并叠加全国范围内新能源汽车的爆发式增长，汽油消费出现改革开放以来的第一次负增长。但是，全球大部分国家出于对经济发展的考虑，放松了疫情管控措施，世界范围内汽油需求增长好于国内。

尽管国内成品油的市场化定价机制使得我国成品油到位价与国际原油价差、亚太地区汽油价差基本保持平稳，但由于国内加油站，尤其是国有石油公司加油站汽油销量下滑，大量的汽油资源不能在零售端以到位价或接近到位价的水平销售，需要在零售端降价销售，或以远低于批发到位价的市场化价格进行批发，造成了国内汽油资源出口较在国内进行市场化销售更具备利润空间。

以山东地区汽油的市场价格与新加坡地区进行比较，2022 年 1—10 月，山东地区 92 号汽油市场价格（不含税）低于新加坡 92 号汽油 FOB 价格 2360 元/吨，意味着汽油出口具备较高利润，并且利润水平较2021年下半年进一步提高333元/吨。山东地区92号汽油市场价格(不含税)与新加坡92号汽油FOB价格比较见图3-18。

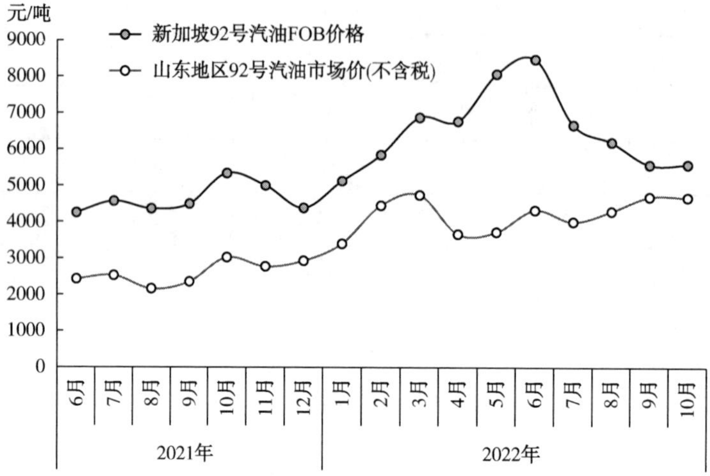

图3-18 山东地区92号汽油市场价格与新加坡92号汽油FOB价格比较

从国内外柴油价格对比来看，2022年1—10月，山东地区0号柴油市场价格(不含税)低于新加坡0号柴油FOB价格1805元/吨，较国内外92号汽油的价差低555元/吨，主要原因在于2022年国内柴油需求客观上较好。同时，以轻循环油作为原料的调和柴油减少以及地炼税收监管增强，柴油资源供应偏紧，进一步促进了国内柴油价格总体较为坚挺，出口套利空间低于汽油。

但与2021年相比，2022年1—10月，国内外柴油的价差高于2021年下半年接近1300元/吨，主要是由于俄乌冲突导致欧洲地区柴油资源紧缺，从而拉动全球柴油价格高企，国内柴油出口套利空间较2021年扩大。山东地区0号柴油市场价格(不含税)与新加坡0号柴油FOB价格比较见图3-19。

6. 出口省份集中在企业注册地所在地区以及经济外向型省份

长期以来，海关总署按照出口企业的注册所在省份统计汽柴油出口的来源地。北京作为众多石化企业的所在地，按照分省出口量的统计数据，从北京出口的汽柴油占全国的比例始终处于较高水平。

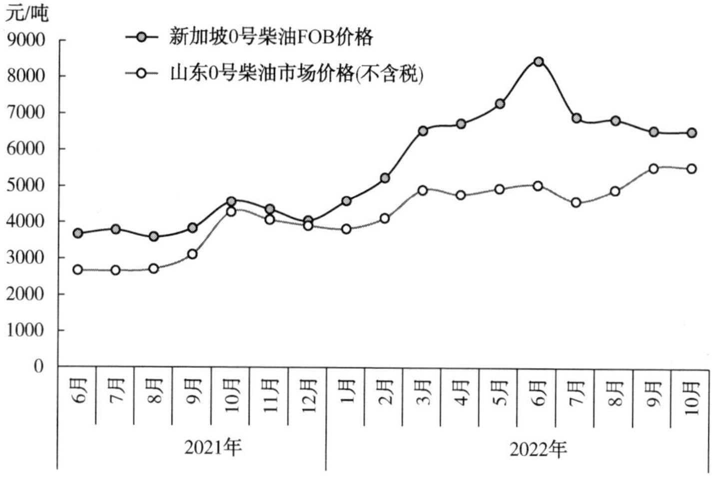

图 3-19 山东地区 0 号柴油市场价格与新加坡 0 号柴油 FOB 价格比较

2022 年，北京出口的汽油、柴油分别占全国的 77%和 80%，2019 年曾经分别高达 93%和 92%。同时，凭借沿海港口条件较好、民营经济较发达的优势，2022 年，浙江省的汽油、柴油出口也具有一定规模，2022 年占全国的比例分别为 18%和 15%；另外，受益于“一带一路”的政策支持和博鳌论坛深化改革开放的影响，海南凭借其优越的地理区位优势，也有一定的汽柴油出口量。2019—2022 年中国柴油主要出口省区市见图 3-20。

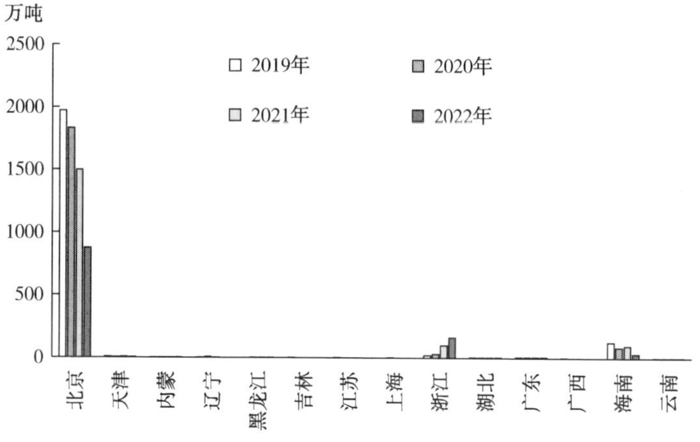

图 3-20 2019—2022 年中国柴油主要出口省区市

（三）成品油出口的影响因素

1. 国家监管政策升级，指导并规范成品油行业发展

中国成品油的出口规模与国内资源的过剩程度过高相关，出口已经成为消纳国内过剩资源的重要手段。

2014 年以来，国内成品油市场开始出现明显资源过剩的现象。当年，产需差首次突破 1000 万吨，并按照每年增长 1000 万吨的趋势，在 2019 年超过 5000 万吨。究其原因，一方面，过去五年炼油能力与成品油产量大幅增加。“十三五”期间，国家在政策上积极鼓励有条件的民营和外资企业入局，期望通过强化市场竞争的方式，加快落后产能出清、推动产业结构优化升级。在此背景下，千万吨级的大型炼化一体化项目相继获批并陆续投产，中国迎来了“大炼化时代”。但是，由于行业监管缺位等原因，落后产能的淘汰进度不及预期，原油加工能力过剩问题未有实际性缓解。原油加工能力从 2017 年的 8. 12 亿吨提高到 2022 年的 9. 2 亿吨，加上国家给予了民营独立炼厂的原油进口权和使用权，2019 年国内成品油产量最高达到 3. 97 亿吨，“十三五”前四年，年均增长 2400 万吨。另一方面，国内柴油需求已于“十三五”期间进入峰值平台期，汽油需求增速也因为新能源汽车加速替代，以及居民消费观念的转变而逐步降低，疫情影响下的航煤需求短期内难以恢复到正常水平，国内成品油总体需求已进入低速增长时期。上述供需两方面因素，造成了国内成品油资源过剩情况日益突出。

2019 年以后，国家加快了过剩炼油产能淘汰，炼化企业主动控制加工量及优化产品结构，成品油资源过剩程度有所减轻，出口规模相应走低。

2. 国际成品油市场行情是影响出口落地的重要驱动力

近年来，国内外成品油市场价差在大部分时间里并不稳定，为成品油出口提供了利润空间，对出口企业的市场分析判断能力也提出了较高要求。国内成品油

出口套利空间较大的时期，国内企业出口积极性较高，出口规模就会增加，反之则会缩小。

国内外成品油价差波动主要有三方面原因。一是国内外经济与政策环境的不同会影响到成品油供需状况差异。虽然在现行国内成品油定价机制下，成品油到位价主要是参照国际油价制定的，但是，国内实际的市场价格更多地取决于国内市场形势。这就造成相同时期国内外成品油价市场行情强弱出现不同，体现在成品油价差的变化中。二是国家制定成品油到位价格参照的是过去十个交易日的国际原油价格，较国外存在一定滞后性。三是当前全球很多国家都存在炼油产能过剩的情况和成品油资源出口需求，中国、印度、美国、中东等主要的成品油生产国都在将市场向需求较好的地区转移，国际市场的成品油销售竞争逐步加剧，从而引起市场价格波动。

3. 国家出口政策是成品油出口实现的重要保障

出口配额是国家出口政策的重要组成部分，是对成品油进行宏观调控的直接手段。国内炼化企业会兼顾配额目标进行生产安排。“十三五”期间，成品油资源过剩形势严峻，国家商务部积极鼓励成品油出口化解压力，出口配额不断加大，并在 2019 年达到历史高点的 5600 万吨。2020 年以来，出口配额逐步收紧，尤其是 2021 年至今的年度配额较 2019 年降低三分之一。当然，出口配额采取动态调整机制，每年的下发批次、规模及每批次的下发时间均有不确定性，主要是根据国内成品油市场的供需形势、企业积极性，以及国际市场变化灵活调整实施。比如，2022 年国家共下发五个批次的出口配额，2021 年只有三个批次，但 2022 年的累计出口配额规模略少于 2021 年。

出口税费政策是影响成品油出口资源竞争力、企业出口积极性的重要因素。目前，我国对于成品油的一般贸易出口方式、加工贸易方式均免征消费税和增值税；由于相较于加工贸易出口，一般贸易出口方式更具灵活性，我国成品油出口方式逐渐由加工贸易向一般贸易转型。出口退税、消费税减免等税收优惠政策，使得国内成品油以脱税价格参与国际竞争，将有机会获得更高的国际市场份额。

这也是保障企业出口成品油积极性的重要因素。

（四）未来 2~3 年出口贸易预测

从国内成品油产需平衡来看，未来三年内，国内仍将新增炼油能力 5000 万吨/年以上，2025 年全国炼油能力将接近 10 亿吨；而在“双碳”经济目标约束下，成品油需求增速将进一步放慢至年均 2%，需求总量接近峰值平台期。若按照目前的炼厂开工水平和成品油收率不变考虑，2025 年，国内成品油潜在产需差将接近 8000 万吨，从国家宏观调控需要，以及石油企业的主观意愿角度考虑，仍然有保持相当规模成品油出口量的客观必要性。

从国内外成品油市场差异角度来看，全球疫情初期需求的大幅下降，迫使国外炼油商关闭了一些利润较低的炼厂。2020—2021 年，以美国为主导的全球所有炼能净退出约 250 万桶/日，全球能源转型的趋势也影响了炼油行业的投资。这些都导致全球范围内炼油能力不足。同时，随着欧洲对俄油禁令即将生效，来自欧洲的巨大需求将导致全球柴油资源变得更为紧张。但全球范围内疫情管控措施逐步放松后，成品油需求仍在继续恢复。因此，未来一定时期内，世界范围内成品油市场仍将呈现相对偏强的走势。而国内受现行防疫政策影响，汽油、航煤需求大部分时间仍处于低迷状态，明显弱于国际市场；柴油需求尽管受到煤炭产业复苏、基建投资的拉动能够维持稳定，但预计较国外市场仍然偏弱。国内外成品油市场的强弱差异，将给成品油出口提供明显的套利空间。当然，考虑到发展中国家和新兴经济体正积极扩大本土炼油产能，尤其是随着马来西亚、印尼、菲律宾、文莱等地炼化项目的投产，我国成品油出口面临的竞争会加剧，可能影响到预期的出口收益空间。

从国家出口政策来看，2022 年，我国的原油对外依存度达到 71.2%。在确保国家能源安全、经济绿色低碳高质量发展的背景下，资源“大进大出”模式将不断收紧，政府对于成品油出口配额的管控将进一步增强。当然，考虑到相关管理部门会为石化企业的转型升级提供稳定的行业环境和时间窗口，以及中国需要依靠沿海大型炼化企业参与国际石化市场竞争、实现出口创效，预计成品油出口配额在今后一段时间内不会进一步大幅缩减。

综合上述三方面分析预测，未来 2~3 年，国内成品油资源仍有明显的过剩压力，成品油出口仍然有较好的外部市场环境，国内石化企业也将保持较高的出口积极性，并加强向政府争取合适的出口配额。年度成品油出口量将保持在 3000 万~4000 万吨的水平。

四、 2022 年我国成品油市场经营情况与未来预测

过去二十年，特别是 2019 年以前，国内成品油市场总体处于扩张阶段，形成了以增为主的发展特点，需求总量超过 3 亿吨，炼油能力发展至全球第二，市场规模达到万亿吨级别。从发展历程来看，需求和供应的演进均有显著的阶段特征。也正是由于阶段特征的变化，我国成品油市场的核心矛盾才出现明显转变，存量竞争成为新时代新市场的新主题。

2020 年以来，新冠疫情给社会经济发展带来较大影响。“双碳”目标的提出，改变了各类能源产品的生命周期。成品油市场供需“双减”，出现了很多不同于以往的特征。

（一）过去二十年我国成品油市场的演进特点

1. 经济规模指数级增长，成品油需求扩大 3 倍

过去二十年，中国经济总量增长迅速。按不变价计，中国经济总量从 2000 年的 5. 1 万亿元增长到 2019 年的 89. 2 万亿元，增长了 17. 5 倍，成为世界第二大经济体。成品油作为国民经济的血液，其规模也随经济的增长显著扩张。按照国家发展和改革委员会表观消费量数据统计，我国成品油消费量从 2000 年的 1. 1 亿吨增长到 2019 年的 3. 3 亿吨，规模扩大了 3 倍。

按照增长动力的不同，2019 年前，我国成品油需求扩大过程可以分为两个阶段。

第一阶段是 2000 年至 2013 年，是以柴油需求增长为主要驱动力的高速增长阶段。这一阶段，我国成品油需求从 1. 1 亿吨增长到 2. 7 亿吨，年均增长 7. 0%。柴油需求的不断扩大，是这一阶段成品油需求增长的主要动力。其消费规模从 2000 年的 6628 万吨，增长到 2013 年的 1. 54 亿吨，年均增长 6. 7%，贡献了成品

油需求总增量的57%。从增长原因来看，这一阶段我国正处于工业化中期，也是工业发展最快的阶段。第二产业占经济的比重一直保持在45%以上的高位水平，钢铁、水泥、玻璃等高能耗重工业产业在这一阶段实现了指数级增长。作为生产材料，柴油被大量应用于这些产业相应的生产和运输中，于2013年达到1.54亿吨，逐步迈入峰值平台期。

第二阶段是2014年至2019年，是以汽油需求增长为主要驱动力的中低速增长阶段。这一阶段，我国成品油需求从2.7亿吨增长到3.3亿吨，年均增速下降至3.2%，增速不及上一阶段的一半。柴油需求在这一阶段进入峰值平台期，在1.5亿吨的规模上下波动。作为日常消费品的汽油成为这一阶段的主要成品油需求增长动力，从2013年的0.87亿吨增长到2019年的1.38亿吨，7年累计增量5141万吨，与上一阶段13年累计增量5311万吨基本相当。汽油需求增长贡献了成品油需求总增量的78%，是这一阶段增长的绝对动力。从增长原因来看，经过快速工业化阶段后，发展红利开始更多地惠及民众，居民财富开始大幅增长。伴随汽车价格下降，大量居民跨过了汽车购买门槛开始拥有汽车，我国汽车保有量从2013年的1.2亿辆增长到2019年的2.6亿辆。6年增量1.4亿辆，超过了1949年至2013年的累计总和。在此动力推动下，汽油需求增长明显加速，此阶段年均增速达到7%的高水平。同时，居民的财富效应也惠及煤油需求增长。煤油需求总规模扩大至0.37亿吨，是2000年的4倍。

总体来看，过去二十年，我国成品油市场经历了生产性需求驱动向消费性需求驱动的转型，在此过程中增速缓慢下台阶，由成长型市场向成熟型市场不断迈进。

2. 成品油产量稳步增长

过去二十年，以保障国内能源需求为目标，我国炼油工业取得长足发展。成品油年产量从2000年的1.19亿吨增长到2019年的3.81亿吨，年均增长6.2%，增速高于同期需求增长0.3%。2019年，我国炼油能力达到8.9亿吨，成为全球第二大炼油国。与需求增长的特点相似，过去二十年，我国成品油产量增长也具有阶段性特征。

第一阶段，是以主营单位为主推动的稳步增长阶段(2000—2014 年)。这一阶段，国内成品油产量从 1. 19 亿吨增长到 2014 年的 2. 84 亿吨，年均增长 6. 6%，与成品油需求增速基本相当。中国石化、中国石油等主营单位是推动这一阶段炼油能力增长的主要力量。主营单位成品油产量增长了 1. 53 亿吨，增长贡献率达到 78%。

第二阶段，是以民营单位为主推动的快速增长阶段(2014 年至今)。这一阶段，国内成品油产量从 2000 年的 2. 73 亿吨增长到 2022 年的 3. 63 亿吨，年均增长 5. 5%。增速与上一阶段差距不大，但增长动力出现转变。2014 年至 2015 年，国家向民营炼化企业开放了原油进口权和原油进口资质，同时两次上调了成品油消费税。民营炼化企业在原料来源增加和盈利空间扩大的双重动力驱动下，开始大规模扩张，成品油产量从 2013 年的 3592 万吨增长到 2019 年的 7274 万吨，累计增长 3682 万吨，贡献了总增量的 58. 2%。民营炼化企业多兴建于沿海省份。其崛起深刻地改变了成品油的资源流向。北油南运、西油东送、中部集结的传统资源流向，不断地向东部区域自足、东西部共同争夺中部市场的方向演进。

3. 供需演进节奏错配，市场核心矛盾发生根本性转变

过去二十年，由于供需两侧演进的节奏存在差异，导致产需差成倍扩大。供需两侧均经历了两个阶段变化，区别在于需求在两个阶段的转化中增速逐步下降，而供应增速则基本持稳。这种差异导致供需关系出现转折性改变。

2013 年以前，供应与需求基本同步增长，国内资源总体平衡。由于生产工艺限制，生产柴汽比一直低于消费柴汽比。在以保障柴油供应为目标的前提下，汽油常年富余需要出口海外，但过剩量不超过 1000 万吨。

2014 年以后，供应增速开始常年高于需求增速，成品油产需差开始成倍扩大，从 2013 年的 936 万吨增长到 2019 年的 5179 万吨，扩大了 5 倍。同时，由于汽油成为消费端的主要增长点，消费柴汽比出现显著下行，生产柴汽比与消费柴

汽比逐渐匹配。过剩结构上，从汽油单一过剩转变为汽煤柴全面过剩。

供需关系的转变，使市场核心矛盾发生根本性转变。2014 年以前，供需的核心矛盾是保供，市场主体间的核心矛盾是如何切分增长红利。由于需求连续快速增长，而产能建设和调整则需要周期，供需在总体平衡的情况下会出现偶发结构性供应紧张现象。尤其是 2006 年到 2012 年的工业化峰值期，消费柴汽比常年围绕 2. 2 波动，而生产柴汽比仅能达到 2. 1 左右，柴油的供应较为紧张，较大范围的柴油脱销出现了三次。此时，市场主体的关键竞争力在于掌握需求的增长规律，快速推进产能建设和调整，跟上需求快速增长的节奏就能实现发展。市场主体间的竞争也以抢夺保供范围为主，总体上在分享发展红利。

2014 年以后，供需的核心矛盾是资源消化，市场主体间的核心矛盾是存量竞争。为此，成品油需求增速开始放缓，随着炼油能力的不断增加，供应开始显著增加，资源开始大量过剩，如何消化连年增长的过剩资源成为行业性难题，大量出口成为唯一选择。同时，需求增量变小，市场规模接近触顶，难以让所有市场主体共同成长。此时，市场主体的关键竞争力已经转变为具备微观比较优势，能够在成本、服务或者差异化等方面形成优势才能在此消彼长的竞争中实现发展。市场从本质上转入了多元化主体存量竞争阶段。

（二）2020—2022 年国内成品油市场的特点

1. 疫情成为影响需求的关键因素，消费类成品油需求萎缩

2020 年以后，新冠疫情的暴发、扩散与反复，扰乱了经济、社会的发展节奏。危害大、传播快、无特效药的特点，使得隔离管控成为应对疫情的唯一有效措施。但难以避免的是，部分经济和生活活动为此放缓甚至中断。特别是在中国疫情防控有效，但海外防控失利的情况下，“外防输入，内防反弹”的应对策略大幅缩减了国际航班往来，“就地过节”“非必要不离开属地”等新要求也减少了国内居民的大幅迁徙和流动。

与出行消费相关的汽油、煤油需求增长明显乏力。尤其是航空煤油需求出现

断崖式下滑。疫情开始的2020年，我国航煤消费下降至2703万吨，较2019年减少30%，2022年进一步下滑至1825万吨，不足疫情前的五成。在汽车数量增长的支持下，汽油消费在国内疫情控制有效时段尚能保持增长，2020年、2021年两年增幅均在3%左右。但随着传播力更强的奥密克戎的到来，国内居民的流动性进一步压缩，叠加新能源汽车的快速发展与油价高企带来的消费抑制作用，出现了历史上罕见的大幅衰减。2022年，国内汽油需求仅为1.38亿吨，同比减少11.2%，降至与2018年相仿水平。

2. 打击地下替代资源，油气逆向替代稳定柴油消费规模

工业周期是决定柴油消费的长周期核心因素。随着工业化趋于完成，柴油消费存在自然缩减动力。但最近三年，国内柴油消费一直稳定在1.66亿~1.71亿吨。其中，2022年柴油消费为1.69亿吨，同比仅微增0.9%，降幅远小于汽油、煤油。主要是三方面因素发挥了作用，稳定了柴油消费规模。

一是国内疫情防控得当，为工业生产提供了良好条件，相关生产和运输的柴油消费受疫情因素影响较低。进入“十四五”以来，国家加快了一大批大型项目的投资建设，也利好于柴油消费。

二是调和油等地下替代资源受到打击，相应扩大了正规柴油消费市场。2021年6月起消费税扩围，相关部门将混合芳烃、轻循环油纳入缴税范围，视同成品油纳税。作为柴油主要地下替代资源而存在的轻循环油的进口量因此出现断崖式下跌，由此前的近200万吨/月缩减了近90%，为正规柴油市场带来了近2000万吨的增量规模。

三是油气比价出现反转，柴油阶段性逆向替代车用LNG。过去十年，LNG依托减排低碳和经济性的优势持续在车用领域替代柴油，替代率峰值率一度接近12%。但2022年，俄乌冲突对全球天然气价格的大幅影响较原油更甚，LNG相比柴油比价失去经济性优势，柴油开始在车用领域阶段性反向替代车用LNG，由此带来市场增量规模约200万吨。

合计汽煤柴三大类，2022年，国内成品油需求规模为3.26亿吨，同比减少

7%，降幅创20年来新高；汽煤柴三大类同现负增长，为历史首次。

3.“双碳”战略推出，国内炼油企业增能不增产

2020年以来，中科炼化、浙石化二期、盛虹石化等一批新炼能投入使用，国内炼油能力继续扩大，总规模达到9.2亿吨/年。但在“双碳”战略约束下，国内炼化行业出现了稳油增化、减油增化，增能不增产的情况。2022年，国内成品油产量为3.63亿吨，反较2019年减少约500万吨。2020年，我国正式提出要在2030年实现碳达峰、2060年实现碳中和的雄伟目标。这意味着，与碳排放息息相关的化石能源的使用必须逐步缩减。

为此，从政策端来看，由国家配置管理的成品油出口配额开始缩减，以控制与国内需求不匹配的生产增速。对于原油对外依存度极高的国家，“大进大出”总体上并不利于保障能源安全。同时，将大量加工过程的碳排放留在国内，也不符合碳中和的大方向。故此，出口配额的缩减具有长期性。但对于已经大量过剩的国内市场来说，出口早已成为调整市场平衡的关键手段。故此，控制出口配额意味着，国内炼油行业必须缩减生产规模，优化调整产业结构，才能保证产业链循环通畅。

从企业端来看，“双碳”目标确立后，成品油需求必将因此加速达峰，长期需求必然缩减。产品结构转型已是企业必须进行的战略选择。为此，一批先行炼化企业开始逐步调整装置结构、产品结构，不断推进减油增化工程，炼油行业成品油总收率下降至57%左右，较2020年以前下降近5%。

4. 内外因素先后主导，柴油屡现供应偏紧现象

尽管过去三年国内成品油供需“双减”、资源依旧过剩，但结构性供需不匹配现象重新出现。2021年和2022年的第三、第四季度之交，国内均出现了柴油偏紧行情。

2021年，柴油偏紧主要由于内因所致。一是对地下替代资源消失的接续准备不足。2021年6月，轻循环油纳入消费税征收范围后，经历了两个月有余的库

存消化周期后才逐渐将需求推回正规柴油市场。而这两个月的政策起效时滞，使生产企业低估了政策效果，并未先行增加生产。在时间上，存在地下替代资源消失后的接续空档。二是 2021 年，能耗双控引发的能源供给紧张，部分区域甚至寻求使用柴油发电保持生产，个别月份柴油需求因此突增。阶段性供需错配使部分地区出现柴油脱销情况。

2022 年的偏紧行情，则是在内因基础上又叠加了部分外部因素。从内因来看，“先立后破”的政策取向，使煤炭等大宗商品生产保持较高强度，相关生产运输也稳定了柴油消费基本面。同时，税收治理行动使部分经营不规范企业的开工率缩减，国内柴油处于紧平衡状态。从外因来看，主要是俄乌冲突引起了欧洲能源危机，大面积推行乘用车柴油化的欧洲在拒绝俄罗斯成品油后，加大寻找进口来源的力度，推升了全球柴油的裂化毛利，使柴油出口变得极具效益。企业也抓住追加成品油出口配额的有利环境来加大柴油出口，在一定程度上抽紧了国内市场。

5. 税收治理成为焦点，市场秩序逐步规范

快速扩张周期中，开放原油进口权、允许民用企业进入行业激发市场活力等政策，对快速扩大国内炼油供应能力、提升行业竞争水平起到了关键作用。但过程中也陆续出现一些乱象。其中，以消费税问题较为突出。

消费税是国家以税收杠杆调控行业供需的关键工具。作为价内税，消费税对最终售价的影响（经增值税和相关税种放大）接近 2000 元/吨。部分企业利用消费税征收和使用特点，没有严格履行税收义务，并以此形成低价优势，扰乱市场正常竞争秩序，以致于成品油消费税向终端转移征收的呼声屡现于两会提案。

近两年，相关部门逐渐关注到此现象，多次开展专项税收治理行动，又出台系列相关政策规范市场秩序，包括将主要进口调和油原料纳入征税范围、建立消费税监管长效机制，将柴油作为危化品管理等。在一系列相关政策作用下，市场秩序出现由乱到治的重要转变。

（三）2023 年国内成品油市场研判

1. 汽油需求恢复增长

从长周期来看，我国汽油需求还有一定增长空间。增长空间主要来自不断扩大的汽车保有量。宏观上，千人汽车保有量是衡量汽车市场发展阶段的重要指标。2022 年，我国千人汽车保有量已超过 200 辆，但还远没有达到饱和水平。对标欧美等先发型发达经济体，其千人汽车保有量往往在 500 辆以上；韩国等后发型发达经济体，其千人汽车保有量也达到了 380 辆以上。据此判断，我国汽车保有量还有将近一倍的增长空间。微观上，目前我国城镇居民每百户拥有汽车 50 辆，乡村居民每百户拥有汽车不足 30 辆，这意味着还有半数城镇居民和七成乡村居民家庭没有汽车。根据相关理论，当平均车价与居民年收入比值低于 3.5 时，居民便具备了汽车购买力。目前，我国收入排位在 40%~80%的城镇居民已经跨过此门槛，收入排位在 20%~40%的乡村居民也已跨过此门槛，在购买力上足以支持汽车保有量持续增长。但从发展阶段来看，汽车普及速度将放缓。根据国际比较经验，当千人汽车保有量超过 200 辆后，普及进程将进入普及期的中低速增长阶段，潜在增速将从 10%以上降低到 5%，但每年汽车增量需求仍在 2000 万辆左右。

由于“电动革命”的出现，汽油车和电动汽车将分享这些增量空间。电动替代的速度决定了汽油需求的峰值水平。“双碳”目标推出后，相关部门出台了新能源汽车发展规划，电动汽车发展速度大为加快。2020—2022 年，电动汽车在新车销售中的占比从 6%快速提高到 28%，汽油车增量正被逐渐压缩。按此速度预计，到 2027 年前后，汽油车增量将逐渐与汽油车报废量持平，汽油消费将因此达峰。达峰前，汽油需求增量空间还有 1500 万吨左右。

2023 年，汽油消费将从衰退中反弹，再次实现增长。一是汽油车数量保持增长。2023 年，国内汽车总销量保持在 2000 万辆以上规模。其中，汽油车仍保持销售主体地位，保有量增长1200万辆，但增速降至4.8%，创5年来新低。新能源汽车购置税减免政策延续，电动替代加速渗透，销量渗透率迈向40%关口。2023年，新能源汽车销量将达到850万辆，保有量占比提高到6.0%，电动替代增量约200万吨。二是疫情防控不再抑制汽油消费。我国已优化调整措施，政策开始鼓励居民出行，扩大消费，尽快恢复社会综合秩序，居民用车出行将逐步改善。但过去几年，居民财富积累速度放缓，生活习惯也发生较大改变，完全恢复到疫情前的出行水平仍需时日。故此，预计2023年，汽油需求将增长15%左右，消费规模为1.59亿吨。

2. 煤油需求大幅反弹

从长周期来看，我国还处于航空业高速发展期，煤油拥有巨大增长空间。随着居民收入增长，航空出行的受众人群将持续扩大。同时，供应侧向三四线城市普及机场的工程也在持续推进。预计到2030年，机场设施可以覆盖全国80%的人口，航煤需求年均潜在增速在6%~8%。

具体到2023年，煤油需求将出现大幅反弹。一方面，国内疫情防控持续优化，对居民出行的限制基本消除，前期受到抑制未能释放的出游等需求将逐渐释放，推动国内航线恢复，甚至超越疫情前水平。另一方面，对国际访客的隔离管控周期持续缩短，国际航班逐步恢复。预计2023年，国内航煤需求能够实现同比60%以上的增长。

3. 柴油需求以稳为主

从长周期来看，柴油需求处于缓步下行通道。柴油需求可以分为以工农业生产和投资建设为主的生产性柴油消费和以公路运输为主的运输性柴油消费两部分。其中，生产性消费强度与工业化进程密切相关。目前，我国正从工业化中期向后期不断迈进，工业在经济中的比重已降至35%以下，生产性柴油消费将呈现趋势性下滑态势。运输性柴油消费主要与货运强度有关。以往，我国公路货运在货运总量中的比重为33%~35%。2018年起，为了降低总体运输成本，国家在战略层面提出以铁路代替公路，降低公路货运比例，公路运输柴油消费也将逐步减少。

2023年，多数柴油消费行业仍有支撑。保交楼行动持续推进，施工面积同比回升，建筑用油需求将有20余万吨的增量。煤炭发挥压舱石作用，煤炭产量继续增长，工矿用油将增长20万吨。农业机械化水平逐年提高，农业用油将增长30万吨。以铁路代替公路持续推进，压缩柴油增幅，运输需求将增长80万吨。但水运、商业民用等行业需求有所缩减。综合各终端行业需求情况，预计2023年，柴油需求同比增长1%。

合计汽煤柴三大类，预计2023年，国内成品油需求同比增长10.5%。

4. 新产能陆续爬坡，资源产量小幅增长

2023年，中国石油广东石化投入使用，新增炼油能力2000万吨/年。2022年投产的浙石化二期、盛虹石化等产能也处于爬坡周期，加工量逐渐提升，预计全年国内原油加工量将增加4700万吨(见表3-4)。汽煤柴产量将增加1550万吨，资源总产量将超过疫情前水平。

表3-4 近两年主要新增炼油能力情况

企业名称	炼油能力/(万吨/年)	成品油设计年产量/万吨		
		汽油	煤油	柴油
镇海炼化(扩能)	1100	—	100	—
盛虹石化	1600	300	220	50
广东石化	2000	410	180	290
合计	4700	710	500	340

5. 资源过剩压力稍扩大，出口配额难有大幅放松

结合供需两端情况来看，预计2023年，国内成品油产需差3400万吨，较2022年小幅扩大。在"双碳"目标约束下，预计出口配额管理仍将适度从紧，全年出口规模在3300万吨以上，仍低于"十三五"期间的平均水平。

6. 从长周期来看，成品油生产企业必须聚焦四点举措

过去二十年，我国成品油市场需求规模和炼油能力快速扩大。到 2022 年年底，我国炼油能力已升至全球第一位，同时也是第二大石油消费国。但由于供需演进节奏错配，市场核心矛盾发生重大转变，宏观的资源全面过剩和微观市场的存量竞争，取代宏观的资源紧平衡和微观市场的共享规模红利，将成为今后较长一段时间内市场的主旋律。

展望未来，我国成品油需求总体将呈现“汽缓、煤增、柴降”的格局，需求规模接近触顶，资源过剩的态势将加剧。调整生产结构、降本增效、提高国际竞争力、推进减油增化这四条举措，将是炼油企业实现生存发展的关键所在。

五、 2022年国际天然气市场变化情况与未来预测

2022年以来，受地缘政治事件爆发、新冠疫情持续、低碳转型推进、极端天气频发等因素叠加影响，国际天然气价格持续高位波动，能源市场急剧震荡。区域性市场引发全球性市场连锁反应，世界LNG贸易格局正在加速重塑，呈现出前所未有的不确定性和波动性。

（一）全球天然气需求出现变化

随着部分地区地缘冲突的发生，能源市场发生剧变，使自2021年下半年以来持续收紧的天然气供应进一步趋紧，给天然气市场前景带来更多不确定性。全球天然气需求因气价的冲高增速显著放缓。2022年，全球天然气消费量约为4.01万亿立方米，同比下降0.8%，是2008年金融危机以来的第二次下降。其中，欧洲天然气消费量同比下降19%，亚太消费量受高价抑制稳中有降；北美因发电用气拉动天然气消费量增长4.0%。

当前，全球能源危机的深度和广度，引发天然气未来成本和可用性担忧，严重削弱了将其作为过渡燃料的坚定想法。因经济下行，气价冲高，2022年，全球天然气需求出现下降，且后续几年增速将放缓。

1. 俄乌冲突压制欧洲天然气需求

据欧盟统计局数据，2022年，欧洲天然气消费量为5181亿立方米。较2021年同期天然气平均消费量下降19.0%。除马耳他(+7.1%)和斯洛伐克(+2.6%)的天然气消费量有所增加外，其余24个欧盟成员国的天然气消费量均不同程度下降。其中，18个欧盟成员国消费量降幅超过15%的目标。芬兰(-52.7%)、拉脱维亚(-43.2%)和立陶宛(-41.6%)等国消费量降幅最大。同时，爱尔兰、西

班牙、捷克、葡萄牙、意大利、斯洛文尼亚6个欧盟成员国虽减少了天然气消耗，但尚未达到15%的目标。受创纪录的高昂天然气价格等因素影响，欧洲工业和电力部门天然气使用量低于2020年水平。

大宗商品分析公司ICIS初步数据显示，2022年，欧洲天然气消费量减少至4300亿立方米，同比下降13%。德国和意大利这两个欧盟最大的天然气消费国，仅在2022年11月的需求量就分别下降了23%和21%。法国和西班牙的降幅超过五分之一、荷兰的降幅则超过三分之一。

2. 欧洲LNG进口猛增

欧洲面对管道气进口大幅下降且随时可能"断气"的风险，加大加快LNG现货采购以弥补天然气需求缺口。2022年开始，欧洲LNG进口量超过其管道天然气进口量。其中，美国是欧洲LNG进口量最大的国家。据IEA数据显示，2022年，欧洲LNG进口量增加了660亿立方米，进口量飙升了63%，是全球其他地区的两倍多，打破了历年欧洲进口LNG数量的纪录，其中三分之二来自美国。

根据彭博社整理的船舶运输数据显示，美国2022年的LNG出口量达到7858万吨，与卡塔尔并列成为全球最大的LNG出口国。尽管不同机构的统计数据略有差别，但美国在今后将成为全球最大的LNG出口国之一已基本成为市场共识。在2016年成为天然气净出口国的美国，仅用了6年就成为全球LNG市场的主导者。

同时，因为欧洲LNG的超高价格在2022年下半年吸引了世界多地的经销商，甚至包括日韩等传统LNG进口大国的经销商也纷纷将长协采购来的LNG转卖给欧洲，获利颇丰。

2022年，欧盟对美国LNG的进口比例从2021年的26%上升至42%，从俄罗斯的进口比例由20%下降至16%。但代价十分高昂，欧洲平均每月要花费近40亿美元进口LNG，几乎是此前年份的10倍。随着中国、印度及亚洲其他市场的需求恢复且进一步增长，2023年，全球LNG市场将比2022年更紧张。2022年以来，美国对欧洲的LNG出口量增加明显，一定程度上覆盖了俄气的减少量，但考虑到2023年俄气供给欧洲的减少量或较2022年更高，美国新增产能可能难以补足缺口。IEA预测，美国LNG的平均出口量将在2023年达到3.49亿立方米/日。

3. 亚洲需求紧平衡

亚洲市场需求受到抑制，供需暂保持平衡。欧亚气价联动持续增强，欧洲吸纳全球大量LNG资源，持续推升亚洲市场LNG现货价格。2022年3月7日，欧洲价格飙升至72.2美元/百万英热。2022年3月8日，东北亚LNG现货价格随之涨至70美元/百万英热，是历史最高价格。2022年1—6月，东北亚LNG现货均价为31.5美元/百万英热，同比上涨252%。

受高气价抑制，主要消费国需求不旺。2022年1—6月，中国、日本和韩国LNG需求同比分别下降18%、4%和3%。东南亚新兴市场受高气价抑制更加显著，印度LNG需求增速由2021年的3%降至-12%，孟加拉国需求增速由485%降至-1.1%，巴基斯坦需求增速由20.3%降至-5.3%。

4. 北美市场需求上涨

美国的需求表现最为突出。美国能源信息局在周报中称，美国的天然气消费量在2022年达到创纪录水平，部分原因是电力行业的天然气使用量增加。据美国能源情报署估计，2022年美国国内天然气消费量平均为887亿立方米/日，比2021年增长6%。2022年以来，美国加大LNG出口力度，原料气需求旺盛。2022年5月以来，美国大部分地区因高温天气，发电用气需求上升。地下储气库低位运行，供应趋紧。此外，激增的天然气出口量也拉高了美国的天然气需求量。

（二）全球天然气市场供应出现分化

2022年，全球天然气产量达4.25万亿立方米，增速减缓至0.4%，呈"美升俄降"态势。整体供应充足，但区域结构失衡加剧全球天然气和LNG市场供应紧张。受地缘政治因素影响，区域市场供应紧张程度加剧。IEA 数据显示，2022 年全球天然气供应量仅增长 5.5%。LNG 进口需求增量 2070 万吨，超过供应增量，市场供应紧张加剧。

2022 年，全球天然气贸易量连续 3 年下降，贸易格局出现历史性调整，俄罗斯管道气供应逐步退出欧洲市场，美国加大对欧洲的 LNG 供应。全球天然气贸易量为 1.20 万亿立方米，同比下降 1.4%。其中，管道气贸易量为 6414 亿立方米，同比下降 8.9%。卡塔尔 LNG 出口增速为 4.4%，对欧洲出口增速为 22.6%，对亚洲出口增速为 3.5%。LNG 现货价格持续高位剧烈波动，买方更倾向于签署长期合同以寻求稳定的气源供应。全球 LNG 新签合同量保持高位，呈现目的地条款更加灵活、合同期趋长、合同标的量减小、与油价挂钩斜率回升等特点。2022 年，美国作为供应商签署大量合约，与亨利枢纽（Henry Hub）价格挂钩的长协占比高达 56%。

对 LNG 高涨的需求，将导致天然气市场供应紧张形势难以缓解。从全球 LNG 供应来看，北美 LNG 供应持续增加，但大部分传统 LNG 出口国产量出现下滑，新增 LNG 供应能力有限，将造成全球 LNG 市场供应局面持续紧张。俄罗斯虽有富余供应能力，但受制裁、限价、管道输气和 LNG 设施等能力限制，亚太市场很难完全消化俄罗斯的富余天然气。这将导致俄罗斯天然气供应大幅减少。中南美洲 LNG 出口国则受投资不足、产能限制等因素影响，出口量呈下降趋势。非洲和亚太地区 LNG 供应小幅下降。全球天然气供需失衡或将加剧。综合分析看，2022 年全球 LNG 市场至少有以下 4 个特点。

1. LNG 贸易升温

（1）美国 LNG 产量明显增长，出口量首次居世界第一。

美国加大上游投资开发力度，2022 年产量达到历史最高水平，增幅为 453 亿立方米，增速为 4.3%。2022 年，美国 LNG 的平均出口量为 7858 万吨，较 2021 年增加 13.4%，首次超过澳大利亚和卡塔尔居世界首位。其中，美国向欧洲出口 LNG 5415 万吨。

美国 LNG 出口增速为 13.4%，对欧洲出口增速为 141.9%，对亚洲出口增速为-45.6%。美国天然气产量在 2022 年达到历史新高，平均为 980 亿立方米/日，比 2021 年的历史最高水平高出 35 亿立方米/日。Permian 地区和 Haynesville 地区引领了天然气产量的增长。

（2）俄罗斯出口 LNG 增加。

按照 BP 的统计数据，俄罗斯 2021 年 LNG 产量为 404 亿立方米，2022 年 LNG 产量增加至 447 亿立方米。虽然欧洲能源大动脉——北溪-1 和北溪-2 天然气管道遇袭，管道运输线无法运行，但欧洲仍能通过海运进口俄罗斯的 LNG。据路孚特公布的数据显示，2022 年俄罗斯向欧洲供应了约 1700 万吨 LNG，较 2021 年增长约 20%，抵消了部分俄罗斯管道天然气出口的急剧下降。俄罗斯因对欧洲的管道气出口受阻被迫减产，全年产量减少 961 亿立方米，同比下降 12.5%。

（3）LNG 出口新势力崛起。

2022 年 11 月，莫桑比克 LNG 项目开始首船外销 LNG。该国由此正式加入 LNG 出口国行列。项目预计 LNG 年产能 330 万吨(46.2 亿立方米)。该国今后有望跻身世界十大 LNG 出口国。

埃及两家 LNG 生产工厂 2022 年 LNG 出口能力增加到 800 万吨/年(112 亿立方米)，约 90%出口到欧洲，而其产能分别为 500 万吨和 720 万吨。埃及 2023 年 LNG 出口能力有望进一步增加到 1200 万吨(168 亿立方米)。

2. 俄输往欧洲的管道气降至历史新低

俄罗斯是欧洲最主要的天然气来源国。过去三年，俄罗斯天然气总出口量保持在 2000 亿立方米。其中，输欧气量超过 1600 亿立方米，占欧洲天然气消费总量的 35%以上。IEA 预计，俄罗斯 2023 年通过管道向欧盟出口的天然气下降至 60 亿立方米，而这一数据在 2022 年为 140 亿立方米。

由于北溪-1 管道、亚马尔管道、过境乌克兰兄弟管道纷纷停输，俄罗斯出口欧洲管道气大幅下降 1060 亿立方米；俄罗斯对亚洲管道气供应增加 50 亿立方米。据 IEA 预测，2021—2025 年，在基础情景下，俄罗斯对欧盟的管道气出口量将下降 55%；在加速情景下，降幅将提高至 75%；在承诺目标情景下，到 2030 年，将再减少 450 亿立方米；而在既定政策情景下，甚至降至零。

3. 欧洲天然气供应形势不乐观

2022 年，地缘政治冲突发生以来，欧洲担忧天然气供应加剧。为此，欧盟委员会提出能源转型方案 REPowerEU 行动计划，拟通过节能和能效、能源供应多元化、清洁能源、投融资等一揽子短期和长期计划，摆脱对俄罗斯天然气的依赖。

4. 增产区集中在北美和中东地区

从供应端看，到 2025 年，全球天然气增产将集中于北美地区和中东地区，但增长量有限。俄罗斯因预期出口量下降，导致增产潜力下滑。俄罗斯天然气工业股份公司发布的数据显示，其 2022 年上半年对非独联体国家天然气出口量为 689 亿立方米，同比降幅 31%。总体来看，全球天然气市场仍处于资源相对紧张阶段，尤其在欧洲市场。中东地区产量稳步增长，增幅为 262 亿立方米，增速 3.7%。

（三）天然气市场价格冲高震荡

国际天然气和 LNG 价格在 2022 年内呈现大幅波动，几度创下历史新高。欧洲市场的荷兰 TTF 价格在 2022 年 8 月 26 日达到 93.8 美元/百万英热，亚洲 JKM 现货 LNG 到岸价也一度达到 84.8 美元/百万英热的历史高值。

1. 国际气价大幅上涨超出预期

在地缘政治危机形势下，俄气西向进入欧洲受阻，加剧全球 LNG 资源竞争，持续推升气价。欧洲进口管道气下降，美国、卡塔尔等地原拟流入亚洲的资源将改向流入欧洲，从而改变全球天然气贸易流向和供需格局，并持续推升气价（见图 3-21）。2022 年，欧洲 TTF 现货均价为 37.7 美元/百万英热，同比上涨 137%，创下最高日价 96.3 美元/百万英热。东北亚 LNG 现货均价为 34.5 美元/百万英热，同比上涨 138%，创下最高日价 72.2 美元/百万英热，历史上首次低于欧洲现货均价。亨利枢纽现货均价为 6.42 美元/百万英热，同比上涨 64%，回到页岩气突破前水平。

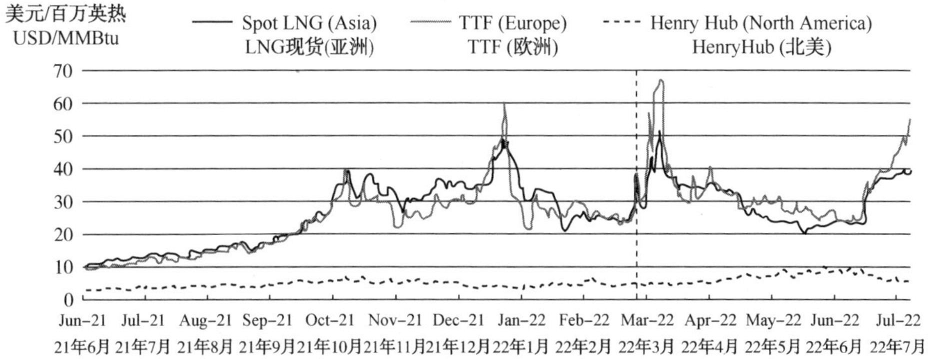

图 3-21 2021 年 6 月以来欧洲、亚洲天然气价格情况

2. 欧洲 LNG 价格暴涨，带动亚洲价格高位运行

随着美国国内消费和出口的增长，亨利枢纽现货价格几乎每月都在上涨，从而对欧洲气价保持推升压力。与此同时，东北亚天然气现货市场价格受欧洲市场影响，也以略低于欧洲市场的价格波动运行。

根据路孚特的数据，2022 年亨利枢纽现货平均批发价格的实际和名义价格均为 2008 年以来最高，平均为 6.45 美元/百万英热。在 2022 年 8 月 22 日，每日价格达到 9.85 美元/百万英热的高点，在 2022 年 11 月 9 日降到 3.46 美元/百万英热的低点，并在全年表现出波动。整个美国西部地区的天然气价格在 2022 年 12 月超过了 50.00 美元/百万英热，而西得克萨斯州瓦哈枢纽的价格在 2023 年大部分时间里都低于亨利枢纽。

3.“欧洲溢价”代替“亚洲溢价”

俄乌冲突升级以来，由于俄罗斯削减了管道天然气供给量，贸易形式更灵活的 LNG 成为欧洲首选，导致 LNG 现货价格长期以来的“亚洲溢价”被“欧洲溢价”取代。

亚洲买家购买现货天然气的价格一直很高，甚至在 2022 年年初价格开始上涨后，亚洲买家仍将价格推至夏季新高。

然而，亚洲各市场情况有所不同。价格上涨时，通常亚洲的非合约现货需求最有可能受影响。此外，购买力较弱的消费者会缩减需求。亚洲各地区的天然气市场、下游行业和买家各不相同，现货采购占比、购买力，以及下游市场监管和定价也各不相同。许多亚洲买家尽管购买能力有限，2022 年也仍以创纪录的高价买入现货。

传统市场的买家大多通过长期合约购买 LNG。这些合约通常与油价挂钩，有助于使市场和买家免受 LNG 现货价格高企影响。以加权平均成本来看，亚洲市场受影响的程度低于欧洲。

（四）国际天然气市场未来趋势

IEA 指出，在北美、欧洲等成熟市场，制定和实施进一步的能源转型政策对加快消费量下降非常重要。亚洲等新兴市场将受益于这些举措带来的天然气价格回落和供应提升。据 BP 统计数据，全球 LNG 贸易量将在 2025 年前接近 6000 亿立方米。

2023 年，大国博弈影响仍将延续，欧洲市场再平衡成为全球天然气市场的关键。预计全球天然气需求量为 4.03 万亿立方米，增速回升至 0.5%。

1. 2023—2025 年天然气需求将温和增长

2022 年之后，天然气市场增长缓慢，且仍有很大不确定性。IEA 报告预计，到 2025 年，全球天然气需求年均增长 0.8%。相比于上次预测到 2024 年年均增长 1.7%，降低 0.9%。到 2025 年，全球天然气需求仅比 2021 年增长 1400 亿立方米，而 2021 年一年的增长量就曾达到 1750 亿立方米。

IEA 还认为，天然气需求增长放缓并不意味着能源转型加快。因为由天然气转化为可再生能源和能效节约带来的天然气需求下调仅占 20%，大部分增长下调是出于经济下行原因，推迟了煤炭和石油向天然气的转换。

预计 2022—2025 年，全球天然气需求量的平均增速为 0.8%。增速降低的主要原因是，俄乌冲突使天然气需求面临强大压力，市场对俄罗斯管道气的需求将明显降低。具体来看，全球天然气需求将在 2025 年回升至 1.5%。增量最大的是工业部门的需求，将占天然气需求总增量的 60%。随着亚洲多国的经济复苏，2023 年亚洲 LNG 需求恢复增长态势，增量将近 100 万吨。欧洲将持续"脱俄"步伐，进口俄罗斯管道气进一步减少 330 亿立方米，LNG 进口量将再创新高，增量达 550 万吨；美国、卡塔尔等地资源将持续加大流入欧洲。

2. 未来两年全球天然气供需持续趋紧

IEA 发布的《天然气分析及展望 2022—2025》报告显示，到 2025 年，全球 LNG 贸易量将接近 6000 亿立方米，年均增长 4%，继续由欧洲需求和北美供应主导。

国际能源署署长比罗尔此前称，与 2022 年相比，2023 年，全球 LNG 供应可能会更加紧张。高气价刺激全球天然气生产，预计产量增至 4.32 万亿立方米，增速保持在 1%。其中，美国天然气增产 352 亿立方米；俄罗斯将继续关停上游气田，产量减少 340 亿立方米。预计全球 LNG 需求增量将近 1000 万吨，全球计划投产 LNG 液化能力 1073 万吨/年，考虑项目投产和达产时间，实际新增供应能力 785 万吨/年，全球 LNG 市场供需持续紧张。

俄乌冲突持续，俄气供给大幅下滑，欧洲天然气紧缺或将持续 2~3 年。从长期来看，欧洲天然气储量持续降低，自产气增产潜力不足，只有挪威有小幅增产潜力；LNG 方面，美国、卡塔尔、莫桑比克等欧洲可用 LNG 气源新增产能将于 2025 年大幅投产；而 2023—2024 年，新增产能以美国为主。欧盟计划到 2025 年，风电和光伏装机容量翻倍，2030 年达到目前的 3 倍，并增加绿氢、生物质甲烷等替代部分天然气。总体来看，欧洲“脱俄”将推动能源转型加速，欧洲天然气需求将在 2025 年后逐步放缓。

总体来看，欧洲加大 LNG 采购，全球 LNG 市场需求将超过新增供应能力，全球 LNG 市场将持续趋紧。由欧洲天然气市场供应紧张引发的全球 LNG 市场区域结构性供需失衡加剧。受地缘政治危机以及此轮高油气价格影响，预计加速 LNG 液化项目建设步伐。2026 年后，随着卡塔尔 LNG 项目扩容，美国、加拿大及莫桑比克等新增 LNG 项目陆续投产，市场供需紧张形势将有所缓和。若俄乌局势失控，欧洲进口俄罗斯管道气面临彻底中断风险，LNG 进口需求增量将达 1700 万吨，远超全球增供能力，全球 LNG 市场将严重失衡。

3. 国际气价持续高位运行

地缘政治消息面因素对国际气价影响增强。预计 2023 年，欧洲 LNG 需求仍持续增长，对国际气价形成较强支撑，欧亚气价易涨难跌。美国 LNG 出口将持续增长，原料气需求将支撑亨利枢纽现货价格维持高位。随着大批 LNG 液化项目陆续投产，全球 LNG 液化供应能力将迎来增长高峰。全球主要国家在“双碳”目标下，天然气需求将继续增长，但增速逐步放缓，未来国际气价有望逐步回落。预计全年亨利枢纽现货均价 5.0~5.5 美元/百万英热，同比下跌 16.7%~28.4%；TTF 现货均价 31~33 美元/百万英热，同比下跌 14.2%~21.6%；东北亚 LNG 现货均价 30~32 美元/百万英热，同比下跌 7.8%~15.0%。

4. 欧洲“脱俄”短期难以实现

通过以上分析可以看到，REPowerEU 只是欧盟委员会层面的行动计划，对成员国没有约束力，难以使欧洲短期内摆脱对俄罗斯天然气的依赖。目前看来，欧洲区域内气田增产可能性较小；管道气进口来源，除俄罗斯外主要来自阿塞拜疆、阿尔及利亚、伊朗和利比亚。上述国家2022年供欧管道气增量仅为50亿~90亿立方米。由于目前全球LNG项目开工率较高、传统出口国受上游原料气限制，欧洲加大LNG采购难以弥补管道气缺口；在煤炭和石油价格上涨、供应趋紧情况下，其他化石能源对天然气替代有限；核能、可再生能源短期内增产乏力，节能方式减少用气短期内难以实现。综上所述，欧洲短期内难以完全摆脱对俄罗斯管道气的依赖，天然气“脱俄”不仅过程漫长且成本高昂（见图3-22）。

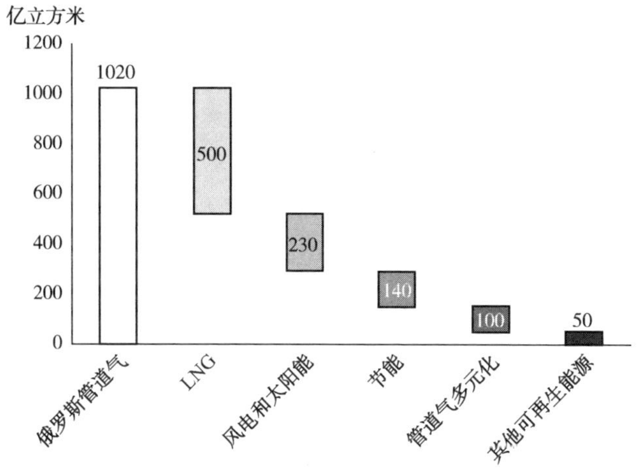

图3-22 欧洲天然气“脱俄”短期目标与计划路径

按照计划，欧洲将利用风能、太阳能，以及可再生氢，替代约500亿立方米的天然气，生物甲烷替代170亿立方米的天然气，节能和能效提升减少130亿立方米的天然气需求。按照2021年俄罗斯供欧洲管道气1585亿立方米、俄罗斯以外来源管道气增量按照100亿立方米测算，还有685亿立方米（4900万吨）的缺口。按照目前的规划，至2030年，全球新增LNG产量约为1.32亿吨。其中，卡塔尔已表示要将扩容的3200万吨/年产能的1/2供应给欧洲，约225亿立方米。欧洲则需额外采购3300万吨（460亿立方米）LNG。从经济性和地缘政治因素考虑，部分欧洲国家仍难以完全“脱俄”。

5. 全球 LNG 运输市场展望

欧洲各国抢气行情已推升全球 LNG 船运价格创下历史新高。能源咨询机构 Rystad Energy 数据显示，2022 年 8 月，大西洋地区 70%的 LNG 运往欧洲，而一年前这一比例仅为 38%。

LNG 航运在经历考验。由于“北溪”输气管道遭到破坏，当前及未来一段时间内，欧洲绝大部分的天然气都要依靠航运供应，海上 LNG 运输需求空前高涨。在大西洋区域，运输 17. 4 万立方米 LNG 的船的日租金从 2022 年 8 月初的 7. 4 万美元，上涨至 2022 年 10 月中旬的 39. 7 万美元，超过 2021 年创出的历史高点。LNG 运输船建设周期为 30~50 个月，在全球造船厂投资低迷的情况下，LNG 运输力短期增幅或相对有限。

（五）天然气贸易格局重塑

2021 年，管道气与 LNG 贸易占全球天然气贸易比重分别为 58%、42%。随着美国 LNG 出口量持续快速提升、俄罗斯管道气出口量进一步下降，未来 LNG 在全球天然气贸易中的比重将以年均 1. 5%的速度增加，至 2030 年将达到 50%。主要供应国市场份额将重新划分。2021 年，俄罗斯和美国占全球管道气和 LNG 供应比重分别为 28. 7%、7. 7%和 12%、18%。2022 年，俄罗斯在管道气市场的份额降至 23%，美国在 LNG 市场的份额升至 21%。

未来，亚太地区将主导天然气需求增长，到 2025 年将贡献一半的全球天然气需求增长，但供应紧张会限制其增速。从行业来看，工业领域将占全球天然气需求的 60%。

当美国 LNG 供应增量主要流向欧洲市场、澳大利亚及卡塔尔 LNG 更多流向亚洲市场时，俄罗斯将面临寻找新的天然气出口市场的艰难选择，制裁削弱了俄罗斯新建大型 LNG 项目的发展前景，而与天然气出口替代市场的距离很远，使得新建管道连接变得困难。在承诺目标情景下，俄罗斯在国际天然气交易中的份额将从2021年的30%下降到2030年的15%以下。其天然气出口净收入将从2021年的750亿美元下降到2030年的250亿美元。IEA公布的天然气市场分析数据显示，虽然2022年全球天然气销量仅增长5.5%，但是全球液化气销售额翻了一倍，达到4500亿美元。

综上所述，2022年的全球天然气市场，的确给我们留下不少难以忘怀的亮点、热点以及宝贵数据，保持多年的全球天然气供需基本平衡状态也在这一年被击破，新的平衡需要今后3~4年的时间来重新寻找和搭建。

六、 2022 年我国天然气市场现状与展望

“十四五”时期及未来一段时间，我国天然气行业立足“双碳”目标和经济社会新形势，统筹发展，不断完善产供储销体系，满足经济社会发展对清洁能源的增量需求，推动天然气对传统化石能源的存量替代，构建现代能源体系下天然气与新能源融合发展新格局，实现行业高质量发展。

（一）天然气需求首次同比下降

天然气是优质、高效、绿色清洁的低碳能源。伴随经济发展、能源消费增长和日趋严格的二氧化碳减排，天然气长期消费增速高于煤和石油。近年来，我国天然气表观消费量呈现快速增长趋势，由 2017 年的 2373 亿立方米增至 2022 年的 3663 亿立方米（见图 3-23）。

未来，随着供暖领域煤改气进程不断深入，叠加“双碳”目标下压减燃煤发电的刚性要求，我国天然气消费量或将进一步上升。2023 年，我国天然气表观消费量将延续增长趋势，达到 3800 亿立方米。

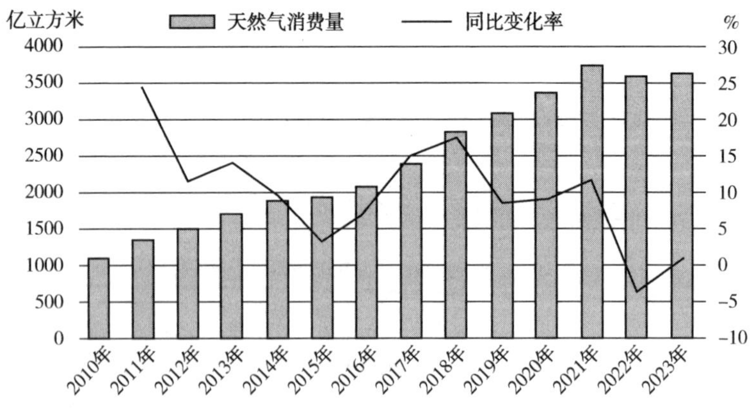

图 3-23 2010—2023 年中国天然气消费量及同比变化率

1. 中国天然气需求仍将继续增长，但增速将有所下降

中国天然气市场由管道天然气及液化天然气组成。从消费结构来看，目前主要以液化天然气为主，占比可达天然气总市场的88.65%。液化天然气不存在二次污染的可能性，且可以持续稳定、有针对性地供应。尽管目前消费量仍然较低，但随着国家政策推动，未来液化天然气需求将保持稳定增长(见图3-24)。

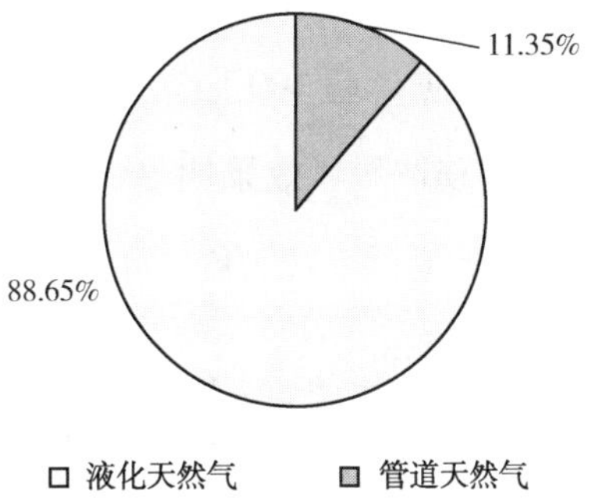

图3-24 2022年我国天然气消费结构

2022年，受地缘政治、油价高企、新冠疫情反复、经济形势等多方面因素影响，中国天然气的消费量出现前所未有的下降。据国家发展和改革委员会数据显示，2022年，国内天然气表观消费量为3663亿立方米，与上年同期基本持平，增速降至历史最低水平。

2. 城市燃气消费占比最大

受"煤改气"政策推动、供给侧结构性改革、社会用电需求增长等政策导向和经济驱动多重因素影响，我国城镇居民、工业及发电用天然气的需求增长显著。从部门消费来看，因城镇和农村气化人口、城镇和农村天然气采暖户数都有不同程度的增长，城镇燃气仍然正在增长，占总用气量的37.5%，同比增加1.7%，绝对用气量达1325亿立方米；发电厂用气量虽受高气价影响，但调峰电厂为保供出力较大，用气量同比仅降低0.1%，绝对量仍达602亿立方米；化工用气占总用气量的8.3%，绝对用气量达291.7亿立方米，同比基本持平，主要原因是化工企业大都位于油气田周边，气源属于管制气。

虽然上述部门用气均有增量或者持平，但不及2022年工业燃料用气量的大幅下降。工业燃料全年消费量为1310亿立方米，同比减少89亿立方米，降幅为2%，是导致我国年度天然气消费量首次下降的主要因素。

（二）国内天然气产量和储量增长

1. 产量增长

（1）天然气产量持续增长。

2022年，全年国产天然气2226亿立方米，增速6.8%，增量141亿立方米，连续6年增产超100亿立方米，占全国资源供应总量的比重达59.5%，同比上升4.2%，稳产增供效果明显。中国石油、中国石化、中国海油等国内上游供气企业均加大增储上产力度，年内天然气产量屡创新高。国产气压舱石作用将得到进一步体现。

2023年，国产天然气增量将维持在150亿立方米，年产量将达到2395亿立方米。随着勘探开发力度不断提升，以及油气生产商不断加大对页岩气等非常规天然气的开采，国内天然气产量将继续保持较快增长。

（2）国内LNG产量稳步增长。

我国LNG产业供应表现稳定。2016年以来，中国LNG产量逐年递增，于2021年达到最高。2022年，中国LNG工厂产量为1976.60万吨，同比增加13.07%。整体来看，我国自有产能产量释放较稳定。受进口管道气以及国产天然气产量增加因素影响，2022年国内LNG工厂开工负荷及产量均有所增加。近年来，我国对调峰储备的重视程度日益提高，新投产产能也在稳步跟进，为国产LNG产量的持续稳定供应增添有力保障。

2. 资源储量增长

自然资源部数据显示，我国天然气新增探明储量继续快速增长，2013—2022年，年均复合增长率达到7%。近年来，国家加大天然气勘查投资力度，新增天然气探明储量持续增加。2022年，天然气探明新增地质储量超1.2万亿立方米。其中，天然气、页岩气和煤层气新增探明地质储量，分别达到10357亿立方米、

1918亿立方米、673亿立方米。页岩油气勘探实现多点开花，其中四川盆地深层页岩气勘探开发取得新突破，进一步夯实了页岩气增储上产的资源基础。2023年，天然气探明储量将进一步接近7万亿立方米。

(三) 天然气进口现状

1. 中国退出LNG第一进口大国位置

据海关数据显示，2022年，中国天然气进口量10924.8万吨，同比下降9.9%。其中，进口LNG量6344.2万吨，同比下降19.5%。这是近七年来首次出现同比下滑，同时退出LNG第一进口大国位置。

2022年，我国进口的LNG来自11个国家。其中，从澳大利亚进口2185.3万吨，同比减少30%，进口量仍居首位；从卡塔尔进口1569.57万吨，同比增加75%；从马来西亚进口736.9万吨，同比减少11%，LNG进口量分居第二、三位；从俄罗斯进口LNG为650.49万吨，同比下降27%；从巴布亚新几内亚进口252.37万吨，同比减少20%。2022年，国内从美国进口LNG为209.02万吨，同比减少77%。

中国从卡塔尔进口LNG大幅增加，主要得益于中国海油、中国石化与卡塔尔新签的LNG长期协议，均在2022年开始执行。据能源咨询机构Rystad Energy的数据显示，中国2021—2022年签署的LNG长期合同采购量达到每年5000万吨，这是中国在2015—2020年每年采购量的3倍。

2022年，俄乌冲突使得地缘政治问题一度白热化。全球天然气供应格局突变，欧洲管道气供应大幅减少，欧洲TTF、英国NBP和美国亨利枢纽价格出现暴涨。在国际天然气市场价格暴涨影响下，我国作为全球第一大LNG进口国，进口LNG价格大幅上涨。我国LNG进口成本大幅提升，间接导致LNG进口量下降，在一定程度上造成国内LNG供应偏紧、价格偏高的局面。

此外，疫情反复导致国内经济增速放缓，大宗商品需求疲软。从2022年铁矿石、原油和天然气进口量观察，同比 2021 年下降明显。对于天然气自身来说，其下游城市、工业、发电用气都因疫情受到不同程度影响。在国家仍以煤炭为主的基本国情下，保供力度加强，间接阶段性地削弱了国内对天然气的需求。

2. 国产天然气及进口管道气仍有较大上行空间

2022 年，国产天然气及管道气同比增幅均明显。目前，我国正加大自产天然气力度，大力实施降本增效举措。同时，煤气替代加速，截至 2022 年，我国煤制气产量为 61.6 亿立方米，同比增长 38.4%。

受国际油气价格大幅上涨影响，天然气进口总量 1512 亿立方米，降幅 10.4%，历史上首次出现下降。对外依存度 41.2%，较 2021 年下跌 4.8%，回落至“十三五”中期水平。其中，进口管道气受中俄东线增量拉动，达到 628 亿立方米，同比增长 7.4%；进口 LNG 879 亿立方米，同比下降 19.8%。天然气进口价格大幅上涨，2022 年管道气进口价格 7.7 美元/百万英热，同比上涨 41.4%；LNG 进口价格 15.7 美元/百万英热，上涨 70.3%。受 LNG 现货价格快速上涨影响，“第二梯队”企业 LNG 进口量同比下降 57.9%。

3. 进出口贸易进远大于出

我国天然气消费量明显大于产量，需求缺口主要靠进口弥补。从进出口均价来看，近年来，中国天然气出口均价明显高于进口均价。据海关总署公布的数据显示，2022 年 LNG 进口成本为 5498 元/吨，同比上涨 52.4%。其中，2022 年 3 月 7 日，东北亚 LNG 现货价格飙升至 84.76 美元/百万英热，创下历史最高点。从分省区市来看，2022 年上半年，北京进口额完成 491798.06 万美元，占全国天然气进口总额的 63.7%，全国排名第一；黑龙江进口额完成 165944.37 万美元，占全国天然气进口总额的 21.5%，全国排名第二；云南进口额完成 61698.24 万美元，占全国天然气进口总额的 8.0%，全国排名第三。

从进口来源国/地区来看，2022 年，虽然澳大利亚仍是我国最大的 LNG 供应国，LNG 进口量达到 2185.3 万吨，但份额明显下滑，由 2021 年的 39.5%下滑至 2022 年的 34.4%。从卡塔尔进口 LNG 达到 1569.6 万吨，同比增长 74.8%。这得益于中国海油、中国石化与卡塔尔新签的 LNG 长协均在 2022 年年初开始执行。此外，从美国进口 LNG 量同比下滑 76.7%，进口量仅有 209 万吨。中国管道天然气主要从土库曼斯坦、俄罗斯联邦、缅甸、哈萨克斯坦等地进口，进口额分别完成 451558.42 万美元、165944.37 万美元、61698.24 万美元、53143.31 万美元。

（四）供需面基本平衡

综合来看，2022 年我国天然气总供应量 3700 亿立方米，同比降低 77 亿立方米。分类来看，国产气仍然在增加，总计增量 142 亿立方米，其中常规气增加 92 亿立方米，页岩气增加 27 亿立方米。进口气供应减少，虽然进口管道气 631 亿立方米，同比上涨 8%，但进口 LNG 同比减少 215 亿立方米。2022 年我国消费量总量为 3663 亿立方米，同比下降 1.7%，供需面处于紧平衡状态。

中国天然气供应中约有三分之一的天然气需求由国内生产满足，另外三分之一由管道天然气输送满足，其余来自不断增长的 LNG 进口。目前，中国正签署新的 LNG 合同，并扩大国内存储，这些都将降低市场波动风险。

（五）天然气价格呈冲高回落走势

2022 年，国际天然气价格屡创历史新高（见图 3-25），欧洲天然气价格在俄乌冲突爆发后一路飙升，TTF 于 2022 年 8 月北溪管道出现故障后价格达到顶峰，之后随着欧洲天然气储备率超预期及 LNG 供应逐渐充足后下滑，但与 2021 年相比仍处于较高位。美国亨利枢纽天然气价格相对波动幅度较小，但同期也创造了近 10 美元/百万英热的高价。

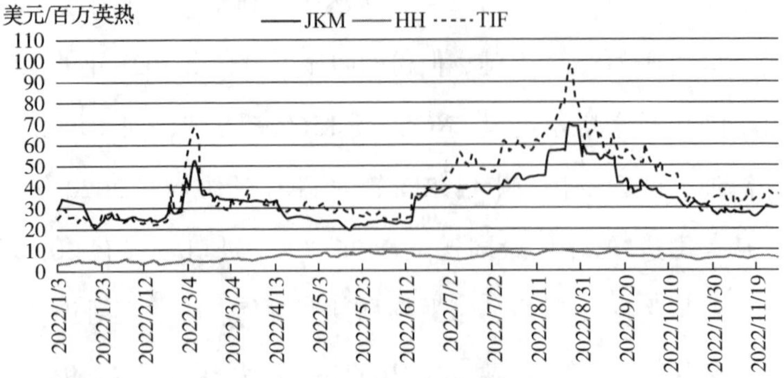

图 3-25 2022 年国际主要天然气价格

国内天然气价格随之也经历了从冲高到逐渐下降的走势。进入 2022 年 10 月，LNG 市场供应平稳，上游气源充足，而终端需求不足，LNG 进入低价通道，特别是进入采暖季以来，天然气价格没有出现往常的上涨常规行情(见图 3-26)。

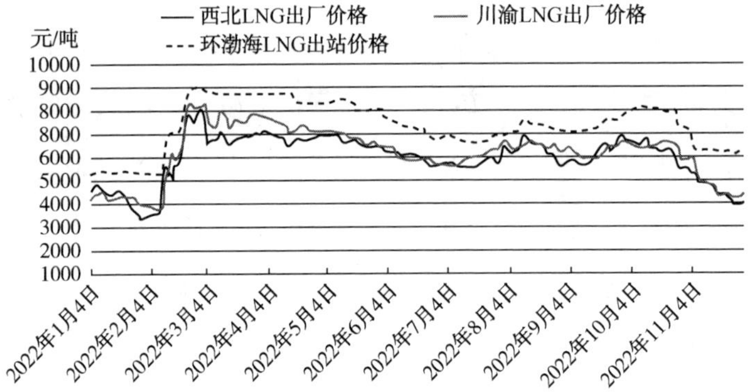

图 3-26 2022 年我国区域 LNG 出厂(站)价

值得一提的是，面对全球能源价格持续高位震荡，我国天然气行业及时研判、超前谋划，有效应对能源市场波动。石油央企发挥“资源池”优势，国产气、进口管道气和进口 LNG 长协气等稳价资源占比增大，降低了天然气采购成本，合理引导了市场天然气消费。主要供气企业管道气平均供气价格多在每立方米 2~3 元，部分尖峰增量气源价格控制在每立方米 4~5 元，远低于国际市场价格。2023 年市场理性回归，天然气价格将进一步回落至合理价格区间。

（六）行业竞争格局

1. 区域竞争格局：供需不平衡

我国天然气主要分布在陕西、四川、新疆等地区。其中，塔里木、四川等地天然气储量丰富，为国产天然气产能建设奠定了坚实的基础。

虽然我国的天然气生产地主要集中在上述地区，但消费区主要集中在长三角、珠三角地区。这就导致了供需不平衡的问题。目前，江苏、广东、四川年消费量超过 200 亿立方米。因产地在距离很远的中西部地区，必须通过管网或其他方式运输。季节性需求不平衡和产需不平衡是我国天然气市场遇到的最大问题。此外，还存在区域调峰需求不平衡、基础设施不平衡、储气调峰能力不足等问题。

2. 企业竞争格局："三桶油"主导，格局稳定

国内天然气主要由中国石油、中国石化、中国海油等央企供应。各公司公告数据显示，国内最大的天然气供应商，中国石油 2022 年天然气产量 44713 亿立方米，同比增长 5.9%；中国石化天然气产量为 353.65 亿立方米，同比增长 4.1%；中国海油海洋天然气产量 216 亿立方米，同比增长 8.6%。

3. 天然气管网储运能力增强

随着国家管网公司生产运行调度协调作用的逐步发挥，天然气管网的储运能力将进一步得到提高。储气设施建设规模稳步增长，为天然气消费增长提供了充足的物理保障。

2022 年，国家管网集团建成投产一批互联互通的工程项目。位于长三角区域的青宁线与西一线青山站联通工程，推动形成了西一线、川气东送、青宁线之间相互转供的"三角支撑"，有效加强了环渤海、长三角两大经济区天然气资源互供互保能力。

中俄东线安平至泰安段已于2022年9月投产，泰安至泰兴段于2022年12月底提前投产，“俄气南下”通道能力将增加2000万立方米/日，大大增强了环渤海、华东地区的保供能力。建设文23储气库一期加密井、金坛储气库达容达产和刘庄储气库扩容等工程，总工作气量近30亿立方米，为储气库发挥市场缓冲器的作用打下坚实的基础。

4. 天然气合同严格落实

2022年，政府在推动天然气购销合同签订方面做到了“早准备、早监督、早落实”。2022年年初供暖期结束后，国家发展和改革委员会立即组织各地用户和供气企业全面签订年度合同和2022年度供暖季合同，要求各方按合同保障供用气秩序稳定，压实各方责任，保证天然气消费“有来源、有计划、有调峰、有落实”。供暖季期间，国家发展和改革委员会还充分利用天然气冬季保供日调度机制，加强针对性调节，及时协调解决各类个案问题，保障了市场平稳安全用气。

2023年，督促落实天然气合同签订，仍将是确保市场消费供需平衡的常规方法和手段。天然气消费将不会出现过往年份大起大落的剧烈波动，稳增长、安全保供、良性发展将成为市场新趋势。

（七）未来发展趋势

1.“十四五”期间我国能源结构将进一步优化，天然气供需规模有序增长

2023年，在中央和地方的消费刺激政策频出下，国内消费将逐步回暖。出口方面，在全球经济缓慢复苏背景拉动下，对中国出口形成支撑。2023年，基于国内宏观环境好转，以及天然气价格回落企稳的判断，国内天然气市场将出现新一波上升小周期，天然气消费量预计为4440.57亿立方米，较2022年增长3%（见图3-27）。

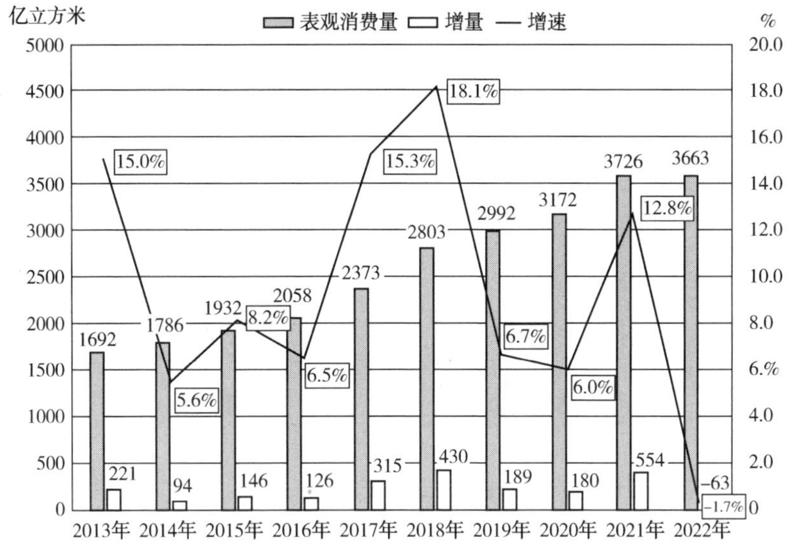

图 3-27　2013—2022 年天然气消费量、增量及增速

随着沿海接收站逐步进入投运期，中国 LNG 进口量将保持快速增长，LNG 进口量占总进口量的比重继续提升。新增进口管道气主要来自俄罗斯，预计 2025 年，中国天然气进口量将增至 2342 亿立方米。

天然气作为清洁、低碳的化石能源，未来将助力碳达峰、碳中和目标的实现。国家将积极推动天然气产业实现高质量发展。通过合理引导市场建设，以及工业领域需求推动，我国天然气消费需求将继续维持高位。2025 年，我国天然气消费规模将达到 4300 亿~4500 亿立方米，2030 年将达到 5500 亿~6000 亿立方米。受供应局限性和可再生能源替代效应影响，中国电力部门的天然气使用在 2022—2025 年间或停滞。

2. 天然气储备能力逐年上涨，保供调峰灵活可控

LNG 接收站是用于储存并向外输送天然气的装置。截至目前，中国主要投入运营的 LNG 接收站共计 24 座，年设计接收能力达到 1.10 亿吨。随着清洁能源在全球范围内的大力提倡，LNG 接收站在天然气能源供应上也将起到至关重要的稳定作用。在目前全球能源紧缩局势下，LNG 储备可以充分利用国际资源，

实现能源供应来源多样化，布局天然气战略储备，短期内可缓解中国天然气需求缺口。

3. 未来气价中枢或持续上行

随着“双碳”规划加速推进，我国天然气用量将呈现显著增长态势。根据《能源生产和消费革命战略(2016—2030)》中提出的目标，到2030年，我国天然气消费的一次能源占比将由8%提升至15%，天然气需求量将保持长期增长，未来气价中枢或持续上行。

4. 政策支持天然气行业发展

推广天然气应用，符合国家节能减排、环境保护、可持续发展的政策要求。近年来，我国出台了一系列促进天然气行业发展的政策，不断推动国内油气管网体制改革。在“双碳”背景下，预计政策利好将有利于促进天然气行业上游供应主体竞争，推动中游管网公平开放、互联互通，实现管网统筹规划，提高资源配置效率，完善天然气行业的市场化定价机制，进一步推动天然气行业发展进步。

天然气属于清洁能源领域，是我国近年来重点支持和发展的产业，具有广阔的发展前景。随着“增储上产七年行动计划”的持续推进，全国天然气产量快速增长，新增探明地质储量保持高峰水平。未来，我国将继续立足国内保障供应安全，推进天然气持续稳步增长。2022—2025年，中国天然气产量将稳步提升，新增天然气产量将更多来自非常规气田及海上气田。国家能源局预计，我国天然气产量2025年将达到2300亿立方米，2040年以后将稳定在3000亿立方米以上。

5. 技术升级推动行业发展

长期以来，我国以“西气东输二线”工程建设为依托，采取“政产学研用”联合攻关，大力推动天然气长输管道关键技术装备研发应用，加强产供储销体系建设。例如，30兆瓦级燃驱压缩机组的研制成功，其性能完全满足我国天然气管道的建设与运行要求，达到了国际先进水平，打破了国外技术垄断，填补了国内市场空白，实现了我国能源装备领域的重大突破，也在很大程度上推动了我国天然气行业的发展。

6. 行业进入全开放、大改革、强监管、多竞争、降收益的新阶段

“十四五”期间，我国天然气行业仍将处于发展期。天然气行业将从快速发展向稳定发展转变。“十四五”期间，对天然气发展最主要的制约因素是气源发展、煤炭清洁化利用和可再生能源发展问题。

“十四五”期间，天然气行业发展将呈现以下八大趋势：

一是外部影响增大。我国天然气对外依存度升高，进口气价对国内边际价格的影响逐步加大。

二是诸多不平衡性仍然明显，包括区域性供需不平衡、季节性供需不平衡、行业消费不平衡、区域调峰需求不平衡、基础设施不平衡。

三是发展进入换挡期。我国天然气行业处于发展期，尚未进入成熟期，正在经历从快速发展向稳定发展转变的换挡期。

四是进入政策频出期。“十四五”期间，国内会出台更多的配套措施和实施细则，规范和促进行业健康顺利发展。

五是进入改革适应期。供给侧结构性改革打破传统能源结构，积极推进优化能源供给结构。这对天然气行业来讲，既是机遇也是挑战。消费侧改革将调整消费结构，优化天然气有效利用，促进绿色低碳社会建设。

六是进入利益博弈期。未来，将在四个层面进行博弈：天然气行业与非气行业；行业与消费者；政府和行业企业；行业的不同环节企业之间(包括天然气生产商、燃气供应商等)。

七是市场体系面临重塑。天然气行业最主要的改革就是，国有油气管网公司成立后，市场各主体都要调整经营策略以适应这一变革，市场体系将全面重建，形成新的格局。

八是行业发展进入新阶段。天然气行业经过改革、发展后，在“十四五”期间会进入全开放、大改革、强监管、多竞争、降收益的新阶段。

在“双碳”目标导向下，国内各地纷纷加大天然气利用力度，城燃、工业、发电等用气均受到利好影响。天然气各板块用量稳步增长，但2022年的高气价在一定程度上抑制工业、发电、化工等领域的天然气需求，交通市场更是受到重挫。未来，中国天然气的发展仍然与天然气的经济性存在较大关联。中国市场化改革的最主要目的是实现市场化定价，以化解阶段性供需矛盾和价格矛盾。

第四部分

市场运营篇

一、2022年我国加油（能）站经营情况与未来趋势

加油站的市场运营通常涵盖产品、价格、渠道、促销四个方面。在产品方面，包括通过产品增加顾客价值的营销策略、顾客实际消费行为的营销策略、采用两种类型的品牌营销策略。价格方面，当前成品油零售环节实行最高限价管理，但“价格营销策略”仍是主要竞争手段；同时，越来越多的销售公司采用竞争导向定价，即“加油站定价，公司决策”。渠道方面，按照营销渠道的组织方式，营销渠道可分为传统营销渠道、垂直营销渠道和水平营销渠道；垂直营销是销售公司采取的较为典型的营销类型。促销方面，目前国有石油公司使用的促销方式除直接降价外，主要的促销方式还可分为6种：加油卡折扣、充值优惠/返利、油非互动、多倍积分、第三方联合促销、活动促销(抽奖、体验等)。

2022年，国内汽柴油消费量为2.92亿吨，比2021年降低5.9%。由于批零价差仍维持在较高水平，加油站经营利润可观。2023年，随着经济结构转型、“双碳”目标推进，新能源汽车加快渗透，加油站汽油销量增速放缓、柴油加速衰减，单站销量还将进一步下滑，在投资成本日益升高的背景下，加油站需要提高精益化运营水平。

（一）我国加油(能)站发展现状分析

1. 加油站数量快速增长，成品油消费量稳步提升

随着国民经济的快速发展、交通基础设施的不断改善和机动车保有量的快速增加，加油(能)站已成为人们生活中不可或缺的一部分。目前，我国境内加油站总量超过11.5万座，其中两大主营加油站数量占据了中国境内加油站总量的46.31%，民营等加油站占据50.16%，中国海油、中化及外资占据剩余的4%左右。

随着社会经济的发展，我国成品油消费量总体稳步提高。虽然 2020 年因疫情干扰，成品油消费量受到不同程度的影响，但汽柴油消费总量依然保持高位。2022 年，汽柴油国内消费量为 2.92 亿吨，较 2021 年降低 5.9%（见下图）。我国成品油消费渠道以加油站为主，其中汽油销售有九成以上是通过加油站零售，柴油销售也有七成左右通过加油站零售。中国石油、中国石化两大国有石油公司销量高居首位，占总销量的七成左右，汽油占比高于柴油，其余不足三成的销量来自中国海油、中化、外资及民营等加油站。

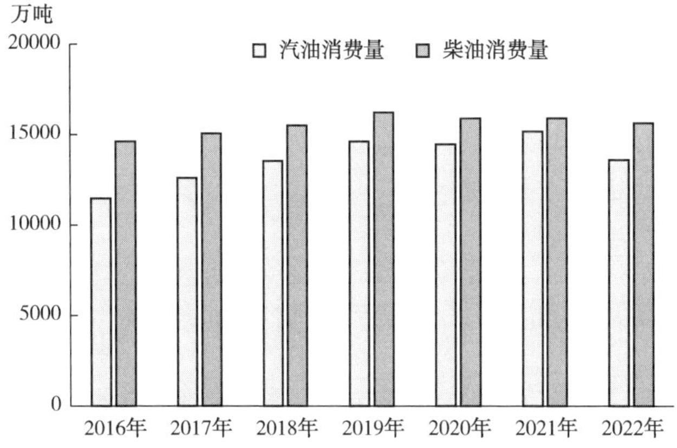

2016—2022 年我国汽柴油消费量情况

2. 成品油市场增量压缩，市场竞争日趋激烈

一方面，加油站主体数量可能还会进一步增长。随着加油站经营审批权的下放，我国加油站行业已形成国有、民营、外资企业共同竞争的格局，规模较小、缺乏竞争力的加油站面临被市场淘汰的风险。面对庞大的国内市场，外资正跑步入场抢占市场份额，占半数的民营加油站网络将出现外资化、品牌化的特征，经营水平将有较大跃升。除此之外，互联网平台不断渗透，商业模式转型升级。团油、小桔加油等平台整合市场，民营加油站也出现新型连锁模式，“直降”“加满赠”等营销手段层出不穷，零售市场竞争愈加白热化。

另一方面，未来成品油市场空间增量在压缩。随着经济结构转型、“双碳”目标推进，新能源汽车加快渗透，成品油市场从“十三五”期间的增量竞争阶段全面进入“十四五”期间的存量竞争阶段。汽油增速放缓、柴油加速衰减，单站销量还将进一步下滑，在投资成本日益升高的背景下，加油站亟须提高精益化运营水平。

3. 水平仍待提高

我国加油站成品油零售业务管理水平总体已落后于国内其他零售业，主要的问题包括加油站数量分布不均衡、加油站建设速度缓慢、加油站占地面积较大和加油站建设标准及相关法规仍需完善等。目前行业中部分加油站仍存在管理水平较为低下、格局分散，实际加油合格率低、效率效益不太高等问题亟待解决。对于中国石化和中国石油这样的龙头企业来说，提高加油站的管理水平是进一步提高效率的关键。

（二）我国加油（能）站经营模式分析

加油站运营的差异化管理是加油站的生存和盈利的关键管理要素。经营模式由企业资本结构、市场特征等因素决定。一般而言，我国加油站经营主要有自有经营、承包经营、特许经营等模式。

1. 自有经营，国有石油公司普遍采用的管理模式

公司通过自建或收购获得加油站，经营主体完全为自己拥有、自己经营。在自营模式中，公司与油站经理、油站员工等是雇佣关系，对油站员工依据公司的规章制度和行为手册等进行管理，油站经理和员工通过工作获取工资收入。自有经营是国有石油公司普遍采用的管理模式。

依托大量自有经营的加油站点，以中国石化、中国石油为代表的国有石油公司也采取连锁经营模式。连锁经营是成熟市场零售业最主要的组织形式和经营模式，其实质就是把现代化大企业、大生产的组织原则应用到流通领域，对经济活动实施专业化、标准化和信息化管理，从而达到降低流通费用、提高规模经济效

益的目的。与传统经营模式比较，它是一种经营模式的创新，对提高石油、石化销售企业的市场竞争能力具有重要意义。

截至2021年，中国石油、中国石化自建或收购实现自营的加油站占比达到70%以上。进入2022年，由于单站投资规模日益增长，仅靠自营加油站难以满足站点网络布局及质量结构优化需求，两大集团公司更倾向于向参股、特许等轻资产经营模式拓展。

2. 承包经营，内外部承包根据实际情况而定

从销售企业的角度而言，承包经营可以分为内部承包和外部承包。内部承包主要是将自有小站交给内部在册员工经营管理，以激发其主观能动性，以达到提质增效的目的。近两年，随着加油站竞争趋势加剧，中国石油、中国石化的一些在农村偏远的小站，有一部分加油站采取这种方式。其最大的好处是降低运营成本。

外部承包类似于租赁经营。石油公司(一般是民营加油站)通过出租加油站经营权，与承租方(一般是国有石油公司)签订商业合作协议来确立双方权利义务与合作关系。民营加油站只享有所有权，无经营权，运营商享有民营站的经营权。双方是利益的共同体，租赁经营租期一般在10~20年。在10年甚至20年前，个人或民营加油站经营得不好，大批加油站被租赁给国有石油公司或外资企业。

由于市场竞争愈加激烈，租赁经营服务费呈现分化态势。优质站点租赁费用连年增长，甚至部分站点不再续租转为自有经营；而受道路规划等因素影响销量下滑较快的站点，租赁费则小幅走低。

截至2022年，从站点占比上来看，两大集团租赁经营的站点数量约占20%。部分统计口径中，也将租赁经营纳入自有经营范围。

3. 特许经营，适合用于没有直接经营或投资的地区

自愿加盟模式是指一个自愿的加盟者根据自己拥有的经营权和店铺的所有权，向指定的加盟主或总部其他人支付一定的加盟费用，从而享受加盟主或总部为其提供的品牌企业识别系统的设计以及对店铺的管理和运作经验。此种加盟方式的最大优点是加盟方开业后可获得全部或大多数的经营利润，无须完全听从加盟主的指示。此种特许经营模式的加油站主要适用于特许公司没有直接经营或投资的地区，通过这种特许经营方式签订合同，以知名大型石油公司经营品牌的管理方式开展其经营管理活动。

不同品牌特许经营条件不尽相同。国有石油公司和外资石油公司对品牌加盟的输出模式相对固定，特许经营费用主要包括加盟费、信用保证金、品牌使用费（或特许金）和管理费等。相比之下，民营加油站所需加盟费用较低，例如部分民营石油的特许经营商无须支付加盟费用，仅使用品牌和签订供油合同。部分民营企业根据合作方的业绩实际增量收取费用。

特许经营模式的加油站目前多用于特许公司没有直接经营或投资的地区，现阶段仍不如租赁经营成熟普遍。两大集团特许经营站点数量占比远低于自有经营。未来，随着轻资产经营模式推广，特许经营站点将加快增长，并且随着民营品牌的社会认可度逐渐提高和其增量开发能力的凸显，民营加油站品牌对被特许公司的吸引力会快速上升。

（三）我国加油（能）站经营策略分析

1. 国有石油公司加油（能）站经营策略分析

（1）升级营销策略，挖掘客户潜在价值。

一是提供差异化产品挖掘高价值客户。以汽油市场为例，高标号的 98 号汽油单价及利润均高于 92 号、95 号等其他产品。在目前难以快速提高整体汽油销量的情况下，努力扩大高端汽油销售占比是相对直接有效的策略。例如，中国石化自主研发的“爱跑 98”品牌汽油，能显著改善汽车发动机的提速性和动力性，提升汽油的清洁性。提供差异化产品不仅可以更好地满足消费者需求，还可以提高产品的软实力，增加用户黏性。

二是积极开展社群营销。在传统模式下，客户与加油站的接触仅限于加油消费的几分钟内，无法形成完整的品牌认知和营销信息的传递。微信社群不受时空控制，可以畅通沟通渠道，实现营销信息高效传播。2022 年，中国石油、中国石化加油站普遍进一步采取社群营销策略。例如，开展“加好友送礼”活动，动员到站加油客户添加微信。随着客户的广泛参与以及口碑的溢出效应，实现客户数量的大幅增长，打牢“朋友圈”社群营销的基础；实现引流销售，通过营销设计，让加油站内车流引流至站外营销项目。例如，“加油站+车辆保养”销售模式，发布高质量“朋友圈”软文推送加油活动、新品介绍等内容，充分挖掘客户潜在价值。

（2）拓宽线上服务，打造快捷的消费体验。

目前，很多领域中线上销售和线下销售存在着相对激烈的竞争，但是成品油因为其拥有产品特性以及服务型的独有特征，加油站仍需要消费者亲自到场才能完成加油的消费流程。在此之前，大多数人对于实时加油站的情况并不了解，排队等候成为常见现象。到 2022 年，大多数加油站已开通线上预约、查询 App，车主很容易掌握距离较近、可及时前往加油的加油站，为车主节省大量的时间。这是加油站销售走向信息化、科技化的重要策略。

疫情最为严重的时候，中国石油的“中油好客 e 站”App，支持加油卡支付、微信支付和支付宝支付，可实现不下车加油，不排队付款，全程“零”接触；中国石化的“加油中国石化”App，可为客户提供覆盖全国的加油卡在线充值、预分配、电子发票、加油卡信息查询等基础功能，集成一键加油、电子券包、易捷商城、油中感谢等增值功能，同时针对各省区市用户，提供本地个性化服务，实现客户体验的全面升级。

2. 民营加油(能)站经营策略分析

随着成品油零售市场各项政策的逐步放开，民营加油站快速扩张。目前，民营加油站已占据了我国加油站的半壁江山。其优势在于成本偏低，营销手段多样，善于发现消费者需求；劣势在于管理规范性、精细化程度不足，连锁经营有所欠缺，品牌优势不够明显等。

（1）加入互联网加油平台参与竞争。

民营企业通过与行业内口碑较好且有不断创新性的油品公司成立合资公司、

管理加盟或品牌授权等方式管理自身业务，相互借力、优势互补与资源共享，体系化建立公司制度与管理流程，形成在当地市场的核心竞争力与独特的管理能力。同时，民营企业通过合资合作，强化品牌、文化与市场定位，获得更大收益。例如加入“团油”“小桔加油”等，借助互联网平台提高加油站对客户的触及程度，同时吸纳市场优惠资源，实现站点效益提升。

（2）通过降价促销等方式实现客户引流。

当前，民营企业在自身发展中面临不少问题。一是经营规模小，普遍存在管理手段落后、科技含量低、内部管理不严、职工素质偏低、服务意识差等状况，制约进一步发展。二是民营加油站以个体形式经营居多，联营加盟的机制仍不成熟，大部分加油站只能针对周边客户进行重点销售，对于跨区域的客户无法形成有效吸引。三是很多民营加油站受制于资金、运输、价格等因素，多从地方小炼厂采购调和油，油品质量难以保障。面对“三桶油”加油站的竞争，难以在品质上取胜，也难以建立品牌溢价。

2022 年，部分民营加油站采取降价促销的方式吸引对价格较敏感的客户进站。常用的促销方法有会员储值送、加油赠非油、加油免费洗车等。在国际油价高企的背景下，民营加油站动辄 1 元/升的优惠活动，吸引客户效果十分显著，对市场份额的占有率也在逐渐提高。

总体而言，我国民营加油站仍未形成较为规范的体系。油源不稳定和质量较差是民营加油站和主营加油站最大的差距。规范油品质量，淘汰落后产能仍是成品油市场的重要任务，也是提升民营加油站质量的有效办法。

（四）外资加油（能）站经营策略分析

截至目前，中国的外资加油站共有四个主流品牌，分别为壳牌、道达尔、BP、埃克森美孚。其优势在于管理理念和管理体制较完善、品牌知名度较高，劣势在于本土化较为欠缺，且终端网络覆盖面偏小。外资加油站正逐步加大对国内市场的开拓力度。

1. 重点打造"高端加油站"

外资加油站在网络布局方面，集中在经济发展状况较好的中国东部和南部地区的一二线城市，在人口和车辆密集的区域，以高毛利的加油站为主，较少投资国道/乡镇的加油站。同时在打造高品质燃油产品、推行会员忠诚度计划和"便利店+加油站"运营模式三方面着重发力，从而提升单站利润。

2. 加大与民营炼厂的合作力度

外资品牌具备较强的品牌优势，而民营炼厂具备较强的资源与网络优势，外资品牌与民营炼厂合作，较一般社会加油站具备更强的竞争优势。此前，BP 与山东东明石化已达成合作意向，新组建合资公司于 2018 年 9 月挂牌成立，计划 5 年内在山东、河北和河南三省新建 500 座加油站。与此同时，壳牌曾公开表示，公司计划在 2025 年前，将其在中国运营的加油站数量增加到 3500 座。其新增的在华加油站将继续采用合资公司、全资公司或者运营商加盟的方式。这也意味着，民营企业极有可能入局和壳牌一起合资经营加油站。

（五）2023—2025 年我国加油站经营趋势预测

随着"双碳"目标的推进和能源转型的逐步深入，我国加油站未来发展趋势越发清晰：利润率下降；秩序更加规范；终端网络数量趋于稳定；多元化服务，联合经营，提供更高附加值的产品；智能系统助推加油站效益提升。

1. 加油站行业"微利化"，最终形成多个品牌、各有侧重的竞争格局

发达国家加油站市场的发展都经过了资源导向、利润导向、竞争导向以及价格波动导向四个阶段。当前我国加油站市场正处于第三阶段，价格竞争已经成为市场竞争的主要手段。由于竞争主体数量增加，市场集中度下降，行业整体利润下降，平均价格更贴近产业平均成本，整个加油站行业"微利化"。

未来，在加油站主体竞争日益加剧的情况下，成品油零售企业将进一步品牌化、专业化，并形成细分市场。从消费者角度来看，随着加油站品牌和数量的增加，消费者在核心需求以外的潜在需求、边缘需求能否被满足成为其选择加油站的重要影响因素。短期来看，消费者会在价格、质量以及各种服务中进行选择，在一定时期内具有盲目性；长期来看，随着市场的逐步稳定，具有不同需求特点的消费者将逐步区分。从企业角度来看，差异化在一定程度上能够减弱价格竞争的强度，产品、服务或者品牌的差异化程度越高，消费者对产品的主观偏好程度就越高。这也能够在一定程度上专注于细分市场，维护忠诚客户，避免价格战带来的效益损失。为此，未来几年，从品牌方面来看，加油站行业会出现较大的品牌整合，最终形成多个品牌、各有侧重的竞争格局。

2. 加油站将经历由急速扩张到整合缩减的过程，但终端网络趋于稳定

从世界范围看，各国加油站保有量均经历了由急速扩张到整合缩减的过程。参考国外发达国家加油站整合情况，分析国内加油站保有量增速及经济性可以看出，2025 年前我国加油站总量仍将增长，将达到峰值 14 万座左右，2030 年将回归合理水平，约为 11 万座。

目前，业界评价加油站保有量的指标有百千米加油站座数、单站服务车数、万人加油站座数等。从发达国家的情况看，我国加油站总量目前还未达到峰值（见下表）。

世界各国加油站数据比较

国家	年份	加油站数量/座	汽车保有量/万辆	公路里程数/万千米	人口数/万人	百千米加油站座数/（座/百千米）	单站服务车数/（辆/站·年）	万人加油站座数/（人/站·年）
法国	2020	11160	4552	105.3	6739	1.06	4078.85	0.60
西班牙	2020	11650	2995	68.31	4735	1.71	2570.82	0.41
荷兰	2020	4142	—	13.93（2012）	1744	—	0	0.42
日本	2020	29200	7817	121.8	12584	2.40	2677.05	0.43
韩国	2020	11430	2437	11.07	5178	10.33	2132.11	0.45

续表

国家	年份	加油站数量/座	汽车保有量/万辆	公路里程数/万千米	人口数/万人	百千米加油站座数/（座/百千米）	单站服务车数/（辆/站·年）	万人加油站座数/（人/站·年）
泰国	2020	—	1832	59.76	6980	0	—	—
澳大利亚	2020	7100(2017)	1946	87.35	2566	—	—	—
加拿大	2020	—	2602	104.23	3801	0	—	—
印度	2020	—	3615	621.5	138000	0	—	—
俄罗斯	2020	—	5336	152.9	14410	0	—	—
巴西	2020	29804(2002)	4657	173.54	21256	—	—	—
德国	2020	14459	5237	64.44	8324	2.24	3621.97	0.58
意大利	2020	21750	4502	48.77	5955	4.46	2069.89	0.27
土耳其	2020	13063	1810	43.86	8434	2.98	1385.59	0.65
马来西亚	2020	2765	1506	23.88	3237	1.16	5446.65	1.17
英国	2020	8385	4068	42.41	6722	1.98	4851.52	0.80
波兰	2020	7739	2874	42.4	3795	1.83	3713.66	0.49
希腊	2020	6100	689	11.7	1069	5.21	1129.51	0.18
保加利亚	2020	4600	339	4.02(2014)	693	—	736.96	0.15
墨西哥	2020	12713	4044	78.05	12893	1.63	3181.00	1.01
捷克	2020	4008	—	5.58	1070	7.18	0	0.27
葡萄牙	2020	3418	—	1.78	1030	19.20	0	0.30
瑞士	2020	3357	598	8.33	864	4.03	1781.35	0.26
美国	2020	115000	27072	685.3	32948	1.68	2354.09	0.29
奥地利	2020	2753	—	34979	892	0	0	0.32
世界各国平均值		—	—	—	—	—	—	—
中国	2022	115000	41700	528.07	141200	2.25	3504	1.23
	2025	124069	35000*	—	—	—	2821	—
		340800	—	—	142000*	—	—	2.4
		122147	—	545.3*	—	2.24	—	—

注：标 * 为预测数值

加油站能否存在，起决定作用的是平均吨油成本、吨油差价和年加油量，综合考虑可用投资回报率指标为标准。一般来看，只要某座加油站的年投资回报高于社会平均资金成本，该站就将被保留。

当然，可能存在一定的影响因素导致加油站保有量增减超预期。一是在批零价差低、销量低的作用下，回报率低导致加油站倒闭。二是在政策和经济等多种因素共同作用下，加油站压缩整合。从国外发达国家的情况看，美国加油站业的发展历程较有参考性。其与加油站相关的车辆保有量、国土面积和公路里程数与我国相似。其加油站总量的峰值约为 15 万座，整合后仍保留 11.5 万座，约占峰值的 80%。因此，未来我国加油站即使达到峰值 14 万座，再整合掉 20%，全国加油站总保有量仍有 11 万座以上。三是未来加油站的缩减将是高价值加油站不断入市，低效加油站不断退市的过程。四是新购建站点的经营者退出市场的可能性较高，不会导致站点总量的减少。

3. 技术升级，智能系统优化加油站业务流程

随着互联网大数据等新兴产业的发展，未来全新的智能系统可从加油站的前庭到后台实现全闭环控制，前后端分离的设计模式可零中断完成系统升级和维护。客户服务方面，可建立进销存管理系统，提升管理效率，使用云端服务平台，进一步支持多种支付方式，贴近客户需求。加油站的设备数据、业务数据将传到云端，经营者可随时随地借助任何终端设备对这些数据查询备份和挖掘利用，从而实现油品的库存优化、配送优化和运输优化。目前，中国石油正在推广多种新型技术在加油站的应用实践：加油站零售管理系统可提供客户服务、资金结算等服务，还可以集成采购、库存、销售等信息，优化加油站业务流程，提高加油站工作效率。

4. 监管难度增强，经营管理水平进一步提高

石油销售公司在规范管理的同时也将进一步提高经营管理水平。一是针对性地开发差异化产品和服务，在一定的顾客群体中建立品牌忠诚度。二是提高精细化管理水平，由粗放型的管理逐步转变为精细化管理，在设备设施、互联网应用、自助加油、智能营销等方面进一步着力，提高加油站运行效率。三是优化加油站网络布局，通过规模效应进一步降低站点运营边际成本。一方面，各个企业

对乡镇以下站点的开发要有进一步的评估和战略选择；另一方面，针对乡镇站打造差异化的品牌及内涵。四是尝试油气氢电等能源混合建站，通过提供多元化能源服务形成综合服务平台。需要说明的是，随着市场集中度下降，市场主体将更为分散，民营及外资加油站占比上升，市场监管的范围、难度可能会有所增加。

总之，未来加油站作为石油产业链的终端，也将受到整个行业、替代行业以及经济政策、信息技术发展的影响，实现更有效的资源配置、更高效的服务、更规范的管理。企业只有在市场化进程中找到合理定位，才能在未来的行业中占据一席之地。

二、2022年我国加油（能）站营销策略分析与未来趋势

现阶段，我国成品油市场的竞争环境和竞争策略出现了前所未有的复杂性，具体表现在三个方面。一是竞争格局多样性。当前，加油站行业的竞争格局很少完全符合一种标准格局，在多个方面都要面临竞争（如成本、规模、产能等），面对不同的竞争对手，甚至是多个各具特点的竞争对手。二是企业定价策略多样性。目前我国加油站市场竞争中，存在着“油非互动”“会员折扣”“储值返利”“加满赠送”等大量非线性的定价行为。这些优惠促销策略不仅从形式上与线性价格不同，而且起到额外的锁定客户、提升定价效率的作用。三是消费者需求多样性。加油站不同消费群体对企业的忠诚度和贡献能力有所差异，对消费群体的需求偏好分析在企业的决策中至关重要。

（一）加油站产品策略分析

加能站提供的产品一般是各品号的汽油、柴油以及天然气，另外部分转型较快的站点有氢能、充换电等产品。考虑到大多数站点仍然以销售汽柴油为主，本节主要分析汽柴油产品的相关策略。

1. 加油站一般通过产品品号对消费者进行区别

产品有三个层次，每一个层次都会增加顾客价值。第一层是核心顾客价值，它是指顾客所追求的旨在解决问题的核心利益或服务。加能站的核心顾客价值就是为用户提供高效、清洁的动力。第二层是指围绕产品的核心利益构造的实体产品。具体来看，国内加能站提供的实体产品包括分别能够提供5个以上品号的汽油、柴油。正是通过这些实体产品来递送核心顾客价值的。第三层是向顾客提供的一些附加服务和利益，以便围绕核心利益和实体产品构造扩展产品。

近年来，国内加能站一般可以通过产品品号对消费者进行区分。在消费者需求的基础上，进一步拓展相应的服务，帮助顾客实现价值，同时开展产品方面的差异化、智能化服务。比如，近年销售较好的98号汽油产品，作为高端油品对消费者具有很高的区分度，消费群体主要是跑车、高档轿车以及赛车(车队)用户。在市场调查的基础上明确这部分人群有别于其他消费群体的需求特征并从油品各方面进行强化。一般来说，高端油品定位于高收入高消费的群体，其价值不仅在于产品的质量，而且更多在于体现使用者的财富、地位和品位等。

2. 根据顾客实际消费行为开展针对性营销

成品油同时具有消费品和产业用品双重属性。近两年，石油销售企业在具体的营销过程中，均开始根据顾客的实际消费行为开展针对性营销。比如，汽油在大部分情况下是消费品，而生产厂矿企业的生产用柴油则属于产业用品。不同属性产品的营销策略存在较为明显的差异。比如，针对出租车及网约车的营销策略，侧重便利性、油品价格、数质量等方面；针对以汽油消费为主的私家车营销策略，注重品牌、服务、质量，提供车辆养护和售后服务。针对厂矿企业等生产性用油客户的营销策略，则注重油品的数质量，并在服务方面要求提供送油、协助管理车辆用油等附加服务。

3. 采用两种类型的品牌营销策略

品牌是用于识别产品或服务的生产者或销售者的名称、术语、标记、符号、设计或者上述因素的组合。当前品牌方面的营销策略包括两种类型：一是企业品牌的营销，比如中国石油、中国石化、壳牌本身全品牌的整体宣传，给消费者树立品牌印象。二是针对产品、服务甚至某种成分(比如汽油添加剂)的品牌营销策略，比如，壳牌旗下“V-power”品牌，通过将自己的产品与法拉利采用的赛道燃油的概念捆绑销售，号称其与顶级公路燃油和赛道燃油具有99%的相似度。BP推出了“优途高性能燃油”，以“BP品牌加油站，卓越品质只为您!”等宣传口号强化油品和站点的特征。

（二）加油站渠道策略分析

营销渠道由一系列独立的组织组成，正是有赖于这些组织的协助，企业的产品或服务才可以顺利地供消费者消费或企业用户使用。按照营销渠道的组织方式，营销渠道可分为传统营销渠道、垂直营销渠道和水平营销渠道。

1. 传统营销，每个成员都经营独立业务

传统营销系统由一个或多个独立的制造商、批发商和零售商构成。每个成员都经营独立业务，寻求自身利润最大化，为此甚至不惜牺牲整个渠道的利益。渠道中没有一个成员可以对其他成员进行控制，也不存在划分职能和解决渠道冲突的正式方式。在成品油零售市场中，较为典型的是“民营炼厂—贸易商—社会加油站”，在这一营销渠道中的策略主要体现在终端加油站的定价和促销策略中。

2. 垂直营销，多方统一采取行动，是销售公司采取的较为典型的营销类型

垂直营销渠道中的制造商、批发商和零售商作为一个统一的系统采取行动。其中一个渠道成员通过订立合同的方式控股其他成员，或者拥有一定的权力以至于其他成员必须配合。垂直营销渠道可以由制造商、批发商或者零售商来主导。垂直营销渠道主要包括三种：公司型、契约型和管理型，每种类型都采取不同的方法来建立渠道领导和权力。一般来说，国有石油公司如中国石油、中国石化等，是较为典型的垂直营销。在渠道策略中，各公司根据区域特点进行宏观的均衡把控，能够实现综合性的资源和产业链优化。

3. 水平营销，多家公司联合以达到单个企业无法实现的目标

在水平营销渠道中，处于同一层次的两家或多家公司为抓住新的营销机会联合起来。通过合作，这些企业可以将财务、产能和营销资源优势结合起来，以达

到单个企业无法实现的目标。比如，中国石油、中国石化每年都会策划各种大型的购销会、品鉴会等。一般来说，在竞争较为激烈的地市范围内，相应的竞合策略应用较为频繁。比如不同加油站之间的联合营销、不同贸易商与加油站之间的联合营销、不同贸易商之间的联合营销，甚至一体化企业与加油站及贸易商之间的联合营销，在一定的方案下，各主体均可以通过渠道营销达到相应目标。

（三）加油站促销策略分析

根据成品油零售促销的特点，目前国有石油公司使用的促销方式除直接降价外，主要的促销方式还可分为 6 种：加油卡折扣、充值优惠/返利、油非互动、多倍积分、第三方联合促销、活动促销(抽奖、体验等)。

1. 加油卡折扣和充值优惠/返利促销方式适用范围较广，充值优惠让利幅度较大

加油卡折扣和充值优惠/返利的促销方式都是通过加油卡进行的。这两种促销方式与直接降价的效果相近，直接让利给顾客。其优点是能够通过加油卡获取顾客信息，并及时记录顾客消费数据。此类促销方式适用范围较广，针对价格敏感度高的顾客群体开展效果较好，如柴油客户、机构客户等。其中，充值优惠/返利的方式对于部分汽油私家车的吸引力较大。

充值优惠/返利的促销方式中有的让利程度较大，成本较高，在促销经费较为充足的情况下可以选择，卡销比高的加油站促销效果较好；同样情况下，充值优惠/返利的促销方式，在额度、时间方面较为可控，在操作方式和管理上更具优势。

2. 油非互动能够进一步满足顾客需求，多倍积分效果有限

油非互动是指在油品销售的同时，赠送或者降价销售便利店商品或者服务，

包括加满赠送、非油优惠、油润互动或者特殊商品的搭配销售（如柴油搭配车用尿素销售）等具体方式。油非互动的优点在于能够满足顾客需求，同时促进油品和非油品的销售。此类促销方式在随机顾客群中的促销效果较好，能够有效提高加满率，用较小的成本达到良好的促销目的。

多倍积分主要是指在一定时期内发生购买行为，可以成倍增加卡内积分，也是加油卡促销的一种方式。目前，多倍积分的效果有限，一是车队卡的积分未完全推广，二是积分商品的种类与消费者期望存在一定差距。随着加油卡功能的完善，该类促销方式的重要性将逐渐凸显。

3. 第三方联合促销可节省促销成本，活动促销短期效益明显

第三方联合促销是指与第三方厂家共同进行促销，在产品销售、方案策划和成本让利等方面共同开展促销。该种促销的优点是节省促销成本，可以相互借助品牌优势达到促销效果。企业需要对合作厂家及促销活动进行谨慎选择，共同做好促销运行分析。

活动促销是指通过加油抽奖、现场体验、赠送加油券等方式开展的促销。该类促销的优点是成本较低、短期效益明显，能够有效吸引顾客关注。该类促销适用于新产品或者新服务的推出、新站开业等，是品牌宣传的有效方式。

4. 加强异业合作，增强加油站竞争力

此外，参考其他零售行业的促销方式，在成品油行业中也可以进行尝试或者搭配，提高促销活动的关注程度，达到促销目的。比如，同时有效引入异业促销资源，有效降低公司的经营成本，给客户谋求更多实惠，增强加油站竞争力。加强与银行、通信等拥有丰富客源的企业合作，建立线上终端链接，将公司的优惠政策、促销信息、服务项目等通过线上渠道触达对方客户。与4S店、汽车展会、车友俱乐部、交管在线、停车场、数字地图等平台联合开展活动，为有车一族提供加油抵扣券、非油打折券、免费洗车券等。加大与景区、旅行社、酒店、餐饮、邮政快递、影城、物业公司、保险公司等单位的合作力度，拓宽品牌宣传、

新客赠礼、引流客户渠道。发挥基层党支部优势，加强与社区、村委、事业单位的联建，为扩大“公司+”和深化“油站+”提供助力，促进资源的深入融合。

（四）未来我国加油（能）站营销策略趋势预测

事实上，在加油站市场营销的四要素（产品、价格、渠道和促销）中，产品、价格、渠道方面的营销策略均比较有限，企业具有较大自主权的只有“促销”一项。促销方式也充分体现了成品油市场中各主体综合运用资源、满足消费者需求的能力。但无论何种促销方式，随着消费者行为和模式发生改变、未来加油站模式多样化，进一步审视好企业定位尤为重要。

1. 消费行为和模式发生改变，营销更加精准化

万物互联时代的到来，再加上近几年受到疫情防控常态化的影响，促使客户对于能源消耗以及生活类商品的消费行为和模式产生变化。“80后”“90后”的新一代消费者正成为加油站的主要营销对象，其消费观念、品牌观念与原有客户群体也有较大差异。客户特征与消费偏好的变化给加能站的服务和营销带来了新的挑战。

在这种情况下，未来进一步做好消费者分析是最为关键的。需对不同公司、不同站点的加油站客户群体进一步做好详细的经验性分析，把握消费者需求偏好特点，从而制定针对性的价格营销策略。同时，要有效协调相关资源，无论是内部资源还是外部资源，比如与上下游资源的协调、批发与零售环节的协调、不同加油站之间的协调。

近两年，随着智能信息化的逐步完善，加油站客户开发管理系统也在进一步普及。很多加油站通过分析用户的消费信息，刻画客户画像，对于不同的客户提供有针对性的精准营销策略，向客户推送更精准、更具针对性的优惠政策。未来，智能信息化还将向精准营销方面不断发力，从而进一步提升经营效果。

2. 加油站经营模式多样化，营销需从多方面做好战略决策

未来，加油站发展或将呈现两个特点。一是模式多样化。主要体现在加油站的经营服务模式存在非常明显的特色，其角色更偏向于综合零售商，几乎不存在业务模式完全一样的加油站。在具体的经营中，品牌加油站也会同时引入外部专业化品牌，形成合力。二是服务精细化。在具体的经营服务中，充分发挥细节关怀，提高客户体验。

随着新能源汽车的快速发展，以及新能源技术的不断进步，加油站正朝着综合能源站转型，将传统加油站打造成为“油气氢电非”综合能源服务站，满足未来清洁智能出行需求。从加能站的角度讲，未来终端服务的多元化主要体现在三个方面。一是功能方面，主要是分区分类扩大站点功能，全面适应能源市场变化和市场竞争需求。比如城市汽油站洗车业务，加油站加气加氢充电等业务。二是管理方面，全面提升人、货、场管理水平，用来匹配和服务终端消费者。

为此，未来石油销售公司需进一步取长补短，发挥自身优势，以全力应对即将到来的变化。未来无论采取何种促销方式，最为重要的是审视好企业定位。一是全力做好整体定位，从市场环境、政策变化、竞争环境、内部管理等方面做好战略决策。二是要做好角色定位，在掌握市场情况的基础上判断本企业和竞争对手所处的竞争角色，制定营销博弈策略，解决营销痛点，全面提升营销能力。

3. 联合营销、新型营销，是微利时代加油站效益增长的必然选择

随着互联网的快速发展，电商行业已成为成品油销售最具发展力的市场突破口。近两年，国际大石油公司均在“互联网+营销”发力，充分整合各自优势资源，实现资源共享，打造一个全新“互联网+加油”成品油销售平台，实现线下线上相结合的新型营销模式。如滴滴出行旗下的“小桔加油”，是智能桥接“加油用户与油站”的综合服务平台，不仅可以为车主提供便捷优质的加油服务及基于油站场景的其他增值服务，而且可为油站提供多元化运营工具、精准的营销渠道，

帮助油站提高运营效率，实现用户与销量双增长。

未来，随着成品油市场的逐步成熟，运营成本下降空间有限，要生存和发展，必须寻找新的利润增长点。开展多元化服务、进一步联合营销，将是提高成品油销售企业效益的有效途径。根据价值链理论，竞争优势的获得源自成本领先和差异化的优势，微利时代的加油站销售想获得成本领先的难度极大，而通过联合营销提供更高附加值的产品、获得差异化优势是将来非常有效的措施。

三、2022 年我国加油（能）站非油业务经营情况与未来趋势

（一）我国加油站非油品业务发展历程

自 20 世纪 50 年代起，非油品业务产生。美国是最早出现非油品业务的国家，主要围绕汽车展开，但规模较小，服务不规范。20 世纪 70 年代，非油品业务进入高速发展阶段。而我国加油站的龙头企业，中国石油、中国石化自 21 世纪初才开始进行非油品业务布局，晚于全球加油站非油品业务布局。

1. 2002—2006 年的探索阶段

2002—2006 年，是两大石油公司加油站非油品业务的探索阶段。2002 年下半年，中国石化在北京试点开设了第一家便利店，到 2003 年年底，共开设加油站便利店近 2500 家。中国石油少一些，单店日均营业额均不足百元。

随着国外加油站便利店蓬勃发展，2004—2006 年两大石油公司对非油品业务进行了一定规划，主要采取统一外包的方式经营，加油站便利店有所增长。

2. 2007—2013 年的规模化发展阶段

2007 年开始，两大石油公司将非油品业务上升为集团公司战略，开始大规模启动加油站非油业务。2007 年，中国石化投入 15 亿元、中国石油投入 10 亿元左右专项资金，重点打造千座样板加油站。同年，中国石化正式注册“易捷”便利店品牌；中国石油正式创建“uSmile”昆仑好客便利店品牌。

其间，两大石油公司主要采取“便利店自营为主，广告、快餐和汽服以引进知名品牌、场地出租为主”的经营模式。截至 2010 年年底，中国石化 3 万多座加油站中已有 1.9 万座开设了易捷便利店，非油品业务营业额从 2008 年的 11 亿元

增长到 2011 年的 82.6 亿元。2011 年，中国石油已有三分之二加油站建成便利店，非油业务营业额从 2007 年的 6.55 亿元增长到 64.1 亿元。

3. 2014 年至今正式步入市场化、专业化阶段

2014 年至今，两大石油公司非油品业务正式步入市场化、专业化阶段。2014 年 3 月 17 日，中国石化易捷公司成立；2017 年 9 月，中国石油昆仑好客有限公司成立。至此，两大石油公司非油业务范围从单一的便利店经营，发展为集多项增值服务于一身的综合服务商，更加注重客户体验和服务升级，非油品业务再次得到跨越式发展。

（二）加油站非油品业务经营现状

2022 年，随着国内疫情整体形势日趋好转，加油站向综合服务转型，加油站非油业务继续快速发展。两大石油公司更加注重自有品牌、单店店销、营销精准化，以及线上线下全渠道销售模式与跨界融合，探索“互联网+加油站+便利店+第三方”的新商业模式，做强做优以便利店为主的多元化实体服务，全面推动非油业务快速发展。

1. 商品品类多元化，更加注重重点商品、自有品牌拓展

相比过去，两大石油公司的非油品业务主要集中在便利店常规经营品类，如水、功能饮料、饼干糕点、膨化食品等。随着顾客消费需求多元化，两大石油公司不遗余力地满足顾客期望，瞄准日益增长的潜力品类，如水果、低温乳制品、冷冻食品、短保面包、进口日化等，促进便利店经营结构高效提升。

近几年，针对标准化程度高的品类，积极运作自有品牌。如中国石化近几年打造了燃油宝、卓玛泉、长白山天泉、鸥露纸等商品，获得了消费者的认可，为企业贡献了较高的毛利。中国石油则培育了以“昆仑好客优选+”为代表的自有商品体系建设。

2022年，两大石油公司进一步强化自有商品开发，强化顶层设计，统筹制订开发运营计划；在全国各省区市分公司打造自有商品专营店，实现了自有商品销售收入的明显提高，超额完成进度指标。

2. 营销精准化，深化油非互促模式促进“双循环”

油非互促对于石油销售公司来讲，是对成品油和非油品未来发展意义深远的营销策略。石油销售公司通过差异化营销，提供区别于社会零售企业的强劲增长动力。2022年，两大石油公司非油业务进一步坚持市场导向，超前制订营销计划，以重点品类为抓手，组合推出“商品+服务+油卡/油品”大礼包，助力油卡非润一体化营销，推动农资食品、酒类、包装饮料、奶类等收入同比大幅增长。

创新营销模式，推动营销方式常态化。如，2022年，中国石化开展了易享节、年货节、水饮节、养车节等多个促销活动，在全国各加油站实行统一设计宣传物料，统一培训营销话术，统一促销模式，统一商品调度。利用各省级公众号、抖音号、部分省市电台等媒体持续发布活动信息。中国石油结合疫情实际情况，策划组织全国性油非一体化营销活动，拓展经营范围，积极开展果蔬生鲜等销售试点。营销过程中，对选品、订货、铺货等营销全流程均依托数据决策和执行，实现单品单站精确指导，进一步促进“双循环”。

3. 运营深入化，进一步强化门店吸客能力和单店创效能力

非油便利店是转化加油客户进行非油消费的直接体验场所，环境、布局、陈列等多重因素均对客户消费心理产生直观影响。提升门店氛围，就是提升客户购买力。近几年，石油销售公司通过不断把宣介和体验阵地从店内前移至加油现场、增加店内功能专区、优化便利店布局、实施专业化陈列等手段，进一步强化单店销售能力。

例如，2022年，昆仑好客公司将全国31个省区市划分为主力市场、发展市场和潜力市场，分品类、分省份推进任务目标。以全国年销售收入超过百万元的店为重点，制订重点品类发展规划，对销售额超过一定数额的大单品实行“单品

管理”，加强商品引入、陈列、库存管控等措施，深化店面升级。

4. 加快线上线下全渠道销售模式与跨界融合，推动非油业务快速发展

两大石油公司加快综合服务站建设，不断探索非油业务经营模式。线上线下充分融合，跨界直播带动利益增长，有力拓展新营销渠道。

持续探索“互联网+加油站+便利店+第三方”的新商业模式，做强做优以便利店为主的多元化实体服务。结合服务特点，石油企业与合作伙伴不断完善买车、用车、卖车的汽车全生命周期服务链，加快汽服业务布局，扩大洗车布局网点，先后与多家企业合作，探索整车销售，以及汽车金融、保险等业务。大力开展大客户团购业务，先后与多家知名商超，以及铁路、高速公路等企业合作。同时，加快布局站内快餐业务步伐，积极探索开发肯德基汽车穿梭餐厅，加大投运力度。

2022 年，两大石油公司持续加大增强电商营销意识与能力建设，积极推动非油营销数字化转型，充分发挥线上业务平台作用；积极发展线上业务，与京东、美团合作开展到家服务；开展多场全国范围的直播活动。在自有商品知名度提升的同时，线上业务整体收入同比大幅增长。

5. 强化品牌创建，展示石油销售企业良好形象

两大石油公司充分发挥非油业务管理运营平台作用，履行央企责任，突出强化管理，筑牢高质量发展根基。特别是疫情期间，两大石油公司第一时间联合全国省区市销售公司，广泛与供应商、服务商建立“联防联保”机制，向全社会作出“不断货、不涨价、不打烊”等庄严承诺，获得社会各界广泛赞誉。

2022 年，两大石油公司高质量服务保障北京冬奥会，精心打造冬奥形象站、冬奥商品货架及专柜；围绕化肥、种子、饲料、农机服务、农业金融等，设立消费帮扶专区专柜，积极打造服务“三农”、助力乡村振兴的综合服务站；创新消费帮扶模式，开发自有品牌帮扶产品 100 多种，着力打造“从田间到餐桌”的消费帮扶产业链。

目前，中国石油昆仑好客品牌价值超过158亿元，中国石化易捷品牌价值超过197.53亿元，实现连年高速增长，已成为彰显央企担当、履行社会责任、展示石油企业良好形象的重要窗口，也是国内品牌价值最高的连锁便利店。

（三）加油站非油业务规模效益

1. 呈规模化发展，数字化管理能力不断提升

2022年，加油站便利店数量依旧持续增加但增速放缓，整体呈规模化发展态势。以中国石化为例，2021年年底，便利店数量为27994家，2022年少量增加。中国石油在减少加油站数量的同时，2022年，便利店数量相应增加，达到20600座。2022年，中国石化与中国石油的便利店数量仍居连锁行业便利店总数前列，数量占全国便利店总数的比例超过20%。

在便利店规模化发展的同时，管理水平尤其是数字化管理能力不断提升。智能商用终端是门店数字化升级的重要载体，其成功应用促进了加油站便利店的连锁化和规模化发展，为便利店提供赋能、引流、降本、增效。物联网、大数据、云计算等现代信息技术的应用，及时反映了消费市场的关注点和动向，也可以内部灵活运用，以实现门店标准化和精细化的数字运营，形成有效的运营方案。

2. 销售规模持续上升，经营效益显著提升

两大石油公司不断增强非油业务的创效能力。非油业务销售规模和利润创新高，销售规模保持较快增长，利润增长度也保持高位。

2021年，中国石化非油业务收入为354亿元，中国石油非油业务收入为251亿元。从利润率来看，中国石化非油品利润率在11%以上，而中国石油约为8%。根据公开数据显示，2021年，中国石油和中国石化非油品利润均有上升。其中，中国石化非油品利润为41亿元，较2020年增长9.63%；中国石油非油品利润为20.7亿元，较2020年增长13.27%。

2022 年中国石油的非油业务收入为 277.5 亿元，同比增长率为 10.6%。中国石化非油收入为 381 亿元，同比增长 7.6%。

（四）加能站非油业务未来趋势预测

总体而言，我国非油业务仍处于成长期，客户进站率偏低、商品管控能力待提升等问题亟待克服。未来，随着新能源发展持续推进，零售市场竞争日趋激烈，结合加能站的综合服务提升、数字化智能化持续升级，进一步开发非油品业务是加油站降低经营风险、提高盈利能力和市场生存能力的必然选择。

1. 非油品业务存在较大发展空间，服务综合化是必然选择

参考国外加油站业务结构，我国加油站非油品业务还有巨大增长空间。如，美国加油站中非油业务平均占利润的 50%，有的甚至占 75%以上，尤其是大型超市加油站的数量持续增长，市场份额不断扩大。我国非油品业务利润在总利润中所占比例仍较小，非油品业务毛利额较低，存在较大发展空间。未来，加油站的主要发展模式将不仅以油经营为主，综合型一体化的服务型平台也将迅速崛起。

服务综合化是提升加油站盈利能力和抗风险能力的必然选择，品牌多元化是推进加油站服务综合化的重要途径。面对挑战，未来石油公司将采取策略加快非油业务发展，“加油站+便利店”“加油站+汽车维护”“加油站+便利店+汽车维护”等类型相继涌现，并引入外部专业化品牌、设立专业化子公司等。

2. 发展多种非油业务补给以应对新能源行业发展

随着加油站逐步多功能化，顾客到加油站希望得到更多的便利服务，非油品销售已进一步成为油品销售行业获利的主要手段，逐步成为石油企业新的利润增长点。

从我国加油站行业非油品业务发展现状看，布局仍需完善。如何将加油站众

多业务组合、迎合顾客消费观念以及吸引顾客，是我国加油站非油品业务发展的难点。针对加油站非油品服务中发展的痛点，我国加油站企业将采取继续完善建立非油品运营和管理体系、准确定位、合理定价等方式开展非油品业务，充分挖掘市场潜力，提高非油品营业额。具体来讲，要通过调整经营方式，更深入、更精准地研究加油站商圈，深挖客户需求，创新营销方式，提高员工销售能力，为消费者提供多方面的服务，同时全面提升服务水平。

3. 便利店行业竞争加剧，加油站非油业务需更加精细化的运营体系

据《CCFA 中国便利店发展报告》，便利店行业竞争愈加激烈，便利店行业马太效应凸显，主流便利店借助并购、区域加盟等方式实现底线扩张。面对头部企业下沉，小品牌便利店在发展规划上呈现分化态势。2022 年年底，美宜佳门店数已超过 3 万家，超过中国石化易捷成为全国第一大便利店企业。这就要求加油站企业对非油业务进行更加精细化的运营，需要逐步建立起以单品管理、用户管理、单店运营为抓手的精细化运营体系，全面优化运营和管理效能。

4. 加油站智能化助推非油品业务增长成为趋势

未来，“互联网+加油站”将成为趋势，围绕数字化营销、智慧加油站、智慧供应链、“人・车・生活”生态圈四大转型方向，将物联网、大数据、人工智能、云计算等数字技术与经营发展深度融合，涵盖全域、全场景、全链路、全周期的综合服务生态圈。

比如，通过数字化转型构建会员体系、搭建转型场景、创新异业合作等方式，进一步实现精细拓客、精准营销、精益服务；优化加油站商圈网络，创建智慧加油、机器人自动加油、数字化非油等服务，全面提高加油站运营效率、降低运营成本、保障运行安全，提高客户服务体验和满意度。

第五部分

投资建设篇

一、2022 年我国加油站投资建设情况与未来展望

（一）我国加油站的发展历程

1. 第一阶段：1924—1979 年缓慢增长期

1924 年，我国第一座加油站在上海建成，是由 SOCONY（美孚石油公司）投建的，而真正由中国人建设的第一座加油站是 1948 年在上海建成的。据不完全统计，中华人民共和国成立前共有加油站 164 座，大部分都是外资加油站。

中华人民共和国成立后，原本的外资加油站陆续退出，全国加油站数量急剧下降到 70 座左右。直到 1959 年发现大庆油田，汽车产业和加油站开始慢慢恢复，1970 年以后，国家重点转向经济建设，到 1980 年国内的加油站数量增长到了 610 座。

2. 第二阶段：1980—1990 年发展期

1979 年，国内成品油市场出现了一个重大的政策变化，批零差价出现，使加油站变得有利可图。同时伴随着国内经济发展的加速和汽车产业的发展，到 1990 年，全国加油站数量达到 5000 座左右，10 年间增长了 8 倍多。

3. 第三阶段：1990—2000 年爆发期

1990—2000 年这 10 年，是国内加油站的爆发期。10 年间，不仅中国石油、中国石化，民营加油站的发展速度也毫不示弱。从 1990 年的 5000 座左右增加到 2000 年的 9.4 万座左右，10 年达到了接近 19 倍的增速。

4. 第四阶段：2000 年至今从量转质时期

由于超量建设，加油站密度太高，大大超过了当时国内汽车保有量的需求。

在接下来的20年中，国内加油站的总数变化不大，数量上基本处于稳定发展期，这20年也是国内加油站从粗放的数量发展转向精细质量发展的一个变化时期。

2022年，我国加油站总量超过11.5万座，处于世界领先地位。从加油站分布来看，我国加油站分布位置包括省道、国道、县乡道、城区、农村、高速公路、水域及其他位置。据相关机构调研，目前，省道、国道的市场占比较高，约为36.2%，县乡道和城区占比分别约为26.8%和24.85%，农村、高速公路和水域及其他领域占比分别为9.48%、2.24%和0.43%。

2022年，加油站数量虽仍增长，但保持低位，增长幅度不大。新增加油站主要集中于少数高速站及布局还未饱和的县城和乡镇站。由于审批过程繁杂，我国加油站数量增长较成品油需求增长仍显缓慢，加油站的数量增长没有与居民的油品消费需求有效匹配。在一些后发展地区，加油站的稀缺度比较明显。

（二）我国加油站投资建设现状

1. 国有石油公司加油站投资建设现状

（1）分布具有较强的地域性，中国石化市场份额较多。截至2022年12月，国有石油公司加油站总数超过5.5万座，占据运营成本优势较高的城区、国道、省道和高速地段，区位优势明显。

从加油站区域分布来看，山东、广东、江苏、湖北、河南、河北、浙江国有石油公司加油站数量居国内前列。由于历史原因，中国石化主要占有我国的中部和南部地区加油站市场份额。中国石油在北方和西部地区炼厂居多，零售市场份额也更多。截至2022年12月，中国石油加油站数量达到22586座，中国石化加油站总数为30808座。

（2）国有石油加油站数量增减不一。截至2022年12月，中国石油新开发加油站140座、投运187座、新投运加油站87座，但由于个别省份城市建设、道路规划、淘汰一些效益不佳的加油站，加油站总数降至22586座，较2021年的22800座减少了214座。中国石化与中国石油情况类似，整体保持低位增加。截至2022年12月，中国石化加油站为30808座，比2021年的30724座增加84座。拟建与投运加油站主要分布在新疆、辽宁、陕西、云南等地，主要在国省道、乡镇站点。2022年中国两大石油公司加油站数量前十省份分布见图5-1。

中国海油近几年通过多种模式继续扩大零售网络规模，数量增加较多，2019年增加60多座，2020年增加360座。2021年加油站总数为1650座，2022年达到近2000座。

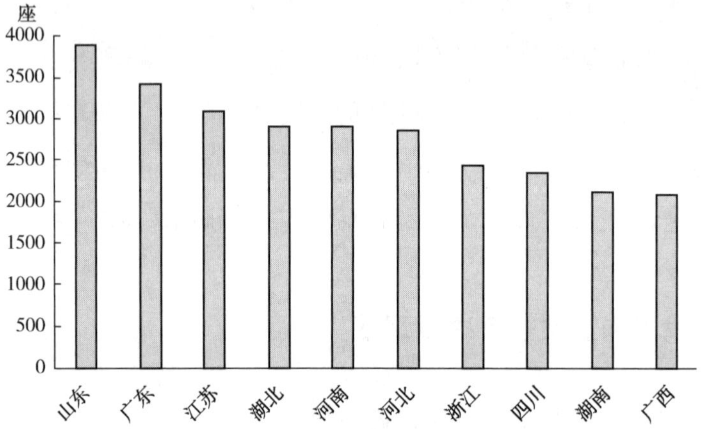

图5-1　2022年中国两大石油公司加油站数量前十省份分布情况

（3）国有石油公司正快速推进向“油气氢电服”综合能源服务商转型升级，尤其快速推进加氢站建设，并拟建氢气储存、运输、终端加注供应链。截至目前，中国石化通过在传统加油站基础上改建、扩建或者新建等方式，已实现加氢站、充换电站、分布式光伏发电站的遍地开花。

2. 民营及独立炼厂加油站投资及建设现状

成品油零售审批资质下放政策的逐渐落地，推动了民营加油站的连锁化、规模化发展。地方炼厂大力发展加油站零售终端，扩张零售市场。部分炼厂明确把布局终端作为战略发展的方向之一，已经具备较大的零售规模。

2022年，随着越来越严格的市场监管和新能源的快速崛起，再加上高油价、高成本及疫情反复影响了油站利润和销量，在营民营加油站数量开始出现下滑趋势。截至 2022 年年底，我国民营加油站数量超过 5.7 万座，同比减少 5.93%。目前，民营加油站总量排名靠前的有河北、山东、河南、安徽、江苏、四川、湖南、广东、山西、湖北等(见图 5-2)。

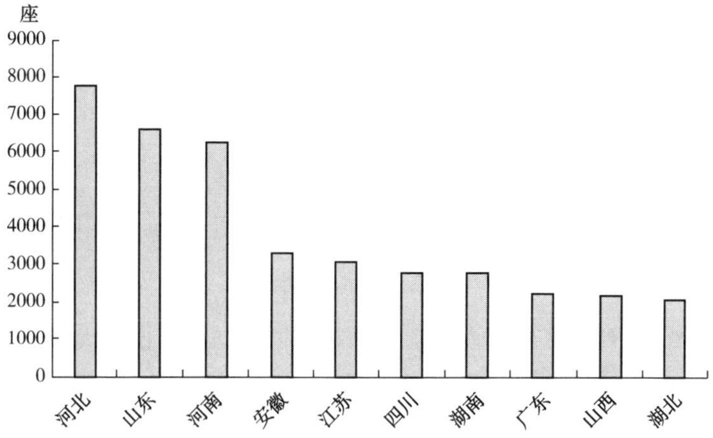

图 5-2　2022 年中国民营加油站数量前十省份分布情况

根据对以全国 11.5 万座加油站为调研样本的数据统计分析发现，截至 2022 年年底，民营加油站初步形成规模的地炼企业有陕西延长、京博石化、东明石化、富海集团、联盟石化、汇丰石化、鲁清石化等。地炼企业加油站数量超过 300 座的有延长、京博石化和富海集团。

随着政策不断放开，独立炼厂为扩充油品销售途径，提高市场占有率，也越来越重视建设投资加油站。不过随着市场竞争加剧，由于城区及主干道加油站基本饱和，新进入加油站以布局城郊和乡镇为主。

此外，由于高额投入带动资金紧张，部分民营企业以特许经营和短期租赁作为主要参与方式。特许经营后部分民营品牌存在管理混乱的问题，随着消费者对服务品质、品牌要求的提高，民营加油站也意识到服务和品牌的重要性，开始主动寻求与国有品牌的加油站进行合作。

3. 外资加油站投资及建设现状

截至目前，我国的外资加油站共有五个主流品牌，分别为壳牌、道达尔、

BP、埃克森美孚、海湾石油。壳牌、道达尔、BP、埃克森美孚在中国的加油站已形成较大的规模，是目前加油站数量最多的中外合资和独资加油站。

2022 年，外资企业在中国成品油零售市场投资下建设加油站的态度谨慎，速度较缓，但相比 2020 年疫情影响下的速度有所提升。截至 2022 年年底，外资运营加油站达 5000 多座。

其中，壳牌在中国的独资与合资加油站总数已经超过了 2000 座，与 2021 年 1710 多座加油站相比有了明显的增加，主要分布在陕西、四川、河北、山东、重庆、山西、天津、广东、北京、江苏等省市。其中数量最多的省区是陕西省 400 余座、四川省近 300 座、华北地区 300 余座、江苏省 200 余座、广东省超百座，重庆及浙江亦有几十座的布局。目前也正向浙江、湖南、福建等省区开拓终端市场。截至目前，壳牌主要推广以资产站、租赁站及轻资产的品牌特许加盟为主，加油站遍及 21 个省、直辖市及特别行政区，是国内最大的中外合资连锁品牌。

埃克森美孚在中国的加油站主要布局在福建和湖南两个地区，其加油站布局相对密集，是国内第二大中外合资加油站连锁品牌，目前国内尚未有独资加油站。该公司在中国的加油站以合资方式合作，主要是与中国石化合作，其中和福建中国石化合作的加油站占大部分。截至 2022 年，加油站数量达 1200 座左右，较此前 1000 座左右有了明显的增加。

BP 在中国同样采取合资的方式，但与壳牌专注中国石化的合作不同，BP 集团在内地采取的是与中国石油、中国石化两家国有石油公司合作的方式。在广东省，其主要与中国石油合作，在浙江省则主要是与中国石化合作。2018 年，BP 与东明石化成立合资公司并表示，双方在山东、河南以及河北开展高端品牌成品油零售和便利店业务，BP 拥有合资公司 49% 的股份，东明石化拥有 51%。目前其加油站分布主要集中在广东省和浙江省。据统计，目前在营加油站数量是 800 余座。除了广东、浙江和两大石油公司合作的站以外，和独立炼厂东明石化合资的加油站也已经有 17 座。

中化道达尔燃油有限公司，简称中化道达尔，是中国中化集团公司和法国道达尔集团共同出资成立的合资企业。2005 年 12 月，中化道达尔正式在京成立，是中国成品油零售市场开放后首个获商务部批准经营成品油零售的合资项目。道达尔在中国的加油站布局较为广泛，主要在辽宁、河北、北京、天津、江苏、浙江、上海等七个省市，其中，河北、辽宁的加油站数量位于前列，在华独资及合资加油站总数将近600座，其中独资加油站16座，其余均为合资。

面对庞大的国内市场，外资纷纷计划加大投资力度抢占市场份额。BP计划“十四五”期间在华新投资1000座加油站；壳牌计划未来5~10年新投资2500座加油站；海湾石油计划未来10年内新建1000~1200座品牌加油站；沙特阿美收购了浙江石化有限公司9%的股权，拟在浙江及华东其他地区布局成品油零售网络。外资的加入，在加剧行业竞争的同时，也将促进国有、民营加油站提升服务质量，推动行业整体转型升级。

（三）2023—2025年加油站投资建设建议

从国内加油站格局来看，虽然短时间内国内成品油零售市场格局难有大的改变，国有石油公司还将稳坐第一把交椅，但未来加油站竞争会越发激烈，尤其是外资品牌加油站的注入，会进一步倒逼国内品牌的提升，从而使整个成品油零售市场走向成熟。未来几年，加油站的整体数量还将有所增加，但增量不会太大。更多的是大企业合作、兼并、优胜劣汰。加油站投资建设的方向也更加明确。

1. 未来重点路段将成为建站投运的热点，以实现效益最大化

目前，我国加油站布局存在问题。一方面，我国城市总体规划指标中，将加油站作为一种城市公共配套设施进行规划和配置较少；又由于不同的城市加油站主管部门不同，管理的出发点和依据不同，缺乏组织协调性。另一方面，布局结构不合理。我国加油站布局不均现象严重，核心城区网点偏少，外围局部地区又存在过于集中的情况，造成资源的浪费，而在农村的零售网点又严重不足。

未来，加油站布局的总体思路将进一步以国家有关成品油市场整顿和规范的要求为指导，加强加油站行业发展的宏观调控和管理，严格控制总量，合理优化布局，逐步建立起与国民经济发展相适应、满足广大消费者需要、布局科学合

理、竞争有序、功能完善的现代化加油站销售服务网络体系。为此，各加油站主体或将进一步加大在重点路段建站投运，利用信息技术测算最优站点数量，发挥整体布局功能，发挥整体优势，实现经营效益和社会效益的最大化。此外，由于城区大部分地区已经饱和。新建加油站，部分县级以下较为偏远地区的可行性较大，偏远地区土地成本、人工成本相对较少，监管力度较小，可操作空间较大。

2. 收购成本增加，轻资产开发模式将成为重要建设渠道

2022年，油价冲高震荡，整体保持高位运行。油价上涨直接导致加油站收购成本上升，压缩加油站盈利空间。此外，随着石化产业炼化一体化项目投入，成品油批发竞争加剧，零售终端采购呈现白热化、多样化趋势。

与此同时，加油站也逐渐由卖方市场进一步转变为买方市场，规模化品牌经营将成为加油站发展新趋势。目前，加油站行业同时存在重资产模式（自建、收购）和轻资产模式（租赁等）。特别是最近几年，部分加油站经营企业利用其体系化的管理能力和品牌连锁优势，在重资产模式无法施行的情况下，积极向轻资产模式转型。未来，轻资产开发模式将成为加油站建设的重要渠道，特别是民营加油站。这样既能通过轻资产模式拓展企业业务，还能打造加油站企业的知名度，提升企业的竞争实力。未来，民营加油站或将由分散运营的小规模加油站集中成为中大型品牌加油站，在国企和外资之外，逐渐形成全国和地区性的民营加油站品牌。

3. 绿色发展提速，多功能综合能源服务将成为建站重点

未来我国加油站将更多向综合能源站方向发展。例如，“十四五”期间，发展氢能产业的总体思路是规划建设加氢站（油氢合建站）1000座。但在此发展过程中，更多地将以改扩建为主，在原有的加油站基础上发展加气、加氢、充换业务。当然，也不乏会有新建的综合能源站。

总之，综合能源站将是未来加油站发展的主要方向，特别是国有石油公司，将加油站的建设、运营、管理进一步高效化，最大限度地利用加油站的场地优势、品牌优势来带动其他业务发展，实现企业高效服务和效益增长。

二、2022年我国加气站发展建设情况与未来展望

2018—2021年在清洁能源及“油改气”进程的推动下，国内LNG重卡保有量逐步提升，下游消费量逐年增加，但是增速有所放缓。2022年LNG交通用气量为1297万吨，同比降低21.91%。2018—2022年LNG交通用气量呈现先增后减的趋势。

在碳达峰目标支持下，2023—2027年我国LNG进口量将逐年增加。其中，中俄天然气合作逐渐加深，管道气进口量将增加；LNG进口量虽也会逐步增加，但2023—2024受俄乌冲突余波影响，增速可能性不大。吸取2022年欧洲能源危机的教训，中国在未来几年内将会更加注重国内的能源安全，中国石油和中国石化的能源保供能力也将会进一步提升。

（一）中国LNG加气站发展概况

1. LNG加气站发展历史简析

我国加气站建设起步于20世纪80年代，1992年第一座加气站投入商业运营。30多年来，我国加气站数量由少到多，蓬勃发展。进入21世纪以来，随着时代的发展，环保问题越来越得到人们的重视。减少对石油的依赖，发展“油改气”已成为我国政府的一项重要的环保举措。

随着我国经济的发展，21世纪初期在城市各项污染中，汽车尾气造成的污染占总污染的近40%。发展更为清洁的车用能源刻不容缓，尤其是对于货运卡车以及城际、城市公交车。因此发展LNG加气站为货运卡车以及城际、城市公交车提供清洁能源成为主要发展方向之一。

在“十二五”期间，国家提出了多个加气站的技术规范与施工规范，为国内各企业及民营资本建设加气站提供了技术规范。“十三五”期间国家排放法规更加严格，叠加地方政府支持LNG汽车发展的优惠政策，为LNG汽车发展规模创

造条件。随着LNG汽车的不断发展，对作为其基础设施的LNG加气站的投资逐步增大，各地也开始多点布局LNG加气站。

2. LNG加气站数量分析

2022年国内LNG加气站约3800座，比上年增加2%。由于2020—2021年LNG价格一直处于较高价位，LNG汽车新增数量不及预期，导致LNG加气站之间销售竞争更加激烈，同时导致加气站利润下滑。因此国内LNG加气站投资倾向发生偏移，2022年投资的LNG加气站主要为前期规划项目（见图5-3）。

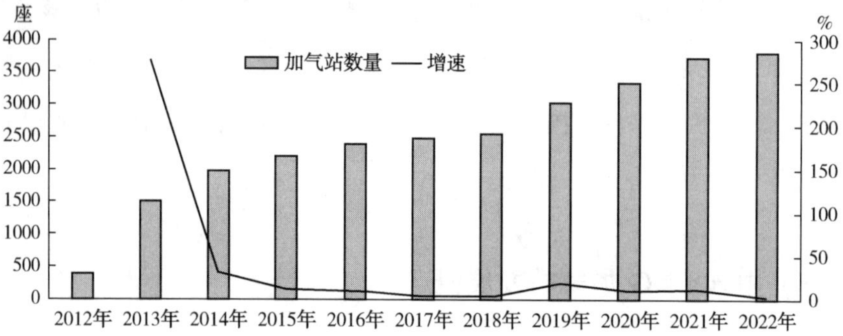

图5-3 中国LNG加气站数量及增速

10年来，我国LNG加气站建站增速呈逐步下滑的趋势。2013年由于基数较低，叠加各种政策的规范完善后，加气站数量激增。2014—2022年随着私营企业投资加气站数量增多，中国石油、中国石化、中国海油在加气站市场中占比有所减少。

3. LNG加气站数量市场份额分析

目前，中国石油、中国石化、中国海油的LNG加气站数量占比为29%，其他企业占比为71%（见图5-4）。近10年随着LNG加气站的快速发展，国内LNG加气站投资企业呈多元化发展态势，“三桶油”合计所占市场份额有限。

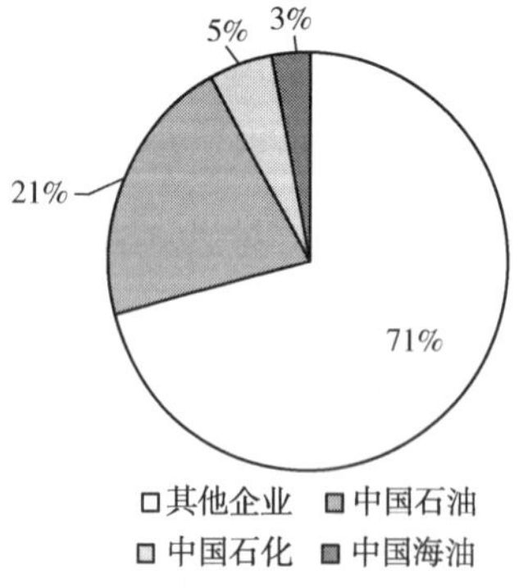

图5-4 中国LNG加气站数量占比

从国内LNG加气站区域分布来看，西北、华北、华东三地分布最为密集。鉴于发展 LNG 加气站需要充足的气源支撑，因此西北国产 LNG 工厂聚集地、华北、华东 LNG 接收码头附近均为加气站分布数量较多的区域。西北主要用于运煤专线，新疆、陕西、山西、内蒙古等省区 LNG 货运市场主要以煤炭运输为主，其他普货运输为辅；华东、华北地区主要由于当地经济发达，货运需求旺盛，因而华北地区包含京津冀经济带对排放标准较高，LNG 加气站建设较多。陕西、河南、山东、山西、河北、内蒙古依次排名前 6，对当地 LNG 市场需求起到了重要支撑作用(见图 5-5)。

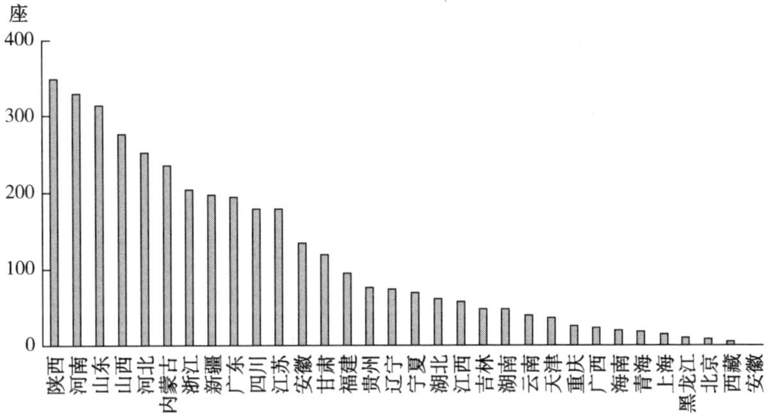

图 5-5 中国 LNG 加气站各省区市分布情况

2022 年 LNG 销量大幅下滑主要有两个原因：一方面，受国外地缘政治事件影响，国际现货价格高位震荡，LNG 进口量大减，由于供应减少，国内 LNG 价格自 2022 年 1 月下旬起，价格不断攀升，即使是淡季价格也明显高于往年，导致 LNG 终端零售价格高于往年。另一方面，受疫情反复影响，以煤炭、钢铁等为代表的资源型运输市场整体需求下降，物流运输产业发展也不及往年，因此作为车用燃料的用量减少(见图 5-6)。

(二) 中国 LNG 加气站前景展望

1. 中国 LNG 加气站需求前景展望

2023—2027 年我国 LNG 进口量将逐年增加。2025 年随着国内多地 LNG 接收

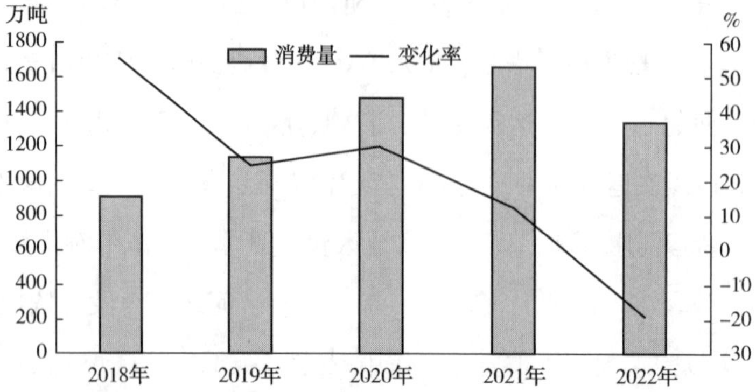

图 5-6　2018—2022 年交通用气 LNG 消费量及变化率

站基础设施继续完善，LNG 进口量增速小幅提高。2025 年后中俄东线全线贯通，管道天然气进口增多，国际 LNG 价格恢复至合理水平，LNG 进口量增速将小幅提高。同时由于国内天然气资源增加，进口 LNG 气化进管输量逐年下降，以 LNG 槽批形式供应国内市场增多。届时进口 LNG 与国产 LNG 或会出现市场竞争，打价格战。这将再次刺激国内 LNG 下游发展需求。

2023—2027 年，随着国内 LNG 接收站接收能力的大幅提升，进口 LNG 价格逐步恢复到正常区间，LNG 年均价较 2022 年有继续下跌预期，将对燃气重卡的销售形成一定支撑。另外，国内清洁能源的推行，LNG 作为性能稳定并且发展成熟的产品，在全国“油改气”中将继续发挥作用。因此，预计 2023—2027 年 LNG 燃气重卡总销售增速将明显上升，LNG 燃气重卡保有量也将继续增加(见图 5-7)。这利好对 LNG 的需求。预计 2023 年 LNG 加气站消费 LNG 量将达 1635 万吨，消

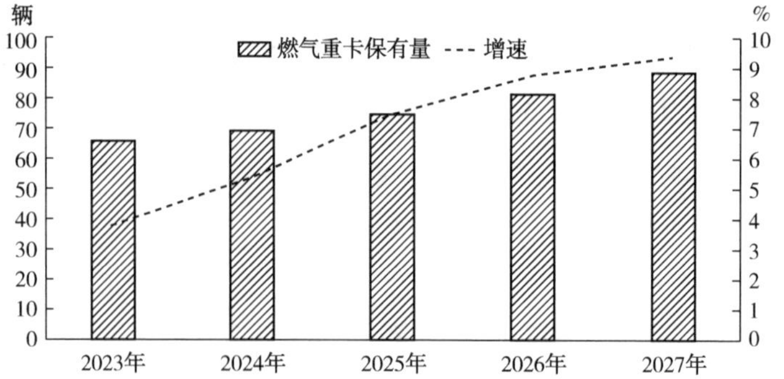

图 5-7　2023—2027 年 LNG 燃气重卡总量走势预测

费占比维持在 50%，延续 LNG 行业用量占比最大的位置。2023—2027 年，LNG 下游消费占比变化不大，排名依次为交通用气、工业用气、城市燃气。随着 LNG 加气站的不断建设、LNG 重卡的继续推广以及可预期的船用 LNG 销量的增加，LNG 交通用气将保持逐步增长的局面。预计 2027 年交通用气占比将提升 3% 至 54%。在 LNG 燃料重卡保有量持续提升的基础上，LNG 加气站将随之增多。

2021—2022 年“三桶油”分别整合内部资源，对内部加气站实行优惠政策。这使“三桶油”内部加气站在 LNG 零售价格上更具有经济优势。未来，“三桶油”除自建 LNG 加气站外，或可以通过租赁、并购等形式继续扩大在 LNG 终端市场上的份额。

西南市场作为我国天然气的主要产区之一，下游 LNG 加气站发展却一直较缓慢。未来“十四五”期间随着 LNG 经济优势恢复及西南地区对天然气资源开发利用力度的加大，LNG 车用市场在西南地区的增速将有望加快，西南地区 LNG 加气站或将迎来发展高峰。

2. 加气站未来发展的优势和挑战

近年来，国家有关部门出台政策支持 LNG 在交通领域的利用，利好加气站未来进一步的发展(见表 5-1)。

表 5-1 近年来国家有关部门出台政策支持 LNG 在交通领域扩大利用

发布部门	政策名称	主要内容	政策类型
交通运输部、科学技术部	《交通领域科技创新中长期发展规划纲要(2021—2035 年)》	开展基于多源数据的交通运输能耗、温室气体和大气污染物排放监测与评估技术研发、推广应用 LNG 等清洁能源	支持类
国家发展和改革委员会、国家能源局	《关于完善能源绿色低碳转型体制机制和政策措施的意见》	推行大容量电气化公共交通和电动、氢能、先进生物液体燃料、天然气等清洁能源交通工具；因地制宜建设既满足电力运行调峰需要，又对天然气消费季节差具有调节作用的天然气“双调峰”电站	支持类

续表

发布部门	政策名称	主要内容	政策类型
交通运输部	《关于深化改革推进船舶检验高质量发展的指导意见》	开展大型LNG船、邮轮、极地航行船、大型溢油回收船、大型深远海多功能救助船等船型技术及相关技术法规研究	支持类
	《关于推动交通运输领域新型基础设施建设的指导意见》	鼓励船舶应用LNG、电能等清洁能源	支持类

LNG作为天然气的补充能源，除了自身可以作为燃料使用外，还具有调峰保供作用。但在冬季天然气紧张导致价格大幅走高时，部分LNG加气站也存在着冬季断供的风险。因此，推进和发挥LNG产业链一体化发展优势，保供稳价是未来的方向。

三、2022 年我国加氢站发展建设情况与未来展望

加氢站是指为氢燃料电池汽车、氢气内燃机汽车、氢气天然气混合燃料汽车等的储氢瓶充装氢燃料的专门场所。近年来，我国加氢站发展迅速，已成为全球加氢站建设数量最多的国家。

（一）我国加氢站概况

加氢站在氢能源产业链中扮演着重要的角色，是连接制氢端和用氢端的桥梁。根据加氢站供氢方式的不同，加氢站站内设备系统主要由制氢系统（站内制氢）或输送系统（站外供氢）、调压干燥系统、氢气压缩系统、储气系统、售气加注系统和控制系统六个主要子系统组成。加氢站系统的三大核心装备为氢气压缩机、储氢系统和氢气加注机。

1. 加氢站数量分析

截至 2022 年 12 月，国内已建成加氢站 294 座（不含已拆除站），国内已进入招标阶段或正处于建设状态的加氢站数量 87 座。从建站年份来看，2019 年之前（含 2019 年）累计建设加氢站 66 座，2020 年建站 62 座，2021 年建站 120 座，2022 年建站 46 座（见图 5-8）。2021 年为历年来建站数量最多的年份。原因之一是中国石化发布“百站计划”；原因之二是燃料电池汽车示范城市群的落地；原因之三是筹备北京冬奥会，多重利好因素拉动国内氢能源产业链高速发展，加氢站建站数量明显提升。2022 年建站速度明显放缓的原因有两个：一是受国内疫情影响，二是加氢站在发展初期盈利困难，影响企业建站的积极性。

2. 建成加氢站的省区市分布情况

从各省区市建站情况来看，目前国内运行的 294 座加氢站分布在 29 个省级

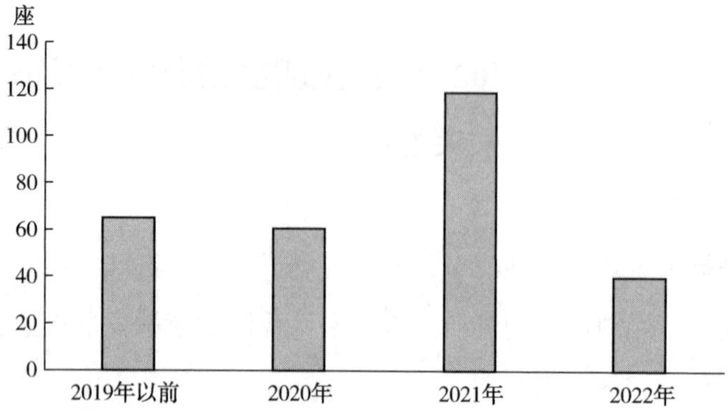

图 5-8 中国加氢站建站数量对比

行政区，其中广东、山东、江苏分别以 51 座、29 座、24 座的建成数量位列前三，前十省份加氢站建成数量达到 214 座，国内占比 72.8%（见图 5-9）。加氢站的建设分布以及运营情况与各地方的氢源分布、氢能企业技术实力、地方财政实力、政策支持等密切相关。珠三角、长三角、京津冀、环渤海等区域的氢能产业发展集聚程度相对较高，加氢站分布较为密集。

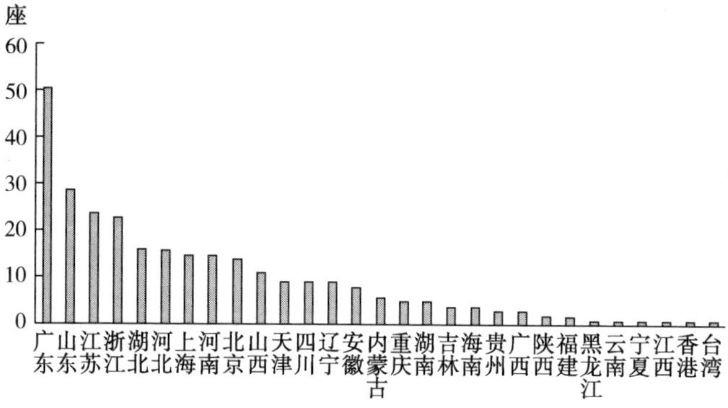

图 5-9 2022 年中国建成加氢站分布情况

3. 加氢站建站类型分析

从建站类型看，国内固定站 204 座，占比 69.4%（见图 5-10），是我国加氢站主要建站方式；橇装站 72 座，占比 24.5%。之所以固定站多，一方面是由于加氢功能可与加油站、充电站、加气站等多种供能方式相结合，以固定站的运营形式为不同耗能车辆进行综合供能；另一方面是固定站可作为供氢母站，与周边地区的小型子站或橇装站一同形成密集加氢网络，为用氢车辆提供充能服务。

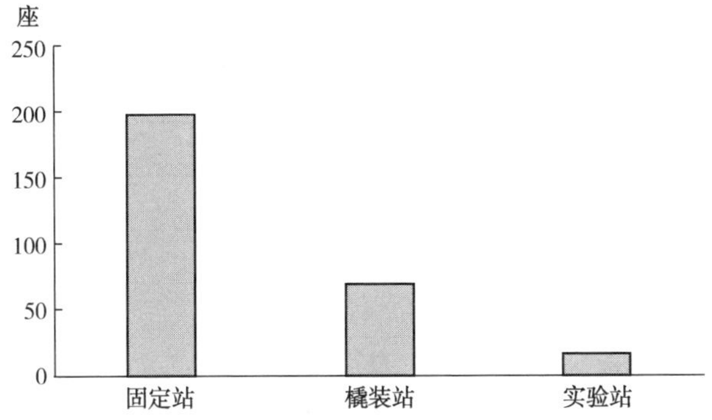

图 5-10　中国加氢站建站类型统计

橇装站是由设备控制元件集成的可移动的加氢站，站点结构紧凑、节约占地、减少投资成本，更有利于加氢操作和维护。值得注意的是，2021 下半年以来，70 兆帕橇装站逐渐崭露头角，其快速建站、高效便捷的优势在北京冬奥会的氢能保供任务等多个氢燃料电池汽车应用场景中得到充分发挥。

从已建成的加氢站供能类型来看，常规站 159 座，占比 54.1%。其气源来自周边地区的外供高压气氢，通过管束车或管道输入加氢站内部并储存至储氢瓶组中。此类加氢站只具备单一的氢气加注功能。在已建成加氢站中，第二大类型加氢站是油氢合建、油气氢、电氢、综合供能站，已建成 115 座，此类加氢站不但能加注氢气，还具备加油、充电、加气(CNG)等功能。其中，油氢合建站 68 座，占比 23.1%；综合供能站(油/氢/光伏/CNG/充电/非)38 座，占比 12.9%(见图 5-11)。近年来，在中国石化、中国石油、中国海油等传统能源巨头推动下，油氢合建站已成为国内的主流建站方式之一。

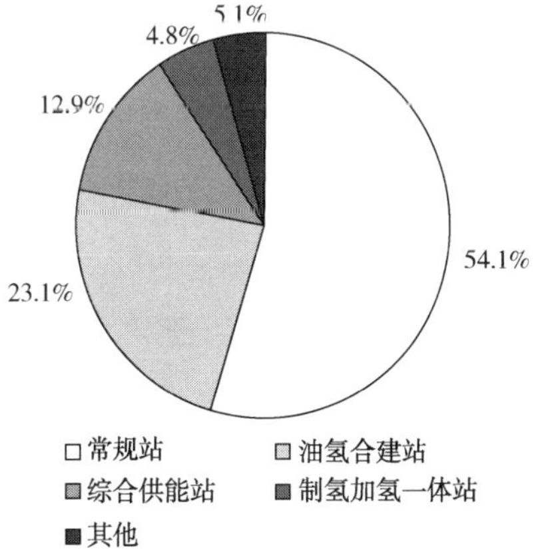

图 5-11　中国建成加氢站类型分布

值得一提的是，制氢加氢一体站也是未来发展的主流建站类型之一，目前国内共有 14 座，占比 4.8%（见表 5-2）。制氢加氢一体站可通过站内天然气制氢、电解水制氢、氨裂解制氢，并将站内制取的氢气直接加注至氢车的车载储氢瓶中，跳过氢气运输环节，有效解决运输成本高的难题。

表 5-2 截至 2022 年 12 月国内站内制氢加氢一体站情况一览

地区	加氢站名称	加注压力/兆帕
福建福州	中国石化长乐示范加氢站	35
海南	水制氢及高压加氢一体站	70
广东韶关	韶钢产业园加氢站	35
广东深圳	妈湾电厂制氢加氢一体站	35
广东深圳	深圳市凯豪达加氢制氢一体站	35
广东佛山	佛燃能源明城综合能源站	35
广东佛山	佛燃能源南庄制氢加氢加气一体站	70
吉林白城	吉林白城分布式发电示范站	35
内蒙古鄂尔多斯	圣圆能源制氢加氢一体化项目	35
山西大同	氢雄制氢加氢一体站	35
河北张家口	东望山制氢加氢站	35
北京延庆区	中关村延庆园加氢站（二期）	35/70
山东潍坊	中国海油凯豪达油氢合建站	35
江苏盐城	国新制氢加氢一体站	35

此外，国内已建成液氢加氢站 2 座，其中商业运营 1 座，位于浙江省平湖市。未来，液氢加氢站或将在解决氢气储运难题上扮演重要角色。

（二）国内参与主体分析

在国家“双碳”目标背景下，“三桶油”凭借其能源化工巨头的先天优势和氢能发展的巨大潜力，近年来，不断优化调整自身业务结构，积极布局氢能产业。

对于作为油气资源的上游生产者的“三桶油”而言，这些企业拥有丰富的生产资源和强大的制氢能力，具备以相对较低成本生产氢气的条件。再者，它们还拥有庞大的加油站网点以及横贯南北的天然气管网，在建站选址、运营成本、储运技术等方面已有丰富的资源和技术积淀，现阶段能够直接用于氢能网络的搭建，大大缩短供氢规模化的进度。此外，氢能产业链的上游氢气制取、中游储存运输、下游终端应用与传统油气业务的模式高度契合，这使得“三桶油”进军氢能领域，具备了其他企业难以比拟的优势。

1. 中国石化——“十四五”期间规划建站600~1000座

中国石化在2021年中期业绩会上表示，将抓住氢能产业快速发展的历史机遇，以氢能作为新能源核心业务加快发展，大力推进氢能产业的布局。截至2022年，中国石化已建成加氢站98座，“十四五”期间规划建设加氢站600~1000座，未来5年初步计划总投资超过300亿元。

中国石化锚定建设“中国第一大氢能公司”，“十四五”期间发展氢能的思路主要包括三大方向——规划建设加氢站力争1000座，加氢服务能力达到20万吨/年；大力发展可再生能源制氢，规划累计制氢产量超百万吨；聚焦氢能交通领域和绿氢炼化。

在氢气制取生产方面，据隆众资讯不完全统计，中国石化氢气年产能390万吨，占全国氢气产量的11%，现已分别在燕山石化、广州石化、茂名石化、高桥石化、海南炼化、上海石化、青岛炼化、齐鲁石化、天津石化建有9套氢纯化生产装置，生产纯度为99.999%的燃料电池用氢。其中，燕山石化高纯氢已完成保供北京2022年冬奥会任务。此外，中原油田兆瓦级绿氢项目已经中交，新疆库车绿氢项目52台套电解槽已全部投产，未来将实现2万吨/年的绿氢产能。

在加氢站建设方面，中国石化是国内拥有加油站数量最多的企业，依托自身庞大精细的加油站网络，中国石化加氢站建设项目正在迅速扩张。加氢站建设覆盖面包括首批纳入国家燃料汽车示范城市群的京津冀、长三角以及珠三角、川渝、华中等地区。其中，中国石化在广东建站9座，浙江建站8座，山东和天津建站均为7座（见图5-12）。从加氢站的供能类型来看，中国石化油氢合建站共完成建设52座，占中国石化建设加氢站总量的53%，油氢合建仍然是目前中国石化建站的主流方式；综合供能站次之，建设15座，占比15.3%（见

图 5-13）。值得注意的是，中国石化首座制氢加氢一体站已于 2022 年 8 月在福建福州建成。该站集氨在线制氢、分离纯化、升压加注等功能于一体，为公众所瞩目。

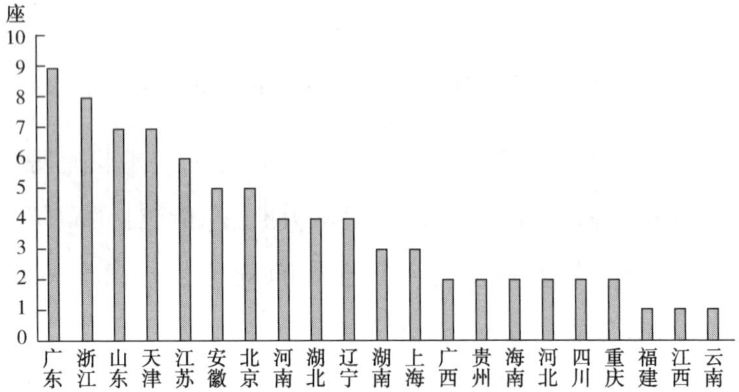

图 5-12　中国石化建成加氢站分布情况

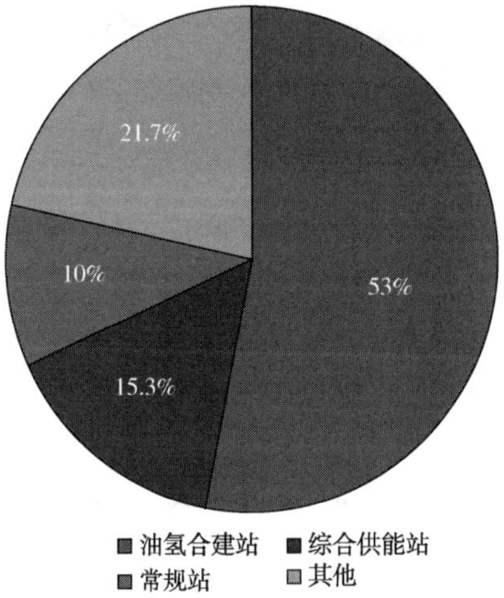

图 5-13　中国石化加氢站类型分布

2. 中国石油——开拓“氢能+”创新

2022 年 6 月，中国石油发布《中国石油绿色低碳发展行动计划 3.0》，力争 2025 年实现碳达峰，2035 年外供绿色零碳能源超过自身消耗的化石能源，2050 年实现“近零”排放。该行动计划提出“天然气+”“氢能+”“CCUS 产业链建设”三个创新点，其中，氢能已成为中国石油实现“双碳”目标的重要抓手之一。“氢能+”零碳燃料升级工程具体体现在三个方向——大力发展氢能产业链，同步布局“氢能+”等零碳燃料产业链，发展氢能深加工生产链和零碳燃料供应链；产业布局氨、生物燃料、合成燃料等零碳燃料，打造无碳低碳制氨和氨能利用现代产业链，参与全球零碳“氨能源”储运网络构建；规模化发展新材料业务，以乙烯、PX 为龙头，持续提高烯烃、芳烃等化工产品生产比例，超前布局二氧化碳化工利用技术。

中国石油氢气产能超过 260 万吨/年，按照“清洁替代、战略接替、绿色转型”三步走总体部署，目前已在氢能产业链布局转型。2021 年至今，中国石油利用其在加油站网络的地理位置、运营管理等优势，已在上海、北京、河北、四川和重庆共建成加氢站 9 座(见图 5-14)。其中，张家口崇礼太子城加氢站、崇礼北加氢站，北京金龙综合能源站还承担了 2022 年北京冬奥会氢燃料电池接驳车的加氢任务。此外，由中国石油自主研发的绿氢点燃太子城火炬台，是北京冬奥会唯一一个由绿氢点燃的火炬台。

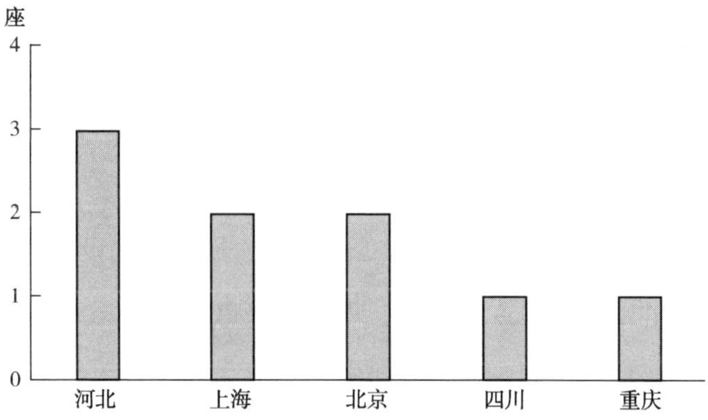

图 5-14 截至 2022 年年底中国石油建站数量

为加快实现碳达峰、碳中和目标，中国石油已成立氢能研究所，加入中国氢能联盟，充分发挥其在化学化工和新材料领域的基础优势，构建蓝氢、绿氢多元供氢，氢-电、电-氢转化，建立氢气储存、运输、终端加注供应链。未来，中国石油还将在全国范围内投运 50 座加氢站。

3. 中国海油——突出海洋优势，探索培育氢能

2022 年 4 月，中海石油（中国）有限公司北京新能源分公司揭牌成立。新能源分公司进一步突出中国海油海洋优势，主要业务为开展海陆风光发电、加大 CCUS 科技攻关、探索培育氢能等。

在加氢站建设方面，中国海油国内已建成加氢站 2 座，分别位于广东省佛山市和山东省潍坊市。其中，佛山中国海油城北加氢站为油氢合建站，加注能力 1000 千克/日，加注压力 35 兆帕；潍坊中国海油凯豪达加氢站为制氢加氢一体站，站内电解碱水制氢 500 标准立方米/小时，为潍坊氢燃料电池公交车提供加氢服务。

在制氢加氢设备技术方面，中海石油气电集团牵头的 250 标准立方米/小时小型橇装天然气制氢设备已通过鉴定。该设备为高度集成的集装箱式，可满足 500 千克/日规模加氢站用氢需求，以极小的占地实现快速、高效、安全的氢气生产，制备的氢气产品纯度≥99.999%，满足燃料电池用氢国家标准。中国海油计划将橇装天然气制氢打造成为中国海油特色的差异化高科技氢能装备品牌产品。

4. 其他参与主体分析

除了“三桶油”在加速布局加氢站，国内其他加氢站建设运营企业呈现多元化态势。从投资和建设方的背景来看，加氢站建设运营的主要参与主体可分为：加氢站建设运营企业、钢铁企业、燃料电池企业、气体公司、氢燃料电池车企、车辆租赁运营企业、能源化工企业、加油站建设运营企业和加氢站设备供应商 9 大类。

（1）加氢站建设运营企业，比如国富氢能、上海舜华、厚普氢能、氢枫能源、海德利森等。

（2）钢铁企业，比如宝武钢铁、荣程钢铁、晋南钢铁、泰山钢铁等。这些企业是副产氢大户，同时也是用氢大户，建设加氢站主要为企业内部氢能重卡加

氢，助力企业减排。

(3) 燃料电池企业，有亿华通、新源动力、上海神力、明天氢能、广东国鸿等。这些企业建站为搭载自家燃料电池的氢车提供加氢服务，目的在于为终端应用场景提供推广示范支持。

(4) 气体公司主要有浦江特种气体、佛山南海燃气、四川燃气、林德、空气化工等。

(5) 氢燃料电池车企主要有丰田、宇通、中通、东风特汽等。这些企业建加氢站有的是为自身产品的试验运行，有的是为推动地方氢能产业发展。

(6) 车辆租赁运营企业主要有氢车熟路、国能联盛、国联氢能、上海驿动等。

(7) 能源化工企业有美锦能源、华润燃气、鹏飞集团、鸿达兴业等。这些企业大多是传统能化行业的头部企业，资金、技术优势明显，同时自身担负"双碳"减排任务，布局氢能源、建设加氢站是有效减排的重要手段。

(8) 加油站建设运营企业主要有四周能源、武汉众义达石油、国杰物资等。

(9) 加氢站设备供应商主要有国富氢能、厚普股份、四川金星等。

(三) 加氢站行业情况

1. 加氢站行业发展面临的问题

目前加氢站仍处于产业发展的初期，加氢站的建设和运营仍然面临着建站成本高(氢气贵、设备贵)、加氢装备依赖国外设备、站内运营成本高等问题。从近两年加氢站的运营情况来看，盈利周期也较长。

此外，虽然地方政府对氢能行业十分支持，多地发布了相应的氢能发展政策规划，但从全局来看，尚未有明确的关于加氢站的整体运营管理办法。部门之间尚未就加氢站建设形成统筹。这意味着，企业要跟建设局、规划部门、国土资源部门等确定单项的规划与建设。在建站前期，存在着加氢站审批困难、办证思路不清晰、项目难落地等问题；后期则面临着难以保障加氢站的长期稳定运行的困境，这也是加氢站项目推进难的根源所在。

从加氢站的后续运营来看，氢的来源仍是难题。目前，一方面，制氢基地建设审批要求高，难以形成规模化制氢效应；另一方面，煤制氢、天然气制氢、甲醇制氢、工业副产氢、水电解制氢等不同渠道的氢气难以保证质量的一致性，且氢气运输采用20兆帕鱼雷车，运力受限，并不适合远距离运输，难以保障氢气的稳定供应。

2. 从加氢站与充电桩的对比看其经济性

（1）建设成本比较。

从建设成本上看，以一座日加氢量200千克的外供氢加氢站为例（不包括站内制氢加氢站），在没有算购买土地的情况下（土地差异太大），建一座加氢站成本约为513万元，算上折旧，每月成本3.04万元。从运营成本方面看，加氢站常备4个人，年薪8万元，一年人力成本32万元；按每度电0.8元算，一年使用44万度电，一年电费35万元；设备维护估计10万元一年；原料成本按15元/千克的高纯氢算，日加氢200千克，年加氢73吨；运输成本按200千克氢气的管束车一车次费用为1500元算，一年365日，一年就是55万元。综合以上，一年的运营费用约为241万元，一个月就要20万元，再加上折旧，一个月就要23万元。假设一个月6000千克的氢气全都能卖出去，那么加注1千克氢气成本价为39元（不包括土地成本）。作为参考，美国加州加氢站氢气的价格是16美元/千克，每千克约合100元。据专业人士介绍，加氢站使用年限约为15年（取决于检测标准）。

一般家庭使用充电桩都是慢充桩，价格在500~3500元；快充桩比较贵，一般15千瓦快充桩要1万元左右，加上施工方安装费约5000元，一共要1.5万~2万元。不考虑土地费用，建设为50辆电动公交车提供更换电池服务的电池租赁站（不含电池）总投资在3000万~4000万元。在已有停车场的基础上建设为30辆电动公交车充电的站点总投资金额为1000万元。建设拥有9个充电车位的商业化充电站总投资金额至少为500万元。因此，一个路边的充电桩的投资金额至少在2.5万元。

(2) 加氢/充电的方式比较。

氢燃料电池车在加注氢气时需要用到加氢枪，加氢枪相当于加油站的加油枪，是为新能源车加注压缩氢气用的。但据业内人士介绍，加氢枪的技术要求高，价格也很贵。充电桩的输入端与交流电网直接连接，输出端都装有充电插头用于电动汽车充电。充电桩一般提供常规充电和快速充电两种充电方式，人们可以使用特定的充电卡在充电桩提供的人机交互操作界面上刷卡使用，进行相应的充电方式、充电时间等操作。充电桩显示屏能显示充电量、费用等数据。

(3) 加注时间比较。

氢能作为自动驾驶出租车和班车的能量载体，其加注基础设施(加氢站)的空间需求相比充电桩更少。燃料电池汽车加注时间为 0.02 分钟/英里(1 英里 = 1.609344 千米)，电动汽车为 0.26 分钟/英里，因此燃料电池汽车加注时间更快。

(4) 建设所需空间比较。

对充电桩与加氢站的空间要求进行对比。以纽约为例，纽约市出租车数量约 7.4 万辆，每辆出租车每年里程 7 万英里。如果这 7.4 万辆车都是电动汽车，那么需要 180 座 NBA 球场(NBA 球场面积：436 平方米)那样大的充电桩场站来为这些汽车充电，以完成每车每年 7 万英里的里程目标。但如果这 7.4 万辆车全部采用的是燃料电池汽车，那么只需要 12 座 NBA 球场那样大小的加氢站即可完成每车每年 7 万英里的里程目标。

(四) 加氢站未来发展趋势

1. 2023—2025 年加氢站建成数量预测

2021 年 8—12 月，国家"3+2"氢燃料电池汽车示范城市群(京津冀、广东、上海、河北、河南)先后公布落地，5 个示范城市群共涵盖 47 座城市，将在接下来的 4 年中共推广 3.2 万辆氢燃料电池汽车，将建成 398 座加氢站(河北群规划建站数量暂未公布）。另外，山东省也已启动“氢进万家”科技示范项目，《山东省能源发展“十四五”规划》中提到，2025 年预计建设加氢站 100 座。综合以上，“3 + 2”示范城市群和山东“氢进万家”共计规划建站 498 座以上（见表 5-3）。

表 5-3　2025 年“3+2”示范城市群和山东“氢进万家”预计建站数量

示范城市群	计划推广氢燃料电池车数量/辆	计划建设加氢站数量/座
京津冀	5300	49
广东	10000	200
上海	5000	73
河北	7710	暂未公布
河南	4295	76
氢进万家	计划推广氢燃料电池车数量/辆	计划建设加氢站数量/座
山东	10000	100
总计	42305	>498

目前，国内已建成加氢站 294 座，加上“3+2”示范城市群和山东“氢进万家”规划建设的 498 座站，再加上四川、重庆、湖南、山西、陕西等地暂未进入示范城市群的省市规划建站合计 200 ~ 300 座，综上预测，2025 年我国建成加氢站数量或将超过 1000 座。

2. 加氢站未来发展前景分析

2021 年 3 月，氢能被正式纳入“十四五”规划“前沿科技和产业变革领域”，国家多部门对支持、规范氢能源的利好政策频出，涵盖氢能源技术路线、燃料电池汽车发展规划、氢能产业基础设施建设等细分领域。在国家和地方多重利好政策加持下，我国氢能源行业有望进入高速成长期，并在交通运输、工业等领域持续渗透，预计将产生较为广阔的市场环境。

随着补贴政策的持续推进以及产业下游需求的不断扩大，未来我国加氢站建设和运营数量将会持续增长，同时随着未来研发技术的国产化突破，加氢设备的规模化生产，加氢站建设成本将大幅下降。此外，随着加氢站网络的发展，油氢合建、加氢子母站、制氢加氢一体化是未来我国加氢站建设发展的方向。

从下游应用来看，加氢站主要用于氢燃料汽车氢气加注，是联系产业链上游制氢和下游应用的重要枢纽，高密度的加氢站建设是氢燃料汽车大规模推广的必备条件。氢燃料汽车渗透率的不断提升，将极大加快我国加氢站建设进程，投入运营加氢站的数量也将实现快速增长。

四、2022 年我国充换电站发展建设情况与未来展望

随着我国新能源汽车产业发展迅猛，产销量连续七年稳居世界第一，与之同步推进的充换电站也加速发展。在 2020 年我国提出“新基建”的发展方向中，充电桩产业被列为“新基建”的七大产业之一。同年，在国务院办公厅发布的《新能源汽车产业发展规划(2021—2035 年)》中，明确支持换电模式的发展。在相关政策的持续推动下，2022 年我国充电桩建设持续增长，换电站建设迎来放量元年，高压快充显示出鲜明的快速发展和建设势头。由中国石化、中国石油、上汽集团、宁德时代等组建的中国换电领域的“国家队”正式成立，呈现出我国充换电站发展建设的全新形势。2023—2025 年，高压快充技术推广将成为主要趋势，充换电站建设在整个“十四五”期间也将进入高速增长期，但充换电站的建设依然要考虑成本问题和一些具体的政策壁垒。

（一）我国充换电站的发展建设背景及历程

1. 起步建设阶段(2006—2014 年)

2006 年，比亚迪在深圳总部建成深圳首个电动汽车充电站，也是我国首个电动汽车充电站；2008 年，北京市奥运会期间，北京市公交总公司配套建设了国内第一个集中式充电站，可满足 50 辆纯电动大巴车的动力电池充电需求；2009 年 10 月，上海市电力公司投资建成上海漕溪电动汽车充电站，是国内第一座具有商业运营功能的电动汽车充电站。同年年底，北京首科集团在健翔桥建设完成了国内第一个包含完整智能微网的北京纯电动乘用车示范充电站。其后，2010 年 3 月 31 日，国家电网公司唐山南湖充电站建成投运，是我国首座国家电网典型设计充电站，可同时为 10 台电动汽车按快充和慢充两种方式进行充电作业。

在国内充换电站起步建设阶段，国外的充换电行业也刚刚起步，无法找到合

适的发展模式作为参考。于是2012年前，由国家电网和南方电网提出的以“电池替代”为主的发展模式应运而生，进而确定了“以换电为主，插充电为辅，集中充电，统一配电”的运营模式。

纵观整个充换电站的起步建设阶段，充电、换电发展模式在探索中不停转换。2012年6月28日，国务院印发的《节能与新能源汽车产业发展规划(2012—2020年)》中，提到因地制宜建设慢充桩和公共快速换电设施，从侧面影响了国家电网对于未来充换电行业发展的看法。随后国家电网对换电站的投资建设速度开始放缓。在2014年1月，国家电网公司提出，按照主导快充、兼顾慢充、引导换电、经济实用的原则，优化充换电服务网络规划和布局，在一定程度上确立了当时充电模式的发展方向。

2. 发展建设阶段(2014—2019年)

2014—2019年，我国迎来了充换电站发展建设的一个重要发展阶段。这也是我国电动汽车的核心发展阶段。2014年我国电动汽车销量7.48万辆，实现了324.79%的同比增长；2015年，电动汽车销售33.11万辆，实现了300%以上的同比增长。由于充电模式的发展方向确定，充电汽车销量不断上升，关于充电汽车的激励政策也接续出台。充电站的使用场景，由原来的集中式、区域性充电站，演化为重点区域与区域间的长短途连接为主要场景。

2015年10月，我国发布了《电动汽车充电基础设施发展指南(2015—2020年)》，规划了未来5年的发展目标，更加坚定了充换电基建的决心。其后，各类资本进入了充换电站建设领域，整个行业快速发展。对于这一新兴领域积压的问题也慢慢显露。于是，在2015—2019年，有关部门和机构发布了电动汽车充电接口及通信协议等五项新的国家标准，以及电动汽车充换电服务信息交换等一系列标准对行业进行更加规范的管理。

3. 快速发展建设新阶段(2020年至今)

经过了2014—2019年的充换电站发展建设阶段，我国充换电行业已初步形成了相应的供应链格局，头部企业也慢慢浮现。2020年4月23日，财政部等四部委联合发布新能源补贴新政，明确提出“大力发展换电模式”，并对售价30万元以上的换电车辆予以补贴，以此鼓励“换电”新型商业模式发展。自此，我国充换电行业的投资建设和布局开始出现明显变化。

2020年5月，换电站被纳入新基建的重要组成部分，首次被写入2020年政府工作报告，并将“建设充电桩”扩展为“增加充电桩、换电站”等设施；在《新能源汽车产业发展规划（2021—2035年）》中明确支持换电模式的发展，在中国市场，换电站建设逐步受到政策层面的重视。

与此同时，2020年电动汽车产销量分别为136.6万辆和136.7万辆，同比分别增长7.5%和10.9%，均创历史新高。2021年，产销量继续井喷，市场渗透率突破10%，被视为新兴行业的一个爆发临界值。

2021年10月28日，工业和信息化部印发通知，启动电动汽车换电模式应用试点工作，11个城市被纳入此次试点范围。之后，换电产业链条上的多方资本与企业迅速布局投资建设换电站，包括绿电企业、石油企业、换电站运营服务商、整车企业、动力电池企业等。

（二）2022年我国充换电站发展建设现状

1. 2022年我国电动汽车保有量呈高速增长态势

2022年，虽然受疫情、芯片短缺、地缘政治等因素的影响，但中国电动汽车销量仍处于高位。

据公安部统计，截至2022年年底，我国电动汽车保有量达1310万辆，扣除报废注销量比2021年增加526万辆，增长67%。其中，纯电动汽车保有量1045万辆，占电动汽车总量的79.78%。2022年全国新注册登记电动汽车535万辆，与上年相比增加240万辆，增长81%。整体来看，我国电动汽车保有量呈现高速增长态势。

2. 2022 年我国充电站发展建设现状

（1）我国充电桩产业链构成。

电动汽车充电桩产业链包括上游充电桩部件制造商、中游充电桩运营服务提供商、下游充电桩用户（见图 5-15）。其中，设备零部件生产商（装备端）和充电桩运营商（运营端）是充电桩产业链最主要的环节。

注：新能源充电桩产业图谱只列出部分企业为代表，未覆盖全产业

图 5-15　中国新能源充电桩产业图谱

电动汽车充电桩产业链上游主要为充电桩部件制造商，提供包括充电设备、配电设备以及管理设备三类的标准化电气产品。充电设备成本是充电桩的主要成本，占比 90%以上。其中充电模块是充电桩的核心设备，其主要功能是将电网中的交流电转化为可以为电池充电的直流电，约占充电系统成本的 40%。由于技术门槛偏低，上游企业同质性高，产品差异化程度低，厂商间竞争激烈，毛利率较低。

产业链中游主要为充电桩运营服务提供商，目前主流商业模式包括运营商主导模式、车企主导模式、第三方充电服务平台主导模式三种。运营商主导模式为现阶段市场主要运营模式，但该模式收入来源较为单一，当前由少量头部运营商主导这一模式下的充电桩市场。车企主导模式主要适用于较为成熟的电动汽车企业，用于给车主提供更优质的充电体验，该种模式对资金和用户数量有较高要求，主要有车企自建桩与合作建桩两种建设方案。在第三方充电服务平台主导模式下，充电平台一般不直接参与充电桩的投资建设，通过自身资源整合能力将各大运营商的充电桩接入自家 SaaS 平台，以智能管理为依托提供商业价值，多为轻资产运营。

目前，中国充电桩市场主要呈现两个特征：一是区别于以私桩为主的欧美市场，中国充电桩市场以公桩及专用桩为主；二是受场地、电力、服务、充电桩设备等四重要素考验，中国充电桩运营商呈现高度分散的市场格局。当前充电桩市场逐渐迈入稳定运营的新阶段，形成以民营企业平台商为主、国企运营为辅的局面。截至 2022 年年底，特来电、星星充电、云快充、国家电网四家运营商占有 63.7%的市场份额(见图 5-16)。

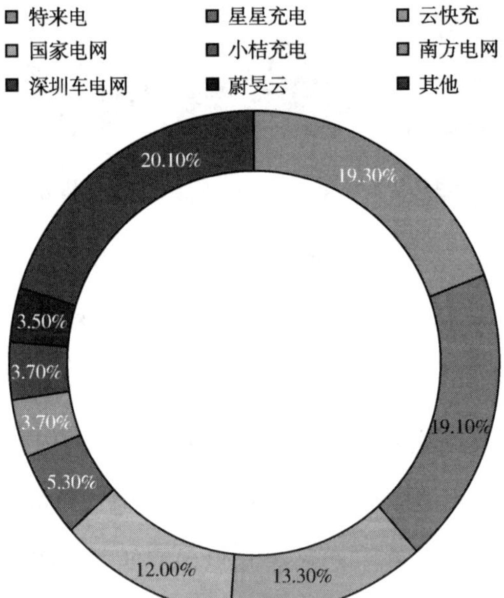

图 5-16 我国充电桩市场主体构成

(2) 相关政策出台促进 2022 年我国充电站的发展建设。

在 2019—2021 年国家接续出台关于充电站相关政策的基础上，2022 年 1 月，国家发展改革委、国家能源局等部门出台了《关于进一步提升电动汽车充电基础设施服务保障能力的实施意见》(发改能源规〔2022〕53 号)。该意见指出，到“十四五”末期，我国电动汽车充电保障能力进一步提升，形成适度超前、布局均衡、智能高效的充电基础设施体系，能够满足超过 2000 万辆电动汽车的充电要求。这一政策的出台，促进了 2022 年国内充电站的发展建设(见表 5-4)。

表 5-4 中国新能源充电桩行业相关政策

时间	颁布主体	政策文件名称	主要内容
2020. 05	国务院办公厅	《2020 年政府工作报告》	重点支持既促消费惠民生又调结构增后劲的“两新一重”建设，主要是：加强新型基础设施建设，发展新一代信息网络，拓展 5G 应用，建设数据中心，增加充电桩、换电站等设施，推广新能源汽车，激发新消费需求，助力产业升级
2020. 10	国务院办公厅	《新能源汽车产业发展规划(2021—2035 年)》	到 2035 年，纯电动汽车成为新销售车辆的主流，推动充换电、加氢等基础设施科学布局、加快建设，对作为公共设施的充电桩建设给予财政支持
2021. 12	中共中央政治局	2021 年中央经济工作会议	当前经济面临需求收缩、供给冲击、预期转弱三重压力，应坚持稳字当头，强化政策发力
2022. 01	国家发展和改革委员会、国家能源局等	《关于进一步提升电动汽车充电基础设施服务保障能力的实施意见》(发改能源规〔2022〕53 号)	到“十四五”末，我国电动汽车充电保障能力进一步提升，形成适度超前、布局均衡、智能高效的充电基础设施体系，能够满足超过 2000 万辆电动汽车充电需求

(3) 2022 年我国充电桩建设持续增长。

2022 年我国充电桩建设延续了多年来持续上升的发展态势。根据中国电动汽车充电基础设施促进联盟的统计数据显示，截至 2022 年 12 月，联盟内成员单位总计上报公共充电桩 179. 7 万台，其中直流充电桩 76. 1 万台、交流充电桩

103.6 万台。从 2022 年 1—12 月，月均新增公共充电桩约 5.4 万台。其中，广东、江苏、上海、浙江、北京、湖北、山东、安徽、河南、福建前十位地区建设的公共充电桩占比达 71.3%。

2022 年全国充电基础设施增量为 259.3 万台，同比增长 99.1%。其中公共充电桩增量为 64.8 万台，同比增长 91.6%。随车配建私人充电桩增量 194.2 万台，同比增长 225.5%。全国充电总电量为 213.2 亿度。2022 年 1—12 月，新能源汽车销量 688.7 万辆，电动汽车与充电基础设施的车桩增量比为 2.7∶1，充电基础设施建设能够基本满足新能源汽车的快速发展。

（4）2022 年我国充电桩建设的特点。

① 分散，依然是国内充电桩建设市场 2022 年的主要特点。根据中国充电联盟最新公布的数据，截至 2022 年 12 月，拥有充电桩的前 15 家的运营商(包括特来电、国家电网、小桔充电等)运营着全国 93.8%的公共充电桩。根据已有数据显示，近年来，除头部充电桩运营商外，二线及新增运营商贡献了近 56%的增量。充电运营商供应格局的分散，根本原因在于运营商自建桩受限于资金压力和土地资源，建桩的主力由此前的运营商转变为地方国企、小工商业等掌握土地资源的第三方建设。

② 由于目前充电行业的建桩主力正在发生转变，更专业的建桩+运营的全包模式、光储充一体化升级、虚拟电厂，成为充电服务市场有待挖掘的三大新兴赛道。2022 年 8 月 26 日，深圳虚拟电厂管理中心成立，成为国内首家虚拟电厂管理中心。目前，广东、山东等省级政府相继发布虚拟电厂落地方案，北京、浙江等地也在能源发展规划中提及对虚拟电厂的展望。对于虚拟电厂来说，核心在于技术和资源的应用，其聚集的资源越多，调节的能力就越强，核心竞争力也就越强。

③ 全新的充电技术和充电场站快速发展，高压快充显示出鲜明的快速发展和建设势头。从充电功率而言，提升快充功率有两种主要方案：高电压快充和大电流快充。就目前发展情况来看，高电压快充受到欢迎，主要是因为大电流快充对热管理系统有巨大挑战，并且单车充电功率存在天花板，无法达到 480 千瓦充

电效能，于是高压快充成为行业的多数选择。2022 年小鹏汽车基于 800 伏 SiC 平台的 G9 车型量产上市，吉利、奔驰则推出支持 800 伏的 SEA 浩瀚架构和 MMA 架构。与此同时，主机厂、充电运营商、能源企业纷纷布局高压快充站，主机厂中广汽埃安、小鹏、阿维塔、极氪、蔚来、特斯拉等均有高压超快充站布局规划，其中小鹏 S4 超快充桩单桩最大电流为 670 安，峰值充电功率为 400 千瓦；广汽埃安超充站（A480 超充桩）最高工作电压可达 1000 伏，电流 600 安，并采用液冷式充电系统（见表 5-5）。

表 5-5 部分高压超快充站建设运营进展

企业	建设规划情况
小鹏	小鹏 S4 超快充站：2022 年 9 月，小鹏汽车首批 S4 超快充站在北京、上海、广州、深圳、武汉上线
阿维塔 AVATR	阿维塔 &BP 高压快充站：2022 年 10 月，首座阿维塔与 BP 合作共建的定制化高压快充站正式落地
AION 埃安	广汽埃安超充站（A480 超充桩）：2022 年 4 月，广汽埃安全球首个智能超充站已经落地，位于广州天河区东宏国际广场，已经投入运营
ZEEKR	极氪极充站：2021 年 9 月，极氪极充站在杭州正式运营
TESLA	特斯拉 V4 超级充电站：2022 年 9 月，特斯拉在美国亚利桑那州建设首个 V4 充电站，该超充站拥有 40 个充电车位
蔚来 NIO	500 千瓦超充桩：蔚来在 2022 年年底到 2023 年年初，陆续推出峰值功率 500 千瓦超级快充桩和第二代换电站等全新加电设施。蔚来第三代换电站已进入样站测试阶段，有望支持 800 伏高压平台
星星充电 Star Charge	星星充电 480 千瓦液冷超充桩：2022 年 1 月，星星充电首台 480 千瓦超充桩已抢先亮相杭州紫金港超级充电站
ABB	ABB 480 千瓦大功率液冷超充设备：2022 年 8 月，ABB 480 千瓦大功率液冷超充设备在西丽湖国际科教城正式交付
智光	8760 光储充超级充电站：2022 年 9 月，由智光研究院（广州）有限公司研发并建设运营的 480 千瓦超级储充示范站——8760 光储超级充电站在广州科学城成功运营

2022 年 11 月 10 日，BP 与阿维塔科技共同建设的超充站的中国首站落户上海。这是 BP 继续加码超充站的又一举措。除 BP 之外，中国石化也开始布局超充站。

3. 2022 年我国换电站发展建设现状

（1）我国换电站产业图谱。

① 换电站是通过集中型充电站对大量电池集中存储、充电、统一配送，并在换电站内对电动汽车进行电池更换服务的专业设施，换电站集电池的充电、物流调配，以及换电服务于一体。

② 我国换电站相关产业链。换电行业产业链上游由电池供应商、换电站基础组件供应商、配套充电系统供应商组成，分别负责提供对应应用范围的动力电池和换电站设备、软件系统等。中游主要为换电站建设和运营商，负责换电站的搭建和运营，面向市场提供换电服务。下游主要由换电服务用户和动力电池回收方组成。目前换电站在国内网约车市场、出租车市场、电动重卡市场、物流车市场等已有一定的应用。例如，时空电动在江苏网约车换电市场、北汽新能源在北京出租车市场应用等。重型货车换电领域，国家电投是目前市场占有率最高的重卡换电运营商。2022 年，换电重型货车销量持续攀升，应用场景主要集中于大气污染治理重点区域、各类矿场区域等。

③ 我国换电站产业图谱。换电站快速发展吸引了各板块投资企业进入，能源、电池、整车厂商等多方合作投入换电站建设运营(见图 5-17)。

④ 目前换电的几种典型运作模式。换电模式分类：根据电池装载位置、大小、续航里程不同，换电方式分为乘用车换电和商用车换电，其中乘用车换电分为模块分箱换电和整体式底盘换电；商用车换电分为顶吊式换电、整体单侧换电和整体双侧换电。

每种换电模式各有特点，其中底盘换电和模块分箱换电参与的企业比较多，代表性企业包括蔚来汽车、奥动、伯坦科技等，而时空电动换电则是采取侧身换电模式。

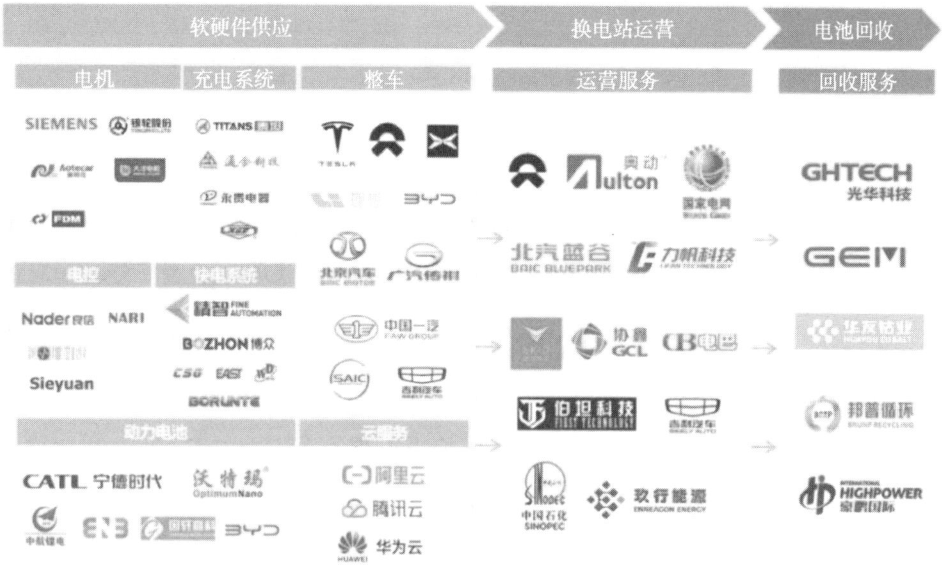

图 5-17 换电市场产业全景

(2) 政策倾向推进 2022 年我国换电站发展建设。

2021 年 10 月，工业和信息化部印发通知，启动电动汽车换电模式应用试点工作，并将 11 个城市纳入试点范围。即综合应用类城市 8 个(北京、南京、武汉、三亚、重庆、长春、合肥、济南)，重卡特色类城市 3 个(宜宾、唐山、包头)。同年 11 月，国家市场监管总局(国家标准委)发布了 GB/T 40032—2021《电动汽车换电安全要求》，规定了换电式汽车的安全标准，但未对换电车型整体设计、电池包、电池接口、换电技术做统一标准规定。2022 年 3 月，工业和信息化部发布了《2022 年汽车标准化工作要点》，提出加快构建完善电动汽车充换电标准体系，推进纯电动汽车车载换电系统、换电通用平台、换电电池包等标准制定。这些政策的密集发布以及明确的政策倾向，直接推进了 2022 年我国换电站的发展建设。

(3) 2022 年成为我国换电站建设放量元年。

2022 年成为业界公认的换电站放量元年。多家车企、电池企业、电力企业、石油企业积极布局换电市场，如北汽集团与国家电网、南方电网与宁德时代、长安汽车与奥动新能源、中国石化与蔚来、中国石油、中国海油等均积极布局换电市场。

针对乘用车换电站的盈利测算表明，乘用车换电站的盈亏平衡点对应20%左右的利用率，即每天服务60车次左右，单站即可实现盈利。因此2022年，更多的投资方积极建设乘用车换电站。具体测算为：单站电池储备28块，电池带电量为50(千瓦·时)/块，电池总成本约为140万元，电站全年运营，换电服务收费1.6元/度，每度电成本为0.6元/千瓦·时，换电站建设投资按十年进行折旧。而目前乘用车换电站每天服务车次上限为300次左右。

数据显示，截至2022年12月，中国换电站保有量总计1973座，同比增长52%。分省份来看，排名前十的依次为北京、广东、浙江、江苏、上海、吉林、山东、四川、湖北、河北，前三位省市换电站占比39.3%。

按企业分类来看，国内换电站建设和运营呈现“四足鼎立”的格局：以蔚来、吉利、北汽为代表的整车企业；以宁德时代为代表的电池厂商；以国家电网、中国石化为代表的大型央企，以及以奥动新能源、伯坦科技为代表的第三方服务商。其中，车企代表、第三方服务商占有绝大部分的市场份额——蔚来、奥动新能源和伯坦科技分别运营着1300座、565座和108座换电站。在乘用车市场，2022年蔚来与奥动新能源的换电站数量遥遥领先(见表5-6)。

表5-6 换电运营商类型和运营模式

运营商类型	运营模式解析	代表企业
独立换电运营商	•独立换电运营商的核心定位是与车企合作开发换电车型，专注于服务出租车用户	·奥动新能源、伯坦科技
新能源车企	•新能源车企作为换电领域的核心角色，入局换电意在自建平台与生态圈	·蔚来、吉利、北汽
电池企业	•电池企业入局换电的核心在于推动电池标准化，实现电池全生命周期服务	·宁德时代

续表

运营商类型	运营模式解析	代表企业
能源供应商	• 国字号能源供应商入局换电业务，主要是为推动换电标准化、能源转型，达成碳达峰、碳中和的能源目标	· 国家电网、中国石油、中国石化、国家电投

（4）2022 年我国换电站建设的特点。

① 2022 年我国建设的换电站，主流换电模式是底盘换电，约占 80%的市场份额，主要用于乘用车。其次是侧身换电，包括整体单侧、整体双侧、顶吊式换电，约占 8%的市场份额，主要用于商用车，如重型卡车、矿用卡车等。分箱换电在 2022 年应用较少。

② 2022 年，蔚来加速启动换电站建设。蔚来自主研发换电站，在电池技术、车身设计、换电站和云服务等多个领域累积了至少 1200 项专利技术，居行业之首。由于换电站建设、电池规格、通信协议等尚无国家统一标准，蔚来盈利的基本模式是依托于提高整车销量创造换电需求，通过自主建设换电站、自主销售量产车、自主提供换电服务、自主进行电池管理优化，实现产业链循环，并通过不断升级换电站，提高自身服务水平，逐渐树立先发优势。

③ 换电站的推广与应用需要企业技术支持，需要国家标准、电池标准、整车厂和能源企业的共同协作。为此，2022 年换电领域“国家队”成立：2022 年 9 月 22 日，由中国石化、中国石油、上汽集团、宁德时代和上海国际汽车城集团联合投资的上海捷能智电新能源科技有限公司正式成立，注册资本 40 亿元，业务范围涵盖动力电池租赁、补能技术研发推广、电池运营管理、大数据服务等。随着换电“国家队”的成立，2022 年被视为中国换电模式发展元年。换电技术显现出三大主要趋势——换电车型标准化提高、车电分离模式以及电池梯次利用。

④ 换电“国家队”成立后，围绕“4+N”（京津冀、长三角、珠三角、成渝+其他地区）的布局策略，制定了整体网络规划“三阶段”策略。截至 2022 年 12 月，已与中国石化、中国石油多个省公司对接沟通，完成了几百座潜在换电站踏勘工作。

（三）2023—2025 年我国充换电站发展趋势及投资建设建议

1. 2025 年我国电动汽车保有量将突破 3000 万辆

据预测，2025 年中国电动汽车销量将突破 1000 万辆，保有量将突破 3000 万辆，其销量占比将超过 30%，高于 2020 年国务院办公厅颁布的《新能源汽车产业发展规划（2021—2035 年）》中提出的电动汽车销量占比 20%的目标（见图 5-18）。

在“双碳”目标下，商用车电动化转型将成为必然趋势。预计到 2025 年，国内电动商用车销量将达到 48.8 万辆，其销量占比将达到 12%，保有量将达到 111.2 万辆。

中国换电汽车销量的快速增长，将使其保有量迅速增加。有预测认为，到 2025 年，中国换电汽车保有量将突破 400 万辆，占电动汽车总保有量近 13%。其中，换电乘用车保有量预计达到 376 万辆，占电动乘用车总保有量约 12%；换电商用车保有量预计达到 38 万辆，占电动商用车保有量约 34%。

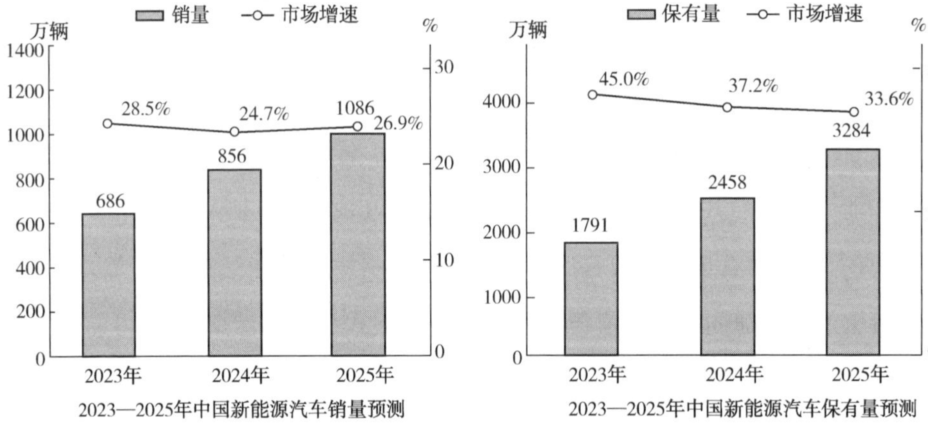

图 5-18　2023—2025 年中国新能源汽车销量与保有量预测

2. 2023—2025 年我国充电站发展趋势、投资格局变化及投资建设建议

（1）2023—2025 年我国充电站发展趋势。

① 高压快充技术推广将成为解决充电慢问题的主要趋势。为改善消费者充

电体验，除了通过建桩改善车桩比外，从技术实现方式来看，提高充电电流或提升充电电压是两种主流解决方案，前者对热管理要求高，推广难度大；后者则因降低能耗、提高续航、减少重量、节省空间等优势，能够在更大范围内实现最大功率充电，适配未来的快充需求。因此，以提升充电电压为代表的高压快充技术推广成为未来趋势。

② 应用新兴技术对充电桩进行智能化升级是趋势之一。当前充电桩行业存在汽车充电自燃事故多发、充电桩运营企业盈利模式单一、充电桩利用率低等问题。随着充电桩智能化水平的不断提高，这些问题有望在未来得到解决。对于自燃事故问题，可以通过智能技术升级，把云计算、大数据、人工智能等新兴技术融入充电桩产业中，对充电桩的使用状态进行实时安全监控，通过车桩交互的大数据分析了解电池安全状态，自动预警危险，系统远程处置，解除安全隐患。对于单桩盈利和利用率问题，将充电桩资源与车主需求进行精准匹配，可以提高充电桩的盈利水平。

（2）2023—2025 年我国充电站投资格局变化及投资建设建议。

预测认为，未来两三年，市场建充电桩的主力将易位，掌握土地资源的地方国企、小工商业和目的地业主会成为增量主力军。EPC 全包模式更容易被认可，光储充一体化模式帮客户降本增收，而虚拟电厂能拓宽充电服务收入来源。

① 充电服务的全包模式更具优势。地方国企、小工商业和目的地业主，他们没有建桩经验，希望耗费较少时间精力，全包模式提供快速选址、批量建站、后期运营维护的一站式解决方案，帮助增量客户建站并运营盈利，更能解决增量客户的痛点。业界中成熟发展的充电服务商可凭借其丰富经验和资源，向目标客户提供选址、EPC 建站及后续运营运维的三位一体综合服务，分别获得对应服务收入、充电桩等设备销售收入及后续运营运维服务费分成。

② 光储充一体化的模式将受到关注。一方面，“源荷一体”能帮助场站降低成本，消纳绿电。另一方面，随着风光并网比例加大，峰谷价差拉大，容量响应需求强烈，让光储充成为充电站升级的重要路径。峰谷价差较高地区（长三角、珠三角等）充电站配储可行性较好，更适合先行实施。具体来说，对于存量充电

站，充电服务商提供配备光储的升级改造服务，可获得光伏和储能设备销售收入；对于增量充电站，充电服务商提供光储充服务，可获得相关一体的 EPC 设备销售及后期潜在的运营收入。

③ 虚拟电厂将成为未来可以考虑的主流商业模式。随着中国电动汽车的大规模发展，如果采用充电桩无序充电，将对电网造成很大的冲击，所以要建设充电网、微电网和储能网，这将是虚拟电厂的新主体，也是实现碳中和的最佳路径之一。在电动汽车的充电场景中，充电服务商具有先天的调控电动车充电负荷的能力，也就拥有成为虚拟电厂负荷聚合商的潜力。参与虚拟电厂、获得需求响应补贴将成为充电服务商的重要收益来源和差异化竞争优势之一。

④ 未来 2~3 年我国充电站投资预测。据中国电动汽车充电基础设施促进联盟预测，到 2026 年年底，我国充电桩行业市场规模有望达到 2870. 2 亿元，五年复合年均增长率将达 37. 8%(见图 5-19) 。

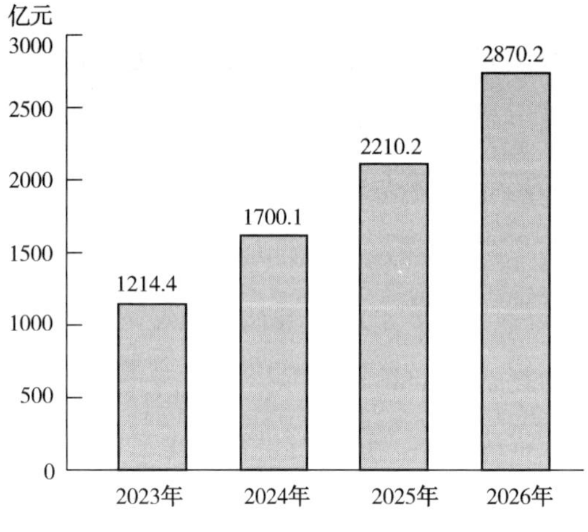

图 5-19　2023—2026 年中国新能源充电桩行业市场规模

3. 2023—2025 年我国换电站发展建设趋势及投资建设建议

(1) 未来 2~3 年我国换电站发展建设趋势。

结合整车厂商、换电站运营商以及其他各板块投资商的未来换电站建设规划，预计到 2025 年，国内换电站总数超过 3 万座。其中，奥动新源未来规划量最大，计划到2025年换电站建成数量达1万座，吉利、中国石化、协鑫能科换电站规划建设均为5000座。根据换电站需求量推算，到2025年换电站换电设备市场规模将达到1012亿元。

据预测，我国换电站建设、运营、换电设备2021—2025年的复合增长率将达80%~107%，换电模式在整个“十四五”期间也将进入高速增长期。

在政策的大力推动下，更多资本将看好换电赛道的发展，进入换电领域，特别是更多车企的介入，将加快换电车型的推出和量产。同时，华为、软银等资本也将投资换电模式，换电站将迎来快速建设阶段。

（2）未来2~3年我国换电模式细分市场潜力。

① 未来2~3年换电模式细分市场潜力取决于电动汽车整车市场发展以及换电模式适用细分市场的车型销量增长情况。根据《新能源汽车产业发展规划（2021—2035年）》，到2025年，我国电动汽车新车销量占比达到20%左右。细分到不同场景，纯电动汽车在私家车、出租车与网约车的电动化渗透率将快速增长，而公路客运车电动化进程相对较慢，货运方面轻微型货车电动化渗透率将快于中重型。

② 未来2~3年换电重卡更有发展前景及空间。相比充电式纯电动重卡，换电重卡更具优势。一方面，换电重卡尽可能地消除了里程焦虑；另一方面，换电模式可大幅减少充电时间，提高运输效率。换电重卡在专线运输、短途运输场景下，拥有较大推广价值。

（3）换电站建设和运营成本高将是建设壁垒之一。

需要注意的是，尽管换电模式优点颇多，但也面临不少挑战。换电站建设和运营成本较高是未来企业换电站建设的主要壁垒之一。除此之外，还存在换电产品安全性风险、投资回收周期过长风险、产品技术路线变动风险等。

数据显示，蔚来一代换电站成本约300万元，二代换电站成本在150万元左右。换电模式的成本是充电模式的1~3倍。一般充电车型一辆车需要一块电池，但换电企业需要为每辆车准备1.1块或1.2块电池。动力电池作为新能源汽车的核心要件，主机厂和电池厂商一直在博弈。对于车企而言，换电涉及动力电池产品规格统一的问题，这也是“换电模式统一标准化”迟迟未能落地的主要原因。宁德时代称其“巧克力换电块”可适配全球 80%已上市以及未来 3 年要上市的纯电平台开发的车型，但目前除了一汽奔腾旗下的 NAT 车型加入 EVOGO 之外，尚未公布其他合作品牌的推进情况。

换电站还存在相应的政策壁垒，保险、零部件更换等配套政策没有明确制定关于换电的相关条款。另外，由于车电分离，未来制定换电汽车相关税收条款难度较高。

五、 2022 年我国光伏发电站发展建设情况与未来展望

（一）光伏加油站建设情况

目前，国内光伏加油站建设以“三桶油”为主力军。“三桶油”光伏加油站的建设始于 2015 年。从 2015—2022 年，短短的 7 年，“三桶油”在发展“光伏+油站”的道路上逐渐呈现出各自鲜明的特色。

1. 大多选用“自发自用、余电上网”模式

选择这种模式是由国内各加油站的特点决定的。在这种模式下，加油站只需要配置光伏组件、逆电器、控制器等基本设备，不需要增压、输送等配电设备，对加油站来说相对简单，易于上手。

2. “三桶油”建设光伏加油站特色各异

模式虽同，但风景各异。作为拥有 3 万座加油站优势的中国石化在光伏加油站的推进上的动作最快，幅度最大。在国家“双碳”目标的大背景下，中国石化率先积极布局建设光伏发电站点，目前已在海南、广东、广西、云南等地布局建设上百座光伏发电站点，并高调宣布在“十四五”期间将布局 7000 座分布式光伏发电站点。

除此之外，中国石化开展“千站光伏推广计划”，深化罩棚光伏建筑一体化建设。根据各地光照资源条件和地方扶持政策，在销售终端推广分布式光伏发电，将光伏发电与加油站综合改造、充电桩建设等工程相结合。截至 2022 年年底，已建成 2452 座光伏发电加油站，装机容量 88 兆瓦。

不同于中国石化的大步向前，中国石油的“光伏+油站”的推进，根据自己站

点的特点逐步推进。在2022年的工作会议上，中国石油首次将新能源业务提升为第一大业务板块，与油气业务并列，彰显其能源转型决心。“三桶油”中，中国海油终端销售点少，但在光伏项目方面不求数量求质量。光伏照明计划是中国海油下游销售板块碳达峰、碳中和行动计划的重要一环，旨在从源头上降低能耗，贯彻落实绿色照明工程，通过新旧更换、科学改造的方式，将节能减排融入生产经营各个环节。中国海油此次光伏照明改造的成果未来将在上海、江苏、江西新建站项目推广使用，力争解决加油站全部的日常照明用电。

（二）光伏加油站经营现状

近年来，“光伏+油站”的热度不减。由此，很多加油站纷纷考虑转型。但油站在转型中切忌盲从，做光伏发电项目的加油站还需充分考虑自身条件、区位差异以及技术条件等相关要素。

1. 投入连年降低

光伏设备周期长达25年，应用场景灵活，便利店、宿舍楼，以及罩棚等均可用于配置光伏组件，一般500平方米就可以满足日发电200千瓦·时（照明、机房、加油机用电量）的光伏组件布置。

光伏产业飞速发展带来的成本下降让传统加油站跃跃欲试。加油站可将便利店或罩棚“屋顶”变身光伏发电站，项目不占用土地资源，充分利用了加油站建筑物的闲置资源；加油站可优先使用光能转化的电能，利用清洁能源代替市电标准能源，实现节能减排……这些让“光伏+油站”成为加油站行业的香饽饽。

在过去10年里，光伏发电成本下降近90%。当前光照资源较好区域的集中式光伏发电系统成本和分布式光伏发电成本已低于燃煤电价。光伏组件过去的价格“高处不胜寒”让加油站望而却步的现象已不存在。国内光伏组件价格自2009年来已从约20元/瓦降至2元/瓦以内，系统成本从约40元/瓦降至4元/瓦左右，降幅约90%。

2. 光伏加油站效益情况

（1）光伏加油站初见效益。

当前火热的“自发自用、余电上网”的加油站光伏发电应用模式让加油站见到了效益。加油站罩棚和站房顶部为闲置区域，为安装组件提供了有效面积。同时，加油站用电为工商业用电，价格高于民用电，随着加油站增设充电桩和换电站，光伏发电有着更高的经济价值消纳。相比之下，另外两种模式“离网-储能-自用”“并网-储能-售卖(充电桩)”因投资较大，经济性稍差。

（2）光伏发电站盈利模式对比见表5-7。

表5-7 光伏发电站不同盈利模式对比

序号	项目	单位	光伏(上网)	光伏(不上网)	光伏+充电	光伏+储能	光伏+储能+充电
基本数据							
1	总投资	万元	51.51	51.51	51.51	154.79	154.79
2	年均收入	万元	5.82	5.17	9.34	9.08	11.96
3	年均总成本费用	万元	3.04	3.04	3.04	7.55	7.55
4	年均利润总额	万元	2.76	2.13	6.23	1.53	1.72
经济评价指标							
1	内部收益率	%	9.07	7.41	18.22	2.44	5.52
2	投资回收期	年	10.5	11.4	6.1	18.9	13.0

（3）光伏发电(不上网)和光伏发电(上网)的建设投资与收入、利润估算。

本项目投资规模为100峰值总功率，建设投资合计51.51万元。其中，固定资产投资50.5万元，预备费1.01万元。

成本估算：固定资产中，光伏组件折旧按照20年考虑，残值率5%，维修费率为0.1%，保险费率0.15%，材料费与其他费用为0.4万元/兆瓦，运维费用按照包含福利费用的总费用为0.46万元/年，通货膨胀率为4%，自发自用电量所得税税率为25%，余电上网所得税税率为25%、增值税税率为13%，组件衰减按照第1年2.5%，第2年后每年0.7%计算。

收入和利润估算：光伏发电自发自用产生的电费计为收入，电价按照所在区域每天的峰谷平电价进行计算；如果余电上网，电费按照新疆燃煤机组标杆上网电价 0.262 元/(千瓦·时)计算，消纳比例按照 80%计算。

全年累计发电 277.8 万千瓦·时，节碳量约为 95 吨二氧化碳。余电不上网模式年均利润总额 2.13 万元，全部投资内部收益率(税后)为 7.41%，静态投资回收期 11.4 年；余电上网模式年均利润 2.76 万元，全部投资内部收益率(税后)为 9.07%，静态投资回收期 10.5 年。

（4）光伏发电+充电建设投资与收入、利润估算。

投资估算：充电桩建设由第三方承担，平均每个充电桩每年的有效运行时长为 349 小时，约 1 小时/日，服务费为 1 元/(千瓦·时)，本研究按 40%收益考虑。

收入和利润估算：成本费用方面，光伏发电+充电模式与光伏发电模式完全一致。与光伏发电模式存在差别的参数是，光伏发电自用比例由 80%提升至 100%；年度收入按照充电桩的运行分成收入，每年增加 2.88 万元的用电服务收入；增值税税率按照 13%考虑。

在不增加投入成本的情况下，光伏发电+充电全部投资内部收益率(税后)为 18.22%，静态投资回收期 6.1 年。

（5）光伏发电+储能建设投资与收入、利润估算。

投资估算：储能系统的计算周期按照 10 年计算，更换投资按照原投资的 50%测算；当前储能系统的单价约为 2.7 元/瓦，初始投资 100 千瓦·时/250 千瓦·时储能系统投资为 67.5 万元；2 周期合计投资为 101.25 万元，总投资 154.79 万元。

成本估算：固定资产中，储能系统折旧按照 20 年考虑，残值率 5%，建设储能的衰减率与其他参数不变。

收入和利润估算：储能系统收益主要来自峰谷电价差值。因此，需要根据峰谷电价的套利和需求电量计算收益情况。新疆峰谷电价差情况下，储能系统经济性不足。

增加储能系统，全部投资内部收益率(税后)为 2.44%，静态投资回收期 18.9 年。

(6) 光伏发电+储能+充电建设投资与收入、利润估算。

结合以上三种，光伏发电+储能+充电投资建设情况、成本费用情况与光伏发电+储能完全一致。收入方面，增加充电桩带来的收益后，全部投资内部收益率(税后)为5.52%，静态投资回收期13.0年。

由此可见，对于光伏发电模式来说，站内自用比例越高，自主投资的财务净现值越高，同时电价高于国网电价的转供站点效益会更好。充电桩的建设在不增加投资的情况下，对于加油站收益来说是有益补充，有助于提升加油站光伏发电自用比例，提升光伏投资整体收益。也就是说，如果在投资光伏的站点进一步投资充电桩，能够有效提升加油站的整体收益。洗车设备、更换加气设备、加氢设备，与周边商户商议消纳用电同理。但储能系统当前投资价格较高，当峰谷电价差异较小时经济性不足，不建议应用储能；若政策有硬性要求，建议就低执行。无电网支撑的站点，经济性能优于柴油发电。

3. 安全要求高

国家“双碳”政策下，光伏发电将在未来能源结构中扮演主力军角色，同时也将进入一个蓬勃发展的新时代。2021年，分布式光伏电站新增容量首次超过集中式电站，标志着分布式光伏电站进入大规模快速增长阶段。但是，随之而来的安全问题也越来越多，已经到了迫切需要解决的地步。由于加油站经营的油品具有易燃、易爆、易产生静电等危险特征，其安全性必须严格控制。

一直以来，光伏发电“防直流电弧”和“防火灾”发生是屋顶电站的痛点、政府关注的重点、社会舆论的焦点。加油站作为特定场所，站内设有储油储气设备、加油加气机、输油输气管线等，均为爆炸危险区域，对安全要求极高。为了保证安全，施工主要环节采用无焊接作业，避免明火，同时选用防爆型配电箱及辅材，防爆管也需采用镀锌钢管，不走明线。现场施工中，工程人员依照加油站防爆区域划分，对组件材料码放、现场临时用电动火等均需严格按照要求标准操作执行。

直流电弧产生是光伏电站中最常见的故障现象，接点脱落、器件老化、绝缘破裂、接地不良等情况都会产生电弧。据统计，光伏电站过半数火灾事故是由直流电弧引起的。随着光伏组件规格越做越大，直流侧系统功率和电流增强，根据焦耳定律 $Q=I^2Rt$ 可知电流增大 1 倍，短路电热效应增加 4 倍，引起火灾的风险也极大地增加。光伏电站直流电弧故障是一种时常发生、隐蔽性强、具有发展性、可以引起灾难性后果的“慢性病”，类似于人体心脑血管疾病。

此外，加油站属于高危区域，站内油气产品易燃易爆，一旦安全保护措施缺位，极易引起重大安全事故。在配备光伏项目时，需要及时检测电弧、关断、报警、定位，能有效排除隐患。

（三）光伏加油站未来展望

降碳，并不是某几个光伏加油站的个性诉求，其背后带来的低碳效应正在吸引着加油站。根据理论测算，在 1 平方米正常光照发电 0.45(千瓦·时)/日、每年 60%时间光照充足情况下，已建成的光伏太阳能发电系统每年可发电约 43 万千瓦·时，按每节约 1 千瓦·时电节约 0.4 千克标准煤计算，就能减少 0.272 千克碳的污染排放。

光伏在降碳方面有着自己独特的优越性，这也成为其能迅速推广普及的重要原因。政策东风的频吹，刺激了“光伏+油站”的迅速壮大。2022 年以来，下达的各项政策层次高、密度大、配套全，为光伏产业健康有序发展打下了良好的政策基础。各省区市相继颁布政策，鼓励分布式光伏的发展。《“十四五”建筑节能与绿色建筑发展规划》、“整县光伏”等国家政策相继落地，BIPV 相关标准不断成熟，以及产业企业的积极创新与探索……这些支持，让我国光伏产业在短短几十年间已经形成全球最完整的产业链，并且在各主要环节均形成了一批世界级的龙头企业。光伏产业的发展反过来为“光伏+油站”的推广，扫平了阻碍。

虽然光伏加油站初见效益，但大规模效益还未实现。目前，加油站光伏发电并入电网进行售卖还只是在小范围内。大范围地向电网售电来获取一定的经济效益，在加油站分布式发电项目中还难以实现。

这是由目前技术决定的，当光伏电能不够用时可以切入电网中的电，随用随切的背后隐藏着配电网中的潮流方向会适时变化、逆潮流导致额外损耗、相关的保护都需要重新调整、变压器分接头需要不断变换等问题；这种变化还意味着加油站的光伏发电的总量要保持在一定的合理范围内，如果超出这个范围，电网出于安全考虑，是可以拒绝入网的。如果考量不好，“光伏+油站”项目是一种低碳下的政策效应。加油站在响应绿色低碳能源发展政策的同时，也要考虑自身的条件、能力。在进行光伏投资时，更要考虑自己的实力水平。

六、2022 年我国综合加能站投资与建设现状及未来展望

由于加能站的发展受政策和技术影响较大，在“十三五”后才飞速发展。尤其是 2020 年我国确定“双碳”目标后，加上“新基建”等政策的助推，新能源市场爆发，加能站迎来大发展。在这个过程中，积极转型综合能源提供商的国家石油公司引领了合建站的趋势，大力发展综合加能站。在投资建设方面，加能站的参与者百花齐放，包括上下产业链的国企、民企及外企等，但主导综合加能站的仍以石油企业为主。2022 年，加能站的数量依旧稳步增长，但因为新冠疫情影响等原因，建站数量略少于规划。

在我国“双碳”目标的背景下，未来 5 年是综合加能站的高速发展期。今后，我国加能站的投资建设重点将是利用现有加油站网络布局综合加能站规划，扩展能源消费场景，引领市场发展。

（一）我国加能站的发展历程

1. 第一阶段：2010 年至“十三五”前的缓慢增长期

2010 年，中国石化第一座 LNG 加气站在贵州开业，正式把 LNG 加气站纳入销售终端。中国石化提出打造“四位一体”加油站，包括加注成品油、销售非油品、加注天然气、电动车充换电池这四方面功能，即综合加能站。

2009 年我国开始发展充电桩，国家电网是充电设施建设主体，占据充换电市场的主导地位。2015 年，中国石油北京销售公司在奥东加油站增设新能源汽车充电桩；中国石化和北汽新能源合作，在双榆树、东经路两座加油站增设换电业务。中国石油还在河南、广西等地试点建成充电桩项目，但数量不多。

2. 第二阶段："十三五"至今的快速增长期

2016 年以后加能站快速增长，尤其是充电桩基础设施体系实现了"从无到有"的重要突破。2022 年，充电基础设施增加 259.3 万台，其中公共充电桩同比上涨 91.6%，随车配建私人充电桩持续上升，同比上升 225.5%。截至 2022 年年底，全国充电基础设施累计 521 万台，同比增加 99.1%。中国石油和中国石化积极和新能源车上下产业链企业合作，投建充换电站。关于氢能源的利好政策层出不穷，中国石油和中国石化抓住契机积极投建综合加能站。2019 年，中国石化佛山樟坑油氢合建站建成。这是全国首座集油、氢、电能源供给及连锁便利服务于一体的综合加能站。2021 年，中国石油首座综合能源服务站金龙综合能源服务站在延庆正式投入使用。2021 年国内建成加氢站 122 座，为历年来建站数量最多的一年。

（二）我国综合加能站投资与建设现状

1. 国有石油公司引领综合加能站，中国石化市场份额较多

石油企业具备资源和销售终端的优势，便于在站点上进行升级转型，加油站数量布局在一定程度上利于建成综合加能站。截至 2022 年，两大石油公司加油站超过 5 万座，综合加能站多选择在原有加油站基础上进行扩建、改造。2022 年年底，中国石化充换电站数量接近 2000 座，其中充电站 1212 座、换电站 83 座；中国石油销售分公司建设投用充换电站 203 座，位于四川、广西、北京等 20 多个省区市。

国内新建加氢站中合建站比例逐年提升，加氢、加油、加气及充电的综合能源供应站已成为发展趋势。2021 年，中国石化在广东、上海、浙江、广西、贵州等 13 个省区市建成投运 20 座加氢站，截至 2022 年，已建成加氢站 74 座。截至目前，中国石化已发展"油氢电服"综合加能站 10 座左右。据不完全统计，2022 年，已建成的油氢合建站中，中国石化有 4 座，分别位于北京、江苏、浙江和福建；中国石油有 3 座，分别位于广东、四川和黑龙江；中国海油旗下全资子公司中海石油气电集团有限责任公司建成 1 座，位于广东。

目前，中国石油已经在黑龙江、四川、江苏、浙江、山东等多个地区建设分布式光伏发电站点。中国石化已在海南、广东、广西、云南等地布局建设160座光伏发电站点。

2. 其他投资运营方开始涉足

目前，其他企业建设加能站仍以单一供能为主。截至2022年12月，中国累计建成加氢站294座。其中，2022年新建成22座。在综合加能站方面，国家电投最早尝试，2020年在中关村建设延庆园加氢站，该站是综合氢能、风能、光能、热能多种能源设施的综合试验系统。

2022年，广州公交集团和雄川氢能科技联合承建滘口加氢站，该站是集油、氢、电一体的综合能源补给站。

3. 外资综合加能站加速布局

我国目前的外资综合加能站一般是外资加油站品牌建设的，包括壳牌、道达尔、BP等。截至2022年年底，外资运营加油站达5000多座，这为外资品牌加速布局奠定了基础。2022年，BP与阿维塔科技(重庆)有限公司合作，加速布局中国超快充网络。首座蔚来与壳牌合作的充换一体站——厦门同安壳牌站正式上线运营。

壳牌(中国)有限公司与申能(集团)有限公司成立合资公司，在上海投资建设加氢站网络，这是壳牌在亚洲的首个加氢站网络。道达尔在中国的第一座充电站则在武汉启用，可为商业车队和私家车主提供快速充电服务。

2018年，壳牌在河北、山东两地共五个加油站屋顶上安装了光伏发电设施。到2035年，公司计划将能源组合的净碳足迹减少约20%。2050年之前，实现所销售的能源产品净碳足迹减半。

（三）主体加能站战略动向

目前，我国新能源汽车保有量达1310万辆，占汽车总量的4.10%。其中，纯电动汽车保有量1045万辆，占新能源汽车总量的79.78%。从终端市场来看，截至2022年12月，我国氢燃料电池汽车销量12306辆。因此，新能源汽车还有很大的上升空间，加上一系列利好政策刺激，新能源汽车的前景具备优势，对综合加能站的需求将进一步扩大。

1. 国有石油公司推进建设“油气氢电服”综合能源站

为加快实现“双碳”目标，践行绿色低碳发展，国有石油公司把升级转型“油气氢电服”综合站作为发展目标，并打造品牌。按照规划，到2025年，中国石化将利用原有3万座加油站、870座加气站的布局优势，建设1000座加氢站或油氢合建站、5000座充换电站、7000座分布式光伏发电站点，为社会公众提供综合能源，以消费终端为突破口带动产业链的能源转型。“十四五”期间，中国石化将完成5000座综合加能站新形象改造，目前已经改造完成了800座。“十四五”期间，中国石油将在北京、上海、广东、四川、海南等重点地区优选站点，率先发展综合能源站，示范带动，共同构建面向未来的“人·车·生活”生态圈。

2. 外资积极抢占市场份额

在绿色发展的大前提下，中国具有良好的新能源市场前景，以及各地推出的利好政策，让外资品牌积极进行市场布局。BP电动化及移动出行部门和阿维塔将共同投资，预计到2023年年底前，在中国19座城市建设100多座合作超快充电站。壳牌计划未来5年内在上海及长江三角洲地区建成6~10座加氢站。到2030年，其规模将扩展至覆盖长江三角洲地区的30座加氢站，每天可以为约3000辆燃料电池卡车或公交车供应氢气。道达尔携手长江三峡集团共同成立主营电动出行业务的公司，并计划到2025年，安装运营超过1.1万个大功率充电桩。

（四）2023—2025年加能站投资建设建议

随着新能源和绿色低碳发展的推进，综合加能站有很大前景。但是审批难、部分政策法规欠缺、土地资源紧张、商业场景不明等问题实际存在，需要进一步加强规划和引导。

1. 重视加能站规划，利用现有加油站建设网络

交通运输部等四部门联合印发的《加快推进公路沿线充电基础设施建设行动方案》中提出，到2025年年底前，基本形成公路沿线充电基础设施网络，更好满足公众高品质、多样化出行服务需求。要让新能源车“出得了城、下得了乡”，必须保证加能站的适配性和便捷性。根据隆众数据，目前我国加油站超过11.5万座，从公路分布来看，分布位置包括国道、省道、县乡道、城区、农村、高速公路、水域及其他。因此，利用现有加油站网络布局新能源网络，建设综合加能站，可以节省土地资源，不增加重大危险源，便于统一管理。在现有网点布局上增设设施，项目落地可操作性强；同时，节省选址和征地耗费的时间，快速形成新能源综合服务站网络，避免重新选址、调整规划等。

2. 扩展能源消费场景，引领市场发展

加氢站是综合加能站建设中的重要组成部分，目前加氢站是当前氢燃料电池汽车发展的主要制约因素之一。从地区分布来看，我国目前的加氢站分布极为分散，覆盖全国多个省份，但加氢站网络建设还未成体系，大部分拥有加氢站的省份以社会示范性运营站或企业研发测试用场内站为主，缺乏应用场景。目前仍有一些示范群城市的场景参与条件局限、商用车辆的运营成本高、部分区域的氢源少与氢气成本高、非示范群城市产业支持力度不足等问题。未来需要加强地方政府与企业的进一步合作，围绕公交、物流、环卫、港口运营等路线及车辆，着眼于多种新能源发展，引导氢能车辆的试点和使用，可以培育多种能源并存的市场需求环境。同时，和周边城市加强合作，共同形成交通氢能源供应网络。将氢能的商业场景推广到网约车、共享单车等，进一步拓展消费端，最终达到与加能站配套。

第六部分

组织管理篇

一、我国加油（能）站企业管理现状与未来趋势

经过数十年的发展，我国加油站企业管理已积累了不少经验，取得了长足的进步，但与国际先进管理水平相比仍有不同程度的差距。近几年兴起的综合加能站的企业管理目前仍处于起步阶段，需要不断摸索经验，不断学习总结和提高，以形成有中国特色的、先进高效的管理体制、机制和模式。

（一）我国加油(能)站企业管理现状分析

以下将从组织结构、财务管理、安全管理、人力资源管理、营销管理五个方面阐述和分析我国加油(能)站企业管理现状。

1. 构建合理组织结构，明确岗位职责

在加油(能)站企业的组织结构上，国有大型石油公司的加油(能)站管理向壳牌等外资企业扁平化管理方式靠拢。中国石化和中国石油逐步取消了大区公司，中国各地加油(能)站都很重视组织机构的合理设置和规范管理。为了使整个组织分工明确、职责清晰，以及保障每一个部门业务的正常运行，加油(能)站形成了一整套组织结构体系(见图 6-1)，以保证资源和信息流通的有序性，从而提升组织的工作效率。

加油(能)站定编原则为一岗多责、各有侧重、全员销售、全员服务。除了经理、副经理、计量保管员、设备管理员、质量监督员、加油(能)员、收银员、财务人员以外，根据每个加油(能)站的具体情况，还会增设安保人员、维修工等其他岗位，用来保障日常安全稳定运营工作。同时，有一些岗位是可以互相兼任的，比如收银员和加油(能)员等。

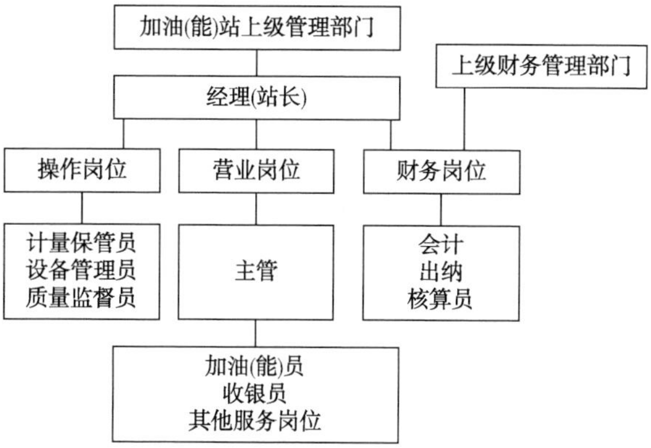

图 6-1　加油(能)站组织结构体系

2. 建立全面预算机制，加强财务集中管控

财务管理作为加油(能)站运营发展的重要因素，是各项日常管理工作开展的核心。财务管理主要是通过妥善管控加油(能)站目前现有的全部资产与资金，从而对加油(能)站的总体运行成本进行管控，包含资金管理、资产管理、收入管理、税收管理、费用管理等各个方面。各地加油(能)站正在逐步创建细化和全覆盖的加油(能)站财务管理体系，从而将财务管理融入并且渗透整个加油(能)站的日常工作运行中，据此达到优化竞争实力与提升经济效益的宗旨与目的(见表 6-1)。

表 6-1　加油(能)站财务管理现状分析

序号	方式	具体内容
1	全面预算管理	全面预算管理是将加油(能)站经营管理各环节相关要素纳入预算之中，量化指标，下达任务，使预算的动态管理、弹性管理、目标管理得以强化。做到月初有预算、月中有控制、月末有考核
2	“资金、债务和会计核算”的集中管理	①资金实行集中管理。为提高资金的使用效率，保证资金安全，降低资金成本，加油(能)站资金实行“收支两条线”管理 ②债务实行集中管理。加油(能)站债务主要是应付账款、其他应付款、预收账款等。各加油(能)站一律严禁对外提供经济担保，包括信用担保和财务抵押等 ③会计核算逐步实行集中。为了加强会计核算和财务管理，需减少核算层次和信息流的中间环节，业务流程和报告流程不断优化，逐步实行财务集中核算，以实现扁平化管理，统一核算口径、统一核算方法、统一核算模式

3. 积极推进 HSE 体系建设，加强风险管控

安全管理是加油(能)站永恒的话题，做好安全管理工作是保障其正常运营的关键。油品具有易燃、易爆、易产生静电等危险特征，由于设备使用和维护不当、安全操作规程不健全、员工缺乏专业能力等原因，加油站相关事故时有发生。加油(能)站的安全管理具有复杂性、突发性、隐蔽性等特点(见表 6-2)。对可能引发的风险采取管理措施，控制其发生，以减少可能引起的人员伤害和环境破坏，是加油站管理的重要内容。加油站把明确安全管理要求和推进 HSE 体系建设作为建立健全安全环保长效机制、提升健康安全环境管理水平、实现安全环保形势根本好转的有效方法。

表 6-2　加油(能)站安全管理现状特点

特点	具体内容
复杂性	加油(能)站安全管理所覆盖的内容及环节比较多，不仅包含对油品及加油设备的安全管理，还包含工作人员的安全意识、安全培训教育、资金的安全管理、应急预案、各岗位业务操作管理、安全检查及隐患整改等。加油(能)站的每个安全管理工作环节都是环环相扣、相互影响的。另外，加油(能)站的安全容易受到各种因素的影响。因此，加油(能)站的安全管理比较复杂，是一项系统化的工程管理
突发性	加油(能)站在进行安全管理时，还存在着很大的不可预见性。首先，加油(能)站的人员以及车辆的流动性都非常大，在加油过程中，工作人员无法控制这些流动人员的安全意识，所以存在很大的不确定性。其次，虽然加油(能)站在显眼的地方都张贴有禁止拨打电话的标志，工作人员也会提醒人们禁止拨打以及接听电话，但是实际效果却是非常差，人们常常会忽略这些告示和提醒，从而引起突发事故
隐蔽性	由于成品油具有易燃、易爆、易挥发的特性，油品的滴漏、密封不良等情况都极易在密闭空间发生油气的积聚。当含油氢分子的油气与空气组成混合气体的比例达到一定程度时，碰到很小能量的引爆源就可能发生爆炸，所以加油(能)站的安全隐患存在很大的隐蔽性。要提高加油站的安全系数，工作人员必须时刻保持较高的警惕性，避免安全隐患的发生

4. 重视人力资源管理，优化人员管理配置

人力资源管理在经营过程中发挥着不可忽视的作用。加油(能)站的人力资

源管理要对站内人员的工作职能进行调节，以达到促进业务和加油(能)站发展的目的。只有重视管理、科学管理、合理利用资源、优化人员配置，加油(能)站才能长期持久地发展。同时，随着加油站向综合能源站转型，加油站需致力于打造专业人才培养及实践平台，营造良好的人才成长环境和发展空间，推动专业知识培训和职业技能培训体系建设，培养具备专业性、研究性和实操性的复合型人才(见表6-3)。

表6-3 加油(能)站人力资源管理内容

方式	具体内容
人员选用	竞聘上岗制，择优录取。加油(能)站坚持优胜劣汰和末位淘汰制，奖勤罚懒，最大限度地调动员工积极性、发挥每一名员工的聪明才智
人员培养	重视员工职业技能培养。通过培训提高员工个人、群体和整个加油(能)站的知识、能力、工作态度和工作绩效，进一步开发员工的智力潜能，以增强人力资源的贡献率
人员使用	协调和改善加油(能)站与员工之间的劳动关系，加强文化建设，营造和谐良好的工作氛围。帮助员工制定个人发展规划，激发员工的积极性、创造性，与员工结成利益乃至命运共同体
人员留住	对员工在一定时间内为加油(能)站做出的贡献及工作进行考核和评价，并积极改善员工的工作绩效，包括对基本薪酬、绩效薪酬、奖金、津贴以及福利等薪酬结构的设计与管理，以激励员工更加努力地为加油(能)站工作，从而将优秀人才长时间保留下来

5. 加快数智化建设，提升营销效率

随着新经济时代的来临以及日益激烈的行业竞争，加油(能)站依托大数据、物联网、人工智能等技术，通过引入智能设备，优化、重构业务流程，打造数智化的智慧加油(能)站。以加油(能)业务为入口，以互联网和新技术为基石，以用户场景为目标，以金融支付功能为切入点，加快数智化建设，打通站级、会员等系统，全面赋能加油站，提高用户体验，打造以经营创效为中心的“人·车·生活”一体化新商业生态圈。

互联网思维引入加油(能)站，致力于应用数智技术实现精准营销。首先，车辆消费关联，精准识别客户。通过图像结构化属性与图像特征等数智技术透彻地了解客户，挖掘客户消费行为特征，实现客户标签化管理。其次，泵岛销售刺激站内业务。通过加油(能)机智能大屏可直接扫描泵岛销售的商品，展示商品信息和价格，将公司自营特色商品、重点商品推荐给客户购买，激发客户的潜在消费需求，达到促进销售的效果。最后，自助收银可提升营销效率。加油(能)站为车主提供合作油(能)站的线上支付、非油品促销、充值优惠等服务，车主通过“刷脸”即可完成自助收银结算，缩短支付时间，提高运营效率。

(二) 2023 年我国加油(能)站企业管理发展趋势

面对加油站、加气站、充电站等新型加能站对数字化及非油业务多元化与日俱增的要求，传统加油站模式已经不能满足社会消费需求了，“互联网+加油站”和“非油生态圈”将成为趋势。为确保向综合性加油(能)站的快速转型，加油(能)站对组织结构、财务、安全、人力资源和营销等方面的管理将越来越科学，不断提升运营效率。

1. 建设精干高效的组织机构，提高精细化管理水平

在新能源发展潮流中，加油(能)站的组织管理体系将随着新要求不断地进行改进和完善，加油(能)站将由单一控制型的管理模式向多元化协作模式转变，形成网络化、信息化以及个性化的新型加油(能)站管理模式。

构建精干高效的组织机构，为企业高效运营奠定基础。加油(能)站组织管理体系的改进，除了更加扁平化，还将更加精细化。一方面，各部门以业务为导向，明确界定各部门职责，合理设置岗位，优化机构数量和人员，各部门职责和权利的划分将更加清晰，保证工作的顺利执行，避免出现推诿扯皮的现象；另一方面，在“互联网+”的时代背景下，将建成高度集成的内部信息系统，打破业务边界，运用信息化手段让加油(能)站的各类问题在第一时间得到响应和解决，进一步确保信息的实时共享和高效传递，提高信息的双向传递速度，降低沟通成本，提高沟通效率，促进加油(能)站的运行效率的提高。

2. 推进信息化全流程监管，优化财务管理综合实效

财务管理将在公司调控的指导和指引下，采取统一化、规范化、标准化的管理模式进行管理。随着市场竞争日趋严峻，财务管理的有效与否，将不仅取决于认知层面的高度，更重要的是能否结合当前工作实际，有针对性地逐步完善财务管理模式。未来在实践中，各地加油(能)站仍将致力于妥善监管加油(能)站的财务状况，确保在根本上优化财务管理的综合实效。

首先，健全现存的财务管理模式。加油(能)站将拟定完整程度更高的财务管理规划，并针对日常性的基本财务活动予以有效指引。在实践中，着眼于评估并测评当前的资金运转风险，引进 ERP 的新型管理模式，并且紧密结合供应链管理的思路来开展针对各个关键财务流程与财务环节的全面监管。其次，继续施行全面成本预算。将为成本预算构建专门的加油(能)站成本数据库，从而对实时性的加油(能)站成本数据变动能予以及时反映，并且给出相应的预算管理改进对策，达到降低成本和节约资金的目的。最后，推进财务管理的信息化。各地加油(能)站将逐步把更多的信息化手段融入其中，包括各项财务决策、财务预算结论、财务控制计划以及其他财务操作等，并予以全方位的监管。结合配备的财务管理专用软件，确保财务人员能将各个时间段的财务数据与信息妥善保存在软件中，以防遗失某些重要的财务信息。

3. 建立健全安全环保长效机制，重视安全管理的数字化升级

加油(能)站建设和管理将向着科学化、规范化、标准化的目标发展，从而提升安全管理的工作质量。系统安全管理方法将进一步得到应用，由全过程、全员、全方位安全管理三部分构成，侧重于事故预防，使安全管理和经营活动有机联系起来；随着加油(能)站对岗位和专业培训的加强，职工的业务素质和应急能力将得到相应提高，工作人员整体安全意识也将得到加强；无论是对加油(能)站生产作业空间环境的安全管理，还是对加油(能)站周边自然环境的安全管理都将更加科学和严格。

在油站转型升级过程中，安全作为最重要一环也需要同步进行数字化升级。在加油站场景中，加油、卸油等作业区域广、环境复杂，人工监控难度很大，很多加油站在安全管理的信息感知、信息集成、致灾机制、风险评估、应急执行等多方面都有不足，特别是对于潜在人为风险的监测和预警还存在管理盲区。随着技术的进步和管理的创新，依靠数字化、智能化手段提升加油站的安全管理水平已是必然趋势。

4. 应对转型发展需求，强化专业人才队伍建设

随着加油(能)站经营管理数字化和综合服务多元化的发展，对员工管理的要求也将越来越高，加油(能)站需要不断加强人力资源管理，以顺应未来发展需求，包括对新能源人才的需求和对员工综合能力提高的需求。

新能源人才需求方面，随着清洁能源交通工具越来越受欢迎，以及充换电、加氢、加气站点布局及服务设施的有效开发，加油(能)站对电、氢、光伏等新业务人才的需求量将逐渐增大。为推动新业务人才的建设和发展，将加强人才选用设计，加快推进相关学科专业建设，为培养专业人才奠定扎实基础；将加强与高校、科研院所、企业之间的合作，实现教育链、人才链与产业链的深度融合；将进一步优化人才引进政策，完善开放的人才引进体系。员工综合能力需求方面，加油(能)站将从内部的组织机构、专业人才、考核激励等方面入手，加大人员培训力度，提升队伍专业化水平，建立与非油业务相匹配的专业化人才队伍以支持业务发展；将坚持内培外引相结合，加快培养自有专业人才，加强大数据、人工智能等专业人才培养，提高数字化素养和应用技能，形成数字化转型的管理理念。

5. 构建综合服务新格局，亟须增强获客变现能力

根据新能源发展趋势和“数字中国”进程，智慧加油站的服务范围将外延到氢、电等新能源服务，数字服务将是未来的发展方向，各地加油站将逐渐转型成全新的综合加能站，建设覆盖油、非、新能源等领域的创新应用，构建“油气并

举、油非互促、油电氢混合”的综合服务新格局。充分结合大数据、云计算、物联网、移动互联网和人工智能等先进技术，突出“以客户为中心”的服务理念，结合新能源业务和非油业务组合营销，打造新的利润增长点，提高企业综合竞争力，保障企业可持续的高质量发展。新能源业务方面，加油(能)站将积极开发和宣传新能源业务，采取多边化经营方式，积极响应政策号召，增强新能源在加油(能)站商品销售中的份额，有效保障新能源时代加油(能)站更好地发展。非油业务方面，以消费者为中心打造综合服务中心，将进一步推进加油(能)站快餐、休闲、广告、金融、保险、专卖、车辅产品、便民服务等一站式服务业务，结合互联网技术迅速提高运营效率、营销获客效率、留客效率以及车主价值的增值能力。

加油站是一个巨大的流量入口，同时又是一个典型的存量市场，围绕“加油站+数字化+新零售”的核心，加油站自有渠道与合作渠道整合起来，将形成客户触达矩阵，也是加油站私域流量深度运营的起点，更是加油站持续、增量变现的关键。一方面，加油站依靠自主建立的流量平台，比如微信公众号、支付宝加油小程序、企业微信、短视频平台等，靠加油站相关内容的输出、分享、传播来实现客户裂变，吸引新客户；另一方面，与加油站达成合作互相引流的商家，如商圈内的餐饮、车后服务、4S 店、电影院等异业商家；加油站为提高油站知名度或活动传播度，与线上媒体、自媒体实现合作，以及其他线下推广渠道，都可以实现引流。互联网背景下，加油站的客户虽在线下，但突破的机会却在线上，便利店线上是电商商城，并不局限于食品饮料日用品，同样可以接入车险、房地产、影院、车辆交易等业务板块，既可以和便利店一样赚零售商品的钱，又可以收异业商家的广告费。这是构建加油站新增值模式的核心价值，更是持续变现，达到变现增量的必要路径。未来加油站将向集合加油、加气、加氢、充电等多形式能源补给综合站的业态发展。在这个新趋势下，赛道会逐步细分，竞争会日益激烈，而在未来竞争中使加油站立于不败之地的是私域流量和变现能力。

二、 我国加油（能）站价格管理现状与未来趋势

我国成品油市场正处于竞争导向阶段，因此合理进行价格管理、根据市场情况合理调价、使企业具有竞争力十分重要。2022 年成品油政府指导价多次上调，最高零售价居高不下，加油站加大优惠促销力度，并在促销方式上不断创新，多采用“动态定价+场景定价”的定价新模式，非油品定价价格优势不明显，成品油零售市场受到制约，综合加能站应运而生，多能源定价成为新方向。2023 年，成品油零售行业将进入多元化竞争时代，油品将趋向“微利化”，加油(能)站市场化动态价格管理将成为最大难点。加油站转型将带来多能源标准合理化问题，加油站自主定价需要工具与技术的支持。

(一) 我国加油(能)站价格管理现状

1. 成品油政府指导价多次上调，最高零售价居高不下

我国现行成品油定价机制的运行规则为“最高限价法”，即由国家发展和改革委员会综合成品油成本并进行一定的加成后形成成品油最高指导价，定价原则是在基本成本上进行合理的价格加成。政府对最高批发价和最高零售价实施严格的管理，任何企业和个人无权超越此项限定。但在最高限价的规定范围内，各成品油销售企业可以根据市场上的实时情况，以及自身经营利润的要求，自行执行灵活的批发价格以及零售价格。由于中国石油和中国石化所占市场份额相当大，加之消费者的需求弹性非常小，以至于在某些情况下出现价格刚性。

进入 2022 年以来，受国际油价大涨影响，国内成品油零售限价持续攀升。根据国家发展和改革委员会价格司的指导文件，2022 年国内成品油价格共调整了 23 次，其中 13 次上调，10 次下调，汽油累计涨幅 550 元/吨，柴油累计涨幅 530 元/吨。2022 年最大一次涨幅发生在 3 月 17 日 24 时，汽油、柴油价格分别

上涨到 750 元/吨、720 元/吨。2022 年成品油政府指导价调整情况见图 6-2。其中，一季度期间，汽柴批发价格受消息面影响明显，整体涨幅较大，批零价差逐步跌至低位水平。进入二季度，虽然消息面仍有支撑，但疫情抑制下游需求，且下游业者对高油价较为抵触，国内汽柴批发行情上行动力减弱，批零价差逐步拉宽。

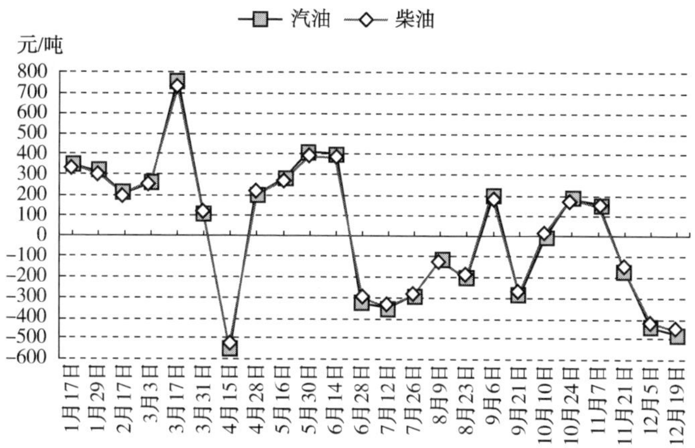

图 6-2　2022 年成品油政府指导价调整情况

中国成品油价格除受政府指导价调控之外，还受到原油进口情况、石化企业生产、运输成本和利润、税费等因素的影响。加油站成品油零售价定价遵循两个规则：①国家发展和改革委员会每 10 个工作日公布成品油的最高零售价，只要不超过这个最高限价，加油站可以自主定价；②加油站成品油定价还要考虑生产规模、交通地理位置、利润、人工费等，充分参与市场竞争。

2. 加大油品优惠力度，不断创新促销方式

国内加油站的定价方式基本上采取的是“管制下的变化”，即在限定了指导价的基础上进行促销、降价，以开展市场竞争的方式，规定了最高限价下的企业仍具有一定的定价灵活性。由于国家发展和改革委员会指导价与社会加油站的油品购买价格相差较大，使得销售价格成为各竞争因素中可操作空间最大的因素。新的加油站往往通过低价促销来争得一席之地。当国内汽油、柴油批零价差处于

高位区间运行，社会加油站零售利润可观，为刺激下游消费，抢占市场份额，加油站普遍加大优惠促销力度，社会加油站优惠幅度普遍高于主营加油站。多家公司开拓线上经营模式，实现“线上线下融合”，例如加油站客户端App、加油站微信服务号、积分管理和移动支付。

免费洗车服务已成为多家油站标配，会员日充值赠非油礼包活动也深受欢迎。直播带货作为近几年最火爆的销售形式，也受到许多公司的青睐，并已借此实现了不少的销售额，拓宽了销售渠道。非油业务方面，中国石油昆仑好客公司深入了解当地特色商品，并与供应商积极对接，将特色商品引入昆仑好客便利店的采购体系当中，便利店商品实行统一定价、统一促销，针对零售客户在价格方面保持一致，针对团购客户可以与经理洽谈团购价。中国石化易捷便利店站点众多，地理位置优越，基本实现了全品类营销。其在便利店营销工作的开展中，最常利用优惠券价格策略，除此之外还有限时特价、组合特价等。开展阶段性的短期促销活动也是各类商家经常使用的营销手段。除了利用元宵节、中秋节等进行促销活动，还推出了赏花节、年货节等主题活动，活动分会员日、会员周、会员月三个阶段。配合跨界营销、“油非互促”、会议营销等方式，取得了不错的营销效果。为了增加顾客黏性，在设置促销活动时主要针对加油卡客户，充分融合加油、充值、便利店三项业务，采用“油非互促”“卡非互促”相结合的促销方式，让“油卡非”三项业务齐头并进。民营加油站的经营重点集中在成品油销售上，其非油业务以洗车服务为主，便利店销售适度精简。中国海油便利店运营形式与中国石油销售公司基本一致，仅在商品种类上有少许差异。

3. 采用动态灵活定价方式，增强竞争实力

在当前充满竞争的市场环境下，加油站多采用“动态定价”模式。动态定价是依据消费者、竞争对手定价和市场需求等有关信息，实时调整价格。动态定价又包括主动定价和跟随定价两种。主动定价，就是在加油站所在商圈或存在竞争关系的油站群内，根据自身位置、条件、客户群体等，主动变动价格、开展促销。跟随定价，是指加油站根据竞争者价格来制定自己的价格，研究并应用关键

竞争者的价格水平。这种定价的优点是不需要大量计算，只需及时跟踪和观测竞争对手价格，制定对顾客和企业都公平的价格，通过这种按市场水平定价的方式不会损害竞争、扰乱市场秩序，对行业发展有利。

对于加油站的油品，应结合加油站的地理位置、进货渠道、竞争对手等因素来制定价格。一方面，在国家指导价的浮动区间允许的条件下，充分考虑采用“区别对待、灵活定价”的手段。在批发市场，针对不同销售区域、不同销售时段、不同竞争对手、不同产品类型，采用“区别对待、灵活定价”这一动态方式。另一方面，根据企业在市场中所处的位置、市场的竞争程度、需求特点，判定企业对于市场的影响程度，结合销量进行量价互动，避免全面降价给企业带来利润损失。可以采取“点对点”甚至“多点合围”的方式，以趋同的价格策略，抢占市场份额。此外，根据企业自身的实力，为了实现经营目标，可联合主要竞争对手形成价格同盟，以此来稳定市场价格，避免靠低价争夺市场而带来的利润损失。

4. 非油品定价高于普通商超，缺乏价格优势

非油品定价方面，以中国石化为例，为了方便经营管理，公司所有加油站的商品都执行统一价格。受产品成本和销售利润预期等影响，和普通商场相比，价格处于相对略高的水平，一般无价格优势。最常采取的优惠活动是整件优惠、单品打折等方式，比如“第二箱半价”活动，明显促进了销量，实现了利润增长。另外，针对部分商品的销售，公司会划拨奖励给促销成功的员工，而部分员工也会自己适当降价给顾客优惠，用价格优势换取销量提升。但目前这些优惠活动难以体现持续性，不能成为长久吸引顾客消费的动力。

促销策略单一是当下非油品营销面临的主要问题，多样的促销组合是说服顾客购买便利店商品的有力武器。如果能把非油品与油品或便利店内的其他种类商品联合促销，既可以带动非油品的销售，又可以带动油品或其他类便利店商品的销售，从而促进营业额的全面增多。

5. 成品油零售价格制定缺少数据分析，线上线下渠道尚待融合发展

在成品油零售的营销价格方面，存在的问题是成品油零售企业主要采取价格追踪策略，缺乏定价评估及决策意识，尤其是在成品油市场零售价格制定方面，缺少数据化的分析以及有效的数据分析手段，对成品油市场规模、客户状况以及客户真正需求等的分析不够准确。

在成品油零售的营销渠道方面，主要是由于成品油零售公司对市场现行情况的掌握分析不够全面，使得成品油零售的市场方案制定、销售点的数量以及布局等不够科学合理。同时宣传强度不够，对于成品油零售企业开展的各类优惠和促销活动，没有注重通过多渠道进行有效的宣传，未能充分利用新兴加油平台，线上宣传和营销渠道没有进行系统的整理，难以达到吸引客户的目的。

6. 开启综合加能站转型序幕，多能源服务定价标准不一

如今加油站数量已接近饱和，很多加油站都在朝着综合加能站转型，以成品油销售业务为核心，同时大力发展充电等新能源业务，以非油业务和其他配套业务为补充。这便涉及其他能源的定价问题。

加氢站的氢气 60~70 元/千克，部分地区通过补贴后最低为 30 元/千克。各地补贴标准不同，部分地区补贴前一度高达 50 元/千克，少的也有 5~15 元/千克。1 千克氢气跑 100~130 千米，百千米用氢成本超 50 元。部分地区加氢补贴见表 6-4。

表 6-4　部分地区加氢补贴

地区	加氢补贴
广东	至 2025 年实现车用氢气终端售价低于 30 元/千克
上海	价格不高于 35 元/千克的加氢站，2022—2023 年补贴 15 元/千克，2024—2025 年补贴10 元/千克
成都	价格不高于 40 元/千克的加氢站，补贴 20 元/千克

目前，新能源车充电桩充电的收费项目主要有电费、服务费、停车费三种。充电站收费模式主要是按量收费，即充多少度电就收多少钱，而每度电的价格则由“基本电费+服务费”组成。以广东某地为例，该充电站实行的是分时段收费。具体收费方式如下：停车费并非每个充电站都会收取，只是部分充电站会作为附加费用加收。广州白云区某区域充电桩的电价基本在 1.35 元/度、1.40 元/度、1.73 元/度，而车主充电除了交纳充电费用以外，每小时还要交纳 5 元停车费，24 小时内 40 元封顶。具体价格会受当地电价影响，不同区域之间价格会有所差异，即便是同一个区域，不同充电站之间，价格也有所不同。

（二）2023 年我国加油（能）站价格管理发展趋势

1. 多元竞争时代价格将成竞争利器

2023 年，随着成品油零售行业竞争者增多，该行业将进入多元化竞争时代，市场竞争将进一步加剧，这对成品油零售的价格管理提出了更高的要求。很多发达国家成品油市场的发展都经历了资源导向、利润导向、竞争导向及价格波动导向四个阶段。目前，我国成品油市场正处于第三阶段，价格竞争已成为市场竞争的主要手段，竞争主体数量增加，市场集中度下降，成品油行业整体利润下降。随后，由于市场竞争较为激烈，价格波动幅度较大，我国成品油市场将会进入第四阶段，即价格波动导向阶段，随着政策的逐步落实及行业重新洗牌，成品油市场平均价格将更贴近产业平均成本，成品油零售利润空间进一步缩小，并且价格波动频繁，甚至会出现加油站一天变更几次价格的情况。

目前，我国加油站成品油的销售利润不断降低，油品经营呈现出较为显著的微利化趋势。同时，加油站相应的非油品业务经营模式还不够成熟，盈利能力也较低。这使得加油站经济效益难以获得有效的保障。从市场总体情况看，我国成品油呈现较为显著的供大于求的现象，且成品油的需求增速也在不断放缓，进而导致加油站成品油的销售利润进一步降低，成品油销售量整体呈现较为明显的下滑趋势，相关企业亟须拓展业务内容，以实现更好的销量增长。

2. 快速跟进市场化动态价格管理将成最大难点

根据国家政策及行业发展，预计在近年内中国将放开成品油价格管制，行业将进入全面市场化运营模式，行业竞争将进一步加剧。这将倒逼成品油零售企业提升核心竞争力，加快产品结构调整。快速跟进市场化动态价格管理，将成行业最大难点。一方面，企业需要在国家指导价的浮动区间允许的条件下，充分考虑采用哪些手段灵活定价，例如针对不同销售区域、不同销售时段、不同竞争对手、不同产品类型区别定价。另一方面，企业需要根据在市场中所处的位置、市场的竞争程度、需求特点来判定企业对于市场的影响程度，结合销量进行量价互动。

通过提升品牌价值，开展增值服务，降低销售价格等方法，可以提升加油站的汽油销量。成品油销售想得到生存和发展，不仅要以利润为中心，还要兼顾网点布局、市场规模、品牌增值等。对于这些因素，企业如何侧重，取决于企业的发展规划与经营理念。在不改变现有外部经营条件的情况下，降低销售价格可以提升加油站的综合竞争能力，同时要保证价格竞争潜力不低于竞争对手，在竞争对手做出针对性的调整反应后，能够继续跟进并保持竞争力。

3. 加油站转型将带来多能源定价标准化问题

我国加油站转型已成为趋势，必然会朝着打造拥有“油气氢电服”为一体的综合服务体发展。这将带来一个如何把多能源定价标准合理化的新问题。各类能源由于来源和成本不同，需要分别制定相应的定价标准，既要注重差异化，又要将其看作整体来定价，以引导加油站顺利转型。我国能源消费合理化的基本途径是能源价格合理化，而能源价格合理化的基本标志是价格反映成本，因此只有能源价格不仅包含企业正常的内部成本，还要包含环境、资源等外部成本，即价格反映了能源的社会成本，能源消费才会自动调整到社会所能承受的合理水平。但实现多能源价格合理反映成本并建立相关标准还需要一定的时间。

4. 加油站自主定价将需要技术与工具支持

目前，欧美发达国家成品油市场的发展已经到了价格波动导向阶段。其特点是，整体行业利润非常低，竞争主体非常多，整体价格水平较低，但较稳定，波动频繁。随着我国成品油市场化的进一步深入，加油站自主定价会面临相同的情况。在这种情况下，加油站自主定价需要强有力的工具支持。一要识别主动定价和跟随定价模式；二要判断站点要实现的目标，如销量、效益、份额及多站协同等；三要通过实时数据采集竞争对手价格、促销活动；四要多次计算合理目标下的定价和营销方案。可以借助大数据、云计算、移动支付、车联网等科学技术手段，对客户数据、消费记录进行进一步挖掘分析，开展线上调研明确顾客的消费能力以及可接受的价格范围，制定合理的价格和营销方案。尝试采用场景定价，即依据不同场景的特性充分考虑产品的地域性和差异性，发挥自己的营收能力。

三、我国加油（能）站数质量管理现状与未来趋势

2022 年，“双碳”政策的引导以及能源消费结构的变化，推动综合能源服务站的数质量管理已成为大势所趋。随着全球化经济合作程度的加深及国际石油交易市场的开放，加油(能)站的发展策略也从数量型增长向质量型提升转向，作为运行管理的重要组成部分，加油(能)站数质量管理的重要性及受关注程度获得显著提高，但不容忽视的是我国加油(能)站数质量管理仍未形成完整的规范体系。2023 年，综合加能站的发展将进一步提速，各方面均需要完善，技术突破依然是关键，需要积极发挥规划引导和政策激励作用，统筹考虑各大能源供应能力、产业基础和市场空间，与技术创新水平相适应，有序开展能源技术创新与产业应用示范，避免一些地方盲目布局、一拥而上。同时，抓源头、堵漏洞，狠抓油品损耗管理，从而更加具有市场竞争能力。在此形势下，集合加油、充换电、加氢、餐饮、购物、精洗、换油等功能于一体的加能站发展前景巨大。

(一)我国加油(能)站数质量管理现状

1. 政府陆续出台行业规范，加油(能)站重视数质量管理

加油站油品数质量管理模式的完善与否严重影响加油站的长远发展，因此，国家政策非常重视加油站数质量的管理。我国政府分别于 1999 年、2004 年、2006 年及 2020 年下发专业性政策规范《关于清理整顿小炼油厂和规范原油成品油流通秩序意见》(国办发〔1999〕38 号)、《关于完善加油站行业发展规划的意见》(国经贸贸易〔2003〕147 号)、《成品油市场管理办法》(商务部〔2006〕23 号)、《加油站计量监督管理办法(第二次修订)》(国监局〔2020〕31 号)等文件对加油站市场经营范围、销售标准及数质量管理等方面做出了明确规定，为保证加油站行业发展规划制定的科学性和可操作性提供了有力政策依据，尤其是对加油站数质量管理

方面。2002 年 12 月 31 日，国家市场监督管理总局正式颁布加油站数质量管理标准及相关标准，并分别于 2018 年 3 月 6 日及 2020 年 10 月 23 日根据国家发展规划、市场需要及标准进行了第一次修订及第二次修订，明确了由国家市场监督管理总局对全国加油站计量工作实施统一监督管理，进一步加强了加油站计量监督管理，为规范加油站计量行为、维护国家成品油零售税收征管秩序、保护消费者的合法权益奠定了坚实政策基础。地方政府纷纷跟进。以北京为例，近两年北京多次发布与加油站行业相关的政策，且规范性的标准较多，主要对加油站油气、尾气的处理进行了标准修订。

加油站油品数质量管理是一项专业性、技术性很强的工作，同时也是加油站安全管理的重要工作之一。对加油站实行数质量管理，必须掌握加油站油品的基础知识、相关要求和规定，包括油品的接卸、验收、损耗及损耗管理、加油机校验等。加油站坚持质量合格、计量准确的经营理念，不断提升数质量管理水平，进一步彰显和强化品牌形象。一方面要对加油机计量手段进行监督，还要不断地对计量手段进行改良与革新，规范社会经济秩序；另一方面还要对人民与国家利益进行保障，维护双方的利益。如中国石油正在遵循"保证油品质量、保证加油数量、保证安全运行，以好的服务质量、好的加油环境达到用户满意"的宗旨，提高综合管理水平、综合形象水平、综合效益水平和综合服务水平。

2. 建立数质量管理规范，严格基础管理

数质量管理工作是加油站的一项重要工作，是体现加油站管理水平高低的重要方面。数质量管理具有影响范围广、管理难度大的特点。加油站要切实建立健全数质量管理规范，层层把关、环环紧扣地做好基础管理。一是加油机精度自校工作。邀请技术监督部门检验合格后方可继续使用，对计量精度超标的加油机立即停止使用。其中对加油机校验流程严格把关，验泵卡、维修卡由专人负责保管，严禁留在加油站内，杜绝经营风险，自校油品监督回罐。二是做好加油机防作弊工作。强化加油机铅封管理，在加油机主板、计量器、编码器等重要位置有效施打铅封并录入云平台，做好铅封施打相关台账、规范登记。三是严格把控油

品进出关。进油必须经过严格的质量检测，严禁加油站私自进油；运油利用 GPS 定位手段，监控油品承运车辆的运输配送过程；在加油站现场严格执行“卸油八步法”，严防混油情况。四是做好油品储存关。各加油站定期更换除水滤芯、测量水高，及时处理油罐底部水杂，确保油品及设备安全。

同时，采取“抓两头，控中间”的方法，从出库、运输、接卸三大环节狠抓损耗管理，有效降低油品损耗。“抓两头”，就是抓好油品出库和到站接卸，确保油品出库量准确，入站量足。另外，加强加油站数质量日常监管，每日加油站定期对加油站异常损耗进行分析，每月定期开展加油枪自校工作并对加油站铅封、进货验收、样品留存、甲醇检测等记录进行监督检查，切实有力提升加油站油品质量管理水平。

3. 加油站数质量管理水平参差不齐，加油计量达标率亟待提升

由于加油站经营不断开放，民营加油站数量已占总数量的 50%，成品油流通市场存在秩序混乱、多头批发现象，同时各类主体下的加油站、不同区域加油站的计量管理现状不容乐观。在加油机计量检测问题上出现了计量不够准确、温度太高无法修正、机器发生老化、管理流程不规范等严重问题。这不仅损害了消费者的权益，也损害了加油站的信誉，长此以往给社会和经济秩序带来无法挽回的损失。近年来，成品油质量不断提升，市场秩序向好，但仍存在缺斤短两、以次充好等问题。对此，国家高度重视、社会高度关注，市场监管总局已从不同层面部署开展了对油品计量质量的系列监管工作，执法稽查局也将油品质量专项整治纳入 2022 年“铁拳”行动。

随着燃油需求的增大，加油机的数量也随之剧增，社会对加油机的质量要求也会更加严格。加油机计量检测是否精准也是社会各界特别是消费者首要关注的问题。不可否认，中国加油站仍存在加油计量合格率低的问题。根据“诚信万里行”在 2020—2021 年千家加油站暗访调查报告中显示，符合国家误差值±3‰的检定标准的加油站为 800 家。同时随机抽测中国石化加油站 509 家，计量合格的有 469 家，合格率为 92%；抽测中国石油加油站 71 家，计量合格的有 54 家，合格

率为 76%；抽测民营加油站 424 家，计量合格的有 277 家，合格率为 65%。我国标准加油误差值应在 3‰以内，而目前国内主要加油站达标率仅为 79.6%，存在较大的提升空间。

4. 消除负面影响和不信任危机，狠抓典型问题的解决落实

加油站数质量管理关系到石油销售企业的信誉、效益和消费者的切身利益。在当今数字化时代，各类信息的传输速度及传播范围远超以往，各类加油(能)站管理方案的不良案例或负面新闻将极快地被人民群众所了解并引发社会舆论关注，尤其是关于数质量管理方面的问题将极大地引发消费者的不信任感，造成能源销售领域各行业各部门的信任度缺失，引发供能企业与消费者之间的社会阶层矛盾。如"问题油"事件、额定容积油箱缺斤少两事件、个别加油站擅自改动站内设备、使用不合格计量器具等事件的出现，不断给加油站的现场管理及服务敲响了警钟。另外，随着科技的发展，一些高科技作案手段层出不穷：更换加油机主板芯片、更改加油机精度、加油卡套现、盗取复制加油卡账号密码等，更加要求加油站要加强管理，提高数质量管理水平。对此，加油(能)站运营企业必须严格按照国家相关法律法规、行业规范、市场管理条例的相关监督办法对自身经营体系、管理结构进行实时调整，加强对自身运营期间数质量管理相关规定的监管与执行力度，以崭新的姿态服务社会、回馈社会。

我国加油站加强对油品数质量的管理也是企业适应日趋激烈的竞争的要求。在现阶段，加油(能)站数质量管理过程中，必须查清是否存在以下问题，包括：①制度落实率与落实力度不足，在制度实施过程中随意降低落实标准，管理上得过且过；②数质量意识还不强，责任制还没有真正落实到位，受文化程度等各个方面的影响，对于数质量的认识还存在误区，认为做好数质量工作只是安全数质量部门的职责，仍存在部门职责不清，执行力不强，落实不到位的现象；③数质量管理对于加油站员工的职业要求与现实存在差距；④数质量管理设施设备陈旧老化，在数质量管理过程中，对设施设备的维护、维修与更新是及时保证油品数质量的关键。

针对现阶段数质量管理过程中存在的问题以及数质量管理在加油(能)站管

理中的重要地位，结合数据与质量两方面提升管理水平，需要从以下几个方面予以纠正与改良：①加强数质量教育与培训。教育与培训是加强油站数质量管理的最直接的途径，只有从本质上提高数质量意识，才能更好地服务客户。加强数质量教育与培训主要包括转岗、新上岗员工的培训，员工技能培训与比武、计盘、校泵、化验(油库)技能培训等，另外还应加强加油站站长培训与班组培训。②加强沟通与联系。数质量管理不仅是安全数质量部门的工作，而且还涉及各个部门以及油站。在数质量管理过程中还应当加强零售部门、物流以及加油站相关人员的培训和技能的沟通。③加强执行力建设。规章制度的建立是为了更好地加强数质量的管理，在加油站数质量管理过程中要严格按照加油站数质量管理规定不断深入，做到成为一座计量准确、质量合格、让客户满意的良好油站，提高企业形象。④引入规范化、标准化以及风险三个概念。在作业过程中做到标准化，在技术管理过程中做到规范化，在作业与技术管理的过程中也要考虑风险的作用。⑤加强经营信息管理。经营信息管理是企业掌握加油站信息以及市场信息的最直接来源，故加强经营信息管理对于企业提高经济效益、及时调整市场策略具有十分重要的意义。⑥重视资源共享与经验分享。加大"站—站"间的资源共享与经验分享力度，在同一片区内建设样板站，逐步统一片区内具有该片区特色的经营模式。对于不同片区间的资源与经验分享，包括共享用户资源，合理配置与协调供求矛盾，建立与健全片区内加油(能)站监督与检查机制。

5. 加大数质量监督稽查力度，增强执行力

加油站数质量管理人员应不定期对加油站的加油机出口进行抽查测量，发现问题，严肃处理并通报。每季度对加油站油品进行抽样，送化验室检验，如为不合格油品，应严肃处理并通报，对剩余不合格油品进行销毁。对加油站进行抽查盘点，发生非正常损耗(溢余)，分析原因，报上级主管部门。

执行力是企业发展诸多因素中最关键的因素，是决定其他因素能否达到目的的最重要因素。销售企业要想实现又好又快的发展，就要在加强员工队伍执行力上下功夫，真正打造一个"招之即来，来之能战，战之能胜"的优秀团队。

（二）我国加油（能）站数质量管理未来趋势

2023年，加油站将着力创新完善加油站油品数质量管理模式，继续严格基础管理，狠抓责任落实，坚决杜绝跑冒滴漏，提升质量计量保障能力，努力实现“零损耗”的管理目标。

1. 数质量管理模式创新将会是提升加油站竞争力的内在要求

质量是企业的生命线，是加油站赖以高质量发展的基础。我国加油站油品零售行业的发展历程可分为三个阶段：计划经济体制下的官方市场阶段、改革开放后的卖方市场阶段和社会主义市场经济体制下的多种所有制竞争的买方市场阶段。竞争的形式也从简单的油品质量、计量与价格的竞争发展演化为业务延伸、服务质量与品牌价值的竞争。从目前我国加油站领域的发展及其对油品数质量的管理来分析，我国多数加油站在管理上仍处于粗放的管理阶段，降低了顾客对加油站的信任程度，造成加油站客源量的降低。加油站想要增强自身竞争优势的方法主要体现为强化油品数质量的管理。因此，加油站加强对油品的数质量管理是成品油市场激烈的竞争下催生出来的产物。其代表着整个加油站领域的一个发展趋势。只有在油品数质量的管理过程中创新管理模式、提升精细化管理水平，实现更加科学系统的管理，加油站才能保证自己的竞争优势。

2. 持续强化数质量管理，提升质量计量保障能力

提升全员质量意识，严格落实卸油、存储、加油各个环节的数质量管控要求，抓好非油商品质量管控，抓精服务质量提升，抓实VOCs全过程管控，全面梳理加油站质量计量管理中存在的薄弱环节，分析问题产生的根源，完善人防、物防、技防手段，从本质上提升质量计量保障能力。

油品数质量管理是以质量领先一步为方针，以质优量足为目标开展，要求加油站能够从采购环节、油库保管环节、运输环节等多个角度，保证油品的质量。

加强油库油品质量管控措施主要包括：一是加强入库油品取样化验，严把入库油品质量标准；二是加强卸油作业风险管控，认真核对车号、工艺，杜绝混油；三是加强储油管理，对储罐油品动转前后进行化验；四是加强付油前的油品化验，定期对储罐油品进行质量化验，确保出库前油品化验合格；五是加强储罐油品品号调整过程中油品质量管控；六是加强入库车辆检查，杜绝换装油品前未进行油罐清洗。

3. 加快研发并推出“绿色”油品，促进生态生产力不断发展

加强绿色生态化的发展是新时期经济发展的要求，加油站可以通过不断地研发生产“绿色”油品，促使生态生产力的发展。加油站加强对油品数质量的管理能够最大程度地降低劣质原油的产出与运用，降低劣质油品的运用对环境造成的各种危害。强化油品的数质量管理促使研发人员加强对汽油中的铅、烯烃以及芳烃等有害物质的控制，通过科学的研发促进各种污染物含量低的汽油的提纯，尽量降低柴油中的硫含量，以降低柴油在燃烧过程中产生的硫化物对空气造成的污染。

4. 将数质量管理纳入绩效考核，全面精细化管理落实是关键

一要完善制度，规范操作。二要强化业务培训，提高业务素养。提高员工素质或者精细化加油是提高精准度的关键。树立数质量管理精细化理念，针对数质量管理重点业务环节，强化加油站站长油品接卸、计量器具使用、加油机自校等方面的培训，进一步提升计量知识和计量操作技能。三要精细管理，落实责任。各管理岗位要签订 QHSSE 责任书，层层落实责任主体，把数质量管理指标细化到站长、领班，并和绩效工资挂钩，从严考核奖惩。严把油品进出关，紧盯关键环节，加大风险识别。组织专门人员定期抽查及严格按“四不两直”检查油库、接卸油、油枪校验等数质量管理风险节点，规范作业流程。四要严格日常管理，提升管理水平。加油站应主动联系地方检测机构，半年进行一次加油机检定，确保付油精度在国家规定范围内；强化加油站库存管理，及时有效分析损耗原因，堵塞管理漏洞；加大地罐交接管理及索赔执行力度，着力实现损溢有效管理。五

要强化进、销、存重点环节监控，落实措施强化关键环节监控。通过现场巡查和远程视频抽查等，强化卸油、留样流程监管，及时通报检查情况。提高加油枪的精确度，完善加油枪自校作业管理细则，对加油枪口温度、标准罐油温、校枪设备进行系数修正，对超标加油枪及时联系质监部门调整至合规状态，确保油品计量合格。六要加强设备巡查，杜绝跑冒滴漏。对加油站使用的计量器具及时送检，及时调整液位仪差异，保证加油站计量数据合法有效。强化加油机风险管理，定期检查加油机各个部位、零件的技术状况。易磨损的机械部件要保持表面清洁，对异常损耗有效进行控制，多种形式开展损耗降耗活动，认真分析原因。

四、 我国加油（能）站数智化管理现状与未来趋势

当时代的洪流来临时，大到中国经济大盘，小到各行各业，都需要顺势而为。数智化浪潮，就是这样一道分水岭。

什么是数智化？本质上就是以用户为中心，通过数字技术与业务、运营、管理深度融合，实现降本增效，优化资源配置，重塑价值链条和业务生态，构建新型竞争力。可以用一句话总结为“无数据，不智能；无智能，不商业”。

数智化并不是突然冒出来的，而是经过一个循序渐进的过程。从最早的信息化到数字化，再到今天的数智化，既有新技术应用的逐步深入，又有企业应用场景、业务耦合度和智能化程度上的竞相登场。

信息化往往关注企业内部流程和优化，以 ERP、CRM 等封闭式、烟囱式的软件系统为主；数字化则更进一步，依托于信息化基础，以用户为中心，以数据作为关键生产要素，推动业务模式、商业模式创新；数智化是数字化的延伸和高级阶段，引入人工智能、IOT、区块链、数字孪生等前沿技术，业务的智能化程度更高。

麦肯锡发布的《中国的数字化转型：互联网对生产力与增长的影响》报告认为，随着企业加速引入数字化技术，包括产品开发、供应链管理、市场营销和客户互动的各个运营环节势必更为流畅。互联网的运用将在 2025 年前带动中国劳动生产率提升 7%~22%。

企业必须为快速的变化和激烈的竞争做好数智化转型准备，变革公司文化、策略、运营、组织架构和合作伙伴等方方面面。近年来，加油站在能源零售形态上的升级过程，就充分体现了这一点。

纵观国内整个加油站行业，数智化管理水平呈现参差不齐、发展不平衡的特点，从高到低依次是外资、合资、央企、地炼和民营加油站，这与加油站所属企业的数字化程度有正相关性。

未来 2~3 年将是加油(能)站智能管理水平亟待提升的关键期，这直接关系到在新能源的全面冲击下，加油站是否能够在存量市场的竞争时代，最大化地挖掘最后一桶金。加油站的数智化仅仅是通往未来“星辰大海”的第一步，如果在这一步不能打好数智化的基础，未来也就丧失了机会。

(一) 我国加油(能)站数智化驱动因素

1. 碳中和加速能源减碳，鼓励加油站数智化升级

“双碳”目标是推动加油站数智化升级的主要力量。

目前，我国碳排放量 103 亿吨左右，居全球第一，单位 GDP 能耗是全球的 1.5 倍。其中，交通能源减排是主战场之一。交通能源减排及使用效率的提高，推动着加油站转型与数智化升级。

针对加油(能)站的数智化转型，从中央到地方政府，也发布了一系列支持政策。2022 年 11 月，工业和信息化部发布《石化行业智能制造标准体系建设指南(2022 版)》，到 2025 年，要建立较为完善的石化行业智能制造标准体系。2021 年 12 月，国家能源局发布《“十四五”能源领域科技创新规划》要求，先进信息技术与能源产业深度融合，电力、煤炭、油气等领域数字化、智能化升级示范有序推进，推动能源互联网、智慧能源、综合能源服务等新模式、新业态涌现。

2. 监管政策收紧，加油站走向规范化

随着金税四期上线，成品油市场监管力度加大，加油站税务稽查趋严，将进一步推动加油站规范发展，加大加油站的经营成本。加油站行业的合规升级推动着加油站数智化升级。

3. 油电切换加速，多元业态升级，数智化权重提升

当前，交通领域的油电切换不断加速，加油站向油、电、氢、气的多品类综合能源补给模式进化是不可逆的过程。我国新能源车高速发展，连续 8 年销量居

全球第一。2022 年新能源乘用车渗透率约 28%，2023 年新能源乘用车总销量将达到 850 万辆，渗透率将达到 36%。

预计燃油车保有量在 2027 年达峰，后逐年下降，电动车、氢能汽车等新能源车比例将持续升高。相比汽油柴油，充电桩、场站运营一开始就流淌着数智化的血液，从智能找桩到设备远程监控、状态感知、故障诊断、安全保护，充电服务需要贴上数智化的标签。

（二）加油（能）站数智化管理是基于大数据精准决策的管理新形态

加油站的智能化管理，可以理解为利用数字化技术，围绕加油服务和非油品消费的全场景，通过客户服务数字化和运营管理智能化，提高运营效率，保障运行安全，提升客户体验，实现降本节费提质增效（见图 6-3）。中国石化在“十三五”期间，围绕“从加油站向综合服务站转变”这一核心课题，开展了智慧加油站

图 6-3　加油（能）站智能化管理示意图

建设，主要采用移动支付手段和新一代人工智能技术，改善用户加油体验，增加用户黏性，做好“客户画像”和精准营销，试点无人便利店等新零售理念，油品销售和非油品销售全面升级，打造新一代智能加油服务站。从加油站智能化的成熟度看，核心在于是否做到客户服务数字化和运营管理智能化。

1. 客户服务数字化

客户服务数字化就是要建立以客户体验最佳和客户价值挖掘最大化为目的的客户营销服务生态体系，主要包括四个阶段及相关步骤。

第一阶段：全渠道化。一是核心用户实现移动连接和会员体系建立，包括建立与客户产生连接关系的 App，以及相应的积分体系和客户忠诚计划；二是产品服务实时在线，包括上架多种商品等；三是借助移动互联技术，优化用户体验，包括加油移动支付或无感支付、积分抵扣购买商品、加油站优惠提醒、加油站导航等；四是建立全渠道销售和服务体系（O2O），包括链接传播渠道，链接线上/线下交易点，链接传统和移动端服务触点；五是建立“移动社会化”营销能力，包括创建社交化营销活动、基于社交化渠道传播、全员营销。

第二阶段：社群化。通过建立用户社群，诸如车友会等，实现 P2P 互动。

第三阶段：数据化。一是用户大数据有序沉淀，包括形成大数据用户画像，构建基于大数据的推进引擎；二是按照用户画像，建立个性化的营销和服务，围绕每个车主推荐个性化服务。

第四阶段：平台化。通过建立“人车服务市场”平台，招商运营，主要包括车后本地服务商家、车品电商、代办业务以及其他出行服务。

2. 运营管理智能化

运营管理智能化就是通过智能设备、智能运营、智能营销、智能服务和智能决策，围绕运营效率、运行安全和客户体验三大诉求，做好一系列的运营管理工作。从技术维度看，主要要做好以下三项工作：

第一，设备智能化。一是引入智能设备，提升加油站运营及服务的智能化程度，包括站级设备统一标准、统一控制，消除油非设备壁垒，逐步实现智能化；二是在满足安全标准的前提下实现 Wi-Fi 覆盖，支撑移动设备应用，提升客户体验满意度；三是引入智能机器人等自动执行设备，提高运营效率，减少运营成本。

第二，建立站级物联网平台。这是实现智能网联的基础。通过搭建站级物联网，统一连接所有的站级设备，实现数据标准的统一和设备管控的统一，做到数据实时上报，状态实时监控和设备的实时管控。

第三，搭建大数据分析平台。大数据分析需要具备数据挖掘、实时分析、可视化三项核心能力，才可以支撑客户数据和运营数据的智能分析。通过搭建大数据分析平台，才可以实现客户数据分析。通过客户 360°视图、客户分群、交叉营销、精准营销等数据分析应用，实现对客户准确认知与高效互动，为创新商业模式和生态体系建设（如互联网金融等）奠定基础，创造新的盈利增长点。同时，通过站级运营数据分析，可以辅助解决运营瓶颈，提高运营效率，继而通过油站细分，实现“一站一策”，提高资源配置效率与投资回报。

（三）我国加油（能）站数智化现状及实践

1. 我国加油（能）站数智化管理现状

（1）我国加油（能）站运营管理水平现状。

我国加油（能）站运营管理虽已积累了不少经验，形成了一套制度化的管理框架，但总体上看仍存在不少问题。

一是加油（能）站单站销售额不高。据调查显示，我国的加油站平均每站每年销售量仅 3900 吨，而韩国则为 6000 吨，单站年销量远高于我国。我国加油站普遍存在着营销方式单一，加油站服务功能和方式单一的情况。这主要是因为长期以来国内加油站油品零售企业将自身定位在销油、加油服务上，在投资、设计、建设上都未考虑到多元化经营、多功能服务的需要。

二是加油站整体管理水平不高。我国的加油站营销方式非常单一，整体的服务功能、方式也不复杂，主要集中于加油站的定位方面，对于加油站的油品销售、加油服务等很重视，而对加油站在投资设计、建设效益测算上没有充分考虑加油站经营理念要多元化。在具体的营销上，各个企业之间进行低价销售以拉拢顾客，把价格竞争作为主要手段，不能够有效地把控市场。

三是加油站劳动效率不高。无论是国企还是民企，加油站管理风格、内部考核和员工激励方式相对较为单一，精神激励较少，并且激励面相对狭窄。因此，在工作实践中，员工的参与度、积极性相对较弱，也致使加油站人均销售量与预期标准相差较远。

(2) 我国加油(能)站智能化管理成熟度情况。

加油站全价值链的数字化水平，是综合判断加油站智能化管理成熟度的可行标准。从这个维度看，全国加油站智能化管理水平表现为重硬件投入、轻软件服务，重单站投入、轻整体提升。

从加油站的全价值链看，围绕人、货、场，可以分为三大部分：针对人，就是客户关系管理和员工的绩效管理；针对货，就是涉及油品的采购、运输、存储、销售；针对场地，就是加油站的各个场所，包括设备区、油罐区、加油区、营业室、非油品卖场等。总体来看，中国加油站对于货和场的硬件投入以及维保管理上，一直保持持续地投入。在针对客户的全生命周期管理以及员工的数字化管理方面，相比硬件投入，无论投资额度，还是管理力度，重视程度差距都很大。客户全生命周期的数字化管理还处于起步阶段。

总体来说，与零售业态的其他行业相比，我国加油站整体尚未达到智能化管理的水平，仍然处于从信息化迈向数字化的换挡转型期。

2. 我国加油(能)站数智化实践

开源、节流、提效率是加油站新旧路径切换的三个核心问题。

从开源层面看，加油站需要创造更多的收入来源，比如增加非油品业务、开设便利店、引入餐饮品牌、提供车辆维保服务等，同时向综合能源服务转型升级，增加电、氢、气等能源品类，服务更多车主，增加营收空间。

从节流层面看，通过数字化管理降低经营成本，通过精细化客户管理降低获客留客成本，是加油站节流和提效率的重要抓手。

数智化是加油站提升效率的必然手段，但想要打造数字化和供应链能力并非易事。于是，与行业成熟的服务商合作，成为普遍选择。能源数字化企业为加油站提供数字化管理工具、多种能源品类、综合商业服务、品牌升级、供应链服务等全方位赋能，帮助油站实现开源、节流、提效率。

通过合作，从链条、单点上的突破到全链条推进，是中国加油站数智化升级的重要特征。从上游炼厂的储存、油品运输，再到油站的零售环节，数字化全链条应用，让上游的供应链更高效、更透明，可根据下游需求灵活、快速响应，加油站的运营管理更加高效，上下游合作更紧密。

（1）打造数字化能源供应链。

目前，加油站的数智化已从最早的零管系统、支付、安全管理向上游的炼厂及运输环节扩展。通过数字化升级，采用 C2M 模式，聚合终端油站需求，再向上游炼厂集采，可帮助加油站降低采购成本。而且利用可视化技术，让能源供应全程可视化，可实现车辆在途的跟踪，实时掌握货物运输情况，如车辆实时位置显示、查看运输轨迹、运单回放等。

从能源供应链痛点切入，通过全套智慧物流解决方案，打通能源产业上下游，用数字化重新定义能源供应链。其带来的好处也是显而易见的：油品可直接配送，中间过程可控货、控车、控仓，能真正实现生产源头的数据化、油品来源的溯源化、运输过程的可视化。

（2）管理是重头戏，让数智化进入深水区。

对于加油站来说，提升油站销量、获客，提升客户的消费频次和忠诚度，以及在经营效率上下功夫，是关乎油站生存能力、盈利水平的重头戏，也是最早接触数字化的环节。如统筹能源和非能源业务的零管系统，方便财务核算、清分结算、经营分析、发票管理的财务管理软件，同时还在数据分析方面引入智能化工具，对顾客画像、打标签，以可视化的视角来精细化运营等。

零管作为油品管理的关键环节，是工作的重中之重。油品进仓后要及时上传系统，填报当天的销售数据。这样管理者才能实时掌握油品进、销、存状态，后续才能有针对性地进行定价、促销。

财务结算环节数字化后，可大幅减少人工参与因素，可自定义导出各个受理渠道、支付方式的结算明细表，对到账资金进行核对，油品、非油品均可一键定制输出。没有数智化的辅助，即便是财务对账与员工绩效管理，也是一件耗时耗力的事，还容易出现纰漏。过去，员工管理仅凭人盯，很难做到全面、客观。随着数智化程度的提升，通过员工定向二维码，可多维度统计员工的绩效数据，不同角色、不同权限的权责分明，服务评价一目了然。

此外，加油站往往存储了大量易燃易爆汽柴油，安全管理至关重要。安全管控方面，从加油岛、服务区到卸油区、电力等所有区域，传感器、摄像头、安全管理系统、自动报警系统等数字化软硬件得到广泛应用，可以全天候对危险行为检测分析，在减少人工成本的同时，也进一步降低了加油站存在的安全隐患。

（3）会员管理与营销强弱决定竞争力。

会员管理及营销系统是加油站数智化的另一片新天地，也是打通全链条、决定用户体验优劣的关键一环。

过去数年，加油站的数智化沿着链条节点不断升级，上线了不同品牌、异构的系统，导致孤岛现象突出，单一管理节点的改造，无法提升整体运营效率。拿付款流程来说，背后牵涉会员系统、油机系统、零管系统、支付系统、发票系统等诸多环节，只有通过顶层设计，进行系统化、全方位地升级和重构，才能在业务和用户体验层面带来立竿见影的效果。

通过会员精细化管理、客户等级及分群、灵活的积分规则、成本控制和安全管控、创新的营销方式等，油站发起的营销活动可调用客户分群、标签数据，通过短信、微信、小程序等渠道精准触达目标客户，帮助加油站提升效益显著。

（4）数据是指导加油站经营的仪表盘。

数智化后的加油站，更像一个智能生物体，各个环节、触点具有感知全局的神经末梢，快速传递信息的中枢，进行加工处理的“心脏”，以及具有认知、决策能力的智能“大脑”。但这一切运转起来，都有赖于数据“血液”的流动。

加油站的数智化，数据的采集、分析和决策，贯穿了上游的油品供应链到日常经营管理、会员营销、服务评价的全链条。油站的经营情况、营销效果、客户动态、员工绩效等数据，后台汇总后自动形成可视化报表，可随时查看收益增长表现和趋势。而且，数据还可以自动导入、导出，支持小程序的手机端远程查看。

过去，没有数据大脑的支持，油品定价、促销优惠、会员管理等，只能凭着经验、粗略估算进行决策，经营管理相对粗放。各个环节上的数据打通后，就真正具备了精细化运营的能力，可以进一步降低经营成本，提升人力效率，实现销量上的稳步增长。

随着加油站竞争加剧，数据驱动的数智化水平的高低决定加油(能)站的生存状态。

（四）我国加油(能)站数智化管理未来发展趋势

1. 数智化是向综合加能站升级的第一步

随着“双碳”目标的加速，以及油电切换拐点的临近，传统加油站向“油气氢电服”的综合能源补给服务升级是必然趋势。未来 2~3 年内，加油站能源品类多元化、业态丰富化是大势所趋。LNG、CNG 业务，从加氢站到充电桩、换电站，再到便利店、餐饮、车后维保等非能业务，甚至是未来的光储充一体化业务，将成为加油站升级可以选择的路径。

从美国、日本、欧洲等国家或地区的加油站经营模式上，也能窥见一斑，非能源业务利润占比远远高于国内加油站。美国加油站与大型购物中心、汽车旅馆、车后服务、餐饮集合形成了综合服务体，其非能源业务占了总利润的 40%。日本加油站则提供汽车年检、零部件相关服务，通过自动售卖机提供食品和水，有 50%左右的利润来自非能源业务。德国加油站汇聚了便利店、汽车美容、快餐厅、咖啡等服务，非能源业务甚至可贡献 70%的利润。

除了非能源业务需要数字化支撑外，从储能到虚拟电厂、更精细化的能源管理、能源物联网都带有数字化的基因。所以说，当前加油站的数智化仅仅是通往未来“星辰大海”的第一步。但如果在这一步不能打好数智化的地基，未来也就丧失了机会。

2. 自动化体验，从 Pass Buy（路过购买）到 Auto Buy（无人驾驶的智能能源补给消费）

对于智慧能源零售的概念，不同企业有着不同的模式。

有企业认为，“智慧”是技术赋能所带来的高效运营方式及零售演变形态，利用互联网、人工智能等先进技术，从数据、计算、连接和体验四个方面，凸显“数智化”的全新运营方式。还有企业认为，从最早的 Pass Buy 到 LBS Buy（基于地理位置购买），最终通往 Auto Buy 模式。

1888 年，德国人伯莎·本茨驾驶着敞篷三轮汽车，前往 144 千米外的母亲家。在旅途中，伯莎不得不找农村铁匠铺修理断掉的链条，并多次购买汽油。这是最早的 Pass Buy 模式。而后，智能手机逐渐普及，基于地理位置的 LBS Buy 模式出现，再到加油 App 出现后的 Data Buy（基于数据指导购买）模式。

应用智能化的油站数字化解决方案后，车主进入加油站，位于油站立柱上方的识别摄像头会自动识别车辆、车主信息，并将结果推送到油站 POS 机、智慧油机和智慧大屏等各个终端。车主通过智慧油机大屏确认枪号、金额，并选择微信、支付宝、刷脸等支付方式，付款后，智慧油机自动打印小票，省去了进入便利店排队扫码的环节，大大提升了用户体验满意度和加油效率。

未来三年内，Auto Buy 模式将会出现，成为智慧能源零售的新形态。在激光雷达、高精定位导航技术深度应用后，可实现用户及车辆的自动感知、自定位、自主智能控制等功能，车主加油、充电的智能化体验会进一步提升。

3. 数智化与绿色能源协同发展推动减碳

加油站一定会走向低碳化，这是互联网、物联网向产业端延伸的必然。

工业领域向工业互联网的升级早已开始，电力行业的柔性输电、智能电网等也如此。从加油站到加能站，绿色能源的比例会越来越高。“智慧能源零售+光储充+虚拟电厂”的源网荷储一体化形态，是行业发展迭代过程中自然形成的创新模式和体验，也是数智化的终点。

世界经济论坛数据显示，到 2030 年，各行业受益于 ICT 技术减少的碳排放量将达到 121 亿吨，其中能源领域超 18 亿吨。从发电行业来看，IEA 预测，采用数字化技术，可使 2016 年至 2040 年的年发电成本降低 800 亿美元，相当于全球发电总成本的 5%。

未来 2~3 年，能源数字化企业大有用武之地。通过输出服务全产业链的数字化能力，可帮助加油(能)站降本增效，推动能源行业升级和能源结构转型。

五、 我国加油（能）站资源（包括油品、非油品）采购管理现状与未来趋势

2022 年，我国加油(能)站资源采购市场格局稳定、竞争激烈，采购渠道多样、流程标准化，油品和非油品采购需求旺盛，为加油(能)站的经营发展奠定了良好的基础。2023 年加油(能)站资源采购需进一步了解市场情况和购买需求，认识内外部发展机遇，降低采购成本，提高采购效率，促进多元化经营和一体化营销，从而提升加油(能)站的综合竞争力。

(一) 我国加油(能)站资源(包括油品、非油品)采购管理现状

采购管理涉及的是计划下达、采购单生成、采购单执行、到货接收、检验入库、采购发票的收集到采购结算的采购活动全过程，旨在对采购过程中物流运输的各个环节状态进行严密地跟踪、监督，实现对企业采购活动执行过程的科学管理。加油站采购管理主要包括油品采购管理和非油品采购管理。油品采购是加油站采购的基础，质量高、低成本的油品是加油站盈利的关键。非油品采购主要包括天然气、氢气、电等资源以及设备设施、便利店商品等物资的采购。从非油业务发展的空间来看，非油业务利润占总销售利润比例虽然较小，但存在较大的发展空间。

1. 油品采购管理现状

(1) 市场格局稳定，采购竞争激烈。

21 世纪以前，中国石油、中国石化分别占据北方和南方的成品油零售市场。进入新世纪后，两大集团打破南北格局，互相渗透，与民营加油站共同发展。近几年，国家进一步放开成品油市场，已形成了中国石化、中国石油占据主渠道，中国海油积极参与，社会经营单位、民企、合资石油公司共同发展的多元化格

局，竞争日趋白热化。

当前，加油(能)站采购市场上主体多元化、竞争日趋激烈，加油(能)站行业整体呈现双寡头局面，中国石化和中国石油占据市场一半以上份额，其他国企及民营企业整体份额较小。就成品油零售结构占比情况而言，中国石化主要以零售市场(加油站)为主，中国石油整体零售份额较低。受零售市场竞争日益激烈、社会站油品成本较低而发展较快等诸多因素影响，中国石化和中国石油成品油零售份额持续下降。

(2) 采购因地制宜，进货渠道多元化。

在油品采购方面，我国加油(能)站依据自身地域和需求选择不同的渠道。中国石化、中国石油、中国海油三大国营加油站的油品都是从系统内有资质的大型炼油厂或者国家储备的油库进油。国营加油站受政府的直接管控，在油品供应和油品质量上都比较稳定。国家控股的石油公司与私人或者企业联合开办的加油站也是从国家储备的油库或有资质的大型炼油厂进油，油品质量也比较有保障。民营加油站的进货渠道则相对比较复杂，大多是从中小型炼油厂进油。中小型炼油厂为了争取市场份额，往往压低价格，其设备和工艺技术水平相对偏低导致汽油质量略差。

对于其他设备物资，我国加油(能)站通过电商采购平台，实现互联网物资采购一体化操作，下载手机 App 后可以随时采购，同时也可以随时查询物流动态信息。此种物资采购管理方式可以极大地拓展采购工作的时间以及空间。通过电商平台可以实现灵活下单，并不需要过多追求物资需求的历史信息。但是合作的电商企业比较单一，缺乏充足的用户体验。

(3) 库存物资超储和积压，库存管理水平有待提升。

我国加油(能)站存在一定的库存物资超储和积压现象，影响了企业的经济效益。产生物资超储的原因非常复杂，有些是因为早年形成的积压，有些是由于技术升级或产品更新换代等导致库存物资闲置，还有一些单位未能按照市场的实际变动情况及时调整需求，盲目执行采购计划。

加油(能)站的油品销售周期一般比较稳定，应严格把好油品流转中的进、运、收、发四关。采购油品之后，要落实计量交接管理制度，由加油站站长负责油品收发数量的把关，计量员负责油罐车拆封、施封、容积检测及督促定期校验加油枪，保证发油准确率。要加强加油站管理，落实责任，严格执行《加油站管理规范》，不能走过场，对加油站库存管理决不能形同虚设。按月实地盘点，由总部管理人员直接计量、核实库存，做到盈亏心中有数。对加油(能)站便利店的商品采购，工作人员要做好消费者需求记录，及时进行库存商品的补充。可以先按季度对商品进行试销，试销商品如果可以达到该品类的平均销量，就可以考虑进行长期的引进。便利店要关注畅销、滞销和促销的商品数量，及时进行订货数量的调整，定期清理滞销商品减少库存，避免库存的积压。

2. 非油品采购管理现状

(1) 直采直供，采购范围广、较分散。

石油石化销售企业的非油业务主要是指依托品牌优势资源、加油(能)站的自有网络和客户资源，提供成品油销售以外的商品和服务，主要包括便利店(站内、站外)、快餐、汽服、广告等满足顾客延伸需求的商业活动。目前，全国加油(能)站超过11.5万座，为了抢占客户，基本都开设有便利店、汽服、广告等业务，非油业务发展全面而迅猛。通过推动加油(能)站非油业务发展，提升综合竞争力，创造新的利润增长点，已成为成品油销售企业的共识。

我国大型石油销售公司非油业务在近年来快速发展，中国石化和中国石油的石油销售企业分别建设了“易捷”和“昆仑好客”品牌便利店，并将非油业务作为混合所有制改革迈向市场化、专业化发展的重要一步。随着非油业务的快速发展，非油品的资源采购管理要求也逐步提高，通过直供直采的方式，切实保证更高的货品质量和更低的采购成本，以保证加油站更高的利润空间。国内能源物联网和新零售平台与蒙牛、怡宝、好利友、苏宁易购、可口可乐、百事、统一等众多知名品牌商建立合作，打造了具有非油资源超级供应链，为数十个省区市数以千计的加油站提供非油产品供应服务，并助力加油(能)站在节日促销、会员回馈等重大节点上，推出创意十足的营销方案，吸引新客户，锁定老客户。

（2）采购管理难度大，采购受多种因素制约。

整体来看，目前我国加油(能)站非油品经营还处于发展的早期阶段，在销售规模、盈利能力、品牌影响等方面还存在巨大发展空间。目前，我国加油(能)站非油品的采购还受到一些因素的制约。加油(能)站非油业务开展时间较短，非油业务分散度高、流程复杂、专业性强，比油品销售管理难度更大。由于各地经济发展不平衡，收入水平存在差异，消费习惯也不相同。有的加油(能)站便利店在设置前，没有进行目标市场调研和当地消费考察，便利店选址不合理，销售的商品与顾客需求存在差距。这些加油(能)站的非油盈利能力普遍较弱，部分便利店甚至亏损经营。国内加油(能)站大部分建设时间较早，站房设计时未考虑非油业务的发展，现有加油(能)站的便利店空间狭小，布局不合理。加油(能)站经营者要根据实际情况调整非油业务的发展策略，采取有效措施实现专业化采购，创新非油品采购模式，形成稳定的利润增长点。

（二）我国加油(能)站资源采购管理发展趋势

采购业务是加油(能)站长期稳定发展的关键，贯穿于加油(能)站经营的全过程。在实际运行中，涉及的商品类目繁多、业务流程复杂。未来做好采购的管理可避免对加油(能)站带来不必要的物资损失和资源浪费，建设完善的采购业务内部控制体系势在必行，是维护加油(能)站的正常经营活动的基础。

1. 油品采购管理的发展趋势

虽然加油(能)站在市场竞争日益激烈的情况下经营业务由单一的油品销售逐渐向多元化经营转变，但是决定客户消费的第一需求仍然是加油(能)，所以对油品采购的管理仍然是加油(能)站采购管理的重要环节。

（1）采购质量将更加稳定化。

油品质量管理是加油(能)站采购管理的重要环节，保证油品质量的稳定性是重中之重。未来会更加注意油品抽检的质量，在接受相关部门的油品质量检查与抽查时，将对检查人员的身份进行确认和验证，以保证安全性；抽检结束以后，立即将自留样进行送检，并将抽检情况报安全数质量部门，尤其对抽检结果进行跟踪汇报，以保证更好的改进。在此基础上，采购油品的质量将越来越稳定，也将避免油品质量低下的情况出现。

（2）采购速度将更加高效化。

首先，未来会更加重视对油品采购各个环节的管理，包括采购计划、订单管理、发票校验等。对加油(能)站提前做好采购计划及执行路线；以采购单为源头，对供应商确认订单、发货、到货、检验、入库等采购订单流转的各个环节进行准确地跟踪，实现全过程管理；注重采购结算管理，进行发票校验等。其次，坚持以价差管理为核心，把是否实现价差最大化作为评价当前经营成效的关键。基于资源顺推法，完善效益分析模型，统筹经营要素，明确量效目标，把握采购节奏，通过精算量效账实现增量保效。最后，将简化审批环节流程，灵活运用现代化技术手段，有效加强线上采购的时效性，提高油品采购的工作效率。

（3）供应商管理更加科学化。

未来，可以通过与供应商谈判、邀请供应商到公司参观、公开招标等手段，寻找更多的合适供应商，并与之建立长期合作关系，签订长期供油协议，为公司争取最优政策支持。积极与各供应商建立友好合作的战略伙伴关系，将采购管理效能的优势全面体现出来。同时，对供应商可从外采油品价格、质量、供应能力以及综合管理水平等方面进行分级管理，着手建立完善的供应商评价体系，实现供应商性价比管理最大化。

（4）采购模式将更加数智化。

随着数智化时代的到来，传统的采购管理模式已跟不上时代的进步，需从整体出发创新采购管理模式。通过“互联网+”、大数据、人工智能等技术将帮助企业实现采购管理的数字化转型，也是企业规范采购管理、强化管控能力、实现降本增效的必由之路。在各部门间搭建有效沟通交流平台，全面把握市场行情，结合价位高低、资源宽紧、价差顺逆、经营品种的不同，把握时间趋势，调整优化采购策略。同时，将密切关注国际油价变化和国内市场供需走势，灵活把握外采结构和各阶段采购规模，以降低油品的采购成本。

2. 非油品采购管理的发展趋势

虽然国内各地加油(能)站非常重视非油业务的建设与发展，并取得了不错的效益，但大部分加油(能)站的非油业务尚处于初期阶段。反观国外加油站，在其利润构成中，油品收入所占比例极少，大多数营收主要由非油业务贡献。在未来成品油零售生意越来越难做的情况下，非油业务会给国内加油(能)站的经营打开新大门。各地加油(能)站将在借鉴国外经验的同时，制定出适合自己的发展策略。在开展相关业务的过程中，对非油品的采购管理尤为重要。

(1) 多元化采购渠道，打造商品生态圈。

未来将从横向和纵向两个维度去拓宽非油品的采购渠道。一方面，增加现有非油同类产品的供应商数量，增加加油(能)站的议价能力；另一方面，不断开辟新的非油业务，开拓新产品的采购渠道。

积极寻找与汽车用品周边市场生产企业的合作，扩大产品门类，打造完备的产品及供应链方案，为加油(能)站提供便利店全品类商品，如饮料、酒水、日用百货、粮油调味、车后用品、清洁用品等，满足客户多种需求，打造商品生态圈。同时，利用加油(能)站采购量的优势，发挥渠道特点，获得更多的采购价格优势，在定制类产品方面做出特色。

(2) 创新与供应商合作共赢模式，提升盈利空间。

未来将积极加强与非油产品供应商沟通联系，创新合作模式，比如金融、车后、生活业务。不断推进非油直供与全国数百家供应商达成合作，满足加油(能)站便利店促销商品供货、日常赠品供货、节日礼品供货等多种需求。在此过程中，与合作商家目标市场一致、互惠互利，共同运用“互联网+”思维，开展异业合作，为客户提供更加丰富的产品和服务，满足客户的营销需求。

另外，非油直供将为加油(能)站带来较低的采购成本和较高的产品品质。石油公司要与国内多家知名品牌商、经销商达成战略合作，以直供合作模式，获得更好的品牌资源以及更有优势的源头价格，为加油(能)站降低采购成本，留出更高的利润空间。

(3) 制定采购管理制度，加强对采购成本的管理。

在采购成本核算过程中，加油(能)站将综合考虑采购品的价格情况，确保成本核算结果的精准性与合理性，但在实际操作过程中，采购成本很容易受到各种因素的影响，具有不确定性。因此，加油(能)站要结合自身的采购需求以及市场上的商品价格，制订一套科学、合理的管理制度，以确保其在采购过程中的正规化。

在具体的采购和成本控制中，将严格执行采购工作流程、不断健全与完善采购管理制度；加强对加油(能)站采购流程的控制；加大对物资采购工作人员的培训；引入新时代信息技术，提高采购成本管理效率，从而在保证企业良好运行的前提下，降低采购成本，稳固加油(能)站的经济成本，为企业的高效发展奠定扎实的基础。

总之，合理加强加油(能)站的采购管理，把控采购成本，提高采购效率，未来将有助于多元化经营和一体化营销。未来，将建立“互联网+加油站+便利店+异业综合服务”多元化经营模式，提升加油(能)站的品牌和形象，增加新的利润点，同时也促进成品油的销售，形成良性互动，实现资源整合、优势互补、生态圈中各利益群体的互利共赢。

六、我国加油（能）站油库管理现状与未来趋势

（一）我国加油（能）站油库管理基本情况

1. 全国油库基本情况

目前，成品油油库已进入布局优化阶段。2017—2022 年，随着我国汽车保有量不断增长、基建快速推进，国内汽柴油需求呈上升趋势。但国内成品油油库并未随之继续增加，主要有三方面原因：一是随着地方炼厂获得原油进口配额、多个民营炼化一体化项目建成投产，成品油市场竞争日益激烈，主营单位份额萎缩，部分地区不再需要较多油库进行周转；二是国内需求区位结构发生变化，需求重心逐渐南移，东北地区油库冗余得到优化；三是油库是成品油销售企业重要的成本支出单位，优化其布局和数量已成为各主营单位提质增效降本的重要手段。

国内成品油油库库容“先涨后跌”。2017—2020 年，全国油库总量及总库容不断增加，2020 年油库总数较 2017 年增加 61 座，年均增速为 1.6%，总库容增加 580 万立方米，年均增速为 2.7%。2020—2021 年，全国油库总数增速放缓，但数量仍在增加，但总库容开始下降，油库进入布局优化阶段。一方面，全国油库总数的增加说明成品油需求增长地区仍需要新建油库。西南地区成品油需求仍在增长，为满足市场需要各经营主体需要新建油库，但新建油库平均库容较小。另一方面，总库容下降说明各经营主体关停了分布在需求下降快、库容大且周转效率低的地区的油库。2021—2022 年，全国油库总数与总库容均下降。2017—2022 年，全国成品油油库总数与总库容变化情况详见图 6-4。

国内成品油单库库容“先增后跌”。2017—2019 年，单库库容不断增加，2019 年单库库容较 2017 年增加了 0.21 万立方米/座。2020—2022 年单库库容则呈现下降趋势。造成此现象的原因主要有两个：一是为满足增量市场需求而新建

图 6-4　2017—2022 年全国成品油油库总数与总库容变化情况

的油库平均库容较小；二是各大主营单位对成品油需求下降快、库容大且周转效率低的地区油库进行了布局和数量上的优化调整。2017—2022 年全国成品油平均单库库容变化详见图 6-5。

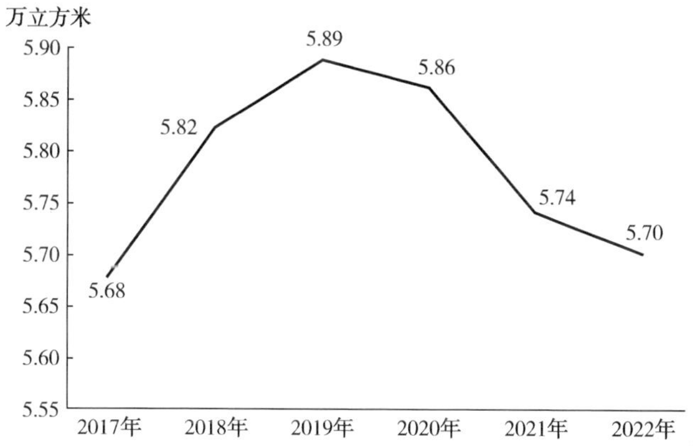

图 6-5　2017—2022 年全国成品油平均单库库容变化

2. 各经营主体油库基本情况

（1）民营。

民营企业油库和库容变化情况与全国类似。截至 2021 年，民营油库总量占全国的 43%，民营库容总量占全国的 49%。2017—2020 年，民营油库总数和总库容均呈上升态势，民营油库总数增加 75 座，总库容增加 780 万立方米，且增速较快，油库数量年均增速4.9%，库容年均增速达8.3%。全国汽柴油需求增加拉动了民营油库数量和库存量的增长。2020—2022年，民营油库总数和总库容均不断下降，说明随着主营单位提质增效方案的实施，成品油市场竞争日益激烈，民营企业在油库数量和库容布局上进行了优化调整。多个民营炼化一体化项目建成投产也导致民营企业内部竞争加剧，部分地炼失去市场而对油库进行了关停、退租。2017—2022年民营企业成品油油库总数与总库容变化详见图6-6。

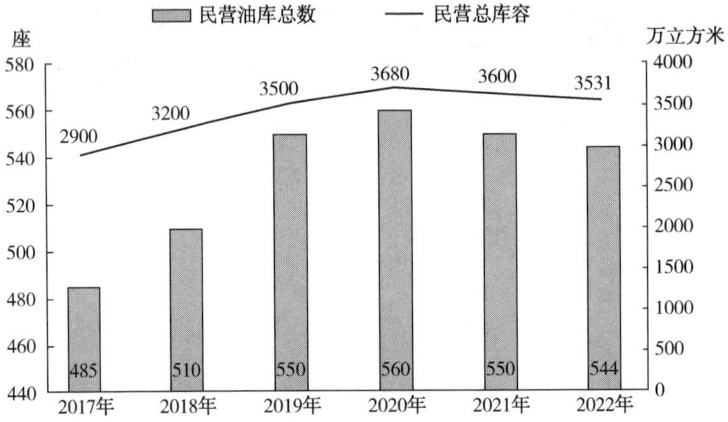

图6-6　2017—2022年民营企业成品油油库总数与总库容变化

民营企业单库库容同样呈“先增后减”趋势。2020年之前，民营企业单库库容增加，说明需求侧的增长拉动库容的增加。2020年之后单库库容开始下降，但是下降幅度较小，说明民营企业对油库数量和油库结构进行调整主要受局部市场形势的影响。2017—2022年民营企业成品油单库库容的变化详见图6-7。

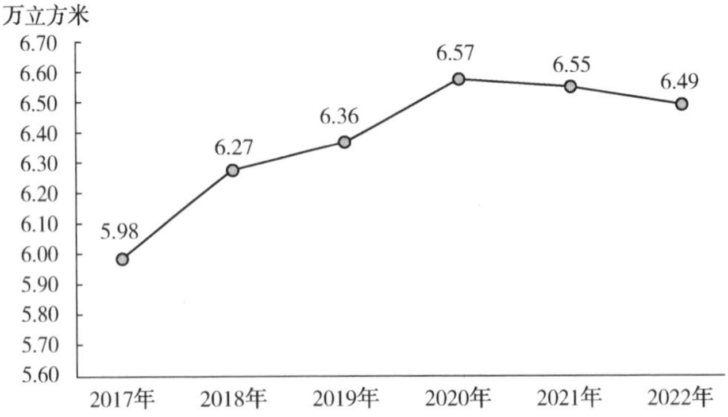

图6-7　2017—2022年民营企业成品油单库库容变化

（2）主营。

主营单位库容自2018年开始一路下跌，油库数量随之波动。截至2021年，主营单位油库总量占全国的57%，主营单位库容总量占全国的51%。2017—2018年，主营单位油库总数和总库容均呈上升趋势；2019年主营单位油库数量和总库容则大幅下降，说明主营单位对油库的布局和数量进行了优化调整；2020—2021年主营单位油库数量开始增长但总库容仍下降。油库数量上涨说明部分地区有较强的成品油周转需求，仍需修建油库；库容下降说明新建油库平均库容较小，同时主营单位也对库容大且周转效率低的油库进行了优化。2021—2022年，主营单位的油库数量和总库容同时呈下降趋势，说明随着成品油市场需求的增长放缓和竞争的日益激烈，各单位加强了对物流成本的控制和去库存化的管理。2017—2022年主营单位油库总数与总库容变化详见图6-8。

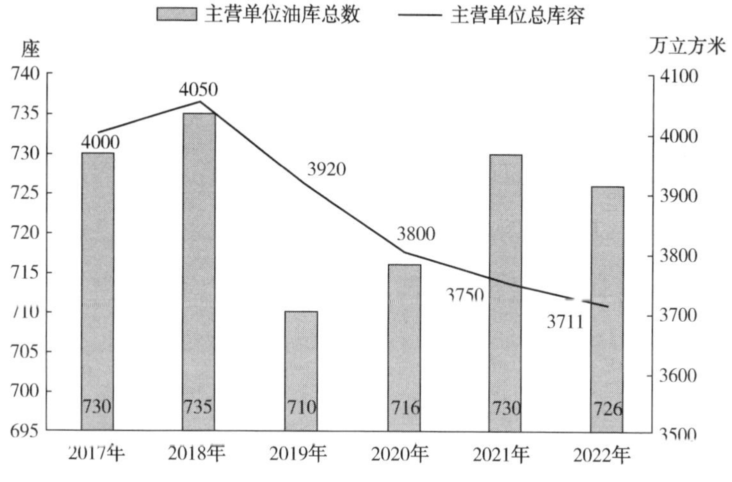

图6-8 2017—2022年主营单位油库总数与库容变化

主营单位单库库容整体呈“先涨后跌”趋势。2017—2019年主营单位单库库容与民营企业相比增幅较小，与民营企业抢占大部分国内汽柴油需求的增量的情况相符。2019—2021年主营单位单库库容大幅下降，主营单位对油库布局进行调整，将优化油库的布局和数量作为提质增效降本的重要手段。2017—2022年主营单位成品油单库库容变化详见图6-9。

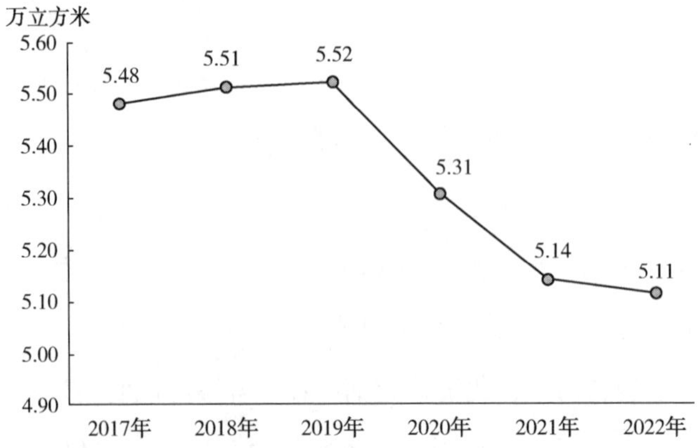

图 6-9 2017—2022 年主营单位成品油单库库容变化

3. 各区域油库基本情况

华东地区油库数量和总库容均居全国首位，东北地区居全国末位。截至 2022 年，华东地区油库共 303 座，居全国首位；华北、华中、西南、华南油库数量相差不大，均为 180 座左右；东北地区和西北地区油库数量分别为 116 座和 139 座，是全国范围内总油库数量较少的两个地区。华东地区总库容最大，总库容为 2364.16 万立方米；其次是华南和西北，总库容分别为 1227.06 万立方米和 1010.21 万立方米，总库容最少的地区是东北地区，为 475 万立方米。各区域油库数量及总库容情况详见图 6-10。

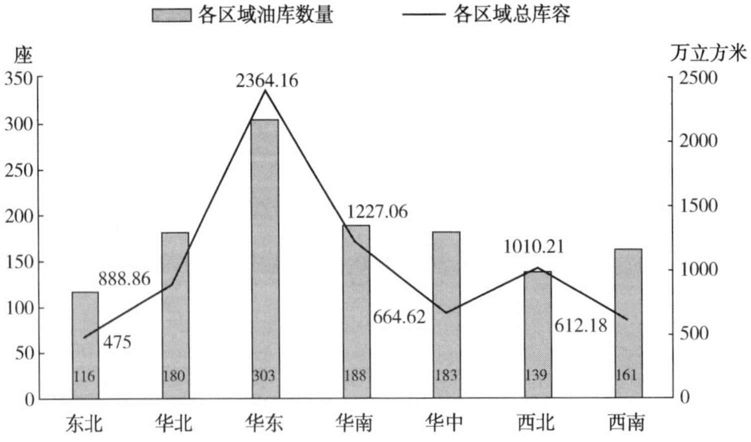

图 6-10 各区域油库数量及总库容情况

油库数量和总库容在全国占比最多的为广东省，占比最少的为西藏和青海。在油库数量上，居全国首位的华东区域占比为23.9%，其中具有多家地炼的江苏省贡献最大，其油库数量占华东地区的24.4%。华南地区油库总量占全国的14.8%，其中成品油需求大、经营主体多的广东省油库数量占比为74.3%，可见华南地区油库主要集中在广东省。华中地区油库总量仅次于华南地区，占全国的14.4%，其中湖南省在该地区最多，占华中地区的38.8%。华北地区油库数量占全国的14.2%，该地区内油库数量最多的是河北省，占华北地区的30%。西南区域占全国的12.7%，该区域油库主要集中在四川省，占西南区域的37.3%。西北区域在全国范围内油库数量较少，占比为10.9%，该地区的陕西和新疆为油库主要建设地，分别占西北区域的27.3%和25.9%。油库数量最少的东北地区，占比为9.1%，其中黑龙江油库数量为该区最高，占东北区域的46.6%。

在库容上，居全国首位的华东区域占比为32.6%，其中江苏省和浙江省分别占华东区域27.2%和27.3%，浙江省在该区域占比最大。华南地区库容占全国的16.9%，其中广东省库容占比为65.6%，油库库容主要集中在广东省。西北地区库容占全国的13.9%，陕西省库容在该区域占比最大，为31.7%。华北地区库容占全国12.3%，该地区库容较多的是河北省和天津市，占华北地区的28.5%和27.3%。华中区域库容占比为9.2%，其中河南省和湖南省库容较大，分别占该区域的36.6%和37.4%。西南区域库容较少，占全国的8.5%，该区域库容主要集中在四川省，占该区域的34.5%。东北地区库容最少，占比为6.6%，其中辽宁省库容最多，占该区域的48.4%。

(二) 我国加油(能)站油库管理现状

1. 油库周转情况

基于我国现阶段规定，必须要保障油库的年周转率在15%以上才能与发达国家油库标准相吻合。目前我国油库的年周转率仅达到既定标准的1/3，说明我国存在较为严重的油库过剩问题。因此，油库在空间上、数量上有优化空间，在效率上有较大提升空间。

2. 管理情况

（1）人员架构。

油库管理部门由油库主任、安全员、统计员、设备员、计量员、化验员、收发油人员、司泵巡线员、维修工和警卫等人员构成。其中，油库主任是油库安全生产、经营管理第一责任人，对油库运营管理全面负责，组织划分油库各部门的职责范围，协调各部门之间的工作。安全员负责油库的安全工作，协调油库主任贯彻好上级安全工作的指示和规定并监督执行，组织员工安全教育，负责油库作业现场安全监督。设备员负责油库设备台账建立，负责设备运行相关记录报表整理归档，对设备定期试运行、监测，参加有关设备事故调查、分析，查明事故原因。统计员执行公司统计制度，积极为油库生产运营服务，每日做好进销存台账，与财务部门及计量员等核对数据和报表，确保业务数据的准确性。计量员按规定及时、准确做好日常品收、发、存的计量管理，及时向油库主任汇报计量器具使用情况。化验员负责对收发存油品的质量管理及品质检验，负责化验室每月消耗品计划的上报和领取，油库生产的试验方法的研究与改进。收发油人员做好装卸油过程中安全检查及巡检工作，熟悉生产设备性能、操作流程、工艺流程。司泵巡线员负责接卸和传输，严格遵守操作规程，确保设备正常运行，保养和维护泵房内设备。维修工负责检查，维护保养设备。警消门卫维护区域正常秩序。油库人员架构详见图 6-11。

（2）管理水平。

在我国油库的运行和管理工作中，有效应用各项先进的管理技术，并取得了良好的工作效果。其中，我国较多企业对油库管理工作制度进行了有效的革新和升级，不断提高油库整体的管理工作层次，以此来保证整个油库的安全性和稳定性。由于油库管理涉及的工作环节较为复杂，因此很多单位引入了精细化管理的理念，充分重视油库安全管理工作的每个环节。

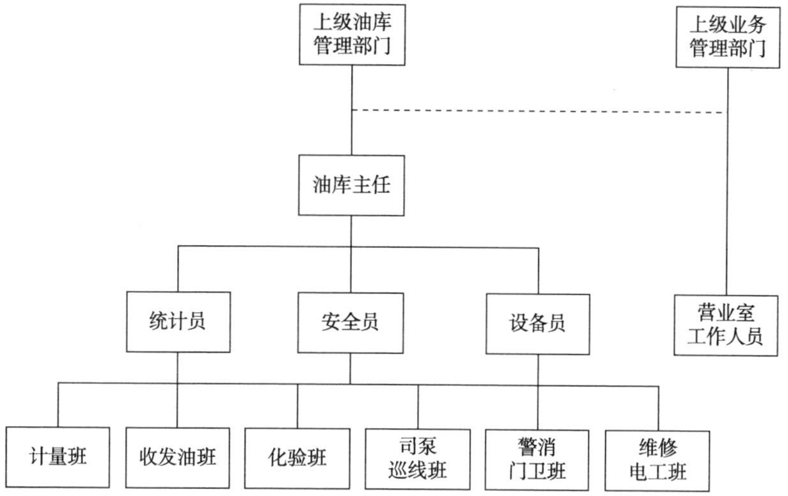

图 6-11 油库人员架构

随着互联网技术的进步，油库安全管理中引入互联网技术，能够切实保障质量和管理效率，加强安全管理的自动化和智能化建设程度。近些年来，我国油库数量在不断变化，各单位相继将互联网技术应用于油库的管理，在技术、自动化装备、规模、功能等方面都有了很大提升。但是，相较于美国、日本以及欧洲国家，我国在油库管理建设方面起步晚，在信息化建设中缺乏整体性规划，信息整合分析技术也相对落后，从而造成系统结构数据分离、统一性较低等问题。

3. 存在的问题

一是油库设备设施不能得到及时的更新和维护，呈现老化趋势，设备各项参数不准确，安全性能降低，生产功能和计量功能难以充分发挥。多数成品油设备体积较大，购买价格高，一旦发生损坏和破损，维修费用较高，保养措施实施难度大，加大了管理仓库的安全隐患。

二是管理队伍结构缺陷。油库管理需要同时具备石油方面知识和安全管理知识的复合型人才，但目前油库管理人员构成有着经验型人才多、专业型人才少，石油专业人才多、安全专业人才少，单一人才多、复合型人才少的特点。

我国数字化控制系统的水平仍有较大提升空间。具体来看，基础资料不完整、缺少油库信息化统一标准、自动化设备未能实现库区全覆盖、依赖经验式管理、缺少辅助决策支撑、模型化不足、可视化程度不够等问题都将给油库安全与环保以及日常运营带来风险。

（三）我国加油（能）站油库未来趋势

1. 成品油需求难以支撑油库继续增长

目前，国际形势日趋复杂，我国经济结构以国内大循环为主题、国内国际双循环相互促进的新格局推动高质量发展。随着国内工业化进程整体向后期迈进，国内成品油需求增速将明显放缓。尤其是自新冠疫情以来，成品油需求的增长颓势愈发明显，呈现出由快速增长到逐渐达峰的特征。从工业化周期来看，国内经济结构转型升级加快，未来我国产业结构将随着宏观经济的变化而改变，第二产业比重下降，第三产业比重上升，总体将利于柴油等生产资料属性油品的消费，利于汽油、煤油等消费品属性油品的消费。

与此同时，经济下行压力下，经济基础、产业结构、增长机制等方面的不同导致需求增长趋势表现出区域分化特征。社科院的研究结果显示，我国现已进入工业化中后期，但东西部发展水平差别较大。北京、天津、上海提前进入后工业化阶段；部分东部沿海地区以及西南地区的重庆均已进入工业化后期后半阶段；部分东北地区、华北地区、华东地区还处于工业化后期前半阶段；广大的西北地区以及西南地区仍处于工业化中期阶段。工业化进展的差距将导致国内各区域柴油需求分化明显。

同时，我国整体已进入汽车普及期的中后期，千人汽车保有量虽然保持稳步上升的趋势，但在过去十年经历了由高增速向中高速转变的过程。未来 2~3 年，汽车行业将转向中低增速阶段，新能源汽车替代将进一步加强，对汽油需求难以形成强支撑。

2. 人员精简化，管理精细化

近年来，我国油库在技术、自动化装备、规模、功能等方面都有了很大提升。目前许多大中型石油企业主要的控制手段是正在运行的信息系统，设备的应用水平由自动控制替代了手工操作，由复杂的系统控制逐步替代了低级单回路控制，逐步实现石油管控一体化，人员数量会更加精简。此外，各大企业会更加重视高水平人才的引进，重视储备人才的培养力度，对管理人员的素质要求更高，其专业素养和职业道德精神将会成为考查重点。

油库管理人员遵循精细原则，在成品油发出、运输、验收、管理各个环节建立完善的管理机制，建立工作流程记录台账，从事前、事中、事后三个方面设置安全事故发生解决机制，提高管理效率。日常管理更加看重精细化运作，定期进行业务素质培训，要求员工熟知程序文件，提升应急处置反应能力，提高日常管理工作的信息化操作水平与能力，树立管理人员的责任意识和安全意识，提升员工综合素质，优化管理队伍建设。

3. 信息化、数字化水平不断提升

成品油库对各业务中参数监测的需求日益增加。随着时代发展和科技进步，信息技术不断更新、迭代，以 5G、大数据、云计算、人工智能、区块链等为代表的新一代信息技术逐渐融入油库企业生产运营，与业务应用融合创新。目前，我国应从油库现状分析存在的问题及风险，针对不同油库的管理特点，需要不同程度地普及油库物联网。物联网是新一代信息技术的高度集成和综合应用，通过专业管理与物联网技术深度融合，可实现油库数字化转型，落实国家安全环保监管要求，保障油库安全生产。

未来，成品油的管理将进一步与信息化发展趋势相结合，构建信息系统，实现管理决策自动化、业务管理自动化、油库管理自动化、安全消防自动化、物流管理自动化。将自动化技术应用到现场监督和管理决策中，及时将工作内容和管理信息反馈到信息管理中心平台。这具体体现在：一是利用自动化技术，对油库

进行测量，利用自动化控制模式，对油库的压力和成品油温度进行动态化测量，尤其是锅炉阀门自动化和泵的自动控制，保证油库管理安全，降低危险事故发生频率；二是对油罐内油量的数量进行自动化测量，运用自动化技术及安装报警系统，一旦油库出现异常状态，将会立即发出警报，提醒工作人员及时进行风险排查；三是利用视频监控管理系统，监督油库内外环境，降低安全隐患；四是构建消防自动化体系设施，防止可燃物体对油库的风险危害，提升消防系统安全性；五是建立信息采集站，促进物流管理自动化、动态化，及时更新物流运输情况，将 GPS 技术和 GIS 技术融入自动化管理系统中，提升管理科学性和高效性。未来物联网技术将不断与业务管理创新融合，推动油库业务数字化转型。

4. 发展绿色化

近年来，国家主推“绿水青山就是金山银山”的理念，绿色低碳转型步伐不断加快。随着重点领域行业碳达峰方案陆续落地，新能源发展进入快车道。为抢抓发展先机，多地石油企业提前谋划、合理统筹，在油库开始试点建设分布式光伏发电项目，立足新发展阶段，贯彻新发展理念，开辟绿色发展路径，积极探索新能源应用场景，加强清洁能源的开发利用，努力创造具有行业特色的绿色能源，全力打造绿色企业，推进高质量发展，为“双碳”目标的实现积极贡献自己的力量。

已有部分石油企业率先建立了集安全、高效、绿色、智能于一体的绿色低碳实训智慧油库。该智慧油库集光伏发电、智慧用电、太阳能照明、雨水山水收集利用、污水回用等一体化，建立物联网信息平台，高效利用清洁能源及工业安全管控，实现油库设备数据、用电信息远程监测，确保发油流程自动化、自助化，同时强调安全、环保重大风险全流程监控，提升安全系数、提高工作实效，有效节约人力成本和设备能耗，实现油库的智慧管理。

第七部分

典型实例篇

一、 着力打造综合能源服务站 积极构建“人·车·生活”生态圈

——中国石化江苏徐州石油新沂八站典型实例

新沂分公司是中国石化江苏徐州石油下属的县级公司。新沂区域位于苏鲁交界，成品油市场较为复杂。除了新沂境内 14 座中国石油加油站、13 座社会加油站和 43 座柴油加油点之外，位于主城区 205 国道郯城境内 60 千米内有加油站 32 座，15 千米内有加油站 14 座，区域内外竞争较为集中，趋于白热化。山东地炼和邻近郯城加油站对新沂市场也有相当大的冲击，不带票资源也给新沂社会合法和非法站点带来了利润竞争空间。

为帮助新沂分公司发展“破局”，徐州石油分公司积极争取省公司支持，全面贯彻落实改革发展转型创新的各项要求，并在省公司的坚强领导和大力指导下，精心谋划、组织推动新沂分公司加速转型提升，探索综合能源服务商业务，以新沂八站为试点(见图 7-1)，成功推动新沂分公司打造县级“综合服务站”先行示范区，为徐州地区其他县级公司转型发展提供了“新沂样板”。

图 7-1　中国石化江苏徐州石油新沂八站

新沂分公司探索试点综合能源服务站建设所取得的喜人成绩，是徐州石油分公司在省公司指导下开展的实践创新，是分公司职业经理人改革期间的重要战略成果，更是新沂市委、市政府优化环境、倾力服务助力企业“加速跑”的具体体现。新沂分公司旗下八站作为试点，主要成绩有：

（1）新沂八站在综合能源服务站的建设运营商主动探索、积极破题，通过综合品牌、资产、网络和商圈优势，创新业态运营模式，大大提升了企业经营创效能力和员工收入水平；通过非价格差异化竞争手段，提升了品牌影响力，促进油非深度融合。

（2）新沂八站 2021 年成品油销售量同比增长 7.4%，易捷服务营业额同比增长 12.9%，毛利额同比增长 147.2%，分别占新沂分公司整体销售额的 35.2%、毛利额的 35.7%，有力提高了易捷服务经营创效能力，较好支撑了企业向现代服务业转型创新发展。2022 年，受疫情影响，新沂八站成品油销售量略有下降，易捷服务营业额略有下降，但毛利额同比增长 11%。

（3）新沂分公司通过大胆创新综合体建设及经营模式，从品牌快餐、生鲜水果、汽车保养，到充电光伏、司机之家，构建了以“人·车·生活”为核心的高价值商业生态圈，为社区居民、广大司机客户提供多元化服务，实现了经营创效和员工收入“双丰收”，社会美誉度和品牌认知度“双提升”，更好地展现了中国石化央企形象和责任担当。

新沂分公司探索综合能源服务站建设主要有以下经验做法。

（一）直面挑战、抢抓机遇，探索转型发展新路径

新沂分公司位于苏鲁交界，长期饱受地炼和民企冲击，市场竞争环境恶劣，是江苏经营环境最困难的县级公司，企业生存危机感强烈。作为抵御山东行业冲击的“北大门”，新沂分公司按照市场领先、板块领先、行业领先要求，以奋斗文化为指引，以客户为中心，深化三项制度改革，积极面对市场竞争挑战，抢抓行业发展机遇，不断探索转型发展新路径，持续攻坚创效，助力企业高质量发展走在淮海前列。2022 年成品油销量 6.49 万吨，非油品营业额 5440.3 万元。

1. 将增强网络优势作为提升品牌形象的重要手段

新沂分公司充分认识到，在国家“双碳”目标的引导下，新能源对传统能源的替代加速，向综合能源服务商的转型之路是企业发展的必然之路，综合能源服务站的建设事关未来发展、企业形象和综合实力提升。公司的传统优势是网络、品牌以及油品领域体系化的管理能力。因此，要想在新发展阶段构筑发展新优势，提升企业综合竞争力和品牌形象，在激烈的市场竞争中脱颖而出，就必须在巩固传统优势的基础上，于变局中开新局，寻求高质量转型发展路径。

2. 将增强竞争优势作为满足客户需求的必然要求

随着社会消费水平的提升和新能源格局的不断延伸，客户对中国石化的期待和要求越来越高，传统的加油服务已经无法满足客户多元化的消费需求。打造国际一流、形象靓丽、服务齐备的一站式综合能源服务站，为客户提供多种能源供给，汽服、便利店、餐饮、住宿等多业态服务成为中国石化的不懈追求。因此，新沂分公司必须要对现有的加油站进行新理念、新技术、新设计的改造提升，实现向场景化、体验式、互动性、综合性消费场所转型。

3. 将增强油非互促作为提升经营创效的有效抓手

长期的发展经验证明，在综合能源服务站建设过程中，多业态的引进与打造，可以使“品牌+资本+商品+服务”产生强劲的生命力和叠加增效效应。例如，洗车、综合汽服、餐饮、司机之家等增值服务为油品销售带来新的增长点，实现以油带非、以非促油的有效模式，推动油非量效双增长；引入知名品牌合作商、拓展新业务，可以有效优化商品及品类结构，激发门店实际运营及创效能力；在综合体建设上，通过闲置资产盘活还可以全面提升资产的价值创造水平。

4. 优选核心油站，探索转型发展和攻坚创效新路径

新沂分公司对在营的30座加油站逐一分析，最终选定新沂八站作为综合能源服务站试点单位。新沂八站是新沂分公司的主力汽油站，位于新沂市城区的中心地段，交通便利，地理位置较优越，也是新沂市有车一族汽油消费的首选站点。同时周边小区、商户林立，油站500米商圈内常住人口超2万人，人口结构以中青年为主，商圈内综合购买能力较强。油站西侧为新沂分公司五层办公楼，之前一楼、二楼用于办公，其余对外出租，具备试点场地的硬件条件。经过多轮构思讨论，徐州分公司成立易捷综合体打造团队，召开综合体项目推进会、明确立项，并确定了新沂八站综合体“快捷、品质、时尚”的风格地位。

（二）创新发展、同步深耕，丰富综合服务新业态

新沂八站开始综合能源服务站试点建设后，全面贯彻公司改革发展转型创新的各项要求，积极探索综合能源服务及商业服务，加快推进易捷服务实体化和创新性发展，将能源转型与“服”字同步深耕，不断丰富经营业态。

1. 优化调整油站布局

原油站和办公楼被围墙油罐区分隔，现场为6台双枪机，场地略显拥挤。新沂分公司改造优化布局，将罐区移至油站东侧，拆除了分隔油站和办公楼的围墙，同时在油站和办公楼之间新增了4间功能用房，将办公楼和油站连为一个整体。因城区货车禁行，柴油需求较小，从而调整了工艺管线，增加汽油枪配备，将现场调整为3台6枪汽油机和1台双枪柴油机，提升油站整体通过率及场地使用率。

2. 打造易捷生活超市

新沂八站利用优越的地理位置和商圈，将办公楼一楼重新设计，打造易捷生活超市，聚焦“人·车·生活”和油站商圈、客户需求，彰显“品质生活尽在易捷”。建成后的生活超市面积约330平方米，其中蛋糕房（店中店）60平方米，自营商品售卖区（含发卡充值）约270平方米，除日常消费品外，还包括蔬菜、水果、蛋糕、咖啡、榨汁等各类商品1200余种，首次开展生鲜水果销售业务，充分满足有车一族和周边居民的日常生活需求。

3. 开展综合汽服业务

为了更好地服务有车一族，将连接油站和办公楼的新增功能用房以及站房前开阔的场地用于开展“易捷养车”综合汽服业务（见图 7-2），引入本地知名汽服品牌，新增人工洗车工位和机修工位各两个，主营汽服产品销售、洗车、换油保养、维修、装潢等汽服业务，为客户缔造“最安全、最经济、最快捷、最方便”的“人·车·生活”体验。

图 7-2　新沂八站开展“易捷养车”业务

4. 增设餐饮住宿业务

随着社会生活节奏的加快和商务出行的增加，快餐住宿需求也随之凸显，利用办公楼自用和生活超市以外的部分开展餐饮和宾馆业务，引进的全国连锁尚客优品牌，宾馆营业面积约 3000 平方米，各类房间 60 间。快餐店营业面积约 300 平方米，共两层，营业时间早 6：00 至晚 10：00，一层主营中式快餐，二层主营水饺、面条、凉皮、米线、汉堡等小吃，品种较为丰富。

5. 有机叠加新能源业务

新沂分公司因地制宜坚持易捷综合体的建设，大力发展环保型“绿色加能站”，精准发力，布局“充换电站”网络。加油、充电、光伏发电等多能业态的有机叠加，助力碳达峰、碳中和目标，实现地方经济绿色发展。在办公楼前停车场内开展自营充电业务，目前建设有2台高压快充桩，可同时满足4台新能源车辆充电需求，为客户提供快捷方便的充电选择。

6. 创设爱心环卫驿站

新沂八站站房占地面积40平方米，改造为爱心环卫驿站。配有独立餐厨间、餐桌椅等；大厅设有图书架、电视、沙发及便利生活小设施，还准备了针线包、老花镜、绿豆汤、暖贴等。服务对象从环卫工人延伸至交警、快递小哥等多层面人群，覆盖周边2平方千米，每年为数百名户外劳动者提供暖心服务。自运行以来，爱心驿站常年备有热水，夏天还有应季的水果、绿豆汤等，认真践行爱心服务承诺，受到社会各界广泛赞誉。

7. 打造特色“司机之家”

为了提升货车司机客户群体服务体验，改善其生产生活条件，徐州石油切实发挥央企责任与担当，通过打造中国石化特色的“司机之家”综合服务站，体现中国石化对司机群体的关爱。通过合理布局、规划、精准设置，为驾驶人员提供多项核心增值服务，使“司机之家”成为司机信得过、靠得住、离不开的“一个在路上的暖心之家”。

（三）效益优先、服务保障，推动经营管理新变革

新沂分公司为了更好建设综合能源服务站，不仅在“硬件”上下功夫，更在“软件”上求突破，着力加强人员管理和培训，探索改革销售考核模式，努力搭建线上营销平台，想方设法拓宽销售渠道，开展多样化营销宣传，均取得了较好的成效。

1. 系统培训，重塑思维

新沂分公司清醒地认识到，目前综合能源服务业务仍处于发展阶段，虽然易捷发展已有十余年，总体业务水平较以往有所提升，但受传统观念影响，多数管理者均更加重视成品油销售业务，相关多元化增值服务业务被忽视，专业知识储备不足，配套体系不健全。为把该项目建设好、运营好，新沂分公司优选“精兵强将”参与到综合体的建设和运营中，邀请专业人员开展系统培训；走遍了区域内各个有特色以及上规模的超市，学习总结先进经验，并调研周边客户需求，了解商品结构布局、收集商品市场价格，从思想上摆脱惯性思维，跳出原有模式运营综合体。

2. 紧盯效益，改革试点

为了进一步做实非油，新沂分公司大胆尝试，跳出现有的非油考核模式，完全与市场、效益挂钩，探索改革创新之路，并试点职业经理人改革。新的综合体超市拟打算以“考核毛利”方式发放薪酬，但这样做按照之前的“重销售规模”考核方式的综合体就不适应了。新沂八站改革初期，管理人员和工作人员的思想意识一时转变不过来，还停留在原有的销售思维，导致利润上不去、员工收入下降。新沂分公司自上到下，想方设法改变经营策略、改变经营思路，主推高毛利及重点商品，既重销售规模又要紧盯利润，使得在短时间内提高销售额和毛利润的同时，员工收入也有了大幅提高。

3. 打造平台，线上营销

一是直播带货。用最直观的视觉展示商品的特点，通过主播与客户的实时互动，极大地提高了客户的购物体验，利用直播商品价格的即时性、刺激性、优惠性，不断刺激客户加入抢购商品热潮之中，新沂八站首次直播带货当天观看人数达 2. 3 万人次，销售商品 6 万元。二是外卖服务。积极联系美团等平台拓展外卖业务，并且选择商品核算售价与美团联合进行商品促销，在节约客户时间成本的同时，还清理了不少积压商品，既提升了销售额又拓宽了客户群体，同时还宣传了品牌、提高了客户认知。三是线上营销。通过石化到家、一键到车、易捷商城等渠道开展线上销售。例如，综合汽服业务可通过线上选购机油或轮胎，然后直接到店保养，同时推广加油免费洗车、积分洗车、洗车套餐、换油套餐等营销活动，提升客户消费体验。

4. 油非互促，拓宽渠道

一是联手品牌互促互动。新沂八站积极联系当地生活消费品牌门店，开展一体化营销活动，例如住宿、餐饮等消费满送加油券或超市代金券等，以此来促进非油和油品销售的提升。二是场景营销增强体验。将新沂八站的综合汽服业务进行重点打造，配备了专业的汽修服务，增加了洗车设备和专业人员，站内的生活超市同步提供了客户等待、休息的水吧台，既让客户可以直观地看到汽车保养全过程，又为站内的超市、餐厅增加了消费人群。三是动态优化商品结构。通过商品动销率、销售额和平效等指标，及时对在售商品结构和陈列动态优化调整；构造具有石化特色的“徐州特产专柜”，将徐州各县区的畅销特产引进综合体超市，例如新沂的捆香蹄、香油、小干鱼，睢宁的香肠，邳州的黑蒜等，满足节日送礼、单位团购等购物需求。超市还为隔壁的酒店客户准备了一次性的生活用品，甚至包括清洁巾、脚部防磨专用贴等，以及还增加了一些网红便携式的小家电，满足了不同客户群体的需求。

5. 多样化营销，宣传拓客

一方面，开展四大主题节活动引流。新沂八站综合体利用自身经营面积大、商品品类丰富、服务项目多样化等优势，开展年货节、车享节、酒水节、易享节四大主题活动，根据不同节日针对不同客户进行精准引流。例如，年货节走访区域内单位客户，为客户制定不同价位组合套餐并为其单位客户制作提货卡，拓宽销售面；车享节利用免费换油吸引客户购买润滑油保养套餐，加油分次推送加油金，加油频次多免费车辆保养等，持续稳客；酒水节活动主打后备厢文化、高端年轻客户新品尝鲜、季节性对冰镇饮品的需求销售；易享节加大“加一元多一件”活动力度，在电台广播、微信精准客户投放，并结合线上微信小程序的预售，引流线下客户进店。另一方面，开展社区营销精准拓客。建立综合体公众号定期发送推文，宣传公司不同时期的活动开展动态，鼓励员工利用自己私域空间宣传拓客。同时，征集周边小区客户基本生活需求用品，结合自身商品品类，针对性宣传活动商品，建立综合体微信客户群，定期发送活动商品信息，特价商品在群里开展接龙活动，为基础品类精准销售奠定基础。

未来，公司将继续聚焦“人·车·生活”，聚焦乡村振兴，聚焦油站商圈，聚焦客户需求，聚焦资产运营，促进消费升级，服务美好生活，持续提升易捷综合体项目的市场竞争力和品牌影响力，并作为向综合能源服务商转型发展升级的重要载体，促进企业高质量发展。

二、为低碳绿色发展赋能
——中国石油辽宁销售大连分公司大连城区唯一 CNG 加气站典型实例

大连北站西油气站，位于大连城区甘井子区华北路大连北站南广场西侧 150 米，占地面积 2890 平方米。站内设置 1 台液压橇装装置，配备 CNG 双枪加气机 2 台，能同时为 4 辆车进行 CNG 加气操作，日供气能力为 1 万标准立方米。作为大连中心城区首座也是唯一的 CNG 加气站，中国石油辽宁销售大连分公司北站西油气站于 2019 年 8 月 7 日正式开业(见图 7-3)，结束了大连主城区没有 CNG 加气站的历史。

图 7-3 中国石油辽宁销售大连分公司北站西油气站

该站正式投入运营后，顺应了车用气体改革的历史趋势，单日最多可服务 1200 多台加气车辆，满足了城市发展的需要，有效解决了大连市区出租车和私家车等 CNG 加气车辆加气远、加气难的困扰，对加快大连市汽车油改气工作、打造绿色交通、发展低碳经济和推进节能减排实现碳中和具有重要意义。

（一）拥抱清洁能源，为实现碳中和做出贡献

天然气作为我国现代清洁能源体系中的主体能源之一，被喻为新能源的“最佳伴侣”。作为一种新型、经济、安全的清洁能源，CNG 对城市环境有着多方面的改善作用。它具有优良的燃烧特性和极低的废气排放指标，相较于液化石油气（LPG），更具有环保、高性价比、低成本等显著优势，是油改气发展主流趋势。石油销售企业建设加气站项目，将天然气作为汽车代用燃料，对实施蓝天碧海工程具有非常重要的积极作用。

1. 天然气成为油改气发展的主流趋势

根据辽宁省大气污染防治实施计划，2014 年开始，大连市开展了出租车换型清洁能源改造工程，着力提高清洁能源利用率，不断推进绿色交通。更新改造后，这些车辆成为“双能源车”，既能够“喝油”，也能够“喝气”。先期改造的出租车，主要使用液化石油气，也就是常说的液化气；近两年的新车型则使用 CNG，是指主要由甲烷构成的天然气，在 20 兆帕左右的压力下储存在车内气瓶中，用于汽车燃料。

2. 履行国企责任，积极拥抱清洁能源

由于大连地区的 5 座 CNG 加气站，全部分布在开发区、旅顺等地，距离市区几十千米。作为大连地区的成品油主供应商，中国石油辽宁大连销售分公司始终坚持“绿色发展、奉献能源，为客户成长增动力、为人民幸福赋新能”的价值追求，致力于为城市交通提供安全环保、稳定可靠的资源保障。广大出租车司机的加气难题，公司看在眼里，挂在心头。为此，自 2016 年起，公司便反复调研，考察在市区内选点建设 CNG 站点的可行性。

（二）CNG 加气站属易燃易爆场所，选址严格按照国家标准

CNG 加气站属于易燃易爆甲类火灾危险生产场所，选址的安全性应符合下

列要求：GB 50156—2012《汽车加油加气站设计与施工规范》(2014 年版) 第 4.0.8 条规定：储气瓶距离重要公共建筑物不得小于 50 米，储气井、加(卸)气设备、脱硫脱水设备、压缩机(间)、集中放散管管口距离重要公共建筑物不得小于30 米；加气站选址应避开居民稠密区和人员密集的繁华地段，以减小事故对人员的危害；CNG 加气站与站外民用建筑，以及与明火和散发火花地点的防火间距及安全评价标准应满足 GB 50156—2012(2014 年版) 等规范的规定；加气站选址，应符合城市规划和道路交通规划，处理好方便加气和不影响交通的关系；加气站应选择在城市交通干道的边缘和车辆出入方便的次要干道上，以保证有较大的车流量和方便加气；气瓶车尽量减少通过城市主干道、主要的大型桥梁。

1. 在原加油站基础上新增 CNG 加气项目

按照标准，大连北站西加油站与周边地块建筑的安全距离均满足《汽车加油加气站设计与施工规范》GB 50156—2012(2014 年版) 相关要求。经过与华润燃气相关专业技术人员的反复沟通、调研分析，最终确定将北站西加油站进行改扩建，在原加油站基础上新增 CNG 加气项目，设计成为液压子站加气站。实现加气功能后，该站的加油功能不受影响，汽柴油车辆仍然可以选择在此加油。方案确定后，公司便积极与属地政府沟通，争取得到支持。2018 年，“在市区建立一座 CNG 加气站”被纳入大连市民生实事，表明了大连市委、市政府着力解决这一民生短板的意志和决心，打通了 CNG 站点建设的“绿色通道”。

2. 多次召开专题会议统筹协调，最终如期交卷

站点开工建设以来，得到了市委、市政府的高度重视和各相关职能部门的大力支持，多次召开专题会议统筹协调，突破了重重“卡口”和难关。公司与华润燃气共同携手，组织精兵强将，采用成熟可靠的新工艺、新技术、新设备，克服了春季连续降雨等困难，昼夜施工，保质保量，强力推进项目建设，站内按行业标准配备了消防设备、可燃气体探测报警仪、紧急切断装置等安全装置。顺利通过了安全、消防、环保、交通等部门评估，如期交卷。

（三）社会和经济效益全面提升，实现了服务与效益双赢

绿色，是中国石油高质量发展的鲜明底色。一直以来，中国石油着眼未来清洁能源的可持续供应，在“稳油”的基础上，把加快天然气发展作为构建清洁低碳、安全高效的现代能源体系、保护生态环境的重要举措和主攻方向。作为集团公司在大连地区的销售终端，大连销售软硬兼施，全力为大连的市民提供能源保障。

1. 积极探索协调，多措并举强化运输保障，提升保供能力

大连北站西油气站，为液压子站加气站，也就是将加气母站生产的 CNG 通过气瓶车运到该站后，将卸气高压软管与卸气柱相连，天然气通过优先顺序控制盘注入高、中、低储气瓶组（井）进行储存，再通过加气机为汽车 CNG 储气瓶充装（见图 7-4），彻底摆脱了城市天然气管道敷设难、压力低的缺点。但气瓶车行走路线受城市道路管理及其他因素影响较大。

图 7-4　通过加气机为汽车 CNG 储气瓶充装

由于大连地区没有 CNG 的供给源，距离最近的加气母站单车往返也要 300 千米，时间长、运输压力大。为此，大连分公司积极与承运方协调运力，通过增加车头、增加挂车、多母站同时充装等一系列有效举措，有力保障了气源供应及

时充足。目前，北站西油气站平均每日进货 5 车次，总行程超过 2000 千米。

在大连地区多轮次疫情期间，面对区域封闭、交通管控等困难，大连分公司积极作为、多方联系，有力保障了特殊时期主城区的 CNG 供应，体现了国有企业的政治担当。经过三年的悉心运营，该站日均服务车辆从 1000 余台次增加至 1200 余台次，在忠实履行区域保供责任的同时，实现了量效双增的单站高质量运营。

2. 健全安全管理机制，护航高质量安全发展

管理好 CNG 加气站，对于大连分公司来说是一个崭新的课题。考虑到安全距离、地质和水文条件、城市规划、交通线路等诸多因素，公司结合 CNG 加气站实际，对公司所有规章制度进行全面梳理、完善、优化、整理，对适合 CNG 加气站实际情况及运行成熟的制度，纳入服务标准化的编制范畴，系统建立了 CNG 加气站安全、环境、生产、技术、服务、卫生、管理、工作制度等标准化体系框架，在服务质量、运营管理水平、安全、环境和卫生等建设方面，取得了一项项实质性的突破。

由于 CNG 加气站属高危行业，对从业人员安全要求较高，因此站内各岗位人员除具备规定的从业资格外，同时还须持有与岗位相匹配的上岗证件。不仅如此，公司还定期组织机关相关管理人员、站长和站内工作人员开展包括消防安全、加气操作、设备运行维护等方面的学习培训，并针对每个培训环节开展学习考核测验。

相比传统的加油装置，加气设备需要定期维护保养的项目更多，专业性更强。由于销量小、网点少，设备厂家在全省并无常驻人员，一旦有设备出现故障，等待维修的时间很长，站内保供压力骤增。针对这一实际情况，北站西油气站不等不靠、迎难而上，主动联系厂家对站内员工进行了多轮次专业培训，站内全员开展技术学习与岗位练兵，坚持独立自主解决常见问题。目前，该站内的操作人员对生产系统的所有设备、工艺管线、控制装置、仪表风系统、安全装置等设施设备的原理结构与性能非常清楚，掌握了如何排查故障隐患、如何操作及维护保养等专业知识。

在全站员工的共同努力下，北站西油气站安全、便捷和高效的服务得到了CNG车主的一致肯定，在切实维护客户利益的同时，社会效益和经济效益也得到了全面提升。

3. 拥有14个忠实微信客户群的出租车“司机之家”

目前，大连市区内CNG车辆的主力是出租车、网约车以及部分小型货车，总量相对固定。其中，出租车司机占据了客户总量的90%以上。为服务好这个特殊群体，北站西油气站付出了很多努力。

在北站西油气站，站内配备了充电器、微波炉、饮水机，同时将出租车司机格外青睐的方便面、面包、火腿肠、八宝粥等速食商品放置在货架的醒目位置，方便司机选购。与此同时，站内依托微信平台不断扩大“朋友圈”，先后组建了14个微信群，基本覆盖了主城区所有CNG车主。在微信群内，站内常态化发布运营信息，实时更新站内气量数据，及时宣传相关优惠政策，建立了油气站和司机之间顺畅的信息沟通渠道。不仅如此，站内还会对进站车辆的出行千米数进行登记，为他们精准推荐有维修天然气车辆资质的修配厂，得到了客户的充分信赖。

作为大连主城区唯一的加气站点，排队并造成进站口拥堵的情况还是不可避免。为了解决这一问题，北站西油气站协调临近单位撤销隔离地堆，增加了进站路口的宽度；同时科学优化排班，在高峰时段安排专人在站口疏导车辆、维持秩序，极大提升了加油车辆的进站率。尽管与普通加油站相比，CNG加气站的工作量更大，站内员工常常是接连不断地进行加气操作，但热情温暖的笑容始终挂在他们脸上，不打一丝折扣。

作为集团公司在大连地区的销售终端，未来，大连销售还将积极响应国家新旧动能转换及集团公司高质量发展的要求，主动进行新能源站点建设，不断探索积累新能源站点建设与运营经验，努力提高客户服务与经营质量，为优化地区能源结构、建设美丽大连增添“底气”。

三、 综合能源“一站式补给”黄金终端

——中国石油重庆销售分公司探索综合能源服务站建设典型实例

近年来，全球能源产业正面临全方位、颠覆性的深刻变革，能源安全、气候变化和技术革命推动全球能源清洁转型，能源行业电动革命、市场革命、数字革命、绿色革命方兴未艾，新能源汽车销量增速逐年提高。在我国政府提出的“双碳”目标推动下，重庆市政府在《重庆市能源发展“十四五”规划(2021—2025年)》中提出：建设成渝氢走廊，开展氢能在交通领域示范应用，推广应用氢燃料电池汽车，到2025年规模达到1500辆。2022年4月，重庆市委、市政府还印发《关于完整准确全面贯彻新发展理念做好碳达峰、碳中和工作的实施意见》，提出了“双碳”工作主要目标。油品终端市场竞争持续升级，传统加油站面临生存挑战，数字化智能化、综合能源转型成为发展的“必选题”。

中国石油重庆销售分公司(以下简称重庆销售)积极顺应能源绿色低碳转型发展大势，统筹推进“油气氢电非”业务全面发展，充分利用现有网络终端优势，以新牌坊站、宝胜站为试点，加快综合能源服务站建设，打造“加油站+便利店+新能源”“加油站+互联网+新零售”全新商业模式，不断增强终端保障能力，为杀出市场竞争红海探索新的发展路径。

(一) 重庆销售分公司打造新牌坊综合能源服务站的主要经验做法

新牌坊站地处重庆市渝北区核心地段，周边3千米范围内共有10座加油站，其中外部加油站4座，优惠力度大、促销手段多，给新牌坊站带来巨大竞争威胁。与此同时，新牌坊站周边是千亿级新牌坊商圈，目前仍在改扩建过程中，这也为其长远发展带来了机遇。

随着中国石油全面开启加油站3.0时代，打造以“加油站+互联网+N”模式的

“人·车·生活”生态圈，重庆销售紧跟中国石油集团公司步伐，以新牌坊加油站为试点，着力打造加油站3.0版本标杆站，建成了中国西南地区也是中国石油首座“加油+充电+换电”综合能源服务站(见图7-5)。

图7-5 中国石油重庆销售新牌坊加油站

1. 智慧升级、多元布局，精心打造独具特色的山城e站

为了应对日趋激烈的市场竞争，重庆销售分公司于变局中开新局，瞄准“人·车·生活”生态圈构建，通过扩能改造、多元业态、智慧建设全面提升新牌坊站布局功能、客户体验、运营水平，使得新牌坊站由内到外、由表及里焕然一新，成为独具山城特色的综合能源站。

(1) 扩能改造全面提升布局功能。

改造前的新牌坊站场地面积小，平面布局不合理，设施设备老化严重，高峰期拥堵严重，客户体验感差。重庆销售高度重视新牌坊站扩能改造工作，根据新牌坊站独特区位优势和地形地势特点，实地研究、现场会诊，敲定了匠心独具的新牌坊智慧加油站改造方案，决定利用上下高差进行3D布局。经过9个多月的设计改造，新牌坊站于2019年8月完成升级，实现旧貌换新颜，营业区放大8倍，加油面积由原来的1600平方米扩大至3500平方米，土地利用率超95%，解决了原本作业区挤成一团、巴掌便利店的窘境，为综合能源站的建设创造了大有可为的空间。现在呈现在客户面前的新牌坊站好似打开的三层抽屉，上岛、下岛和负二层共有3个进口3个出口，三层站房每一层都可以作为首层直接与室外地坪相接，各类功能区一目了然，成为吊脚楼建筑的全能立体能源魔方。新牌坊站采取更具商业化的设计，展示出巨幅LED屏、INS风的鲜花、绿篱、矮树、石墙，以及“加加”“优优”加油站形象公仔，赋予了新牌坊站独特的网红气质，更容易拉近与客户的心理距离。

（2）多元业态全面提升客户体验。

随着社会消费水平的提升和新能源格局的不断延伸，传统的加油服务已经无法满足客户多元化的消费需求，客户对综合能源供给的需求越来越迫切，对汽服、购物等多业态便捷化服务的期待越来越强烈。综合能源服务站不仅要形象靓丽、更要设施先进齐备。新牌坊站紧盯打造一流“人·车·生活”驿站的目标，向综合性消费场所转型，先后增加充电、换电功能，引入洗车、贴膜等服务，不断拓展便利店功能，实现场景化、体验式、互动性的一站式服务，为客户在多元能源补给、高品质生活等方面带来全新体验。

当前，新牌坊站可加注 92 号、95 号、98 号汽油，满足客户全面加油的需求。设有 1 台 120 千瓦双枪机充电桩的快速充电设备，3 个充电车位，满足客户快速充电需求。充电期间，员工积极引导客户到便利店消费，形成“非电”新模式。与长安、奥动合作建成昆仑极电换电站一座，可为 EV460 型号换电出租车更换电池，整个过程耗时不超过 30 秒，满足客户极速换电需求，日均换电车辆可达到 120 车次。在便利店打造了功能齐备的购物休闲区域，1100 余种商品供顾客选择，分为商品采购区、自助储值区、好客童品区、茶饮柜台、休闲吧台，为客户提供便捷的消费、休闲场所。通过异业合作不断完善综合性汽车服务功能，设快洗区和精洗保养区，将站房负二层设置为集汽车贴膜改装、洗车、保养、维修于一体的综合性汽服区，满足周边高端客户需求。快洗采用中国石油“咔咔”自有品牌，“加油+快洗”备受客户青睐，日均快洗服务可达 160 车次。

（3）智慧建设全面提升运营水平。

随着智慧化成为社会发展的新方向，重庆销售将智能化作为建设新牌坊站智慧加油站的重要抓手，智能系统铺设融入站内各业务环节。新牌坊站配备了智能加油机、高清设备监控系统、车辆引导系统、人脸识别系统、智慧眼系统等智能设施设备，支持手持 POS、智能手表、智能眼镜等智能型支付方式，以信息化手段提升服务水平。

新牌坊站将畅销商品植入智能加油机界面，供客户选择并扫码支付，实现了加油购物一体化（见图 7–6）。针对加油停车这一“痛点”，新牌坊站引入车辆智能引导系统，在智能停车指示牌上显示空闲车位、油枪号与油品标号，引导客户精准停泊，提高现场加油效率（见图 7–7）。新牌坊站充分运用智慧眼平台的监测识别功能，融入 50 余种自动识别模型及算法，通过目标检测、行为识别、图像识别等 AI 技术，结合物联网、大数据分析技术，对加油现场危险行为进行自动检测，对员工操作流程合规性进行自动判定，并及时对违规操作进行语音播报。

图 7–6　新牌坊加油站将畅销商品植入智能加油机界面

图 7–7　新牌坊加油站加油现场

通过安全监管、客户服务、流程监控、资源采集、油站管理等五大模块打造，极大提升了加油站本质安全环保管理能力和智能化运营水平。

2. 精细管理、精准营销，探索综合能源站经营模式

相比传统加油站，新牌坊站作为重庆销售打造的首个综合能源站，在营销氛围、市场环境、经营业务、客户群体等方面都有很大不同，尤其是增加了新能源业务后，充电、换电客户不断增加，带来了新的机遇。新牌坊站积极适应综合能源业务带来的新变化新特点，充分利用数字化智能化工具，围绕“加油站+互联网+新零售”的全新商业模式，积极拓展综合应用场景，发挥一体化优势，加强会员体系建设，通过精准施策来提升综合能源站经营质量。

（1）实施“定制化”营销策略。

新牌坊站把构建会员体系作为核心战略，充分用好昆仑卡、企业微信、“中油好客 e 站”App 等工具，通过差异化的会员政策和线上线下互动的营销方式，不断扩大客户规模，支撑销售稳定。面对周边白热化的市场竞争形势，通过对会员群体和市场形势的分析，改变盲从和粗放型降价的策略，针对会员客户量身定制促销活动，以提高顾客黏性。例如，根据会员客户的加油周期规律，将“10 惠”与会员日优惠相结合，推出“超级 10 惠”；策划“实付满 200，就送洗车券”营销活动，通过以非带油的方式，进一步巩固市场。抓住周边政府机构多的优势，大力发展优质大客户。根据客户需求和特点，一户一策算细账，发展机构客户 1100 多个，是重庆销售公司拥有机构客户最多的站点。把异业合作作为拓展市场的重要环节和增加销量的重要手段，利用站点区位优势和站容环境大力开展异业合作。目前引入开展加油满额立减、满额赠券活动的银行、通信等合作单位达 10 余家。

（2）开展“全流程”引流获客。

得客户者得市场，得市场者得销售，客户是实现销售的基础。新牌坊站深挖营销过程各环节潜力引流获客，探索出线上引流、现场引流、站外引流的营销办法。一是线上引流，通过用好企业微信和“中油好客 e 站”App 等网络营销工具，将微信客户精准分类，及时发布优惠信息，点对点解决客户困难顾虑，及时高效开展线上营销宣传，每天定时定点在客户群开展“答题享券”“有气冲我撒”等营销服务活动，将客户吸引到站消费，增加了客户黏性和忠诚度。把氛围营销作为重要手段，在开展“好客购物节”活动期间，新牌坊站广泛利用企业微信、员工个人朋友圈、顾客优惠促销群等互联网渠道开展宣传，将会员客户吸引到站消费，活动前两天500多件武夷山水全部售罄，促销效果良好。二是现场引流，发挥“人·车·生活”驿站优势，通过改善站容站貌，推出汽服套餐，开辟“好客童品休闲区”等，吸引不同业务板块顾客拓展消费。制作促销堆头、宣传牌、洗车卡等活动工具，增加优惠方式的宣传渠道，把更多的优惠信息触达客户。三是站外引流，变坐销为行销，积极开展社群营销，腾出更多的人力和精力，深入新牌坊站周边单位、社区，了解周边市场需求，充分挖掘成熟社区的消费潜力，通过推荐办理电子卡等方式拓客销售，建立长期合作机制，成功开发大客户46家，办理电子加油卡2800余张。

（3）提供“管家式”舒心服务。

优质的产品和服务是留住客户的关键。新牌坊站认真落实“服务就是竞争力”的观念，定标准，练技能，引导员工化身“服务管家”，着力打造优质服务团队。新牌坊站开展了“服务质量提升月”主题活动，要求员工在做好“加油十三步曲”基本流程外，增加“我来为您倒垃圾”增值服务，以及“等待一分钟、致歉安抚顾客”这两步服务流程，持续贯彻优质的服务理念，切实提升服务水平。“帮助倒垃圾”和“一分钟等待致歉”不仅赢得了客户好感，也减少了员工再次清理垃圾的工作量，是新牌坊站抓牢客户的两项“法宝”。通过特色增值服务，新牌坊站与客户之间建立起强连接。新牌坊站通过优化排班，开展线上线下“24小时”实时服务，不仅线下24小时营业，企业微信的线上答疑、沟通也是实时在线。新牌坊站每名员工均佩戴企业微信二维码胸牌，引导客户添加，企业微信客户由4000人增至近万人，平均每月通过企业微信推送各类信息近30000条，点对点解答客户疑惑8000条。

(4) 践行“阿米巴”经营理念。

新牌坊站全面把握“阿米巴”经营模式精神，全员践行“阿米巴”，人人参与加油站经营管理，全力实现利润最大化。一是坚持售前算盈，将利润作为主要指标纳入加油站管理团队考核，每天关注加油站量本利测算，认真评估加油站的各项促销举措，结合当期营销政策进行区间核算，推算出盈亏平衡点。二是强化正向激励，灵活运用奖励政策正面引导员工，每日给员工规定电子卡办理任务，激励员工主动外出发单宣传；对每班的单车加油量进行考核，根据月底的数据排名发放奖金。2022 年以来，新牌坊站各项会员数据不断提升，卡销比达 61%，加油卡移动支付占比 45%，同比分别提升了 39%和 41%。三是抓好非油销售，每月定出英雄单品作为重点商品销售，提成直接兑现到个人，每月评选销售之星，提高员工个人销售的积极性；开展非油班组销售竞赛，每月根据完成度梯次发放奖金，提升班组单元销售积极性。新牌坊加油站日均纯店销同比增加 23.5%。

(二) 宝胜站围绕“新”发展主动求变探索的主要经验做法

宝胜站地处连通城市中心区和机场的高等级公路——渝都大道旁，北上 4 千米接江北国际机场，南下 3.6 千米是重庆保税旅游体验景区，是重庆销售公司的形象窗口站。站前道路作为城市重要通道，单向车流量约为 60500 辆/天，发展新能源业务有着得天独厚的便利条件。客源以往返机场的流动客户居多，周边有小区、各类企业、学校资源，客户密度较高，地理位置优势显著(见图 7-8)。

立足综合能源服务站的建设定位，结合新牌坊建站经验，重庆销售以宝胜站扩能改造为契机，进一步打破传统模式，围绕“新”发展主动求变，开展面向未来的综合能源站全新形象设计、全新场景打造、全新能源布局、全新模式建设，展示价值追求，增强公众认知，建立领先优势，为形成综合能源站建设标准和规范奠定基础。

图 7-8　中国石油重庆销售宝胜加油站

1. 全新的终端形象设计

加油站等终端服务站点是中国石油品牌建设和对外形象展示的重要窗口，是消费者感知中国石油品牌的第一触达点。立足新时代、新目标、新能源的时代转型大背景，中国石油销售公司在中国石油集团公司党组宣传部确定的规划框架下，成立了企业形象建设专项工作组，启动“中国石油综合能源站形象设计”项目，并委托重庆销售公司成立工作专班，上下联动，统筹推进。工作组紧扣能源供应和消费转型特征、适应消费者需求变化趋势，以宝胜站为试点，探索打造“全新形象”样板站，结合周边环境，围绕客户体验开展美学设计，增加视觉吸引力。全新形象在遵循中国石油视觉形象体系的基础上传承创新，立牌重点突出主标识的视觉形象，增加新能源标牌完善服务功能展示，增加广告屏幕提升宣传效果；罩棚采用倾斜面的设计，视觉上更加轻盈，同时便于清洁维护；加注岛采用红蓝色相结合，红色代表传统油品销售，蓝色代表新能源产品销售；站房设计保留 uSmile 元素（见图 7-9），整体形象科技、时尚，突出新能源主题。全新造型的视觉识别形象代表了中国石油发展综合能源服务，一个全新时代的到来。

图 7-9 宝胜加油站 uSmile

2. 全新的消费服务场景

为解决宝胜站加油客户因付款开票长时间占据加油位，加油与进出便利店动线交叉，高峰期排队车辆延伸到机场高速等布局不合理问题，重庆销售分公司在宝胜站的改建设计中，基于客户视角，着重对功能规划和布局动线进行了适宜性改造，保证通行和服务效率，打造快捷消费全新场景，提升经营质量效益。根据设计方案，宝胜站将把站房布置在两个加注区中间，同时服务两个加注区，整体方便、高效、快捷。在地面划线绘制，有效引导顾客快速就位加油，提高加油效率及顾客体验感。便利店收银区设计为居中椭圆形布置，成为视觉中心，中岛货架围绕收银台呈放射状布置。自助服务、冷藏食品等热点区分别处于房间远角，有效延长消费动线，增加消费率。站区周围布置绿化景观，提升整站形象。围墙设置广告位，提升商业氛围。

3. 全新的能源供应终端

聚焦生态文明建设和“双碳”目标要求，重庆销售分公司在宝胜站的改建设计中，融入低碳化供能、多元化服务、集约化用地、智能化管理和本质性安全 5 大创新特征，集成加油、加气、加氢、充电、换电、汽服、便利店及光伏 8 大基本功能，不断优化能源供给结构，提高清洁低碳能源供给能力，力争成为多能互补、清洁低碳、安全高效的全新能源供应终端。根据设计方案，宝胜站将采用加油、加氢分区布置，其中加油岛 4 座，加氢岛 2 座；在站区入口侧设置充电区和换电区，其中快速充电车位 6 个；在站区出口侧设置洗车位；站房后侧设置加氢设备区；对加油站与加氢站的顶棚进行改造，以“自发自用、市电补充、多能互补、智能控制”为目标，将光伏组件阵列安装在顶棚上直接吸收太阳能，采用光伏发电助力企业绿色发展转型，同时可有效降低墙面及屋顶的升温，从而实现建筑节能。

4. 全新的油站建设模式

重庆销售分公司在宝胜站的建设方案中，积极探索新技术新材料新工艺，以在实施效果、经济效益和节能环保方面作出新贡献。在材料选择方面，将在檐面处使用 CCM 复合材料，使用 3 米灯箱布贴膜/ARLON 灯箱布对棚体贴膜，采取 LED 模块灯条替代原荧光灯管和 LED 发光管，在主体罩棚、站房和便利店内货架处均使用再生铝建造，安装维护更简便，建设使用更环保。在节能方面，采取智能照明控制，根据业务峰、谷、平不同时段，实时对加油区、便利店、办公区等照明灯具进行开关控制和亮度自动调节，可实现照明节能 40%。建设全过程采用 BIM 4D 施工管理技术，通过高精度的三维建模，提高了图纸设计深度和造价准确性，对施工过程的指导性更强，利于进行质量控制，减少工期损失，加快工程进度，降低项目成本，促进协同合作，积累项目数据，提高项目管理精细度及实施效率。

四、 迎难而上保销量

——中国石化壳牌常熟区域提升销量典型实例

中国石化壳牌(江苏)石油销售有限公司是一家有外资注入的石化企业。中国石化壳牌常熟区域是其条线管理的下属单位。常熟市位于江苏省东南部，隶属苏州市，紧临上海、苏州、无锡、南通等大中城市，处于长江三角洲经济发达地区。在这里，人们对加油站的要求不仅限于加油，油站还需提供各种增值服务。客户的期望值也在逐年攀升。

近年由于新能源及外部市场的冲击，成品油销售略有下降，公司大力发展易捷服务。中国石化壳牌常熟区域共有油站 25 座，2022 年共销轻油近 15 万吨，易捷服务销售额达到了 8621 万元。主要有如下经验做法。

(一) 人员结构调整带来易捷服务销售额的提升

结合油站实际，在人员结构上做适当的调整，常熟片区有些油站近两年提升明显。以青墩塘加油站为例，其属于城区型油站及汽油大站，地处常熟市城区核心位置，占地面积 6050 平方米，便利店面积 210 平方米(见图 7-10)。增值服务项目包括易捷便利、充值办卡、充电业务、洗车业务。站里共有员工 22 名，由于历史原因，油站员工年龄结构偏大，制约业绩的增长。

图 7-10 中国石化壳牌常熟青墩塘加油站便利店

2022 年，常熟片区在招聘新员工时挑选相对年轻且学历较高的人员，然后公司开展新员工培训计划，针对当前油站的安全合规、营销方法、服务手势等进行系统培训。同时，对他们严格要求，经过实习期的观察，有部分员工学习能力强，性格活泼外向，给油站注入了更多的活力。经过调整，油站有本科生 1 人、大专 5 人、中专职高 2 人，一定程度上提高了油站的综合竞争能力。青墩塘加油站一直以来秉承公司“做实门零、做大规模”的经营思路，依靠便利店硬件的天然优势，用心谋划营销策略，奋力提升新门零，2022 年油站传统优势项目燃油宝销售 100 万元，欧露纸销售 41 万元，卓玛泉销售 60 万元，特别是在销售旺季 6—8 月，共销售 7600 箱卓玛泉，日均销售达到了 85 箱。

销售没有捷径，每一箱水都是员工在现场销售的，特别是员工戈叶芳，个人月均销售达到了 500 箱，在气温居高不下的情况下，放弃轮流进店休息的时间，就是怕错过为每一个客户服务的机会。休息在家时，只要客户一个电话，她骑着电瓶车冒着高温为客户送水，用实际行动服务顾客。2022 年 6 月她的工资收入得到了大幅提升。用她自己的话说，平时工作中虽然忙碌，但看到了这样的收入真的很开心，她也坚信只要付出总会有回报。

经过大家的努力，2022 年，虽然道路改变及周边监控站增多等导致青墩塘成品油销售略有下降，但是加油站易捷服务销售规模仍能保持 900 多万元的好业绩。

（二）及时分析市场大胆进货带动酒类销售提升

2022 年，中国石化壳牌常熟区域实现酒类销售 838 万元，月均销售 70 万元。2023 年 1 月实现酒类销售 195 万箱，同比增长 178%。其中，古井酒销售 89 万箱，达到区域人均 4 箱，远超苏州其他区域酒类销售额。为此，常熟区域通过以点带面，组织销售能力不足的油站来青墩塘站进行面对面的交流学习，员工来到销售现场，从刚来时的不相信慢慢转变为佩服，给其带来了思想上的冲击；再通过区域油站间横向比较，分大中小型油站分别树立先进对标站，要求所有油站做到“站站有目标，人人有任务”。同时，常熟片区及时分析市场，利用年前酒类销售旺季，订足货、订好货，有力地保障了销售计划的完成，为“稳规模、调结构、提门零”奠定了基础。

（三）开展新业务同时结合客户需求发现新商机

常熟区域现有洗车业务的油站共 5 家，有充电桩业务的油站共 3 家，后续其他油站的洗车机及充电桩的报建还在持续中。随着新业务的发展，这部分客户会越来越多，这就需要常熟区域引导油站做好对进站不加油的客户的促销指引，对进站充电的客户，如油站有快餐台的则免费提供休息区，如无硬件设施的油站则采用配备户外休闲桌椅的办法来解决，同时，有针对性地向其促销咖啡、方便面等食品；对有洗车业务的油站配备专门的常白班人员，在客户等待的时间为其提供指导服务并开展易积分及会员积分兑换工作，既解决了客户等待的烦恼，又让客户得到了实惠，还提高了油站的门零销售，一举三得(见图 7-11)。

图 7-11　青墩塘加油站便利店员工在服务客户

（四）及时主动配送商品提高季节性单品销售额

2022 年 12 月疫情特殊时期，每个油站轻油量都直线下滑，带来最直接的后果就是进店率的大幅下降。常熟区域积极响应公司攻坚克难的提议，主动对市场进行调研，了解到大部分人在感染病毒后，需要及时补充维 C 恢复体力，当苏州兄弟区域还在观望犹疑的时候，常熟区域在经理李杰的拍板下，大胆进货 500 箱

“春见粑粑柑”及2000箱橙子。由于水果的保质期短、损耗大，主配到站后不少油站员工有很大的抵触情绪，过程中有过担心和不被理解，但是李经理坚定地告诉我们要相信员工的潜力，要相信潜在的市场，在易捷服务上“只有卖不掉商品的员工，没有卖不好的商品”。通过调整考核方案和在销售过程中不断总结分享，45天内把这些水果销售一空，既保证了营业额的稳定，还让员工卖出了信心、卖出了热情。

（五）开展团队建设来增强油站凝聚力和执行力

常熟区域在2022年将25座油站按照东南西北的方向分为四个小组，每组选中一名业务能力和组织能力强的油站经理任组长，分四个季度，按照公司的变化设定不同的主题进行竞赛。主题分别有：服务评价竞赛、燃油宝销售竞赛、卓玛泉销售竞赛以及年货节销售竞赛。每次竞赛获第一名的小组即组织特色团建活动，活动内容及品类也是丰富多样，有环太湖活动、有安全知识有奖竞答活动、竞走踏青活动，还有年前团聚包饺子活动。在活动中大家寓教于乐，拉近了油站经理与区域管理人员、油站员工与油站经理之间的距离，互相推进更好地开展易捷服务计划。

面对管理经营压力异常巨大的2022年，中国石化常熟区域迎难而上，不忘初心、牢记使命，砥砺前行。2023年，中国石化常熟区域将以更高的姿态、更饱满的热情，向着更高的目标继续前行。

五、 谋篇布局找准市场能源需求发展方向

——中国石化浙江杭州石油分公司探索综合加能站建设的典型案例

近年来，市场变革、能源变革、商业模式变革对企业可持续发展带来严峻复杂挑战。如何更好地站排头、争第一、当标杆，这是浙江杭州石油分公司(以下简称杭州石油)新时期面临的新挑战。作为中国石化“对标提升行动基层标杆企业”、销售系统“两力”排名中位居前列的先进单位，杭州石油在上级公司的领导和支持下，始终把握好当前和今后的形势和任务，应势而动、顺势而为，抢抓机遇、谋篇布局，通过补短板、强技能、谋发展，奋力谱写打造“油气氢电服”综合能源服务新篇章。

截至2022年，该公司在营加油站接近300座(其中便利店200余座)，日均服务客户20万余人；在营加气站17座，CNG销售2375万立方米/年，LNG销售2242万立方米/年；在营充电站33座(其中快充站16座)，充电17.5万次/年；在营换电站1座，换电1.1万次/年；已建光伏站22座，累计发电25.8万度，减少碳排放149.9吨。

能源行业绿色低碳发展是大势所趋，随着汽柴油消费先后达峰，国内成品油市场止由增量时代进入存量时代。一方面，白热化竞争对成品油市场冲击尤为明显；另一方面，新能源汽车发展已经进入政策和市场“双驱动”阶段，新能源汽车市场渗透率呈现加速增长态势。杭州石油积极探索综合加能站建设，主要表现为：找准市场能源需求发展方向，因时因势“破局突围”，在改革发展过程中“借力借势”，从适应市场走向“布局未来”。

(一) 补短板，发展“综合加能”用好新思路

经验学习思路：2013年，杭州结合中央节能减排政策综合示范城市和新能源汽车试点城市建设，在当地全面启动机动车油改气工程；2014年又投运1000

辆双燃料出租车。为缓解加气站与加气车辆的供需矛盾，杭州石油率先与杭州燃气集团合作共同打造加油加气站，通过提供场地“他建我营”的方式学习经验，辖区清泰门站也由单一的加油站改建成为加油加气站。自 2014 年 5 月改建以来，该站累计销售 CNG 3700 万立方米，日均服务 1200 辆出租车，为企业发展不同能源积累了工作经验。

合作共赢思路：近年来，杭州石油先后与当地公交、能源等多个企业合作，采用互惠互利、合作共赢的模式成立合资公司，并派驻人员参与新能源业务建设和运营管理。目前，仅与国家电网合作建设加油充电综合加能站就达 33 座，其中国内首座“油气电非”综合加能站——杭州古荡站，就是由杭州石油与国家电网杭州供电公司共同打造的。该站设立 1 台 630 千伏安变压器、8 台 60 千瓦直流快充充电桩，可满足所有符合国标的新能源汽车充电需求。此外，顺应时代潮流，2022 年 3 月，杭州石油还在萧山杨家墩站引进蔚来汽车公司换电站，采用蔚来第二代换电站技术，具有“一键换电”等智能功能。站内设有 13 块标准电池，每天可为 300 余名客户提供服务。

转型发展思路：在国家大力扶持能源替代产业的背景下，新能源行业孕育着重大投资机会，投资经营者在经历探索和初期运营后，其效益也将随着市场的不断成熟而体现出来。通过积累经验，杭州石油在综合加能站标准化建设管理过程中有了充分准备和充足信心，并根据市场走向，自行招标设备厂家，独立建设和运营新能源业务，并将于 2023 年完成 15 座加油充电站建设、2 座加氢站建设。

（二）强技能，解决“本领恐慌”用好新机制

一是完善“岗位靠竞争、收入凭贡献”的竞争机制。随着新兴业务的拓展，新的概念、新的模式、新的潮流不断出现，多数员工都面临本领过时、能力不足的问题。杭州石油建立健全以创新价值、能力、贡献为导向的人才评价体系，激励和保障各类优秀人才脱颖而出，通过改革大讨论、干部竞聘、双向选择等手段，建立完善“干部能上能下、收入能增能减、员工能进能出”的“三能”机制，近两年来，先后组织 10 场竞聘答辩，调整岗位 31 人次。此外，在基层全面推行

“全额联量计酬”和“累额阶梯核算”，通过设立不同阶段目标，实施绩效“攀登计划”，激励人人创效增资，人均劳效和员工平均收入有了明显提升。让事业激励人才，让人才成就事业，坚持选人用人正确导向，使想干事的有机会、能干事的有舞台、干成事的有地位，杭州石油通过“岗薪制”，利用职称、技能评级等方式，对青年员工的技能水平和专业素养进行全面梳理，对原有 58 名主管及高级主管重新定级，设立新能源业务管理专岗，开辟专业技术晋升通道，把管理“单晋升”通道变为管理+技术“双晋升”通道，打破论资排辈传统用人模式，强化公平竞争的选人用人导向，形成了“茂树成林，繁荣兴旺”的人才使用环境和“你追我赶大家学”的奋斗者文化。

二是培养优秀人才，形成员工培训培养长效机制。为企业高质量发展培养新人才、孕育新动能、构筑新优势。当前，企业面对的环境较以往更加复杂，要实现的目标更加多元，对人才的综合素质要求也更高，杭州石油结合发展实际，高度重视培养过程，通过“雏鹰起飞”计划加强与属地职业技校的合作联动，定向招聘专业技能对口的毕业生补充到基层油站，并作为后备站长培养；连续 17 年采取“教+练+考”模式开展后备站长选拔培训；每年组织新能源业务培训和大比武，利用学员自学、培训答疑和实操检验等多种方式多维度深层次加强人才培训培养，引导学习方向，近两年先后组织培训和比武 20 余次，为企业长远发展奠定了人才基础。目前在岗加能站人才操作岗 186 人，管理人员 36 人。

此外，将业务技能培训与督查工作深度融合，杭州石油每月根据督查结果分析梳理新能源业务共性问题、典型问题和安全管理短板，对综合加能站经营管理薄弱环节实施专项培训帮扶，现场对照实物手指口述，更深刻更形象地让员工接受培训内容，掌握操作技能，增强基层员工履职能力。

（三）谋发展，把握“能源变革”走好新征程

一是精心经营守市场。杭州石油是杭州地区成品油市场供应的主渠道单位，占据当地近七成市场份额。以服务地方经济发展为己任，杭州石油先后打造 59 座“爱心驿站”、33 座“司机之家”和建设 100 余台洗车机，方便顾客的同时，进

一步增强了加油站与车主之间的黏性。在系统外品牌及民营企业频频搅局的市场竞争下，杭州石油坚持“请进来”和“走出去”相结合，调研系统内先进加油站和系统外不同品牌加油站350余站次，借鉴好的经验做法，取长补短，在加油站推行“心服务、新标准”，开展技能竞赛等提高窗口人员服务水平。此外，开展“柴油重点站营销”“小额权益包”“网约车营销”“加油洗车优惠”等多项营销活动，涉及上百余座加油站。例如，在“网约车专项营销”活动中，吸引近3万名网约车司机注册，销售成品油约36000吨。

二是精益管理挖效益。按照“跳出地市看全省、跳出浙江看全国、跳出企业看行业、跳出行业看跨界、跳出当下看未来”的工作思路，杭州石油充分利用与地方国资平台的企地合作契机，2022年轻资产发展网点3座，并通过合资公司长期租赁方式，落实了4个储备项目，避免了土地高价竞买带来的成本压力，为企业转型发展预留更长周期和更广空间。杭州石油还通过持续改善经营管理，聚焦中心工作中的痛点难点问题，开展“点题式”问诊把脉，通过“揭榜挂帅”，跨部门(线条)成立专项创新项目小组，调研基层需求、提报创新项目、验证实际成效，累计收到创新项目28项。其中，“加油加气站雨棚檐口清洗车”项目通过液压升降车、控制箱、可伸缩支撑杆等配件组装运用，解决了加油加气站檐口清洗难，费用高、耗时长的问题，按当地站点规模测算，每年可为企业节省清洁费用300万元。

《浙江省加快新能源汽车产业发展行动方案》中提到，到2025年，浙江目标新能源汽车年产量超120万辆，占浙江全省汽车生产总量比重超过60%，新能源汽车产量占全国比重10%左右。未来，杭州石油将加快改革发展步伐，干在实处、走在前列、勇立潮头，为打造“油气氢电服”综合加能站，推进企业高质量发展提供新的样本和更大动力。

六、以高质量党建引领高质量发展
——中国石化天津石油分公司长江道加油站典型案例

2022年是党的二十大召开之年，是踏上中国特色社会主义现代化新征程的一年，是“十四五”规划推进关键的一年，中国石化天津石油分公司积极应对国际形势超预期变化、能源市场波动等严峻复杂形势，全面开展“牢记嘱托、再立新功、再创佳绩，迎接学习贯彻二十大”主题行动，发挥央企顶梁柱、压舱石作用。作为天津石油的首座万吨级加油站党支部，长江道加油站特别注重将党建引领与加油站经营管理相融合，按照“各项工作走在前、作表率”的目标，打造出一支敢打硬仗、善打硬仗的队伍，成为全面进步全面过硬的加油站示范样板。

（一）党建引领打造攻坚创效引擎

加油站是成品油销售的一个重要终端环节，是成品油销售企业参与市场竞争的前沿阵地。坐落在天津市南开区长江道与苏堤路交叉口西南侧的长江道加油站是一座位于闹市区的加油站。从长江道加油站向东走2千米左右便是天津市著名的商业街南京路。

得天独厚的位置往往也是“兵家必争之地”。在长江道加油站所在街区短短1千米的距离就聚集着5座加油站，其中3座万吨站。与长江道加油站一路之隔的是壳牌加油站；距长江道加油站不到50米的距离，是公交公司旗下的一座加油站（后由中国石化接管）；再往西790米左右，是民营加油站长江道环宇联合加油站；在环宇联合加油站斜对面是中国石化长虹加油站。

密集的加油站布局，长江道加油站面临的竞争可想而知。天津石油党委坚持和加强党的全面领导，发扬“支部建在连上”的光荣传统，推进一线班组党员力量有效覆盖，实行提升基层党建工作质量的创新举措。在天津石油党委的大力支持下，长江道加油站探索实践基层党组织的引领作用，化竞争为动力，攻坚克难，在多次加油站销售“擂台赛”中一举夺魁，实现了质量和效益的双提升。

1. 以“学”为基础，以“效”为目标

长江道加油站作为基层党组织，以“学”为基础，原原本本、逐字逐句学习党的二十大报告，坚持全面准确学习，深入理解内涵，精准把握外延，学深悟透、入脑入心；以“效”为目标，牢记习近平总书记关于“石油战线这面旗帜要继续在新时代高高飘扬”的重要指示，把学习贯彻党的二十大精神与学习贯彻习近平总书记视察胜利油田重要指示精神相结合，立足长江道加油站的发展、党的建设实践，扛好旗帜，堪当栋梁。

长江道加油站党支部按照“各项工作走在前、作表率”的目标，打造全面进步全面过硬的示范样板。通过学习，长江道加油站的员工干在实处、走在前列，以党建带动员工在思想上“充电”、在精神上“补钙”、在工作上“加油”，用心用力做好新形势下党支部的工作。

2.“零敲碎打”“加油站式”做党建

加油站业务繁忙而人员精简，在这种情况下如何做好党建的学习建设工作？长江道加油站灵活调整时间，在加油站业务中“见缝插针”进行多种形式的党建活动，在摸索过程中形成了系统学习与零敲碎打相结合的方式进行党建思想工作与经营管理的融合。长江道加油站利用企业内部刊物《天津石油》、企业官方微信公众号和“石化党建——企业门户”等媒体平台，发挥媒体融合优势，转发中共中央党史研究室发布的党史学习教育内容；同时片区书记和加油站班长通过聊天等方式对基层党员和员工进行党建思想的内化和宣传。2022 年，长江道加油站以“喜迎学习贯彻二十大”主题行动为强大动力，深入开展全覆盖式调研，狠抓机关作风建设，精准监督治理护航经营，持续优化党组织结构，基层班组党员覆盖率提升 10.64%。通过打造天津石油首座万吨站党支部，一线久悬难题和制

约经营发展问题得以解决，党建与中心工作深度融合，工作作风持续转变，基层组织力持续提升，“风清气正、干事创业”的政治生态初步形成。

（二）党建促管理，服务树标杆

抓思想从生产入手，抓生产从思想入手。在长江道加油站，党建和经营形成了一种互相促进的关系。无论是思想教育还是政绩教育，都和具体的工作相结合，绝不是两张皮。在长江道加油站，布置一项工作，这项工作既是一项业务工作又是一项思想工作。思想做不好，没有人愿意去做；思想做不好，没有人按照正确的思路去做；思想做不好，没有人全心全力去做。

1. 党建与经营业务有机衔接

以万吨站党支部创建为契机，长江道加油站大力巩固“加油站服务提升百日竞赛”活动，全面提升服务水平，以高质量的服务提升客户满意度。积极开辟车生活市场，利用企业会员号整合营销资源，打造全环节会员回馈体系，深化推广“易捷加油”App 应用，提供集合车辆加能、国内特色名品销售及跨境电商国际海淘于一体的综合服务；增设城市一卡通、ETC 充值业务，让广大客户体验更便捷、更优质的消费体验。以加油卡为载体，设计开展车主日、出租车专用卡、柴油联名卡等专项营销活动持续回馈客户。

这一过程中，长江道加油站在制定党建工作与生产经营相互促进的策略中将党建与业务进行有机衔接，鼓励党员员工积极探索新的管理理念和奖惩机制，督促员工不断发展业务。在党建工作和业务融合过程中，党员代表以身作则，充分利用休息时间，根据自己所学开展多样化的营销和服务活动，并鼓励员工积极参与其中。活动结束后，就活动中存在的问题与其他党员和员工进行讨论，提出合理的解决建议，为销售公司的生产经营提供有益的建议。

2. 党建与绩效评定结合，让党建成果更清晰

2021 年开始，长江道加油站响应天津石油号召，陆续开展百日竞赛、计时

绩效活动。这一时期的党建思想工作重点就是将党建思想与激发员工参与百日竞赛、计时绩效的活动相结合。通过实实在在的绩效成果，把员工的责任心、积极性调动起来。让员工在思想觉悟提高后行动起来，同时发挥党员等先进员工的带头作用，让员工切实尝到党建的甜头。

对于员工来说，最切实的就是收入水平的提高。在公司大的绩效评定下，长江道加油站内部制定了二次站内考核机制。把当前考核的重点分项给员工具体列出来，包括评价、加油量、非油品基础品类、规范服务、会员拉新等，将工作的具体要求以考核表的形式对员工进行引导，对单项的突出奖励比如销售状元等，进行单独奖励。这样员工无形中就有压力，在加油站里形成比学赶帮超的氛围。党建思想与“周通报、月点评”的工作机制相结合，长江道加油站每周通报任务指标完成情况，点评存在的问题，深挖差评问题根源，逐一制定措施，举一反三抓好整改，一套举措下来，长江道加油站客户评价参与率位居城区分公司第一名。

（三）党建凝聚合力，打造红色战斗堡垒

习近平总书记曾指出：“党建工作始终是国有企业的独特政治资源，是企业核心竞争力的有机组成部分，是实现企业科学发展的关键因素，也是建立中国特色现代企业制度的一个本质特征。”对于国有石油销售公司来说，利用好自身国有企业“红”的特色，不断将党组织的政治优势、组织优势和群众工作优势转化为企业竞争优势、发展优势，显得尤为重要。

加油站既是销售行业又是服务行业，在数次打擂台过程中，长江道加油站能获胜的一个法宝就是用党建的思想凝聚员工，员工的心气非常齐，大家齐心协力，把加油站经营好。党建思想的学习让长江道加油站的员工尝到了甜头，全站员工斗志满满，开口营销，形成了“人人讲、车车推、班班比”的良好营销氛围。现在许多加油站面临上热下冷的问题，站长着急，员工不急，而长江道加油站就没有出现这种“肠梗阻”现象。

正是这种润物细无声，将党建工作内化在员工工作生活中的方式，进一步将员工的潜力激发出来，从而形成一支加油站销售业务强军。

党支部的成立让这种热度更加聚集，加油站员工从此拧成一股绳。这还得益于长江道加油站将党建与企业文化相融合。企业文化是规范企业员工行为和思想的主要准则，长江道加油站在实现党建与生产经营相互促进的过程中，通过企业文化的传播，让员工意识到党建工作开展的重要性。在长江道加油站，片区书记、加油站站长定期对加油站员工进行各种形式的企业文化的宣传教育，向员工介绍企业发展现状和市场竞争现状，激励员工不断学习新知识，提升员工的责任感。通过“党建+N”实现“围绕中心抓党建，抓好党建促发展”同频共振，长江道加油站的价值创造能力、核心竞争力日益增强。

2023 年是全面贯彻落实党的二十大精神的开局之年、“十四五”承上启下的关键之年，也是中国石化成立 40 周年。中国石化天津石油坚持以习近平新时代中国特色社会主义思想为指导，深入贯彻党的二十大和中央经济工作会议精神，坚定不移走高质量发展之路，“以客户为中心、以奋斗者为本”，实施以最强战略支撑力、最强民生保障力、最强精神感召力为主要内涵的高质量发展行动，坚定信心、稳中求进，切实巩固改革成效，强化安全环保管理，推动实现质的有效提升和量的合理增长，为天津市奋力开创全面建设社会主义现代化大都市新局面贡献力量。

如今，以党建为引领的长江道加油站焕发出勃勃生机和活力。优质的服务、规范的管理和干净整洁的环境的背后是党建引领下的全面提升加油站综合服务水平，营造了规范、快捷、客户满意的消费环境，管理水平和服务质量得到了天津市民的好评，经营、管理、服务等工作在行业内树立了标杆。

七、 智慧赋能非油生态 打造五千米生活圈

——中海油销售惠州有限责任公司马庄加油站典型实例

中海油销售惠州有限责任公司(以下简称惠州公司)由中海油广东销售公司和惠州市投资管理集团有限公司投资组建，主要负责粤东地区(惠州、河源、汕尾)三个市场的成品油销售和营销网络的建设。目前，公司运营加油站59座，其中马庄加油站为其所辖最重要加油站之一。

马庄加油站位于惠州市惠城区演达大道57号、惠州学院对面，地理位置十分优越，但周边加油站数量众多，所在地区成品油市场较为复杂，市场竞争异常激烈。

为帮助马庄加油站发展“破局”，惠州公司践行中国海油建设中国特色世界一流能源公司的愿景目标，积极调整营销政策，落实改革发展转型创新的各项要求，精心谋划、周密部署，组织推动马庄加油站打造标杆站。具体有如下成绩。

(1) 中国海油系统内第一座3.0版新形象样板站。2020年12月16日，马庄加油站3.0版新形象升级改造工程完美收官，中国海油“深海蓝 · 智慧蓝 · 科技蓝 · 环保蓝”的样板站在历史文化名城惠州璀璨亮相。自此，中国海油加油站VI建设迈入3.0时代(见图7-12)。

图7-12 中海油销售惠州有限责任公司马庄加油站

（2）中国海油系统内第一座智慧加油站。2021 年 6 月，惠州公司马庄加油站作为中国海油首座智慧样板站开始试运行。智慧加油站充分利用互联网、云计算、大数据、人工智能等技术，构建起“加油加气站+互联网+N”的智慧新模式，为加油站服务、营销和管理全方位提供便利条件。

（3）中国海油系统内第一座 500 万元便利店。2021 年伊始，惠州公司马庄加油站经理就立下“打造系统内第一座 500 万元便利店”的军令状，通过丰富品类、创新营销、提升服务等措施成功完成任务，实现了经营创效和员工收入“双丰收”，社会美誉度和品牌认知度“双提升”，更好地展现了中国海油央企形象和责任担当。

除此之外，惠州公司马庄加油站曾荣获“广东省模范加油站”、中国海油系统内“金牌加油站”等荣誉称号，为惠州公司其他加油站树立了良好的榜样。马庄加油站所取得的喜人成绩，是在华南销售大区公司和惠州公司指导下开展的实践创新，也是马庄加油站全体员工“加速跑”的具体体现。以下是惠州公司马庄加油站的主要经验做法。

（一）创新模式，夯实店销

为提升客户的消费体验，惠州公司马庄加油站在客户需求、门店商品种类、非油品供应链，便利店形象方面下功夫。

1. 深入调研，精准施策

惠州公司马庄加油站经理带领员工认真分析进站客户消费习惯，了解客户需求，有针对性地引进快消商品。同时，为保持客户的新鲜感，增加客户黏性，每个月引进新产品，通过不断地增加新品和淘汰一些相对滞销的商品，以保持商品的新鲜度。

2. 引进优质供应商，助力业务高效发展

惠州公司非油团队成员多次商讨总结，分别以“免费陈列、无偿广告、专题

活动、准入零门槛”等为手段，先后与上百家经销商进行业务洽谈，优中选优，合作品项达2000余种，经营品类从原来的传统快消品扩展到丰富的日用品、家庭用品、汽车用品和润滑油等，便利店经营商品可基本满足顾客的日常所需。

3. 创新非油业务合作模式，完善供应链

一是积极探索供应商合作新路径，与合作单位分别采取购销月结、代理销售等合作模式，成功实现了公司资金零占用，大幅度降低采购成本；二是租赁周转仓，优化第三方物流配送，增设油站集装箱仓库，不断完善非油供应链，保障业务高效运转。

4. 优化店面陈列，提高成交率

一是结合季节、节假日情况，不断调整商品陈列，迎合环境氛围；二是通过设置活动专区吸引客户，将热销品摆放在醒目位置，方便顾客挑选，刺激客户购买欲望；三是通过油站的电子显示屏和收银台A4广告架展示促销信息，帮助客户快速了解油站促销信息，减少客户选购时间。

（二）创新营销，稳抓份额

惠州公司马庄加油站积极探索营销新模式，加快推进便利店服务实体化和创新性发展，将经营举措与提升服务同步深耕，不断丰富经营业态。

1. 油非互动，深挖营销新形式

充分发挥“油非互动”营销优势，制定一揽子营销计划：“满减券”“优惠换购券”“充值满减券”等，开展丰富多彩的促销活动；同时多渠道宣传营销，同汽车流通行业协会及汽车维修与配件行业协会联合主办“中海油·海疆杯”篮球赛、通过微信公众号推广宣传促销活动，扩大品牌影响力。

2. 推动异业合作，延伸“新营销”

开创了广东省首家以“中海油·海疆润滑油”命名的汽车服务中心，打造集加油、非油品、换油、洗车、汽车美容、汽车保养于一体的全新加油站消费体验模式，提升了加油站的配套服务功能。同时联合洗车公司，在加油站开展快速洗车业务，推广加油免费洗车，丰富了非油的经营范围，提高了非油业务收入，提升了顾客忠诚度，真正实现“以油促非”“以非促油”的油非互促，共同提升。

3. 打造温馨五千米生活圈

一是疫情期间引进新鲜时蔬、新鲜蛋类、冷冻速食和各类鲜果，力推家庭生活用品及送货上门，减少疫情传播的风险；二是打造自有品牌咖啡“BULU KOKO”，同时积极联系美团等平台拓展外卖业务，既提升了销售额又拓宽客户群体，同时还宣传了品牌、提高了客户认知。在有限的加油站场地内，不断提升加油站综合服务能力，进一步满足客户需求，逐步打造五千米生活圈，实现非油多元化发展。

4. 精心选品，制定营销方案

惠州公司非油团队多次开展市场调研和销售分析，动态识别加油站便利店销售的主力商品，拓宽海疆润滑油供货渠道，多渠道销售汽车用品。针对选品，开展销售竞赛，设置销售奖励，鼓励销售干劲，充分发挥了考核指挥棒的作用，大大提高了企业经营创效能力和员工收入水平，也为日后非油销售业务打下坚实的基础。

（三）智慧领航，线上营销

惠州公司马庄加油站不仅在软件上下功夫，更在硬件上求突破，努力搭建信息化平台，想方设法建设智慧化加油站，实现线上线下双驱动，一体推进加油站非油业务再上新台阶。

1. 线上营销，玩转非油新业态

一是打造平台。畅通海油 e 购和天猫旗舰店的上线运营渠道，开启全新线上销售模式，开展公众号运营、线上录播、短视频推广等线上新媒体营销模式，使加油站营销与时俱进。二是线上营销。通过开展秒杀、团购、员工福利套餐等促销活动，吸引顾客主动下单；积极宣传海油品牌，开发团购客户，设定“惠农助农”“工会专区”以及“文创产品”等指定窗口，海油 e 购平台中秋和国庆期间的销售额达上百万元，开启了非油新生态，注入了新动力。

2. 直播带货，紧跟市场潮流

用最直观的视觉展示商品的特点，通过主播与客户的实时互动，极大地提升了客户的购物体验；大胆尝试在直播中推行海油卡的发售，提升海油品牌的知名度；利用直播商品价格的即时性、刺激性、优惠性，不断刺激客户加入抢购商品热潮之中。其中所承办的“海星闪购节”直播带货实现销售额 121.7 万元，创下 e 购商城线上直播最高纪录。

3. 智慧服务，多渠道便捷体验

惠州公司马庄加油站配置支持非油品混合支付的自助设备，通过特色商品扫码购、客户自助结算、室内人脸快捷支付等方式缩短等待时间，以虚拟海油卡、微信、支付宝等多种渠道结算，自试运行上线以来，自助支付设备总计交易上万笔，并呈上升趋势。自开通无感支付（车牌付、ETC 付、北斗付）、加油闪付、室外防爆手持终端快捷支付等多样化室外支付方式后，将客户进站加油全过程从 15 分钟缩短到 3 分钟，极大地提升了客户满意度。

4. 提高效率，倡导开口促销

惠州公司马庄加油站着力打造智慧样板站，组织员工引导客户自助结算，通过特色商品扫码购、客户自助结算、室内人脸快捷支付等方式有效地缩短了客户结算时间，解决了加油高峰时期排长队现象。与此同时，收银员节约出来的时间可以用来促销，实行“促销奖励”，建立考核激励机制，对提升便利店销量起到了积极的效果。

5. 宣传拓客，锁定新老客户

通过公众号定期发送推文，宣传公司不同时期的活动开展动态，鼓励员工利用自己私域空间宣传拓客。同时，征集周边小区客户基本生活用品需求，结合自身商品品类，有针对性地宣传活动商品，建立微信客户群，定期发送活动商品信息，特价商品在群里开展接龙活动，为基础品类精准销售奠定基础。

未来，马庄加油站将聚焦客户需求、聚焦乡村振兴、聚焦油站商圈、聚焦资产运营、聚焦综合服务，不断完善非油生态圈，打造五千米生活圈，促进消费升级，服务美好生活，持续提升中国海油加油站的市场竞争力和品牌影响力，促进企业高质量发展。

八、高标准打造综合服务示范店

——中国石化湖南石油张家界鼎泰站打造综合服务示范店典型实例

张家界分公司是中国石化湖南石油分公司的下属市级公司，张家界地处湘西北，旅游立市，以旅游为支柱产业。2020 年受新冠疫情严重影响，经济深度衰退，旅游业持续低迷，成品油经营总量逐年下降，市场形势异常严峻。

为谋得发展，突破困局，张家界分公司秉承“轻油不够，非油来补”的理念，积极探索非油品业务新发展，力争打造湖南石油易捷品牌新名片。在省公司的坚强领导和大力指导下，张家界分公司围绕“以客户为中心”的服务理念，深耕打造客户服务多元化场景，成功推出鼎泰综合服务示范店（见图 7-13），助推地区其他县区公司提升门店品牌新形象。

图 7-13　中国石化湖南石油张家界鼎泰加油站便利店

（一）直击难点，创新发展，探索经营创效新路径

张家界分公司是湖南石油规模最小的一家地市公司。受疫情影响，张家界地

区旅游业持续萎靡，成品油经营遭受重创。张家界分公司积极探索寻求非油品经营创效新路径，扭转经营下滑态势。

随着新能源格局不断延伸，客户对中国石化的期待和要求已经远超只加油范畴，更希望能在加油站满足“人・车・生活”的一站式需求。打造国际一流、形象靓丽、服务齐备的一站式综合服务站，为客户提供多种能源供给和汽车服务、便利店、餐饮等多业态服务，成为中国石化的不懈追求，也是张家界分公司实现由“小而精”向“精而强”转变这一企业愿景的迫切需求。

鼎泰站位于张家界市城区交通主干线上，交通便利，地理位置优越，临近张家界火车站、汽车站，周边酒店、小区林立，商圈主要以旅游业及周边居民为主。站内引入多种业态，包括国际知名餐饮品牌肯德基，是一座集油品销售、便利店、餐饮、汽车服务、充电、光伏于一体的综合能源站，硬件设备设施齐全，具备综合服务示范店打造的硬件条件。经过多番讨论研究，统一思想，打造团队，明确鼎泰站作为张家界综合服务示范店打造试点单位，不断强化服务软实力，着力提升客户消费体验。

（二）“四感”建设解锁“品声光色”，助推综合服务示范升级

2022 年，湖南石油启动非油品业务示范门店创建工作，要求门店打造要具备“品、声、光、色”，围绕这四字要求，张家界分公司积极寻找新突破，最终解锁为客户的“四感体验”，即客户在视觉、听觉、嗅觉、触觉四个维度的美好感受。

感官连接着客户记忆，丰盈着客户情感。客户从进入加能站的那一刻起，“人、货、场”带给其直观感受就决定了他是否愿意停留，是否愿意买单。如何营造温馨舒适的购物环境，捕捉客户在视觉、听觉、嗅觉、触觉上的共情共鸣，成为鼎泰综合服务示范店打造最重要的一环。

1. 让形象“靓”起来，视觉上有“惊喜感”

环境卫生、员工面貌、商品陈列、现场管理……映入客户眼帘的第一印象十

分重要，尤其是商品陈列，这些是最能“吸睛引客”、留住客户的。2022 年，市公司统一规范加能站广告，清除玻璃贴还便利店通透橱窗；对便利店光照度逐店测试，不达标的一律更换灯具；组织有丰富经验的陈列专家队伍下到示范店指导、帮扶、轮训；坚持每日对便利店陈列视频督导、点评、整改反馈，见证门店前后变化。陈列的灵魂是创意，通过举办创意堆头陈列大赛、手绘 POP 海报大赛、爆炸贴书写大赛等竞赛活动，充分发挥基层员工想象力，筛选优秀作品充当门店“点睛之笔”；鼓励门店用一个小装饰、小点缀、小道具、小创意，让门店形象靓起来，晒晒谁的“家”最美。在示范店打造过程中，重点关注容易被忽略的前庭、泵岛的生动化陈列，满足当下支付方式便捷化、不进店客户占比增多的趋势，形成强烈的视觉冲击将客户成交锁定在泵岛。

2. 让声音“响”起来，听觉上有“沉浸感”

人和媒介作为声音的主要载体，能带给客户身心愉悦的感觉。将服务用语融入“加油六步法”“收银五步法”等服务手势中，配备“小蜜蜂”，推行“亮声”服务、“齐声”服务，见人必闻声，闻声必手势，让声音融入服务手势中，让服务手势变得更有温度。同时，配备电视、LED 显示屏、音箱等媒介，宣传当期活动内容，播放轻音乐渲染门店氛围。

3. 让气味“鲜”起来，嗅觉上有“难忘感”

嗅觉是远端的味觉，所有感官记忆中，气味的感觉最不容易被忘记。而便利店身处油气、尾气、灰尘聚集地，混合性异味在所难免，除了保持高标准的现场卫生外，还需要创造条件，檀香、绿植、水果、清新剂等作为日常调剂品合理使用，遵循食品、非食品分开陈列等基本原则，杜绝厕所异味和食品串味，让清新、自然、新鲜的空气弥漫便利店，打消客户购买疑虑，刺激客户购买欲望。

4. 让商品“活”起来，触觉上有“愉悦感”

触觉是最具有满足感的体验，无论购买什么商品，出于本能都想要去触摸一下，体验一下它的质感，极致的触觉带给人精神上及心理上的愉悦是无法替代的。便利店严格落实卫生责任制，分片到组，责任到人，确保商品卫生、新鲜、质感最佳，空调、展示柜、风幕柜中的温度视季节调整，商品触摸温度适宜，冬暖夏凉，客户的手摸一摸便能“一触倾心”，手感、质地、温度能够满足当下清晰的目标需求。

（三）着力强化门店日常运营管理，夯实综合示范打造之基

门店日常运营是门店打造至关重要的一环，张家界分公司以综合服务示范店打造为契机，不断强化门店日常运营管理。

1. 做足要货备货，门店打造回归陈列

要打造好的门店，丰富的货品、吸引目光的陈列必不可少。为消除门店不敢要货的疑虑，市公司组织各县区公司非油条线骨干力量召开讨论会，梳理日常商品库存管理流程，畅通商品要货销售等各环节，流程清晰，规范管理。同时，针对当期营销活动爆款商品，市公司采取“主动铺货”，提前锁定爆款商品，促进门店强化陈列打造，营造货卖堆山的营销氛围（见图 7-14）。

图 7-14 鼎泰加油站便利店商品丰富

2. 精准定位，门店打造回归“一店一策”

为更好地满足顾客需求，提供更有针对性的服务和商品，张家界分公司以顾客需求为导向，从门店商圈环境、消费者画像、周边竞争对手、经营条件、经营数据等方面对门店商圈开展深度调研，定位目标客户。以鼎泰站为例，通过销售数据分析，鼎泰站为汽油销量大站，且位置处于市城区主干道，结合周围商圈环境，顾客消费能力较强，主要以中高档商品、新品为主推商品，构建专属消费场景，满足周边商圈客户需求(见图 7-15)。

图 7-15　鼎泰加油站便利店

3. 结对帮扶，门店打造回归比学赶帮超

为进一步强化示范引领，张家界分公司探索开展门店打造结对子帮扶行动。将销量规模相近、位置相似、周边商圈环境相似而门店销售、运营基础管理差异大的门店两两结对，对比分析，比数据、比陈列，共享好的经验做法，收集分享门店陈列打造照片，制成图片资料库，对标打造提升。

以鼎泰综合服务示范店打造为新起点，张家界分公司积极复制推广门店打造好的经验做法，2022 年在省公司示范门店打造基础上，分梯队、分阶段同时推进市级示范门店打造，形成你追我赶、竞合联动的打造格局，省级、市级示范门店座数占比达 50%以上，门店整体运营水平得以提升。至 2022 年年底，在连续三年疫情机出零售严重欠量、张家界旅游经济深度衰退的艰难时期，公司非油基础品类营业额逆市上扬，年度基础品类及年货节等多档营销活动超额完成目标任务且排名全省前列，经营质量有效保证，全年毛利额任务完成率 133%，同比增幅 59%，完成率及同比增幅排名全省双第一，并荣获 2022 年湖南石油门店打造特别贡献奖。

旧朝岁月随春逝，新载希望翘首来。未来，张家界分公司将继续深研客户需求，深耕门店基础，将示范做成标准，将标准全面推行，持续提升综合示范引领力。

第八部分

专题研究篇

一、全球能源转型、新冠疫情及俄乌冲突等对加油站转型升级的影响

能源是全球政治经济的重要基础和压舱石。当前，能源转型、新冠疫情、地缘政治和百年变局相互交织，能源价格高企波动，能源格局重构，能源的地缘政治、供需结构和产业技术正在演化。能源架构变得更为复杂、更加不稳定，给传统加油站的发展带来了巨大挑战，但也促使加油站加快转型升级，以适应不可逆转的大趋势。

（一）全球能源转型对加油站转型升级的影响分析

1. 全球能源转型势在必行

伴随着全球人口增长和经济发展，世界一次能源需求总量将在 2050 年达到 300 亿吨标煤量。以化石能源为主的能源消费造成了全球变暖和生态环境恶化等问题，为更好解决这一问题，全球 140 余个国家作出碳中和承诺，减少煤炭、石油等化石能源开发与消费，逐步转向低碳能源和清洁能源。在供应端最终实现以水能、风能、太阳能、生物质能、核能等非化石能源代替化石能源，在消费端发展以电动车、氢能车为代表的清洁能源消费替代化石能源消费。

中国能源转型的总体思路是化石能源清洁化、清洁能源规模化、多种能源综合化。发展煤炭等化石能源清洁高效开发利用技术，降低化石能源消费量和占比；发展可再生能源和先进核能技术，大幅提高非化石能源占比；提高电能在终端能源消费中的比重，突破电网、储能、氢能等综合能源技术，预计到 2035 年电能消费量达到 11.6 万亿千瓦·时，到 2050 年电能消费量达到 14.1 万亿千瓦·时。

党的二十大报告指出，立足我国能源资源禀赋，坚持先立后破，有计划分步骤实施碳达峰行动。我国油气行业首先应以保障稳定供应为第一要务，目前我国能源的总体自给率保持在 80%以上，但石油和天然气对外依存度依然较高。2021

年我国石油、天然气的对外依存度分别攀升到72%和44%；2022年也分别保持在71.2%和41.2%的较高位。油气领域依旧是我国保障能源安全的重点。因此，“双碳”目标下，我国油气行业的转型更多应聚焦在布局发展新能源领域。

2. 传统加油站加快向综合能源转型，民营站面临生存挑战

2022年，全球越来越多的国家、地区纷纷提出了禁售燃油车时间表。例如，2022年6月，欧洲议会通过一份关于在2035年于欧盟境内停止销售新的燃油车的议案。2022年11月，美国加州宣布将在2035年前全面禁售新的燃油车。在国内，海南成为中国首个提出禁售燃油车的省份。海南省政府提出到2030年，全省全面禁止销售燃油汽车，新能源汽车占比超过45%。燃油车即将成为过去时，新能源变革已拉开序幕。以新能源汽车为例，2022年我国新能源汽车销量超过680万辆，渗透率达28%，占全球新能源市场份额的60%。随着新能源汽车保有量的快速增长和传统能源汽车平均油耗下降，我国汽柴油消费量已接近峰值，后期还将不断下降，传统加油站需加快向清洁化转型。

随着全球能源行业正在开启新一轮的投资周期，向综合能源转型已是能源企业应对未来市场变化的唯一出路。在欧洲，石油巨头正在向综合能源全面转型。2020年，BP发布能源转型全新战略，将从一家IOC（国际石油公司）蜕变成一家IEC（综合能源公司），并确定在2050年前实现“零碳”目标，成为国际石油公司中最早承诺“零碳”的公司。道达尔则加快了去石油化的步伐。2021年5月，道达尔将公司名称由“Total”改为“Total Enorgies”（道达尔能源）。“能源”一词的加入，彰显了道达尔由传统石油巨头向多元化能源公司变身的决心。未来10年，道达尔能源将在可再生能源和低碳电力方面投资600亿美元。

反观国内，中国石化、中国石油作为加油站的龙头企业，也纷纷开始向综合能源站转型。“综合能源”是未来能源行业最为明确的转型方向之一，将传统加油站升级为融合加气、加氢、充电等全品类能源服务站，实现由单一能源补给向综合能源补给迭代是两大石油公司的必经之路。能源转型是一个漫长且见效慢的过程，需要长期投入，不具备规模优势、技术优势、资金优势的零散民营油站将面临严峻的生存挑战。在这样的时代变局下，民营油站或将进入重组整合的“淘汰赛”阶段。如果不选择及时转型，将会面临停业、并购、转让的局面。

（二）新冠疫情对加油站转型升级影响分析

2020 年年初暴发的全球新冠疫情已持续了三年的时间，期间多种变异毒株逐步呈现出毒性减弱、对人体适应力更强的趋势。当前，世界范围内对于疫情的认识程度不断提高、恐慌程度持续降低，各项经济活动陆续有序展开，全球正进入后疫情时期。

经历了疫情反复及长期防控的影响，国内经济发展、居民消费习惯、商业形态正在发生深刻变化。作为燃料加注平台的加油站及其经营者，逐步感受到了疫情对零售业务的负面影响，比如汽油销售难以恢复到疫情前水平等。可以预见的是，后疫情时期加油站的转型将会加速到来。

1. 居民购车意愿持续降低，加油站汽油零售业务已提前进入增量瓶颈期

新车销量历来是国内汽车保有量增长的关键拉动因素，“十三五”期间年均乘用车销量接近 2300 万辆（月均约 190 万辆），拉动了载客汽车保有量年均 11%左右的增幅。但 2022 年 1—4 月乘用车销量仅为 651 万辆（月均 163 万辆），同比下降了 4. 2%，较 2021 年全年的增速降低了 11%。2022 年 5 月以后，随着我国乘用车购置税减半政策效果持续显现，国内乘用车市场有了一定程度的回暖。据中国汽车工业协会统计分析，2022 年，乘用车市场在购置税减半等促消费政策拉动下，增速高于行业总体，销量为 2356. 3 万辆，同比增长 9. 5%。

2. 民营经济活性明显下降，降低了油品与非油品零售业务发展动力

疫情暴发以来，国内以民营经济为主要成分的微小企业遭遇一系列生存问

题，尤其是沿海省份的不少中小企业倒闭，较大规模的民营企业也出现不同程度的裁员、降薪等情况。面临就业难度增加、失业风险提高的问题，大量待就业群体更加青睐相对稳定的政府机关、企事业单位。由此使各类工商业活动明显减少，员工出行频率及自发性消费不高，作为提供油品补给与便利店快消品的加油站，其零售业务发展所获得的支撑动力也相应减弱。

3. 国际油价连续高位运行，为加油站转型创造了有利条件

从全球石油市场的供需情况看，后疫情时期正面临着严重的石油供应紧缩。一方面，以航煤为代表的世界石油需求正在恢复性复苏；另一方面，多数上游企业由于疫情期间勘探投资减少以及面临绿色能源转型压力，石油产出增长缓慢，2022 年以来才开始缓慢复苏。未来两年，国际油价大概率仍将维持高位运行，国内各类车用新能源适用的成本优势将会显现，新能源行业将赢得较好的发展机遇，加油站转变为综合能源服务站的步伐也会相应加快。

4. 自我防疫意识增强，加油站作为居民生活服务驿站的优势进一步提高

经历了防疫期间减少聚集、区域隔离、定期检测等措施的影响，消费者已初步养成了减少去往商超等公共场所、“两点一线”出行以及线上购物等生活习惯。目前国内疫情防控已放开，但病毒复杂多变的特点，居民仍不能轻视。加油站作为分布在居民社区、道路沿线、商务区域等位置的补能补给场所，天然具备快速打造成“人·车·生活”一站式服务平台的成熟条件。未来的加油站除了进一步做大现有油品和便利店业务，还可以尝试快递(柜)代收、商品代购等一系列满足消费者全方位需求的商品与服务，真正实现科学转型。总体来看，后疫情时期的经济与社会发展对于传统的加油站行业既有挑战又充满机遇。建议从业者及早认识到后疫情时期加油站加快转型的迫切性和必要性，系统谋划、提前布局，共同推动加油站适应后疫情时期顾客消费习惯与偏好的转变，促进行业行稳致远。

（三）俄乌冲突对加油站转型升级影响分析

1. 化石能源供应紧张加速新能源等替代能源的开发

俄乌冲突是继新冠疫情暴发后深刻影响世界经济走势的重大地缘政治事件。俄乌危机对全球能源市场具有长期持续影响，化石能源供应紧张情况以及价格高企现状预计短期内难以恢复。从能源供给侧来看，金融制裁、跨国能源公司撤离将冲击俄资源开发与供给能力。在全球能源供需紧平衡形势下，其他油气供应国闲置产能、全球库存无法短期填补俄罗斯减少的市场份额；在欧洲 2025 年、2030 年俄气替代方案中，美国、卡塔尔等 LNG 供应链建设均需大量资金与时间；非洲天然气储量与开发风险同高，开发成本、融资难度、政局稳定性等方面均是大规模开发的制约因素。从能源需求侧来看，国际能源市场总体处于紧平衡态势，油气资源价格将维持高位震荡，全球供给不足、价格高企均不会短期恢复。这些都将使欧洲承担更高的油气利用成本，迫使其暂时恢复增加煤炭消费以渡难关的同时，着眼长期，进一步加速新能源等替代能源的开发建设。

2. 国际油价高位频繁震荡，国内成品油价格高企影响消费需求

2022 年，国际油价冲高震荡，虽然国际油价上扬早在俄乌冲突之前就已经出现了苗头，但疫情后欧美实施宽松的货币政策以及经济恢复增长是造成这一局面的重要诱因，而俄乌冲突好似催化剂一般，加快了国际油价上扬的步伐。特别是 2022 年上半年，国际油价大幅攀升后高位震荡，布伦特原油期货均价为 104. 94 美元/桶，环比上涨 37. 27%，同比上涨 60. 90%。2022 年，国际油价平均达到 99 美元/桶高位。国际油价攀升，直接影响国内成品油价格走势，随着 2022 年 12 月 19 日国内成品油的最后一次调价，2022 年成品油共经历了年内 23 次调价，其中有 13 次上调，10 次下调。2022 年成品油价格总体处于高位，9 元/升的油价持续了半年多时间，在 2022 年 12 月才降至 7 元/升。

油价处于高位，加上近年来的疫情反复，让车主开始重新审视在城市中如何

出行更划算。对油价更加敏感的消费者减少或避免私家车出行，平时消费高标号汽油的消费者选择油品降级消费。同时，这也使燃油车的车主和部分还处在买车观望状态的潜在顾客开始关注新能源车。

（四）加油站发展应用之策

在全球能源转型、新能源崛起等多重因素影响下，石油的供给总体在减少，而随着疫情的受控和复工复产，经济复苏脚步的加快，石油消费需求是巨大的。同时，新能源普及与消费端需求仍存在如成本、便捷性等诸多制约，因此市场对于石油的需求缺口也是巨大的。未来，加油站市场竞争将进一步加剧，油价也不可能像前些年那样处于低位，加油站要做好油价长期位于高位的准备。

1. 更精准把握采购时点

虽然高油价时期，批发价格高企、采购难度加大、零售利润菲薄，但市场总是在波动之中，总有可以把握的机会。零售企业可以根据每 10 个工作日的调价周期，根据周期内的市场波动情况，灵活运用采购策略。如果预期下一轮调价周期为上调，则在周期内的初期低点把握采购时机；如果预期下一轮调价周期为不调，则在周期内的价格回落时把握采购时机；如果预期下一轮调价周期为下调，则在周期内的后期低点把握采购时机。

2. 更精细调节库存水平

高油价时期的库存管理更需要精益求精，无论是单个加油站还是拥有加油站网络的零售企业均应如此。科学规划设置合理库存范围，根据自身情况设定库存下限和库存上限。一般来说，合理库存的下限为周转库存与安全库存之和，上限为周转库存、安全库存和储备库存之和。周转库存是指一个调价周期或采购期内为满足正常经营需要的库存；安全库存是指为应对市场需求、运输波动所需要的额外库存；储备库存是指在市场出现机遇时额外增加的、超出当期使用量的库存，高油价时期可以视为难能可贵的市场机会库存。

3. 更精心提升服务质量

不论是面临市场的重新划分还是新能源的冲击，不论是加油站还是综合能源站，未来在瞬息万变的竞争中让加油站处于优势地位的“法宝”是客户至上的理念。而其中，如何围绕客户做文章，并且做好客户文章，是加油站生存的关键。在传统能源向新能源过渡的长时期内，尤其在高油价的当下，更需要采取切实提升客户体验的系列举措，培养客户满意度和忠诚度。比如，在加油站投用智慧加油机，采用支付电子钱包、刷脸支付、车牌支付等各种便捷方式；在便利店内引入智能机器人，提供接待咨询、询价导购、辅助下单购物等；因地制宜提供加油、加气、充电、换电、加氢等综合能源；除便利店外，增加洗车、汽服、广告、快餐等基础服务，根据周边市场情况适时增加保险金融、品牌专卖、公益便民、电子商务等附加服务，一站式解决客户能源补给和生活需求。

4. 搞好差异化品牌定位

加油站商品的特殊性在于它具有高度同质化，加油站很难以商品本身作为摆脱价格依赖的筹码，而差异化品牌的建设可以弥补这种同质化。国有企业的加油站定位是把加油站打造成“安全、便捷、绿色、温馨、智能”的“人・车・生活”生态圈。而民营企业中，则以全新的油站形象打造差异化加油站品牌。比如，有的加油站采用卡通化、人性化的形象，配备 24 小时零利润便利店、近 80% 的进口商品以及饮品最佳饮用温度的服务设计等一系列轻奢体验式服务，打造出轻时尚的轻奢感品牌特色，为消费者提供优质的油品、温馨的服务、舒适的消费环境，在竞争日益激烈的加油站行业赢得一席之地。

随着汽油市场规模的不断扩大，汽油行业也迎来转型，客户的需求逐渐向定制化、精细化转化，汽油各大企业间的竞争将逐步摒弃低端的价格竞争，变为品牌的竞争。加快加油站品牌建设，建立品牌信赖，发挥品牌效应，无论是在当下油价持续走高、利润缩水还是在未来能源转型时，都需能保持市场竞争力。

二、 新能源汽车爆发增长，石油企业如何应对

“十四五”初，中国新能源汽车产业已进入快速成长阶段，将持续 20 年。长期以来制约新能源汽车发展的续航里程不足、充电便利性差、消费者接受度不高等“痛点”问题将在 10 年内逐步得到较好解决。在政府刺激政策加持下，2045 年新能源汽车将基本实现对传统燃油车销售的替代。中国汽油需求量预计 2026 年达峰，其后加速萎缩，2045 年降至目前水平的一半以下。建议炼化生产企业关注汽油需求达峰前后的市场变化，加快实施炼化业务转型升级；成品油销售企业尽早谋划加油站转型为综合能源服务站，加快选择具备条件的站点开展实质性建设；上下游一体化的大型石油公司积极介入新能源产业，加快完成高质量规划与布局；加油站可依托太阳能资源建设碳中和站点，提供电能补给，并展现绿色低碳品牌形象。

近年来，国家持续推动汽车行业转型、加快新能源汽车替代燃油车的政策日渐明朗，逐年逐月呈现出的新能源汽车加速增长的各类指标数据，使得石化行业时刻感受到新能源汽车给油品消费带来的冲击，焦虑情绪逐渐蔓延，转而积极探索传统业务的转型之路。其中，汽油作为石油企业实现效益的主要经营品种以及新能源汽车主要的替代对象，其在行业转型中的需求规模变化更是石油企业关注的重点。目前，中国石化行业对于新能源汽车发展所处的阶段、中长期替代燃油车的路径、大规模替代汽油消费的时间临界点等关键问题，尚没有形成清晰统一的认识，不利于石油企业合理安排转型升级的节奏，不利于企业科学把握当前业务与潜力业务的转换进度。本文在上述背景下开展探索性研究，力求通过数据实证、多专业视角分析、行业调查研究，得出一系列有价值的结论。

（一）新能源汽车发展的“痛点”将在 10 年内得到解决

根据中国汽车工业协会的数据，2022 年年底，中国新能源汽车市场销量为

680 万辆，同比增长 93.4%，延续了 2021 年以来加快增长的势头，超过《新能源汽车产业发展规划》中提出的“十四五”末期发展目标。国内外研究机构对于中国新能源汽车产业长期发展形势的预期也较为乐观。麦肯锡公司预计到 2030 年在中国和欧洲销售的汽车中，有 30%~50%为新能源汽车。中国汽车技术研究中心预计 2039 年、2050 年新能源汽车市场渗透率分别达到 50%和 70%。中金公司预计 2025 年、2030 年、2050 年新能源汽车市场渗透率分别达到 30%、60%和 90%，并且新能源汽车的保有量将在 2034 年超过燃油车。目前中国新能源汽车市场的发展阶段如何判定，以及当前社会关心的新能源汽车购买和使用中的“痛点”问题是否能够得到解决，对于科学预测新能源汽车的发展趋势至关重要。

1.“十四五”初期中国新能源汽车产业已迈入“S”形成长曲线的加速阶段

“产品生命周期”理论认为，类似于“人”的生命历程，任何产品都要经历导入、成长、成熟、衰退的阶段，产品销售往往呈现缓升、急升、平稳、下降的“S”形发展变化。

例如，智能手机对传统手机的替代在 2010 年以前为导入期，渗透率提升较为缓慢，每年 1%~3%；2011—2016 年为加速成长期，得益于基础设施的快速建设以及以 iPhone 为代表的智能手机实现技术突破，2011 年渗透率突破临界点 15%，此后加速发展至 2016 年的 90%以上，总体历时 6 年，年均增长 13%。

新能源汽车包含新能源乘用车与新能源商用车，其中乘用车约占新能源汽车保有量的 85%。当前中国新能源汽车所处发展阶段与智能手机进入成长期时极为相似。2021 年新能源汽车渗透率为 16.3%，刚刚迈入 15%的加速门槛，类似于移动通信基站建设为智能手机提供基础设施、网络宽带扩容为智能电视提供稳定信号，公共充电桩及充换电站建设致力于提供补能便利性，电池性能的提升正逐步解决续航焦虑。以 model 3 为代表的爆款车型类似于 iPhone 4，进一步增强了新能源汽车的吸引力。考虑到汽车的使用周期一般为 10~12 年，相对于手机有着更换频次低的特点，新能源汽车的成长期将持续 20 年，2030 年、2036 年、2041 年渗透率将分别达到 50%、80%、90%以上，2045 年新车销售全部为新能源汽车(见图 8-1)。为与参考行业口径保持一致性，本文以新能源汽车总体的销量及渗透率作为研究对象。

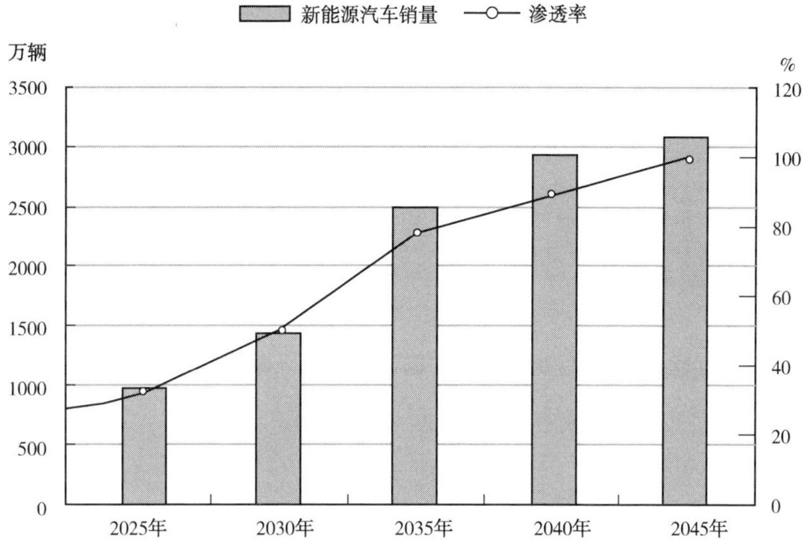

图 8-1 新能源汽车销量的渗透率变化趋势及预测

2. 动力电池技术进步使新能源乘用车续航里程大幅提高，现已接近燃油乘用车水平

根据《新能源汽车推广应用推荐车型目录》统计，纯电动乘用车电池能量密度已由 2017 年的 119(瓦·时)/千克提升到 2021 年的 210(瓦·时)/千克，年均增幅为 15.3%；能耗平均值为 12.5(千瓦·时)/百千米，较 2016 年下降 20%；续航里程由 2016 年的 197 千米提升到 2021 年的 390 千米，年均增幅为 14.6%。2022 年电动汽车续航里程最高的车型突破了 1000 千米，已超过燃油乘用车。而且动力电池质保期最低标准为不低于 8 年，进一步缓解了消费者的里程焦虑。

根据中国科学院物理研究所的研究结论，以锂离子为主流技术路线的动力电池未来 10 年将有 50%的性能提升，同时成本下降 50%。一是得益于新能源汽车产业的先发优势，中国已成为全球最大的动力电池生产国，在整个产业链上拥有一半以上的产能。2021 年，全球前十大锂电池企业中，中国企业占 6 家，动力电池制造装备的国产化率已达到80%以上，完善的产业链优势保证了电池技术提升的稳定性。二是新材料、新工艺的逐步应用保障了电池技术的升级迭代。例如，正极材料向高比容量和低成本两个方向发展，负极石墨材料进一步向提升比容量、倍率和降低成本方向发展，电解液技术在提高耐久性的前提下向高电压、高功率、高低温和安全性方向发展。

3. 纯电动、插电式混动乘用车和燃料电池汽车将分别在2025年前和2060年后具备成本优势

乘用车拥有成本包括车身、发动机、变速器、电池、电机/耦合系统、燃料电池系统、储氢瓶、使用成本8个部分。根据中国汽车研究中心的研究结果，在不考虑政府补贴的情况下，2021年燃油乘用车平均总拥有成本最低(15万元左右)，燃料电池汽车最高(28万元左右)；2025年前燃油乘用车成本保持稳定，纯电动车、插电式混动车的成本将降至14万~15万元，开始低于燃油乘用车，2025年之后优势扩大；2060年燃油乘用车、插电式混动车、纯电动车、燃料电池车较2021年的总拥有成本将分别下降7%、21%、35%和48%，燃料电池车成本降至基本与燃油乘用车相当的水平。不同燃料类型乘用车总拥有成本综合对比见图8-2。

4. 充电基础设施规模与新能源乘用车保有量水平已实现总量匹配，布局结构性优化问题将在5年内解决

截至2021年年末，中国新能源乘用车保有量为784万辆，充电桩保有量为261.7万台，车桩比为3∶1，其中公共桩114.7万台。按照私桩与新能源汽车1∶1配套考虑，公共桩服务车辆的车桩比实际为5.6∶1。对标全国加油站的汽油枪服务燃油乘用车的比例，按照单次充电时间大致相当于加油时间的60倍考虑，公共桩服务车辆车桩比为5.9∶1即能满足充电需求，与目前水平基本相当。这表明目前3∶1的总体车桩比已实现了基础设施规模与新能源乘用车保有总量大致匹配。

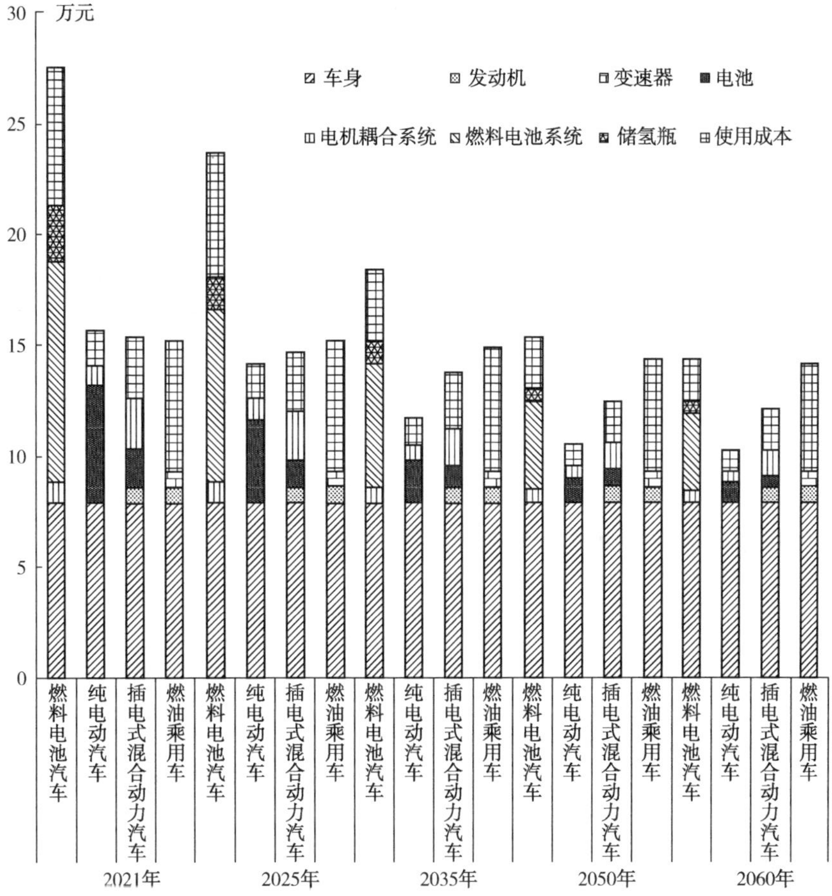

图 8-2 不同燃料类型乘用车总拥有成本综合对比

中国充电桩主要集中在上海、北京等少数经济发达城市，其他省区市的车桩比小于 3∶1，加上高速公路、国省道、三线及以下城市充电桩布局较少，区域差异和路线差异影响了新能源乘用车的补电便利性，尤其是节假日等特殊时期的补电焦虑更为严重(见图 8-3)。国家《关于进一步提升电动汽车充电基础设施服务保障能力的实施意见》明确到“十四五”末将形成适度超前、布局均衡、智能高效的充电基础设施体系，能够满足超过 2000 万辆电动汽车的充电需求。结合各省规划，2025 年全国充电桩将达到 1300 万台，将解决充电设施布局结构方面的问题。

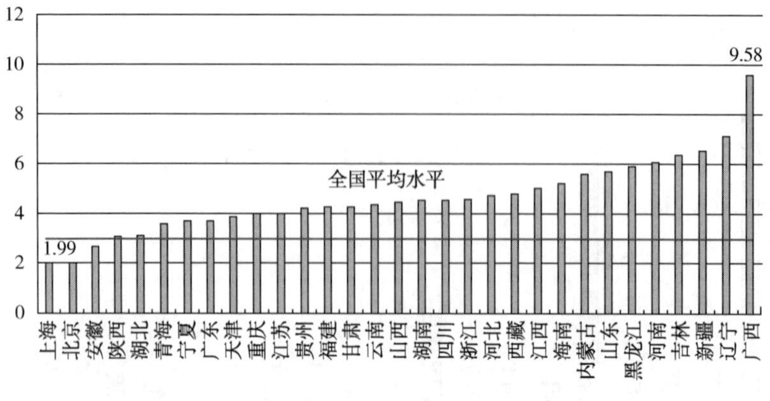

图 8-3　2021 年年末全国各省区市新能源汽车与充电桩保有量的比值(车桩比)

5. 政策激励和创新研发力度加大是新能源汽车增长的要因，未来禁售燃油汽车的趋势将进一步推动新能源汽车持续替代

2021 年，限制新发放车牌城市的新能源乘用车销量比上年增长 95%；非限牌城市的销量比上年增长 198%，且在新能源乘用车总销量中的占比达到 69%，销量增幅与份额均高于限牌城市。限制车辆出行城市的新能源乘用车销量比上年增长 114%，非限行城市增长 152%，呈现同样特点。新能源乘用车的大幅增长同时出现在限牌/限行城市与非限牌/非限行城市，可见政策与产品双轮驱动局面已经形成。

从激励政策的作用来看，根据清华大学针对近 2800 名消费者的调查，新能源乘用车车主中分别有 48%、25%的车主认为促使其做出购车决定的最重要因素是激励政策和车辆性能。进一步针对激励政策的调查显示，如果没有牌照控制的限购政策，43%的车主明确表示不会购买电动车；如果没有限行政策、私人充电桩保障政策，则分别会有 27%、26%的车主不会购买电动车；而购置补贴、免除购置税等降低购车成本类政策对于消费者决策的影响较小。考虑到未来各省汽车市场将逐步趋向饱和，限牌/限行的地区仍会扩大，将持续为新能源乘用车提供有利的政策环境。

从产品迭代来看，类似于智能手机依靠商家不断升级产品的增值功能吸引客户，国内外汽车厂商逐步加大新能源乘用车的创新研发力度，以促进新能源乘用车向着车型丰富、动力好、内外饰高端、智能化程度高、个性化突出、适合自动驾驶技术等方向发展。针对当前30岁以下新能源汽车用户占比达到43%、40岁以下占比达到84%客户群的特点，中国汽车厂商月均可以推出2~3款新能源乘用车车型，尤其是越来越满足消费者个性化需求的爆款车的逐步投放，提高了消费者购买新能源汽车的意愿(见图8-4)。

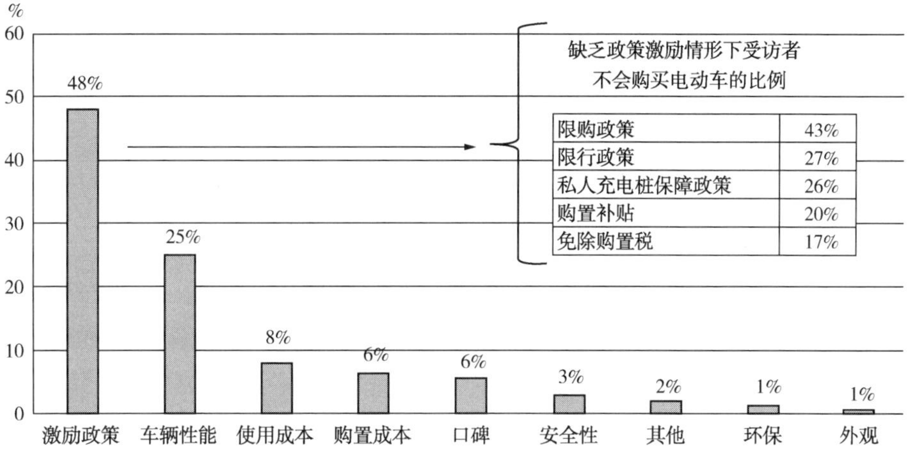

图8-4 影响新能源乘用车车主购车的要因调查结果

从世界各国政府及企业对燃油车禁售的计划看，2022年6月底欧盟27国的环境部部长已就燃油车禁售达成共识，同意至2035年禁止在欧盟境内销售燃油汽车；国外的日产、梅赛德斯-奔驰、本田等汽车公司均已提出分别在2025年、2030年、2040年在全球停售燃油车；中国的比亚迪汽车公司已从2022年3月起停止生产燃油乘用车，长安汽车、北汽集团分别早在2017年、2018年即提出2025年将实行全面停售燃油车的方案。国际社会及汽车厂商对于禁售燃油车正在形成越来越多的共识并付诸实践，将从供应侧进一步推动新能源汽车对燃油车的持续替代。

（二）中国汽油需求将在2026年达峰

1. 2040年左右中国乘用车保有总量将达到5.1亿辆峰值水平

千人汽车保有量饱和值是被普遍采用的衡量国家或地区汽车市场发展潜力的指标。其数值大小取决于人口密度、人均国内生产总值(GDP)、家庭人口数量、出行分担率、人口结构、城市化率等多方面因素。其中，人口密度越低的国家或地区，资源环境及社会发展对于汽车数量增长的容纳能力越强，保有量饱和值相应越高。从国际经验来看，千人汽车保有量一般在人均 GDP 为 2 万~3 万美元后达到相对稳定。

2022 年，中国人均 GDP（美元现价）为 12814 美元；千人汽车保有量为 226 辆，与发达国家的饱和水平（500~800 辆）相比仍有较大差距；人口密度为 149.22 人/平方千米，与法国（118.88 人/平方千米）、意大利（199.99 人/平方千米）、印度尼西亚（146.56 人/平方千米）较为接近（见表 8-1）。按照"2035 年人均国内生产总值达到中等发达国家水平"的目标测算，2035 年中国人均 GDP 预计为 2.37 万美元，相当于目前法国的 2/3、意大利的 2/3、印度尼西亚的 5 倍。参照发达国家汽车产业发展历程，综合考虑中国人均 GDP、人口密度、平均家庭人口数、汽车出行比例等因素建立计量模型，预计中国乘用车千人保有量饱和值在 360 辆左右。

表 8-1　2022 年典型国家千人汽车保有量及影响因素对比

国家	汽车保有量/万辆	人口密度/（人/平方千米）	人均 GDP/美元	千人汽车保有量/辆
美国	28320	35.72	76348	837
德国	5290	234.89	48636	637
法国	4630	118.88	42409	731
意大利	4610	199.99	34113	747
日本	7910	332.30	33822	639
韩国	2530	512.22	32250	472
墨西哥	4170	66.97	10868	329
巴西	4720	25.29	8995	223
印度尼西亚	2720	146.56	4798	101
中国	3190	149.22	12814	226

结合相关数据预测，中国人口数量将从 2021 年的 14.1 亿人增长到 2030 年的 14.3 亿人，随后逐步降低至 2040 年的 14.1 亿人、2060 年的 13.0 亿人。世界银行预计，2025—2030 年、2031—2040 年、2041—2050 年、2051—2060 年中国 GDP 年均增速分别为 5.0%、4.0%、3.0%和 2.0%。据此测算，中国千人汽车保有量将在 2040 年进入饱和状态，届时人均 GDP 为 2.89 万美元，全国汽车保有

总量达到5.1亿辆的峰值水平。

2. 预计2030年燃油乘用车保有量达峰，比汽车保有量达峰早10年

近10年，中国乘用车的报废率基本维持在每年1%~2%，与美国、欧洲国家等西方发达国家每年6%左右的报废率相比存在较大差距。按照2040年以后中国汽车工业进入饱和期、报废率提高至目前发达国家水平考虑，预计中国乘用车年销量最高接近3300万辆，较2022年增长60%。按照2045年前新能源汽车销量渗透率逐步提高至100%的趋势，预计2030年新能源汽车保有量达到8400万辆，占乘用车保有量的20%，此时燃油乘用车保有量达峰(3.47亿辆)，较2021年仍有37%的增长空间。2042年新能源汽车保有量(4.64亿辆)反超燃油乘用车。2060年新能源汽车完全替代存量燃油乘用车(见图8-5)。在2021年12月举行的中国电动汽车百人会议上，清华大学欧阳明高院士团队提出了“2030年、2040年国内新能源汽车保有量分别接近1亿辆和3亿辆”的预测结果，与本文预测结果相近。

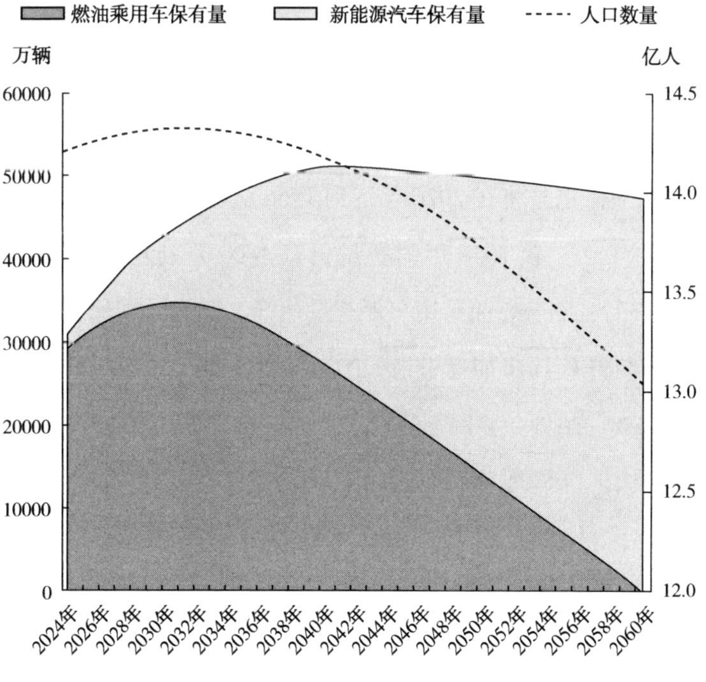

图8-5 2060年前中国燃油乘用车与新能源汽车保有量预测

3. 中国汽油需求量将在5年内达峰而后加速萎缩，2045年降至目前水平的一半以下

近年来，燃油车单车实际耗油量呈现逐年降低趋势。这主要得益于节能技术进步、高油耗车型淘汰，汽油发动机的燃油经济性持续提升。2016—2021年中国实际产销的燃油乘用车新车平均燃料消耗量(工况)从6.88升/百千米下降至6.24升/百千米，年均下降1.9%。《乘用车燃料消耗量限值》强制性国家标准(GB 19578—2021)(即第五阶段标准)已于2021年7月1日实施，进一步提出燃油乘用车新车燃料消耗量目标值由2020年的5升/百千米降低至2025年的4升/百千米，年均下降幅度高达4.4%。新车燃油经济性的提高必然带动存量燃油乘用车总体单车油耗水平的降低。按照新车对于存量车油耗降低的逐步带动作用测算，预计2030年前保有的燃油乘用车燃油经济性年均提升1.4%，2030—2060年年均提升0.7%。另外，基于1000万辆样本的表现里程数据统计，2021年乘用车单车行驶里程为1.23万千米，平均每10年降低0.2万~0.3万千米，其原因主要是绿色出行增加以及拥有第二辆车的家庭增多。

综合考虑燃油乘用车保有量变化、燃油经济性提升、单车行驶里程降低等各项因素，中国汽油需求量将在2026年达到1.66亿吨的峰值水平，比燃油乘用车保有量达峰早约4年，较2021年消费量仍有1400万吨增量空间，年均增幅为1.8%。“十五五”后，随着燃油乘用车保有量达峰、新能源车保有量将反超燃油乘用车，汽油需求将开始逐步加速下滑。2026—2035年、2035—2045年年均降幅分别为2.5%和5.6%，2045年将降至目前水平的一半以下(7400万吨)。2045年以后燃油乘用车不再销售，车辆持续报废，2060年车用汽油需求基本消失(见图8-6)。

（三）行业转型发展建议

按照上述的研究，“十四五”初期中国新能源汽车已进入预计持续20年的加速发展阶段，2030年新能源汽车销量将占新车销量的50%以上，2045年实现对

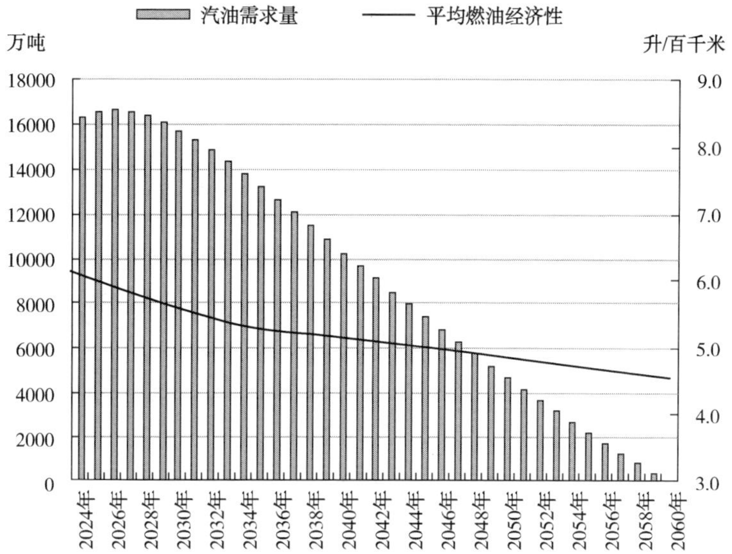

图 8-6 2060 年前中国汽油需求量预测

传统燃油车销售的完全替代。2030 年左右中国燃油乘用车保有量将达到峰值 3.47 亿辆，汽油需求将于 2026 年达到 1.66 亿吨的峰值，较 2021 年消费量年均增幅 1.8%，其后加速萎缩，2045 年降至目前水平的一半以下(7400 万吨)。针对新能源汽车加速发展及汽油需求即将达峰并逐步加速下降等趋势，中国的炼化和石油销售企业应顺应大势，未雨绸缪，加快转型升级，努力实现高质量发展。

1. 炼化企业应关注汽油需求达峰前后的市场变化，加快实施业务转型升级

当前，中国柴油消费峰值已过，航煤消费增速将持续放缓。伴随着汽油需求逐步达峰，预计 5 年内成品油市场将进入总需求萎缩、用油结构大幅调整的时期。结合相关课题研究成果，预计 2025 年前成品油需求较正常年份的 2019 年仍可年均增长 1.2%，“十五五”期间(2026—2030 年)年均将下降 0.8%。消费柴汽比将从 2019 年的 1.11 降低到 2030 年的 0.88 左右；2030 年以后由于汽油消费加速萎缩，消费柴汽比将有所回升(见图 8-7)。

建议中国炼化生产企业抓住 4~5 年的窗口期，在保障国家总体能源战略安全的前提下，结合所在不同区域的市场特点实施转型升级，总量上增产化工及特色炼油产品，并平稳有序地实施落后产能淘汰退出。适时根据汽柴油消费结构的变化灵活调整生产柴汽比，尤其关注2030年以后消费柴油比预期有所回升的趋势。在炼厂新建产能和改扩建工程中，应为日后灵活调整保留更大空间。

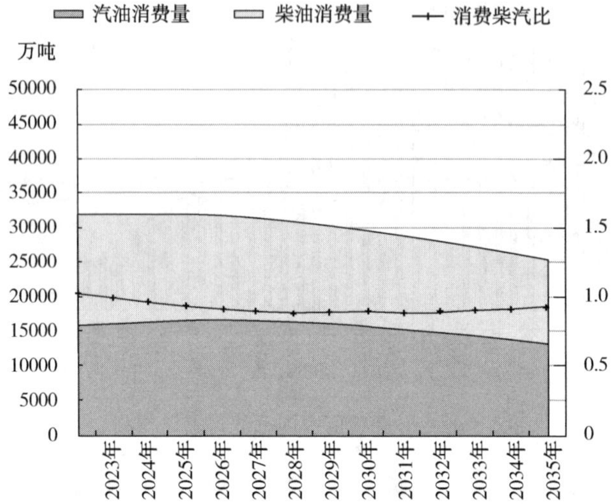

图 8-7　2023—2035年中国消费柴汽比预测

2. 成品油销售企业应尽早谋划加油站转型为综合能源服务站，加快选择条件良好的站点开展实质性建设

加油站是直面消费者的产品与服务的价值实现窗口，汽油需求2026年达峰、2045年减半将给加油站带来直接冲击。围绕新能源汽车补能、汽车售后市场、车主生活补给并兼顾燃油乘用车燃料加注等多方面需求，将现有加油站升级为综合能源服务站，是成品油销售企业实现转型的最经济有效的方式。根据对2060年前汽油需求的预测，按照中国加油站平均单站汽油销量保持2021年水平不变考虑，2035年、2040年、2050年中国所需的加油站数量将分别下降到10.4万座、8.1万座和3.7万座，较2021年数量大幅减少。

建议成品油销售企业加大对加油站转型的关注与投资，加强顶层规划设计和转型路径研究，加快推动一批具有示范效应的综合能源服务站建设与落地。2035年以前可完成部分特定类型站（高速公路站、出租车场站、老旧社区周边站等）

的充换电布局，优先选择新能源汽车市场较为成熟的东部和南部区域；2035 年以后大规模升级为综合能源服务站，以适应车用燃料加速转型趋势。

3. 大型石油公司应积极介入新能源产业，加快完成高质量规划与布局

上下游一体化的大型石油公司可利用地处风、光资源丰富区域，自身能耗降低潜力大，资金和技术实力强等优势，积极介入光、风、地热等新能源产业，在助力自身实现碳中和的同时，为社会提供更多的绿色能源。考虑到新能源汽车的快速发展将带动相关新材料需求大幅增加，还可关注动力电池的负极材料、隔膜材料、燃料电池催化剂等化工新材料市场。依托炼厂现有制氢能力，逐步拓展氢能市场，打造制、储、运、用氢能产业链。

值得关注的是，为更好适应新能源相关产业快速发展的变革趋势，大型石油公司应注重采取资本运作的方式，投资或收购与新能源汽车产业相关的新型动力电池、电池银行、碳纤维、整车轻量化、储能、智慧能源、氢能的制储运用等产业，配套绿色金融产品，加快完成新能源新业务的高质量规划与布局。

4. 加油站可依托太阳能资源建设碳中和站点，提供电能补给，展现绿色低碳品牌形象

碳中和加油站指的是加油站运营中排放的二氧化碳或温室气体能够被节能减排、植树造林等减碳形式所抵消。为适应未来大量新能源汽车的电能补给需求，加油站可利用场地资源建设光伏发电装置，甚至同步配套储能设备。一方面利用太阳能资源为新能源汽车充换电直接提供电能，或者通过电解水制氢提供氢能；另一方面满足加油设备、便利店、洗车设施、员工生活的日常用电需要，实现加油站的“绿电”供应，抵消加油站的碳排放量。碳中和加油站可以进一步体现传统石油企业的绿色转型成效，树立绿色低碳的品牌形象，更好地为环保意识强的新能源汽车车主打造具有吸引力的进站补能消费场景。

三、我国人口达峰对加油站行业的影响

2022年年末，全国人口为141175万人，比上年末减少85万人，其中出生人口956万人，死亡人口1041万人。

10年前，有专家提出“我国人口高峰期将在2021年前后，峰值人口约为14.24亿”。这个预测在10年后得到了验证。这说明，中长期人口变化发展有其内在规律性，发展趋势及其关键节点发生的时间和变化空间可以科学合理预测。基于中长期人口变化发展趋势的规律性及其可预测性，我国人口达峰对石油行业的影响相对偏中性，但还是要客观清醒地认识到人口达峰对石油行业的影响，以免造成不必要的损害。

（一）人口达峰符合我国国情，短期面临转型阵痛，但更利于可持续健康发展

在占世界6.44%的国土面积、7%的耕地面积的土地上，中国养活了约占世界18%的人口，而且解决了温饱、脱离了贫困，这不得不说是人类文明史的一大壮举。但不可否认，中国的土地上已经且正在承载其空间、资源和环境不可持续、不可良性循环的难以承载的人口规模，向适宜人口规模过渡将是我国未来很长一段时期需要走的路。

人口是一个国家实力的基础，保持一定的人口规模，是在当前复杂的国际政治与经济环境中基本实现独立生存与自主发展的必要条件。关于我国适宜人口规模，分歧比较大，争论比较多，但总体集中在3亿~10亿人，即使达到适宜人口规模上限10亿人规模，按照当前的人口规模简单测算，需要等到2055年前后；而达到不超过8亿人规模，则要到2070年前后；再进一步减少到6亿人水平，要到2090年前后了。

人口达峰并经历一段较长时期的人口下降，是我国经济与社会可持续健康发展的必由之路，无须恐慌，甚至应该感到欣慰，过去数十年的人口生育政策虽然有些过激，未来我们需要承担人口持续快速下降、人口严重老龄化的阵痛，但这比持续高涨的人口数量、严重超负荷的人口规模所带来的后果好得多。虽然人口达峰可能在时间上比绝大多数人预期的来得有些早，但总体而言相对缓和，与预期相差不是太多，甚至可以说已经在预期之中。

从风险和危害的角度考虑，在预期之中并已有相应的思想准备和对策的变化，风险很低，危害很小。但是，作为社会、经济与产业发展的重要因素，人口数量由增长转向下降，与之相适应的必要的政策调整、发展模式转型不可或缺，这其中即蕴含着调整和转型的成本和代价，也是我国社会、经济与产业实现转型升级，向新的可持续健康发展的“新常态”发展模式转变的成本和代价。

（二）人口达峰与石油行业发展并不相悖，但思路需要调整以适应人口趋势

人口规模与经济状况是驱动石油消费的两大要素，而石油消费又是石油行业发展的基石。在人口达峰后，基于人口数量驱动的石油消费呈现出向下的作用力，继续进一步增长的石油消费需要有比以往更大的基于经济状况带来的驱动力，意味着人均投资规模、人均消费等经济构成要素需要有更高的增长速度。

人口与石油消费变化的关系，呈现出同步增长的数据比较多，发达国家、发展中国家均有大量的历史数据可供分析研究和借鉴应用；而人口达峰后的人口与石油消费变化数据相对较少，说服力面临挑战。从一些国家人口达峰后的人口与石油消费数据，可以窥探到一些蛛丝马迹，并从中得到一些启示。

据世界银行数据统计，1960—2021 年，全世界有一定人口规模（不低于 2000 万人）的国家，出现长达 10 年以上人口连续下降的国家只有两个，即俄罗斯和日本。俄罗斯从 20 世纪 90 年代初开始进入人口下降通道，一直持续了 16 年，之后保持了 9 年的持续缓慢增长，于 2018 年再次进入下降轨道。日本于 2009 年出现人口下降，2010 年小幅增长，2011 年开始进入下降通道直至 2021 年连续 11

年保持负增长。低生育率是这两个国家人口负增长的主要原因，这同样也是我国人口达峰转向的主要原因。

据 BP 统计数据，俄罗斯石油消费于 20 世纪 90 年代初从日均消费近 500 万桶陡降至日均消费不到 300 万桶，后来有所复苏，但直至 2021 年的日均消费仍只有 340.7 万桶；而日本则从 1996 年石油消费达到 594.1 万桶/日的峰值之后，一致处于震荡下降状态，2021 年仅有 334.1 万桶/日。全球很多国家，在人口处于连续多年持续下降状态时期，石油消费鲜有不趋软甚至滑坡现象(见图 8-8和图 8-9)。

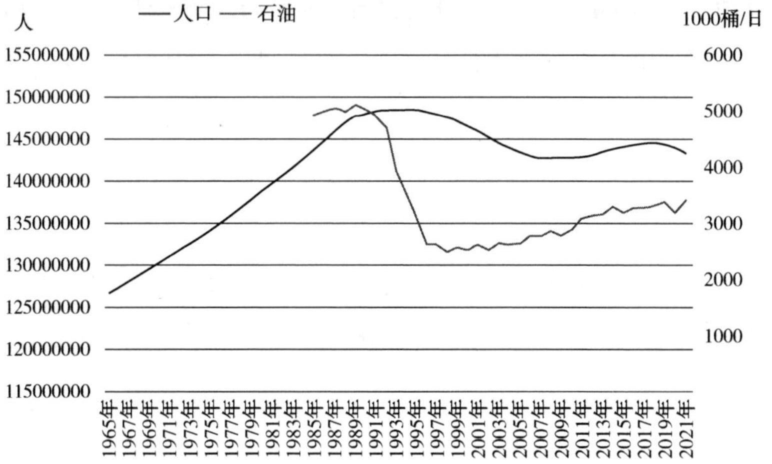

图 8-8　1965—2021 年俄罗斯人口与石油消费关系

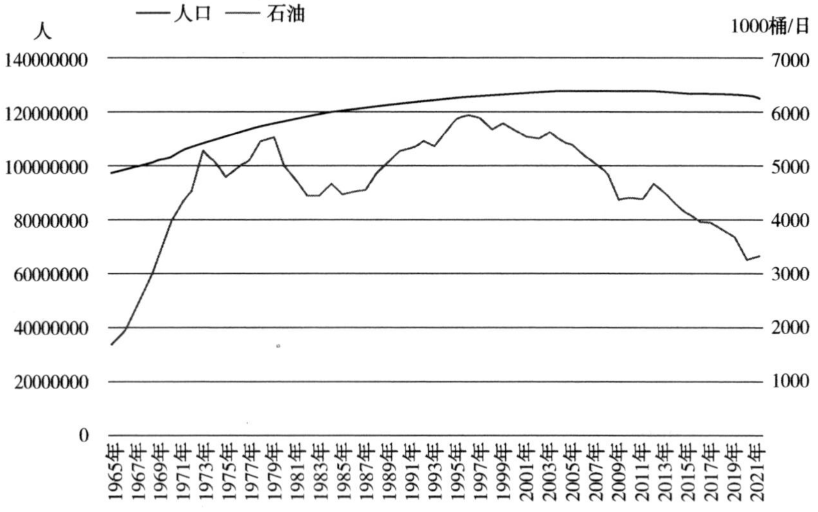

图 8-9　1965—2021 年日本人口与石油消费关系

我国的石油消费会不会因为人口达峰而达峰，这主要取决于政策。如果采取强力经济刺激政策，人口达峰的影响会被延后，但不会缺席。如果顺应人口走势，改变经济发展的思路和模式，激发内在可持续的发展动力，石油消费达峰紧随其后，在实现人口规模向可持续的适宜水平过渡的同时实现石油行业的可持续发展，未尝不是一件好事。

（三）人口达峰，加油站行业需从外延式规模扩张发展向内涵式发展转变

长期以来，受人口和经济持续增长、人民生活水平持续提高等多重因素叠加驱动，我国石油消费持续增长，加油站数量保持持续稳定增长态势，加油站数量增长和单个加油站油品销量增长成为行业扩张发展的主要模式。

据国家统计局年度数据，2016—2020 年，我国石油能源消费总量增长 9408. 90 万~65369. 1 万吨，年均复合增长率 3. 16%，消费总量增长速度呈现不断趋弱的走势(见图 8-10)；而与加油站行业密切相关的交通运输、仓储和邮政业石油消费总量于 2019 年首次出现负增长，2020 年连续第二年下降(见图 8-11)。

据《2020 年国内石油流通行业发展报告》，2016—2020 年，我国成品油零售企业增加 3734~112000 个，年均复合增长率 0. 7%。其中，加油站 10. 2 万座，增加 5647 座；加油点 8388 座，减少 1811 个；加油船 1157 个，减少 102 个。

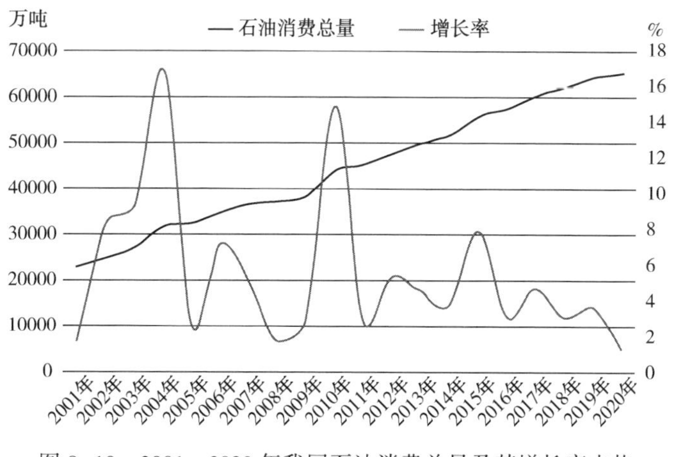

图 8-10　2001—2020 年我国石油消费总量及其增长率走势

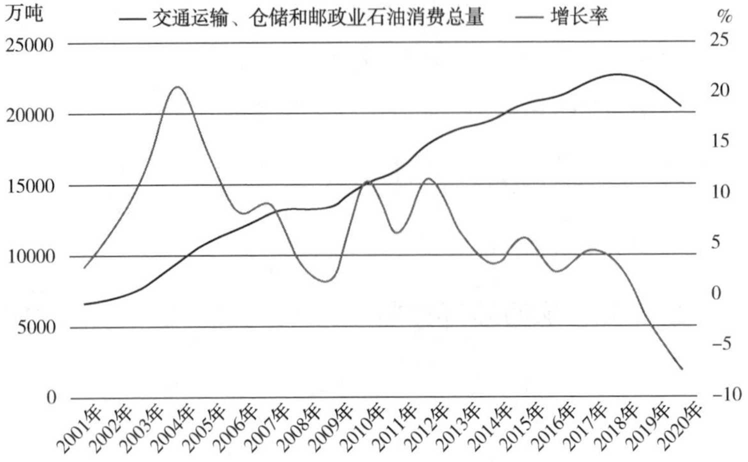

图 8-11　2001—2020 年我国交通运输、仓储和邮政业石油消费总量及其增长率走势

随着电动车技术的不断改进和电动车数量的不断增加，叠加人口达峰，加油站行业将是石油行业受人口达峰和技术创新影响最明显、最突出的行业，其转型性应该远远高于农、林、牧、渔业与工业、建筑业、批发和零售业、住宿和餐饮业等行业石油消费的影响。

如果我国与加油站行业有关的石油消费已经早于人口达峰在 2018 年触顶，这就意味着我国加油站行业侧重于加油站数量和单个加油站加注能力扩张的外延式发展模式的挑战已经来到，若不尽快转向侧重内涵式发展模式，未来的挑战将日趋严峻，困难将不断增加。

加油站行业的内涵式发展模式，可以基于技术创新及其效率改善、经营模式等方面谋求可持续发展。人工智能及与之配套的机器人可以在加油站中发挥更大的作用，不仅包括石油加注、结算，还可以高效开展采购、销售和财务数据分析与处理，充分利用太阳能光伏发电、充电加氢等技术降低能耗，拓宽收入来源和渠道，为转型发展做好应有的准备，等等。

我国人口达峰并进入下行通道，已经出现在我们面前，将成为未来我国社会与经济发展的一个重大要素。这是客观事实，既蕴含着机遇，又潜藏着挑战，能否将挑战顺利转化为机遇、化不利为有利，关键在于我们是否能够前瞻性地科学规划未来。

四、 智慧加油站相关问题探讨

（一）加油站智慧化发展的背景理解

20 世纪 80 年代以来，以信息技术为主导的包括新材料、新能源、生物科技、空间与海洋科技、激光科技、新型制造技术等在内的新科技革命风暴，以前所未有的规模与速度席卷全球，改变着我们赖以生存的物质、能量、信息世界，改变着企业投入、转换、产出的整个系统。

2016 年，韩国的围棋选手李世石以 1 : 4 败给了谷歌的人工智能“阿尔法狗”，标志着人工智能的第三次崛起，智能时代由此开启；在此之前的 2007 年，随着苹果的 CEO 乔布斯推出智能手机 iPhone，推开了移动互联时代的大门；再往前推到 1969 年互联网的诞生，这三个重要的年份可以被认为是人类社会发展的信息化、数字化和智能化的时间分界点。

企业的发展总是要滞后于时代。当前，企业正在经历信息化、数字化再到智能化的演进过程（见图 8-12）。

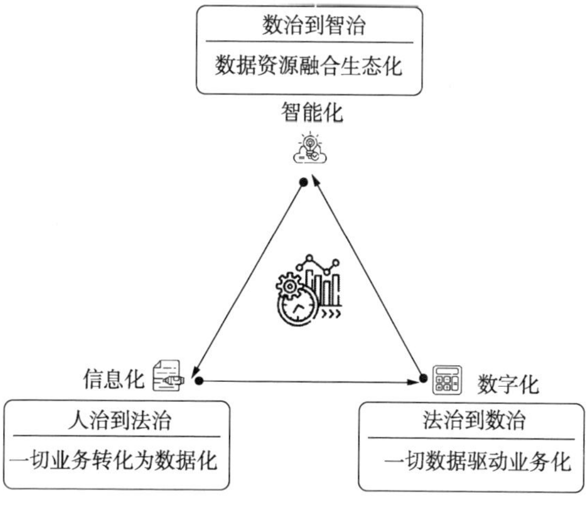

图 8-12 从信息化到数字化再到智能化演进过程

通俗来讲，它们三者的特点如下。

1. 人治到法治——信息化阶段：一切业务转化为数据化

企业通过安装办公自动化、企业资源管理、供应链管理、客户关系管理等各类信息化软件，构建单点业务环节信息系统，使业务、人员、运营等所有的行为转化为数据，优化企业的研发、生产、经营流程，提高管理效率。

这个阶段的关键词是“连接”。初步实现物理世界和虚拟世界的联通，将信息、知识和流程（价值流/使能流/支撑流）搬到信息系统上，业务在物理世界里开展，业务的协同主要还是在线下，信息系统提供支撑实现，提高效率。

2. 法治到数治——数字化阶段：一切数据驱动业务化

以云计算、物联网、人工智能、3G、4G、5G、数字孪生等为代表的数字技术群落，开始重构企业的 IT 基础设施。伴随着企业传统 IT 基础设施云端化、AIoT 化、移动化，企业不断打通线上与线下、内部与外部、消费端与供给端数据，基于消费端数据运营，以消费端数据重构供给端的品牌、营销、研发、渠道、制造等供给体系和价值链体系，构建起客户旅程全覆盖的全要素运营体系。

这个阶段的关键词是“分析”。通过数据分析及所得到的结论，驱动企业业务的发展方向和策略，业务在数字世界里开展，物理元素响应。具体而言，一是业务线上化，企业的商流、物流、资金链、数据流都在线上体现，完成四流合一，真正提高了数据的可信性和完整性。这种线上化不只是一小部分的业务上线，而是核心业务、主业务的完整平台化。二是数据驱动，企业能够通过数据来确定运营方向和模式。基本逻辑大概是在线生产数据——互联互通积累数据——数据分析——分析形成决策——指导运营策略。这个阶段，企业要实现靠人驱动向数据驱动的转变，人变成数据驱动环境的执行者。

3. 数治到智治——智能化阶段：数据资源融合生态化

以消费者运营为核心，实现消费端与供给端全要素、全场景、全生命周期的数据智能，建立企业智能运营和决策体系，持续推动企业产品、业务、组织动态变革调整，构建起以消费者运营为核心的数字商业生态，实现智慧管理。

这个阶段的关键词是“智能”。人工智能算法的进步使得从海量数据中高效汲取知识成为可能。知识可以帮助企业沉淀业务逻辑，将知识以机器可以理解的方式进行组织，从而实现数据的智能化应用，推动企业智能化发展。这个阶段，组织的边界已经被打破，内外部按需形成了 N 个独立又协作顺畅的业务单元，进化为价值型组织，围绕着不断变化的价值点，自发有序地组织成协作体。同时，数字化平台可以实时感知分析业务的异常以及低效点，通过数字化经营体系驱动组织能力进行精准地处置、优化与跟进，并对结果进行闭环跟踪，迭代优化经营模型与策略。此时的数字化基本达到智能化阶段，业务、数据、指令畅通无阻，物联网、人工智能与机器员工大量涌现使企业的业务发生根本的变革与升级。

这三个阶段是数字化与业务不断深入融合促进的结果，随着数字化转型不断成功，企业的经营活动效率会越来越高，实现极简组织与极高效率，而率先完成进化的企业将构建起越来越高的护城河。

（二）打造智慧加油站的理论框架

迄今为止，智慧加油站并无确切的定义，可以看作是数字技术驱动下的以最佳消费者体验为目的的加油站人货场的重构和商业模式创新（见图 8-13）。其主要有四个特点。

（1）智能化业务决策：精准实时把握客户需求，合理化资源配置并快速予以满足，及时高效解决运营问题。

（2）一体化运营销售：油品业务和非油品业务实现协同，两种业务互相促进，并且实现线上线下相结合。

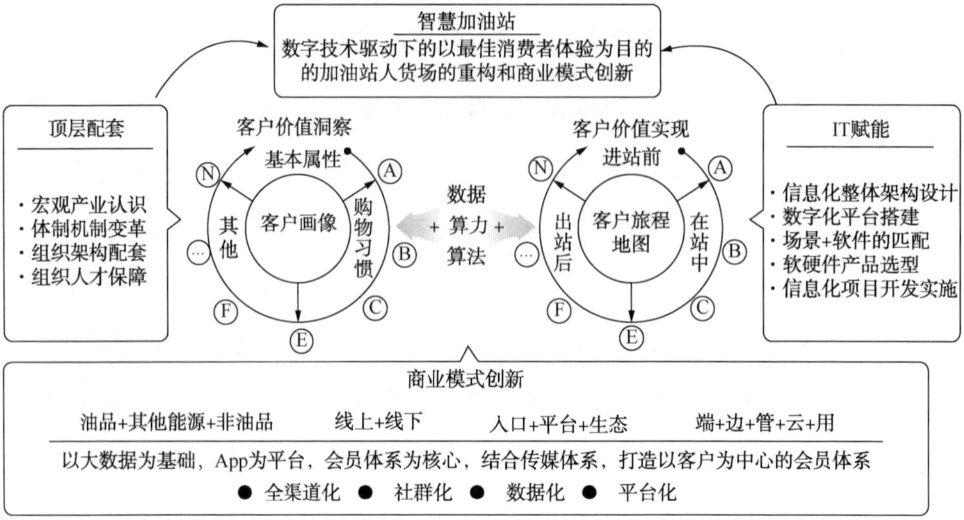

图 8-13　智慧加油站示意图

（3）生态化价值合作：连接和整合价值链，共享共赢发展。

（4）敏捷化变革创新：充分利用数字技术为业务赋能，动态引领市场。

打造智慧加油站应做到 2 个聚焦+1 个创新+2 个保障：

2 个聚焦就是以客户为中心，抓好客户价值洞察和客户价值实现。一是聚焦客户价值洞察构建对车主的画像能力，以便能做到实时洞察车主的需求，包括对油品的消费习惯和非油品的喜好，有针对性做好油品和非油品商品的购、进、存、销；二是聚焦客户价值实现，从车主进站前、在站中和出站后三大场景，描绘客户旅程，策划好价值点，进行以最佳消费体验为核心的人（车主）、货（油品+非油品）、场（站内+站外，线上+线下）的重塑，实现资源的最佳匹配，实现客户消费价值最大化挖掘。

1 个创新就是进行有别于传统加油运营模式的商业模式创新。一是构建“入口+平台+生态”的运营模式，其中，入口是指基于移动设备端的 App，形成线上与车主建立连接关系和进行交易结算的新场景；平台是指技术支撑平台，形成加油站的智慧大脑；生态包括企业外部的各利益相关者，如各种油品和非油品的供货商等。二是扩大业务范围，把油品、非油品以及其他能源纳入业务范围。三是构建全渠道营销模式，实现线上线下相结合。四是建设“五位一体”的数字化平台，通过端(移动终端+各种设备端)、边(边缘计算)、网(网络传输，包括5G等)、云(云计算平台)、用(应用场景)，为加油站打造数字基础设施。五是以大数据为基础、App为平台、会员体系为核心，结合传媒体系，打造以客户为中心的会员体系，实现会员管理的全渠道化、社群化、数据化和平台化。

2个保障就是做好顶层配套和IT赋能。一是顶层配套，包括宏观产业认识、体制机制变革、组织架构配套、组织人才保障。二是IT赋能，包括信息化整体架构设计、数字化平台搭建、场景+软件的匹配、软硬件产品选型、信息化项目开发实施。

(三)智慧加油站的发展已有近十年的探索史

随着2007年移动互联网时代的开启，以互联网公司带头开始的线上、线下相结合的O2O模式逐步兴盛起来。加油站行业在这股大潮中，供给侧和需求侧开始了打造智慧加油站的探索，目的就是通过对车主的全面数字化(客户画像)，实时掌握车主的油品和非油品消费需求，建立预测型营销分析系统，开展精准营销，实现线上、线下相结合，以非油促进油品销售，最终实现综合服务商的转型。

实例1：(以石油公司为例)2014年11月，国内第一个探索O2O商业模式的App“车e族”在中国石化森美福建石油有限公司上线，开创了全球石油化工行业的先河，开展了“人·车·生活”一体化的多方合作的车联网商业模式探索和实践(见图8-14)。

2018年9月，中国石化北京石油启动了“中国石化零售业务数字化转型智能加油服务站”的项目建设工作，从业务场景、技术解决和技术实施三个方面，全力打造智慧加油站(见图8-15)。

实例2：(以服务商为例)近五年来，随着加油站逐渐认识到智慧加油站的重要性，互联网公司与科技型企业纷纷进入加油领域，针对加油站的现有问题提出数智化解决方案。具体而言，可分为“布局能源零售信息化的大型IT企业”“能源零售领域O2O平台”及“深耕智慧能源零售领域的专业企业”三大类型。

图 8-14　多方合作的车联网全景

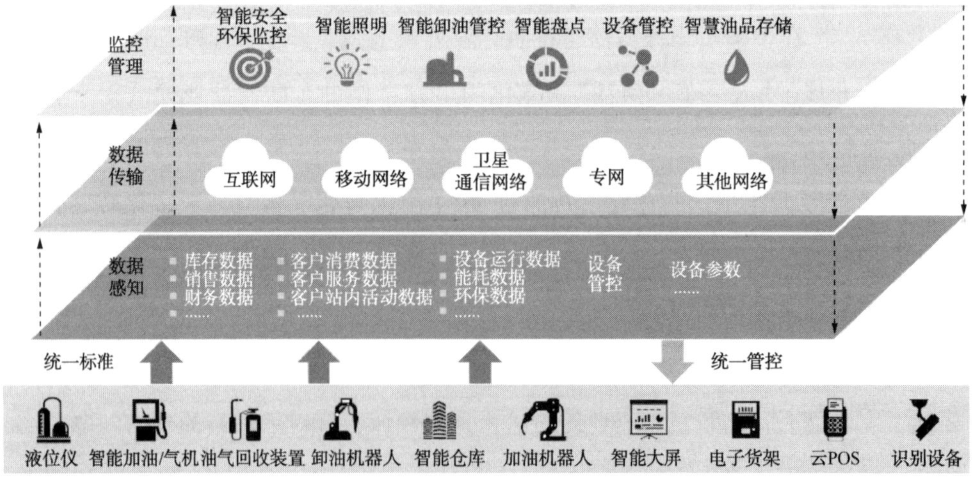

图 8-15　加油站智能化管理示意图

在数智化解决方案提供商加速入局的情况下，具有代表性的企业类型见表 8-2。

表 8-2　数智化解决方案提供商类型

企业类型	主要特点	代表公司
布局能源零售信息化的大型 IT 企业	企业规模较大，能够根据加油站需求提供模块化数字化解决方案	浪潮软件
能源零售领域 O2O 平台	早期业务逻辑从 C 端出发，连接车主和加油站，通过补贴获取用户黏性，后因资金压力等原因这类企业纷纷寻求差异化转型	车主邦
深耕智慧能源零售领域的专业企业	从 B 端出发，由场景端切入，直击行业痛点，提供全流程数字化解决方案	智慧油客

能源零售领域 O2O 平台的早期业务逻辑从 C 端出发，以提供补贴等优惠方式聚集用户，获取用户黏性后，再通过为加油站导流抽成及赚取油品交易差价等方式来获取利润。我国能源零售 O2O 形态于 2013—2014 年开始兴起，在当时平台通过补贴获取大量用户后，却未能及时通过用户黏性获取足额收益，部分平台也因此倒闭。早期业务逻辑被证为伪市场需求的原因是加油站行业产品的区域性很强，用户不可能因为平台黏性而跨区域选择加油站，一旦补贴停止，流量就会出现退潮效应。因此，单纯依托流量获取利润的链条在能源零售行业难以实现。

在资本市场收紧且渐趋理性的形势下，烧钱补贴引导加油消费“互联网+”的模式因资金压力难以为继，能源零售 O2O 平台纷纷寻求差异化转型路径。如构建复合型多元服务模式、专注于细分市场的企业服务、以用户为中心的加油卡平台模式、从 2C 端转向 2B 端的加油站 SaaS 软件服务以及向上游拓展切入成品油供应链市场等（见表 8-3）。

表 8-3　差异化业务转型模式

转型模式	代表公司	主要业务模式介绍
复合型多元服务模式	加油宝	提供汽车加油及理财保险服务
专注细分市场的加油服务	车主邦	专注商用车队，提供油电等能源供应
加油卡平台模式	美国 Fleetcor 公司	初期为加油卡支付产品，后通过内容扩张与外延并购发展为综合金融商务服务
加油站 SaaS 软件服务	喂车车	为加油站提供 CRM 系统等 SaaS 服务

另外，深耕细分领域的专业企业直击行业痛点，为加油站提供全流程数字化解决方案(见图 8-16)。这些服务商是深耕智慧能源零售领域的专业企业，其通过移动互联网和人工智能等技术，深入加油站的运营和交易层，为加油站提供软硬件技术支持、数智化营销管理和线下运营协助等服务，赋能加油站运营全过程，为加油站提供“工具+深度赋能”的全流程数字化解决方案，典型代表企业为智慧油客。

图 8-16　为加油站提供全流程数字化解决方案

这类企业由场景端切入市场，是最懂得 B 端加油站痛点的企业。其业务出发点在于运用人工智能、大数据、云计算等新一代信息技术，消除不同场景下加油站的痛点，赋能智慧能源零售行业全面发展。与其他两类企业相比，细分垂直领域专业企业往往更加专注于加油站行业深层次业务逻辑的研究，提供的产品更有靶向性，能够迅速解决加油站的问题。但同时，这类企业也面临着系统开发周期长、市场占有速度慢等挑战，因为其需要耗费更长周期去雕琢更加完善的系统，需要更长的周期去改变 B 端用户习惯，通过口碑去占领市场。

五、 将柴油列入危化品给油品市场带来哪些变化

2022年11月7日，应急管理部等十部委联合发布了2022年第8号文，引起行业内外的关注。在第8号文中，应急管理部等十部委正式发布公告调整修订《危险化学品目录(2015版)》序号第1674项的“柴油【闭杯闪点≤60℃】”调整为“1674柴油”，这意味着所有柴油将被列入《危险化学品目录》，不再区分闪点，以后所有柴油的生产、经营、使用都需按照危险化学品开展相关行政许可。新规于2023年1月1日起施行。自此，争论多年的“柴油是否是危化品”一锤定音。将柴油列入危化品或将撼动当前的柴油市场格局，给成品油市场带来新气象。

（一）柴油告别危化品模糊地带

1. 将柴油正式列入《危险化学品名录》

在此之前，关于柴油是否涉及危化品一直处于模糊地带。普通人最常见的两种成品油：汽油(序号1630)已列入《危险化学品名录(2015版)》，由应急管理部门根据《危险化学品安全管理条例》进行监管；而《危险化学品目录(2015版)》又规定，闭杯闪点≤60℃的柴油(序号1674)列为危化品，由应急管理部门监管。但闭杯闪点>60℃的柴油，并不属于应急管理部门的监管范畴，从而出现了监管真空。

在不同部门的认定中，也出现了矛盾之处。由交通运输部提出的国家强制性标准《危险货物品名表》(GB 12268—2012)中，将柴油全部列为危险货物。如此一来，在应急管理部门，闭杯闪点≤60℃的柴油(序号1674)属于“危险化学品”，按照《危险化学品安全管理条例》的规定进行监管；在交通运输部门，柴油被界定为“危险货物”，按照《道路危险货物运输管理规定》进行管理。两个概念既相似又有区别，两者的外延既重叠又有不同，导致很多人会混淆，客观上对行政管

理也很不利。新的标准、新的情况都在推动着柴油进入危化品的高墙之内。第 8 号文件的一锤定音，让关于柴油是否是危化品的争论终于落下帷幕。

2. 不再区分高低闪点

事实上，以闪点来判断柴油是否属于危化品的方式已经越来越不适应当下中国柴油市场的新形势。什么是闪点？在中国政府门户网站应急管理栏目内有着明确的定义：当可燃液体挥发的蒸气和空气的混合物与火源接触能够闪出火花时，把这种短暂的燃烧过程叫作闪燃，把发生闪燃的最低温度叫作闪点。通俗来讲，闪点就是可能引起火灾的最低温度。闪点越低，引起火灾的危险性越大。

原先对于闪点低于 60℃ 的标准设定，更多是基于苏联引进的一套柴油闪点标准。日常最高温度是 40℃ 左右，在 40℃ 基础上再考虑 20℃ 温度的增幅，最终确定 60℃ 的标准，这也是在不使用其他能源情况下自然环境能够达到的最高温度。据介绍，闪点的测量方法分为开口杯法和闭口杯法，柴油通常采用闭口杯法，因而对柴油的限定选用闭口闪点数值。但是，以闪点来确定柴油是否属于危化品，在实际检测中存在一定问题。第 8 号文出台前，区分柴油是否属于危险化学品，首先要看柴油的牌号。根据当时柴油生产标准，−10 号以下的柴油都属于危险化学品，而占据柴油市场大半江山的 0 号、5 号、10 号柴油等都不属于危险化学品。比如按照国六新的标准，0 号柴油的闭杯闪点达到了 60℃ 以上，不属于危险化学品。

柴油实际按牌号进行管理，而危化品目录中需要做闪点测试来区分，比较烦琐。油品事故发生和市场管理并不是单纯基于闪点，柴油储存量、本身质量指标都有影响。随着此次的调整，以往闪点>60℃ 的柴油属于危险货物，但不属于危险化学品的争议也将不存在。

不再以闪点判定，便于柴油的统一管理，对于非法经营柴油案件中的油品检测也可以进行优化，执法部门判案需要油品检测报告时才需要检测闪点。

以闪点不同来管理柴油也蕴含着一定的安全隐患。根据公开报道资料，近年来因燃料油、生物柴油等闪点高于 60℃ 的油类引发的事故并不少。2020 年福建省龙岩市发生的新能源公司爆炸事故，更是引起了业界对于生物柴油安全监管问题的大讨论。闪点数值在标准边缘徘徊的柴油在安全管理上存在一些模糊空间，如到底由哪个部门来进行监管？该适用怎样的安全管理条件？这些问题的模糊，极容易导致安全监管的缺位，最终导致事故的发生。

3. 合规是王道

这次调整主要是对柴油安全管理条件的调整。柴油本身的危险特性实际上并没有改变。调整将带来柴油在生产、储存、使用、经营和运输各环节安全管理的全方位变化，尤其是闪点高于60℃的油类。将柴油列入危化品有着“一箭双雕”的功效。按照新规，参与成品油贸易者均须有危化证，而办理危化证需要市场参与者有仓储设施，提高了柴油经营销售的门槛，有利于成品油市场的积极健康发展。与汽油相比，柴油应用领域较为普遍且需求量较大，广泛用于大型车辆、铁路机车、船舰等。因此市场参与者众多，柴油的运输、仓储、经营等各个环节的管理也较为混杂。

这几年，成品油乱象的情况屡见不鲜。究其原因与入门门槛过低有关。很多从业者只需要拿营业执照即可经营柴油，一个抬头出现税务问题马上换下一个，对成品油税务监管与油品流向监管造成了巨大的困难。把柴油重新拉回危化品监管，意味着提高了成品油经营门槛，减少了相关从业者，提高了从业者违法成本，有助于成品油行业健康发展。特别是税务上的稽查，对未来油票分离的管控更加容易。综上，可以看出国家对成品油行业的整治出了“组合拳”，即回归特殊行业严管的机制。

值得注意的是，将柴油列入危化品并不是监管的终点。这只是成品油市场整治的第一步。劣质供应资源不退，就难为产业升级腾挪空间。此次将柴油列入危化品，没有柴油项目的贸易商、分销商客户将无法从主营单位购买柴油，因此不排除后期地炼单位对客户的要求提升。中间贸易环节正规化后，市场客户群体锐减，主营单位批发环节销量份额也将随之下降。如此一来，地炼方面的资源流通乱象也将得到遏制，而后期施行金税四期“以数据制税”的举措也会对柴油全流程涉税问题加强监管，成品油资源流通的全过程将愈加清晰化。这有助于“隐性资源”显性化，更有利于净化市场环境，扫清“自流黑”等经营乱象，在成品油经营安全和保护环境上取得进展，实现化工和成品油的协同发展。

4.“自留黑”遭重拳

新规的实行将让地下的一条完整黑色产业链分崩离析。

此前，成品油市场每吨仅税收环节至少流失 1500 元，单位含硫量超出国家标准 1700 倍，已形成完整产业链且利润最高可达 50%。这在广西、福建等沿海地区已不是什么新鲜事。

以前“走私油”，现在“循环油”。以成品油管理放开的当年——2020 年为例，2020 年广西市场非法油消费约 200 万吨，包括海上走私成品油以及陆上加工的非法油，其中约 100 万吨是由轻质循环油调和而成的柴油。

巨额利润让柴油成了扰乱成品油市场的重灾区。围绕这类非标油已经形成了一条完整的黑色产业链：贸易商进口或地炼生产销售给调油商——调油商调和成非标油卖给批发商——批发商分销到“自流黑”，即自设油罐、流动加油车和黑油点——“自流黑”站点销售给终端用户，主要是重卡、挖掘机、船舶等。

虽然有诸多问题，但在新规颁布之前，基层执法人员也拿他们没有办法。2019 年 8 月，有关部门取消石油成品油批发仓储经营资格审批，并将零售经营资格审批下放到地市级人民政府；2020 年 7 月 1 日，《成品油市场管理办法》和《原油市场管理办法》也被废止。多位一线公安民警反映，上述两个《办法》废止后，有的调油商认为市场完全放开了，便肆无忌惮。《办法》废止后，非标油案件经常在以非法经营罪移送检察院时，都因为证据链不充分，被移交给市场监督管理部门，只能进行行政处罚。而在当时，只有闪点低于 60℃的油品属于危险化学品，可按《危险化学品安全管理条例》进行处罚，案值金额达到一定标准即可入罪。但是对于此条，非法油品贸易商早已有对策。

由于违法成本低，降低了执法震慑作用。实际中通常适用非法经营罪打击非标油，案值达到 5 万元以上才予以入刑。不法分子往往单笔转账金额控制在 5 万元以下，频繁更换收账微信和支付宝账号，或使用他人账号，案值金额小，构不成入刑条件。

如此一来，大量进口的轻质循环油被勾兑成非标柴油，以低价挤占市场，造成巨额税收流失，用油车辆还成为“移动的污染源”。而新规将柴油统一列入危化品，无论是未取得危险化学品经营许可证，还是既未取得危险化学品经营许可证，又未取得营业执照擅自从事汽油柴油经营的，都可由应急管理部门依法实施处罚。这既有效地遏制了偷税漏税，又意味着，无证无照零售非危化品柴油“无处罚时代”已经彻底结束了。

柴油列入危化品，被视为一种信号，未来将让成品油市场的整顿升级。柴油管控往后会越来越规范严格，在此顶层设计政策下，中下游的经营模式会发生根本性的变化，原来低门槛、低投入、粗放式运营的方式将成为历史，原本运营规范的企业会更好经营，原来运营不规范的企业要整改规范或者被淘汰出局。

（二）柴油市场生变局

8 号文件颁布后，江苏、四川等省随即相继出台配套政策。随着监管职责的明晰，市场监管有法可依，多年困扰柴油市场的“顽疾”将有望解决，进而推动柴油市场格局的变化。

1. 贸易商或面临退出

柴油被列入危化品行列后，意味着从 2023 年 1 月 1 日起，涉及柴油经营的企业都要持危化品经营许可证上岗。

新规施行后，无证照经营柴油的监管部门将出现重大变化。如没有危险化学品经营许可证而经营柴油，一般情况下由应急管理部门查处，根据《危险化学品安全管理条例》第七十七条第三款的规定，“责令停止经营活动，没收违法经营的危险化学品以及违法所得，并处 10 万元以上 20 万元以下的罚款；构成犯罪的，依法追究刑事责任”；如市场主体在取得危险化学品经营许可后，未办理营业执照及成品油零售经营许可，或仅未办理成品油零售经营许可证，即经营柴油的，查处部门未必是应急管理部门，应由省级政府确定的部门进行查处。

柴油被列入危化品，但燃料油没有被列为危化品，为了规避安全检查、证件办理等，市场或许对“燃料油”的需求会有一定的增加。部分燃料油品种与柴油的技术指标相近，燃料油的技术指标较为宽泛，有些燃料油实际上也可以用于柴油发动机。对于陆地实际用于终端车辆、机械加注的油品，不管叫什么品名，都应该视为车用柴油进行执法，如果所使用的油品质量达不到国六车用柴油的标准，也属于违法行为。水上加油站原先销售柴油的，或许会转为销售船用轻质燃料油。考虑到市场普遍出现油票分离现象，车用柴油发票价值可能会水涨船高。

柴油被纳入危化品管理后，意味着其将回归法律、行政法规规定限制买卖的物品行列。如未经许可从事柴油经营业务的，包括以内部自用加油站、专项用油为幌子非法对外销售柴油牟利等情形，有可能同时触犯非法经营罪、危险作业罪这两个罪名，择一重罪处罚。届时，部分贸易商势必会退出市场。

2. 销售终端迎大考

不仅北方的加油站，南方的一些加油站特别是民营加油站面临着同样的危险化学品经营许可证的问题。加油站属于经营储存单位，因北方加油站汽油经常与 -20 号及以下牌号的柴油一起流转运输及储存，汽油、柴油相关经营资质相对较为完善。但部分单位，特别是南方民营加油站，由于在资质上缺少柴油项目，这些单位或将统一申办新的危化品经营许可，否则不允许经营柴油业务。

目前，“三桶油”的零售企业正在按部就班地进行工作对接和部署。对于加油站是否需要重新申办许可证的问题，“三桶油”旗下的加油站表示只需要在运营范围内增加相关标号的柴油即可。现在已经有相关部门正在按照危化品经营许可证管理办法，提交专项安全评价报告和变更材料。

加油点跟加油站一样，都属应急局监管。新规出台后，只限经营柴油的加油点面临着两条道路：办危化证，且按照新建站的标准来升级；不达标者，则被关停。

对于加油站和加油点来说，无论哪条路，政策生效后，柴油的储存都要按照危化品的标准来管理。按照治安管理处罚法相关要求，对加油站对外销售打桶或散装柴油有可能更加严格。举例来说，终端客户到加油站打桶柴油或许不能再用塑料桶装了，要使用铁桶装柴油。此外，对于工程工地、偏远地区、农业渔业的柴油供应，柴油存储管理或许需要进行自用柴油仓储设施的安全评价，并办理相应危化品登记手续。工程工地、偏远地区、农业渔业若都到加油站加柴油不太现实，对于这部分用户的柴油使用及储存后续应该会有相应的配套政策出台。由于这部分用户需求量不容忽视，从储存安全管理的角度看，相对于以往简单的储罐形式，橇装式柴油自用储存装置或许会有一定的发展空间。

不过，有忧也有喜。较长时间以来，柴油销售渠道混乱，站外非法销售比例很高。将柴油列入危化品后，因中间贸易端市场份额减少，零售端市场份额将增加，此政策在一定程度上利好加油站环节。

市场监管力度加强，部分专项用油单位自埋罐及移动加油车将会采取有效治理，同时有效打击部分单位利用自身便利进行柴油对外经营或贸易的行为。此举将严厉打击一些个人或企业利用内部自用加油站的名义(比如物流公司内部车辆加油)来打擦边球进行柴油对外经营或贸易的行为。柴油被纳入危化品管理后，对于橇装、流动加油车的经营也会更加严管。正规加油站的社会职能会进一步凸显，成品油零售市场的主战场作用会进一步发挥，随着许多客户回归引流到加油站点，加油站的柴油销量将会提升，必然为公司机出零售量的增长提供有力引擎。

3. 安全管理“软硬件”升级

柴油被列为危化品后，还将提高企业安全管理的门槛，无形中形成新一轮洗牌。

即使已经办理危化品经营许可证，作为危化品经营企业，该证也要三年一审核，包括从业人员和企业资质的审核。对于小企业来说，压力较大。目前，根据《危险化学品安全管理条例》的规定，危化品的安全管理条件是十分严格的。按照新规，闪点高于60℃的油类的相关经营主体，2023年需要根据实际需求申请取得生产、经营等不同种类的许可。此外，一些安全设施也需要升级，相关企业需要另外追加安全管理投入。

这意味着，无论是在生产、储存还是运输等环节，有关企业需要根据实际需求申请取得生产、经营等不同种类新的危险品相关资质，配套而来的一些安全设施和人员培训需要升级，相关企业需要追加安全管理和人员培训经费投入，企业的经营成本将上涨。

在《危险化学品安全管理条例》第二十条中，对危化品从业单位进行了具体的规定：生产、储存危险化学品的单位，应当根据其生产、储存的危险化学品的种类和危险特性，在作业场所设置相应的监测、监控、通风、防晒、调温、防火、灭火、防暴、泄压、防毒、中和、防潮、防雷、防静电、防腐、防泄漏以及防护围堤或者隔离操作等安全设施、设备，并按照国家标准、行业标准或者国家有关规定对安全设施、设备进行经常性维护、保养，保证安全设施、设备的正常使用。

除了硬件的升级，企业人员作业也要遵守《化学品生产单位特殊作业安全规范》(GB 30871)。对危化品动火作业有更明确的规定，其中提到作业要求动火期间距动火点30米内不应摆放可燃气体；距动火点15米内不应摆放可燃液体；在动火点10米范围内及动火点下方不应同时进行可燃溶剂清洗或喷漆等作业。

未来，从事成品油贸易门槛将会越来越高。柴油被列入危化品监管后，在贸易环节中，对于无危化证的，以及原经营范围只有“成品油批发(不含危化品)”的单位将集中整顿或清出市场；另外结合近期出台的对于“无仓储设施单位取消成品油经销企业归类”的政策，柴油贸易市场准入门槛将大幅提升，市场贸易份额短期内将大幅减少。

当然，柴油安全管理条件的调整对柴油储存企业和经营企业也有一定的利好。之前相关企业储油因为安全管理条件不一致，需要按照柴油的闪点高低进行区别储存。此次调整后，全品类柴油的环境管理条件保持一致，储存企业和经营企业无须根据柴油不同类分开设置储罐区，可以减少储罐区占地面积。

4. 企业主动出击

文件下发后，不少企业已经开始行动。部分主流成品油销售公司正在积极开展“打非治违”工作。中国石化天津石油正按照上级指示要求，坚持将“打非治违”作为企业“饭碗工程”和“最大营销”不动摇，围绕“11133”工作重点精准发力；中国石化黑龙江石油分公司制定“打非治违”线索举报奖励办法，组织动员企业内部和社会力量，提前布局深入排查梳理汽柴油“打非治违”线索，重点对涉嫌违规非法经营的加油站点、橇装站点、黑窝点、自建罐和流动加油车等线索进行梳理摸排，掌握第一线索和主动优势；中国石油广西销售企业与属地公安、商务、应急等政府机关建立好沟通机制，上下联动，密切配合，积极配合执法部门有效实施精准打击，全面深入开展“打非治违”工作，维护成品油市场经营环境，实现成品油市场不断净化，促进经营量效转化。

随着第8号文件的实施，针对一些地方因历史原因形成的存量成品油配送企业(不带储存设施，按规定仅需将油品储存在其他合法油库中，并利用具备准运成品油条件的运送油车向终端用户零售成品油的企业)将无法继续经营柴油，以及一部分加油点退出市场的情况，“三桶油”旗下的销售公司抢抓机遇，主动出击，做好拥有自建罐或橇装站的快递公司、大型物流园、工厂等柴油大客户的走访工作，做好柴油列入危险品政策宣贯，普及《无证无照经营查处办法》和《危险化学品安全管理条例》，宣传柴油合法依规存储与经营，积极对接做好柴油客户回流到公司机出零售。

可以预见，随着明年新规的实施，柴油的市场监管将成为一记重锤，对成品油市场的规范化、专业化、高质量发展铺开新的道路。

六、 我国加能站组织管理运营的四大体系探索

加能站是一种新兴的能源终端供应和服务场景。其运营并不是简单的加油站运营顺承，也不是不同能源站点的加总，而更多的是在原有规范运营体系的基础上发展出来的“1+1>2”的一种综合运营体系。其对管理者和员工的要求较高，对公司的组织、管理、运营能力要求也更强。

参考加油加气站已有的运营方式，今后综合能源服务站运营要囊括四个方面：一是功能或产品运营，包括多种能源种类、非油品业务和服务；二是基本的场地与安全管理，包括能源补充的现场、后台巡检、财务账务、计量应急等多个方面的业务流程和制度建设；三是对员工的基本管理和培训，包括员工服务方式、服务内容等规范；四是站点的营销方式、营销工具和客户维护等。基于此，对综合能源服务站运营体系设计的探讨如下。

（一）产品管理

综合能源站的产品或功能，包括光伏、充换电、加氢、加气、便利店等，以及人车相关服务。从运营特点看，产品或功能的管理并不是简单加总，而是独立运营的关系。对于车辆需求来说，不同的能源产品对应的车辆结构、特点存在较大差异；对于消费者来说，不同的客户群体对服务和非油商品的需求也存在差异。比如，从不同能源供需的角度来说，光伏是综合能源服务站节能低碳的重要方式，是站点运行中本身所需的能源，与消费者并不直接产生连接；而油气氢电非等产品则是加油站提供的主要产品和服务，消费者有明确需求和偏好，大到不同站点能源种类的分布，小到油品电力的价格、质量等，都是消费者关注的产品问题，也是站点在产品差异化和精细化方面需要细化管理的重点。

进一步看，在单一能源产品管理的规范和精细化以外，综合能源站还需要额

外考虑整体的产品管理。从宏观角度来说，是指不同能源产品在不同区域、不同站点、不同时间节奏上的布局和周转，可能涉及资源、渠道、运输等一系列体系化的问题。比如，优先选择新能源汽车市场较为成熟的东部、南部区域，完成特定类型站(高速站、出租车场站、老旧社区周边站等)的充换电布局；光伏方面，优先支持光照资源丰富、电价合适区域的站点；氢能布局方面，主要是考虑客户车辆情况，并紧密结合国家氢能发展策略、地方氢能发展规划及国家示范城市群建设，选择发展规划目标明确、支持力度大、配套政策落实好的地区优先开展示范站建设。从微观角度来说，则是在不同消费者群体中细化需求，增加产品附加值方面的精细化问题。汽柴油本身除了关注产品的数量、质量、计量等，需要站内将品号进行细致地划分，以进一步区分消费者群体和其特点，进而与非油品、汽车服务等方面形成协同；同样地，充电方面要关注用户的特点和站点的场地情况，合理设置快充、慢充桩位，同时还要考虑大型车辆在站内的转弯运行等情况，结合车辆和人员休息需求与餐饮、服务等功能实现联动。换电、加氢的应用场景当前没有特别广泛，主要是针对企业和车队等用户，需要综合考虑车辆管理者的管理需求。

（二）现场与基础管理

一般来说，综合能源站的现场与能源补给的种类有关。比如，油气合建、油氢合建，会存在加油现场和加气现场、加氢现场，主要是管线、设备、能源储存等方面的差异。不同现场既要考虑安全距离等要求，又要考虑充值、收银等“中台共用”。从基础管理来说，一般的安全、巡检、核算、信息系统等与加油站管理基本一致。

从充电来说，充电桩一般占地较小，按标准停车位测算，每个标准停车位6米×2.7米(16.2平方米)，两个车位中间尾部安装一个充电桩(一桩两枪)服务两个车位的车辆。换电现场要求较高，一般面积要求在200～300平方米，换电设施要满足间距要求，车辆进出换电设施的动线设置等均受场地限制，且对人员操作要求较高。加油站便利店、员工宿舍等建筑的水泥平屋顶无遮挡、具有良好的承载力，满足安装光伏组件对场地的理论要求。在不超过其承载能力的情况下，加油站罩棚也满足安装光伏组件对场地的基本要求，且加油站罩棚的面积一般比便利店、员工宿舍等建筑屋顶面积大，更容易形成规模效益。储能的要求更高，要考虑到放置室外的防水防热问题，放置室内的消防安全预防措施等问题。加氢站一般较为特殊，根据外供氢气、电解水制氢和天然气制氢等供氢方式不同和加注能力差异，加氢站占地面积不同，但多数加氢站占地面积在 1500 ~ 5000 平方米。

现场管理的复杂性还表现在对功能的区分和安全的预警等方面，比如油氢合建站需要实现功能区严格划分和相对隔离，确保合建站内加油、加氢安全。一般而言，将合建站分为加油设备区、加氢设备区、加油加注区、加氢加注区、商业区等五个功能区域。根据合建站实际情况，功能区域可以灵活调整。加油区和加氢区地面设置隔离沟，或者加氢区地面略高于加油区，避免逸散的油气向加氢区扩散。

（三）员工管理

综合能源站的员工管理与一般加油站员工整体管理运营基本一致。主要差异是，员工对不同能源设备操作熟练程度和安全应急演练等专业方面的要求程度有异。因此，在一般员工管理的内容上，需要增加专业的技能培训设计，包括不同能源产品的操作方式、不同类型消费者的服务重点、站内安全合规管理、应急演练等。

综合能源服务站对员工管理的挑战在于，对员工技能的要求更高，需要对员工进行更为全面的培训。站内员工需要同时学习不同能源产品和设备的操作方式、安全防范、计量核算等要求，有时甚至是跨专业的技能学习，比如油气专业和电力专业等。一方面，技术上对综合能源服务复合型人才的需求更高，要求现场的技术人员在不同能源产品操作技能方面既有专长，又能够做到多能兼顾。另一方面，对站内的管理和培训提出了更高的要求。管理人员在不同专业线方面的安全检查、经营管理要做到面面俱到，对应的政府管理、客户需求、员工类型也更加多样化，这需要较高的管理水平和职业能力；培训方面，则需要针对性地高频次开展不同模块、不同主题的培训，特别是在站点初步运营时期，培训是站内提高技术管理水平的重要内容。

从宏观角度来看，员工管理的另一个重要主题是考核与激励的标准化。不同任务、不同操作技能的员工在市场中的薪酬本身就存在差异，但在同一个站内需要按照统一的标准进行考核、量化、激励。这就对原有的加油站班组工作提出了新的挑战。对于不同任务班组的任务分解、量效考核、薪酬测算等，需要站内、上级公司进行合理的测算并形成相应的制度，保证公平合理并有效调动员工的积极性。比如，产品的考核指标包括哪些，不同指标水平代表的劳动量和薪酬兑付情况如何，站整体的任务如何分解到班组和个人，如何平衡不同技能员工之间的工作导向等都是需要重点考虑和解决的问题。同时，还要考虑综合能源服务站在员工方面的优势，不同能源产品的“峰谷”规律差异也可以有效利用站内的人力物力资源，实现站点总效益和效率的提升，这对站内的管理提出了更高的要求。

（四）营销与客户管理

这需要在原有基础上进一步加强和明确。一方面，要基于消费者需求变化和支付方式、线上渠道等，分析客户特征和可能的营销需求；另一方面，要尽可能应用加油站已有的营销数据模型，对其他能源需求的客户开展营销。

比如，加气车辆一般是公交车、出租车，以及长途物流车辆等，可以按照单位用户、高频用户及柴油物流车主关注的类似方式开展营销，通过客户维护、优惠促销、专项方案等开展；加氢车辆一般是大的单位客户，与当地的政策性相关联，营销重点是做好现场服务和管理；一般的充换电车辆，结合其充电时间需求、非油品及服务需求，可以开展针对性营销，如餐饮、娱乐；重卡换电，重点是做好与车辆企业的沟通合作，加强员工操作培训。整体而言，要建好客户数据库，充分利用智能化手段，做好精准营销分析和客户开发。

从营销角度来看，综合能源服务站虽然在能源供给种类方面有所增加，但是作为直面消费者的终端网点，其根本价值是通过满足消费者的需求来实现本身效益的提升，对已有的客流价值进行充分挖掘，这一点与传统的加油站是一致的。因此，综合能源服务站的营销角色依然是以网络为基础的消费连接，实现对核心客户、潜在客户、流动客户等不同需求的挖掘，最终实现顾客的让渡价值。一是需求匹配。将现场与客户互动形成的生活数据，不同能源应用消费者需求集中起来，形成规模优势，进一步吸引相应的商家，扮演客户“中介”，为相互有业务需求的客户搭建平台、匹配资源。二是功能优化。因地制宜形成各具特色的服务项目，社区站主打便民服务，商务区站主打定制服务，国省道站主打驿站服务，等待时间较长的充电站提供餐饮服务等。三是场景连接。将不同的消费场景装入加油站，为客户提供省时间、省成本的就近消费。打造提货场景，与当地商户比如“盒马鲜生”合作，客户线上下单、油站取货；与快递物流比如“丰巢云柜”合作，开展快递收发业务。打造线上营销场景，通过直播互动，销售非油商品。打造主题场景，通过健康、军旅、变形金刚等场景创设，唤起客户的记忆元素和美好向往，实现从经营商品向经营客户的转变，从单站竞争向价值链竞争的转变。

七、 加油站“双低站”治理策略

十几年前，由于一些特殊原因，部分加油站被冠以“双低站”的帽子。十几年后，通过种种举措，其中很多站点终于实现销量逆袭。在“双低站”治理过程中，各家销售公司手段多样，实行一站一策的原则对症下药。

（一）“双低站”治理要一站一策，对症下药

“双低站”是指低销量、低效益的加油站，标准是销量在 1000 吨以下且亏损的加油站点。为了甩掉这顶帽子、挖掘存量资产潜能、实现销售业务健康发展，2015 年起，中国石油和中国石化分别出台了多项指导意见，多管齐下进行治理。

经过几年的努力，目前，各个销售企业的“双低站”治理工作均已取得了显著成效。以中国石油为例，2021 年，中国石油河北销售公司就有 64 座加油站实现扭亏，盈利达到 1414 万元。同年，中国石油新疆销售公司盈利占比同比提高 3.6%，亏损站座数、亏损额同比分别减少 30%以上。其 30 座“双低站”中，扭亏 17 座、减亏 13 座。

它们是怎样摘帽的？需要一站一策，对症下药。

1.“三桶油”分别出台治理办法

关于“双低站”，通过梳理其发展的背景脉络就会发现，最初提出只是一种管理手段，而不是真正对加油站进行客观评价。而“三桶油”对“双低站”的认识与治理也在不断发展。

2008—2012 年，这一时期是国内成品油销量持续上升的阶段。面对市场上的大好形势，石油企业首次提出了“双低站”的概念，实际上是以持续增加销量作为目标，对加油站实行精细化的 ABC 分类的管理方式。不过，在当时，一些

业内人士对“双低站”的提法持反对意见，认为随便给一座加油站扣上“双低站”的帽子并不合适。毕竟“双低站”在形成过程中，会受到很多客观和主观因素的影响。

某些“双低站”是由于客观的地理位置导致其销量较低的，但这一影响因素并不能代表其销量没有后续增长。很多“双低站”作为农村网点的形式出现，本身是石油企业覆盖区域市场的基本保证，也是市场供应的必然存在。这一时期出现了国内土地价格快速增长的情况，这就导致加油站前期拿地需要投入更大的成本，难度增加。这也在无形中增加了“双低站”的负担。因此，虽然这一部分“双低站”效益不好，但不能就此影响到整个区域加油站的衡量和评价，还是要以区域价值、整个市场占有率和网点覆盖率作为衡量和评价的标准。

面对这样一个大的行业背景，原本给低销低效站戴上帽子的初衷，就是按照市场细分、分级分类的管理思路，以刺激加油站经理和地市级公司持续增加销量、挖掘市场、抢占市场先机。但不能说，“双低站”一定是本质不佳的，而只是相对不足的，仍有提升空间。争议尚无定论，市场走势就发生了变化。

2014 年之后，我国成品油市场出现了整体下滑的局面，特别是供需变化致使毛利差变大。国有石油企业的加油站毛利空间缩小，造成了这些偏远加油站或低销量加油站压力攀升，上量难度大幅增加，最终导致“双低站”数量越来越多。

2015 年，中国石油销售公司出台了“双低站”治理指导意见，提出只有同时符合油品销量少和经营效益差两个条件的站点，才可以被认定为“双低站”。也就是说，“双低站”的评定标准不再以亏损为唯一依据。因为有很多销量大的站点也会出现亏损的情况。目前，“双低站”的标准是销量在 1000 吨以下且亏损的站点。除此之外，要考虑其培育期的问题。

中国石化对“双低站”的定义和治理也在不断探索和优化。以中国石化湖北石油为例，先后推行过家庭承包经营和企业外包的形式，但效果均不理想。直到 2015 年以后，通过对之前运营模式的实践总结，中国石化决定开始试行收回其他规模的站点，仅对日销量不足 1 吨的小站实行家庭委托经营模式。中国石化还加强了这部分委托站点的数质量管理，严格做好员工安全培训工作，提高风险防控意识。就这样，“双低站”被“两桶油”重新定义，并探索出了更加切实可行的路子。

2. 分类对症下药

治理好“双低站”，前提是做好诊断。在“双低站”治理实践中，必须因站施策、具体分析，不能一概而论。区位偏、销量低、管理难度大的加油站，适合于委托管理模式进行治理。其资产性质、油站形象、商品质量都不变，管理和服务标准执行自营站的统一标准，唯一的差别是运营方变成了受托人。可以说，这是加油站所有权与经营权的一种分离。委托管理除让员工和委托站获得效益之外，也让地区公司的效益得到了保障，可以运用利益的杠杆，实现公司和员工双赢。实施经理人负责制、委托管理，使最贴近客户、最了解竞争的加油站经营者在选人用人、促销组织、考核分配上拥有了一定的决策权，一定程度上得到了作为一站之主的权力。当然，其也承担了更多的营销责任。

青海黄南藏族自治州同仁县维哇村的南出口加油站隶属于中国石化青海石油海东公司。2011 年 7 月，该站建成投营，年销量 1933 吨。2018 年 8 月，该站作为试点，开始施行家庭驻站式委托管理改革。之后，员工虽然减至 4 名，但销量却从日均 6.7 吨增长到 8.05 吨，非油品年营业额从 23 万元提升到 77 万元，月人均收入增加 2300 多元，有效客户从 320 家增加到了 533 家。

阿米巴管理，也是一种常见的“双低站”治理手段。这种方式适用于区域相对集中、销量相对稳定的站点之间。它们可以采用“大带小、一托一”的方式，帮助“双低站”解决效益问题。具体来讲，阿米巴管理可以将大站的集团客户连带政策转移至小站，既削减了大站的高峰压力，又带动了小站的增量增效，通过大小抱团的形式增加客户的容量。同时，这种方式可以将影响大站经营销售的附属设施转移到小站，让大站扩展营业面积。

中国石油湖北销售荆门公司兰盾加油站就是荆门公司沙洋团队阿米巴管理的其中一站。通过这种管理方式，该站增量明显，2022 年 1—9 月日均销量达到 3.78 吨，同比增加 1.22 吨，增幅 47.47%。之前，该站所在的沙洋县纪山镇，周边10千米范围内就有5座加油站，竞争激烈。雪上加霜的是，2021年，站前的207国道维修，导致大部分车辆绕行，使得销量跌至谷底。2022年，荆门公司推行阿米巴管理后，第一时间便将兰盾站纳入沙洋团队进行重点提升。除此之外，阿米巴团队可以共同开发周边村镇的农业用油需求，利用小额配送车扩大服务半径，打包开发，销售更加灵活。通过这些措施，让兰盾站量效增长。中国石油河北销售公司，也是阿米巴管理的优秀试点公司。2021年开始，河北销售便分3批推进了阿米巴精益运营模式，实现"双低站"扭亏31座，同比减亏92座。其中，邯郸公司19座阿米巴试点站中，16座实现减亏，11座人均利润实现同比增长，非油收入和毛利同比增加了133%和77%。阿米巴团队管理的方式，可以帮助加油站摆脱单打独斗的局面，以团队管理的方式共同提量，对整个区域来说是一个很好的良性循环。

此外，"双低站"治理的模式还包括合资合作、内部目标责任制、出租经营、品牌输出等。要用好同类站的对标手段，对加油站先诊断后治理，坚持问题导向，围绕制约销量提升、影响效益的环节和因素进行全环节诊断，按照治亏、达销、脱困、提量、增效逐步推进的工作思路，采取针对性措施，一站一策、深度治理。

3. 一体化方式挖潜

在"双低站"治理过程中，通过有效激励进行深度挖潜很有必要。

柴油批零要实现一体化销售。具体来说，就是引导增强"双低站"员工的效益意识，不断优化完善单站核算系统参数，提高全员算账意识、创效意识，让贴近市场、了解客户的员工参与经营，提高加油站的增量创效能力。

实现油卡非润一体化营销。各单位对于有提量空间和尚处于培育期的加油站，要创新营销模式，提高经营意识，加大社群营销、站外营销和线上营销力度，扩大加油站销售覆盖面。针对有增量潜力的"双低站"，可以通过调研客户需求，在特定时节灵活开展促销活动，利用线上互动、线下促销的形式，以加满送礼、抽奖等方式吸引客户办理IC卡绑定消费，引导治理工作从"输血式治理"

向“造血式治理”转变，稳步提升“双低站”的销售能力。

治理“双低站”，一定要建立客户开发团队，在开发费用上进行倾斜，确保推进效果。可以通过客户普查、上门开发、社群互动、线上引流等方式，帮助“双低站”挖掘市场潜力，采取以价促量、量价互动，提高“双低站”客户的忠诚度。部分需求有限的“双低站”，在现有管理模式下销售上量、经营创效存在一定难度，企业可以结合实际情况创新治理模式，引入客户资源或盘活员工及家属的属地化社会资源，建立合作经营机制。在公司管理体制下实行吨油分成的方式，锁定客户需求的同时，实现“客户的客户就是我们的客户”的销量转化。推进跨界合作、实现资源共享，也是挖潜的有效途径。

在吉林省的偏远农村，除了中国石油的加油站，几乎没有银行、电信、邮政、电力等网点。为此，中国石油吉林销售公司便将农村站点打造成“农民驿站”，与邮政合作，代收发包裹；与电信合作，代充话费；与银行合作，安装取款机，存取款更加便利；与电力合作，代缴电费；与保险公司合作，办理保险、快速出险等。通过这些措施，农民在加油站感受到了便利和实惠，增加了消费黏性。“双低站”治理是点上发力，更需要统筹运作。“化点为面”，探索实施加油站团队委托管理，可以发挥加油站经理和成员的各自优势和市场人脉，整合周边资源，多站点统筹营销，共享客户，共享流量，为客户提供增值服务。如何发挥加油站的存量资产，特别是网点价值，手段各不相同。有的加油站可以通过与美团、邮政快递、农资等平台进行合作，设置提货点，为客户提供便利，引进物流车流量。一些城郊加油站的便利店上线美团、农资、物流业务后，线上每月能给便利店增加约10%的销售额，效果明显。

4. 培养人才是后劲

值得注意的是，在“双低站”治理过程中，人才培养是利于挖潜的关键环节之一。在“双低站”的人员选配上，要切实优化用工。销售企业要严格对照公司加油站定编定员标准，开展一次加油站用工全面清理，超编超员加油站必须控编减员。同时，要重点检查亏损站、欠量站的用工情况，根据销量效益变化定期调整加油站定员，鼓励加油站主动减员增效，严禁加油站外挂无效劳动力。要鼓励亏损站、“双低站”的直接用工，保留用工关系，转换身份到关联单位创业、到品牌输出站工作，推动富余人员向外转移分流。在此基础上，要实施多维度的薪酬激励机制，加大对“双低站”增量降费的奖励力度，对因非价格政策原因带来的同比增量部分，给予高于其他站点吨油工资的奖励；对非油团购润滑油、车用尿素、化工农资销售同比增幅明显的站点，给予非油创收奖励。通过薪酬考核的倾斜与支持，鼓励“双低站”跑客户多卖油非润，以增量创收入。

“双低站”治理要突出人才引领，更要突出“双低站”作为角斗场的熔炉作用，要通过“双低站”这块试金石发现人才、锻炼队伍，建立“双低站”治理专家库、能手群。要通过交流分享，组织跨地区、跨市场的治理专家和能手开展有增量潜力的“双低站”会诊工作。一方面，构建知识库和管理体系；另一方面，通过宣讲营造比学赶帮超的氛围，强化加油站经理的荣誉感和自信心，引导广大加油站经理到“双低站”发光发热。

当然，收入是员工最直接的驱动力，在保持原有薪酬标准不变的基础上，应与加油站完成率挂钩，多劳多得。省公司、地市公司的管理人员在“双低站”治理的练兵场上成长起来，制定的营销政策才能更接地气，营销手段才能更加具备市场的绞杀能力。

门全忠是中国石油河北销售分公司培养的出色的县域承包制经理人。他所带领的“门全忠团队”，目前管理着 7 座“双低站”。很多之前销量为零甚至面临关停的站点，通过他们团队的集体走访市场、开发客户，又重获了新生。其中，89 个站从日销量 1 吨增长到日销量 14 吨多。面临退租的 97 个站，从一天 300 千克的销量提升到日销量 3 吨。2022 年，他们通过多次走访，耐心沟通，成功拿下了一家乳制品企业的配送订单。他带领的团队员工收入平均增加了 500 元，加油站先后获得集团公司的“青年文明号”“优秀加油站”等荣誉称号。门全忠个人荣获了集团公司“青年岗位能手”称号。

不过，虽然目前“双低站”的治理工作取得了一些成效，但仍有少数销售企业出现了一些小问题，考核指标需要进行不断调整。企业还要面临富余人员安排、制定科学合理的运营费用标准、优秀员工流失等问题。这些问题，都需要引起足够的重视。鉴于当下“双低站”的数量在加油站中占比仍然相当大，而且出现了减员等一系列的情况，建议企业应当给员工适当减负，采取视频监控或其他信息化的手段，不断强化设备管理或本质安全管理等风险管控方式，为“双低站”运营保驾护航。

（二）“双低站”转型的三个策略

未来，“双低站”的发展重在转型，部分站点的价值有可能被重新发现。数字化、多元化的发展，让“双低站”有了新的转型方向。“双低站”在重视前期规划、源头治理的前提下，可以通过技术手段、场景优化、价值再评价再挖掘，寻找新的商业机会。

1. 重视源头治理

“双低站”既重在后期治理，又重在前期规划。在未来的建站选站过程中，有效做好规划是从源头避免出现“双低站”的前提。“双低站”治理一方面要加强员工、网点的再认识，另一方面也是决策过程后评价、市场预测模型的再优化。虽然加油站网点投资在市场发展过程中、在规模效益和市场控制方面的重要支撑作用不可否认，但更要通过当前市场“双低站”成因分析，探索市场未来投资方向和发展规律。管理者要通过“双低站”治理剖析现有投资规划的合理性和风险分布。未来，加油站在前期规划方面，一定要严把投资入口关。

大数据、可视化、人工智能、机器人、知识图谱、数字孪生与模拟仿真，这些都是可以助力“双低站”治理的新型信息化手段。未来，能源乃至新能源销售市场的新投资项目，一定是依托信息化手段的。单一产品、单一站点、单一线路、单一市场的盈亏平衡点法则已经成为历史。

目前，从加油站的建设规模来说，仍然属于大型化的模式。但这些年来，随着互联网经济和人工智能技术深入应用，线上线下一体化趋势非常明显，无人化、自助化和小型化的发展，未来将是大势所趋。要向新站销售质量上倾斜，对新投运的加油站按照可研销量三年达销期和盈亏平衡点每年进行考核，对可研销量偏差率大的站点按照首问负责制，严肃问责。这样一来，可以规避一些前期规划的责任问题。近年来，常常出现一些由于规划变更、公路改道而形成的负效站，企业应积极争取当地政府的政策支持，可以考虑迁建。可以统筹考虑退租的问题。比如，对于连年亏损、扭亏无望、对外合作无果的租赁站，可以与原业主进行协商，实行退租。需要注意的是，关停、退租一定要依法合规，妥善安置员工。当前，“双低站”治理成因复杂，需要综合考虑加油站的位置、功能、投资及市场等因素。“一把抓、抓一把”已不现实。当务之急是必须对“双低站”进行更清晰、科学的界定。要根据近几年的投资成本和实际运行情况，界定低效和负效站，止住出血点。要建立量化考评机制，加强对暂时摘帽和临界摘帽的站点以及量效异常加油站点经营情况做追踪，综合平衡销量和效益的关系，指导销售企业做好潜力站点的摘帽工作。

这些年来对于“双低站”的概念有两个基本判断。一是这些站点在成品油市场上究竟有没有价值。目前来看，油品的占比是逐渐减小的，非油、新能源等比例在不断增加。此外，这些“双低站”承担的主要社会责任是能源保供以及融资服务功能。因此，这方面也在逐渐发挥效应。二是加油站本身具有一部分的土地资产价值。这部分价值实际上在做油站经营衡量时没有进行通盘考虑。从目前情况看，对于“双低站”还是需要通盘考虑，要知道该加油站土地价值的残值到底还有多少，这是应该给予明确的工作。在对加油站进行衡量评价时，一定要对单站和整个区域、多个产品的销售能力(包括油品、充电、非油业务、场地出租)进行综合评价。同时，要对当前和远期的加油站资产价值进行残值评估。这样才能精确筛选出真正的“双低站”，从而集中更多的管理精力去解决这些真正亏损、对市场没有影响力站点的历史包袱。

2. 数字化转型

未来，“双低站”的发展重在转型。因此，当下对于“双低站”的治理和处置要更加谨慎。随着数字化的使用场景越来越广泛，这也许能成为“双低站”转型的新方向。比如，中国石油重庆销售公司在万州一些贫困山区的加油站，就充分发挥其农业网点的优势，采取多种经营和多元经营的方式，打造农业农村的服务站点，搞好服务和智慧农业建设等内容。可以通过平台经济建设，发挥数据资产价值，使这些站点重新发挥作用。在转型过程中，包括加快新能源建设、帮扶农村经济发展等，都可以作为“双低站”未来的拯救方式。这也符合党的二十大提出的乡村振兴计划，包括智慧出行、智慧健康和智慧农业发展等内容。

从近年加油站的建设情况看，加油站原来主要依靠网点部署，而目前的私家车出行范围不断扩大、深度自驾游越来越多。如果利用信息网络进行整合的话，这些都有很大的潜力可以挖掘。“两桶油”目前已建立了较为成熟的线上销售平台。这为“双低站”的数字转型提供了基础。以前重庆偏远地区的柑橘想运到外地，但缺乏销售渠道，今后就可以依靠昆仑好客平台进行销售。在数字化转型条件下，乡村网点恰恰成为一个产品助农的重要助手和触角。这些站点未来可以发挥很大的作用。一部分乡村旅游项目形成规模以后，出行和民宿业务势必会得到发展。这些乡村加油网点可以借此机会转型，成为农业集市、民宿、房车基地等各种经营场所，拓展营收范围。

除增收之外，还要持续强调降本。之前，在部分西北地区的一些“双低站”，很大一部分运营成本是人工支出、水电费、网络费用等。如今，随着5G技术的不断应用，这部分“双低站”在逐渐实现信息化发展，加之光伏成本大幅下降，分布式发电在加油站的可行性越来越强，未来在降本方面会有很大的进步。

3. 多元化发展

除数字化转型之外，未来“双低站”可以尝试规模小型化运行，同时转行发展多种经济模式。从加油站目前的建设规模来说仍然属于大型化模式，但这些年以来，随着人工智能的出现，包括加油机器人技术等应用，无人化和小型化的发展未来将是大势所趋。这种小规划的转型核心，分为两种类型。一种是无论转型成功与否，加油站外观形态都会发生变化。另一种是转行，即促使整个加油站业务实现多元化发展。在转行过程中，可以考虑建设成“油气氢电非”五合一的综合服务站，围绕出行搞好服务，发展智慧健康、智慧农业等一系列的场景延伸和拓展，包括战略场景或降维战略的环境设计。在运营优化设计方面，信息化、分布式发电等手段，都可以达到降本的目的。在营销模式或商业模式变化上，可以使石油公司未来不再需要销售油品这种微利产品，反而转向销售非油等高毛利商品。这些都可以作为石油公司今后拓展销售收入的方式。现在的洗车场景可以在加油站内多加利用，这将成为未来加油站行业增收的一个有效渠道。

围棋讲究大局观和全盘思维，不计一日之短长，不争一处之得失，充满辩证思维。这一点与“双低站”治理极为一致。伴随整个大环境发展，“双低站”犹如围棋残局，未来的价值再挖掘和再认识(包括资产残值价值、数据资产价值、市场机会价值、份额把控价值)是其治理的核心要务。“双低站”要找到适合自己在当前成品油市场下行、新能源市场突起环境下业务全面转型的定位。单一“双低站”转型难以成功，要重新对整个区域的“双低站”进行网络化部署和体制机制深入研究，乃至应用资本的力量推动整个成品油行业转型，建立激励机制和容错机制。这样才能保障加油站行业生命周期的不断延续。

附录

一、 2022年之前中国加能站发展大事记

（1）2008年12月，中国海油选择在深圳建起第一座加气站——中山园LNG加注示范站，可满足300辆LNG公交车的需求。

（2）2010年3月31日，中国首座符合典型设计要求的大型电动汽车充电站——唐山南湖充电站在河北省唐山投入运营。该站由华北电网有限公司建设完成，主要由配电站、充电工作区及营业厅等组成，总建筑面积2200多平方米，是当时国内占地面积和规模最大的充电站。

（3）2010年5月31日，工业和信息化部主编的《加氢站技术规范（GB 50516—2010）》中提到，加氢站可以单站建设，也可以混合建设，由此提出了合建站这一氢能源发展新路径。

（4）2018年11月6日，《佛山市氢能源产业发展规划（2018—2030年）》正式发布，强调了“鼓励加氢站与加油站、加气站或充电桩合并设置”的原则。

（5）2019年7月1日，国内首座油氢合建站——中国石化佛山樟坑油氢合建站正式建成，这是全国首座集油、氢、电能源供给及连锁便利服务于一体的新型网点。

（6）2019年12月25日，全国首座氢电油气综合能源站在山西潞宝集团投运，该加氢站加注压力为35兆帕，日加氢能力500千克，象征着我国综合能源站发展迈出了一大步。

（7）2020年4月10日，氢能被写入《中华人民共和国能源法》，首次将氢能列入能源范畴，从法律层面明确了氢能的能源地位。

（8）2020年9月22日，国家主席习近平在第七十五届联合国大会上宣布，中国力争2030年前二氧化碳排放达到峰值，努力争取2060年前实现碳中和目标。此次我国明确提出“双碳”目标，清洁能源被推上高潮。

（9）2021年1月28日，长三角首个“十二站合一”综合能源站在无锡投运。全站融合了变电站、储能站、分布式光伏站、预装式冷热供应站、智慧路灯、智

能联动无人巡检、数据中心机房、5G 微站、电动汽车充电站、电动汽车换电站、换电 e 站以及自助洗车站共十二项城市公共设施。

（10）2021 年 2 月 7 日，中国石油合资建设的太子城服务区加氢站正式投入使用。该站是冬奥会首座加氢站。为冬奥崇礼赛区 50 辆氢能源大巴供应氢燃料。

（11）2021 年 3 月 12 日，国家印发《中华人民共和国国民经济和社会发展第十四个五年规划和 2035 年远景目标纲要》，将氢能作为国家前瞻谋划的六大未来产业之一写入“十四五”规划。

（12）2021 年 5 月 18 日，中国石化江苏常州石油嘉泽加油站分布式光伏发电项目正式投运。该站采用“自发自用，余电上网”模式标志着国内第一座碳中和加油站建成。

（13）2021 年 8 月 13 日，全国首座应用储氢井技术的加氢站、西南首座集“气氢电服”四位一体的综合加能站——中国石化半山环道综合加能站在重庆建成。

（14）2021 年 9 月 9 日，中国石化冬奥会清洁能源保障的重点工程——崇礼、延庆赛区两地 4 座加氢站正式投营，为保证北京冬奥会高纯氢气供应奠定了基础。

（15）2021 年 9 月 10 日，全国首座集“油气氢电服”及光伏、文旅等多功能于一体的中国石化广西新阳综合加能站在南宁市正式开业投营。

（16）2021 年 9 月 26 日，位于山东省济南市中区段店南路 367 号的中国石化第 58 综合能源站建成投营，这是全国首座实现“净零排放”的“油气氢电服”综合能源站。

（17）2021 年 12 月 8 日，中国石化雄安新能源有限公司成立，注册资本达 1 亿元，主要经营范围包含氢能新兴能源技术研发、站用加氢及储氢设施销售、新能源技术推广服务、机动车充电销售等。

（18）2021 年 12 月 16 日，中国石油首座新形象标准综合能源站在河北省张家口市崇礼北油氢合建站正式发布，开启了中国石油公司综合能源服务新时代。

二、2022 年加能站发展大事记

（1）2 月 4 日，2022 年北京冬奥会，氢作为火炬唯一燃料，氢燃料电池汽车成为运输主力，实现了氢能和氢燃料电池汽车“从 1 到 100”的规模化应用和产业化突破。

（2）2 月 10 日，国家发展改革委、国家能源局联合发布了《关于完善能源绿色低碳转型体制机制和政策措施的意见》，其中提出要“鼓励传统加油站、加气站建设油气电氢一体化综合交通能源服务站”，鼓励电热气综合运营。

（3）2 月 18 日，中国石化发布综合能源站新形象——北京石油实润站。实润站是中国石化采用新形象标准建成的第一座综合能源站，集成了智慧支付、智慧物联等多项数字化运用，新增 AI 数字管理平台。

（4）3 月 18 日，工业和信息化部《2022 年汽车标准化工作要点》发布，进一步推进换电相关产品、技术的标准化统一，为国内换电市场发展起到了重要的推动作用。

（5）3 月 24 日，国家发展改革委、国家能源局联合印发《氢能产业发展中长期规划（2021—2035 年）》，明确了氢能是未来国家能源体系的重要组成部分，提出了氢能产业的三个五年阶段性发展目标，氢能产业上升至国家能源战略高度。

（6）4 月 13 日，中国海油正式成立中海石油（中国）有限公司北京新能源分公司。新能源分公司的主要业务为开展海陆风光发电、加大 CCUS 科技攻关、探索培育氢能等。

（7）4 月 19 日，中国海油首座“油气电”综合能源站在南京禄口国际机场正式亮相。目前该站正全力推进增设加氢装置，届时将成为中国海油首座“油气电氢”综合能源示范站。

（8）9 月 19 日，京津冀地区首座碳中和加油站——亦庄加油站落户北京经济技术开发区。作为中国石油国内第一座全太阳能加油站，亦庄站紧握“绿色能源、绿色发展”的概念，在此基础上进行升级改造。由此，亦庄站成功获得天津排放权交易所颁发的“碳中和证书”。

（9）11月23日，中油绿电新能源有限公司成立。中油绿电由中国石油及国家电力投资集团旗下两家子公司上海启源芯动力科技有限公司、上海玖行能源科技有限公司共同持股。主要负责电动汽车充电基础设施运营、新能源汽车换电设施销售等。

（10）11月25日，由东方锅炉和攀枝花花城投资有限公司共同投建的国内首个管道输氢母子加氢站在攀枝花市正式运营。该站的建成和东方锅炉首批氢能公交车的投运，是攀枝花打造“氢能产业示范城市”的重要起点，也是四川省氢能产业战略发展的里程碑。